TEORIA MONETÁRIA DO DIREITO

contribuição para a crítica marxista

CONTRACORRENTE

César Mortari Barreira

TEORIA MONETÁRIA DO DIREITO

contribuição para a crítica marxista

SÃO PAULO

2023

CONTRACORRENTE

Alameda Itu, 852 | 1º andar |
CEP 01421 002
www.loja-editoracontracorrente.com.br
contato@editoracontracorrente.com.br

EDITORES
Camila Almeida Janela Valim
Gustavo Marinho de Carvalho
Rafael Valim
Walfrido Warde
Silvio Almeida

EQUIPE EDITORIAL
COORDENAÇÃO DE PROJETO: Juliana Daglio
REVISÃO: Graziela Reis
PREPARAÇÃO DE TEXTO: Amanda Dorth
REVISÃO TÉCNICA: Ayla Cardoso
DIAGRAMAÇÃO: Gisely Fernandes
CAPA: Maikon Nery

EQUIPE DE APOIO
Fabiana Celli
Carla Vasconcelos
Regina Gomes
Nathalia Oliveira

REVISÃO GRAMÁTICAL:
Frederico Lopes de Oliveira Diehl

Dados Internacionais de Catalogação na Publicação (CIP)
(Câmara Brasileira do Livro, SP, Brasil)

Barreira, César Mortari
Teoria monetária do Direito : contribuição para a crítica marxista / César Mortari
Barreira. -- São Paulo : Editora Contracorrente,
2023.

Bibliografia.
ISBN 978-65-5396-125-8

1. Capitalismo 2. Direito - Aspectos econômicos 3. Economia 4. Filosofia do Direito 5. Marxismo I. Título.

23-158593 CDU-340.12

Índices para catálogo sistemático:

1. Filosofia do Direito 340.12
Aline Graziele Benitez - Bibliotecária - CRB-1/3129

@editoracontracorrente
Editora Contracorrente
@ContraEditora

Para os meus avós.

No mundo realmente invertido, a verdade é um momento do falso.

Guy Debord

Não há outro mundo além daquele em que vivemos.

Theodor W. Adorno

É precisar tocar para as relações petrificadas a sua própria melodia e fazê-las dançar.

Karl Marx

SUMÁRIO

NOTAS DE ESCLARECIMENTO

(i) As citações dos textos de Marx

A base para o presente livro é a *Marx-Engels Gesamte Ausgabe* [Edição Completa de Marx e Engels], a MEGA 2. Ela é dividida em quatro seções: I. "Obras, artigos, esboços"; II. "*O capital* e seus escritos preparatórios"; III. "Correspondência"; e IV. "Resenhas, notas, escritos avulsos". Apesar de não trabalhar diretamente com a tradicional *Marx-Engels Werke* (MEW), que não é uma edição crítica, todas as citações de *O capital* também trazem a referência da passagem tal como aparecem na MEW e na edição da Boitempo. Isso permitirá aos leitores comparar algumas diferenças entre as fontes.

Assim, todas as citações estão nesta ordem: MEGA, seguida por um algarismo romano indicando a seção da obra, um algarismo arábico indicando o volume dentro da seção e, por fim, o número da página (por exemplo: MEGA, II.5, p. 13). Logo após, entre colchetes, MEW, seguida pelos algarismos arábicos correspondentes ao volume citado e ao número da página [MEW, 23, p. 15]. Por fim, entre chaves é disposta a referência da edição brasileira, na tradicional sequência nome, ano, página {MARX, 2013, p. 79}. Desse modo, quando Marx diz que "a finalidade última desta obra é revelar a lei do movimento econômico da sociedade moderna", a referência que aparece logo após as aspas é (MEGA, II.5, pp. 13/14) [MEW, 23, pp. 15/16] {MARX, 2013, p. 79}.

(ii) As traduções

As principais referências utilizadas são a primeira edição alemã do Livro I de *O capital*, publicada em 1867 (MEGA, II.5), a segunda edição alemã do Livro I, publicada em 1872 (MEGA, II.6), além dos manuscritos econômicos que compõem o Livro III, escritos entre 1864 e 1865 (MEGA, II.4.2). No entanto, existem diferenças não só entre a primeira e a segunda edição alemã, mas também entre estas e a tradução para o francês, revisada e corrigida por Marx (MEGA, II.7). Além disso, observam-se alterações entre essas três primeiras edições e a quarta edição feita por Engels, em 1890 (MEGA, II.10). Esta constitui o texto base tanto para a *Werke* como para as inúmeras traduções de *O capital*, incluindo a edição da Boitempo. Para não atrapalhar a articulação entre texto e notas de rodapé, eventuais discussões sobre diferenças em relação ao conteúdo das distintas edições, quando relevantes para o argumento, são apresentadas nas notas de rodapé antecedidas por (N.T.).

PREFÁCIO

O presente livro é uma das contribuições mais importantes para a literatura marxista contemporânea.

César Mortari Barreira estabelece um objetivo muito ambicioso na sua investigação: decifrar e reconstruir o funcionamento e as formas de aparecimento do Direito no interior da reprodução global do capitalismo como um sistema social. Para atingir este objetivo, o autor entende que o ponto de partida de toda a análise deve ser a crítica de Marx à economia política, ou seja, o sistema teórico apresentado por Marx principalmente nos seus escritos maduros – desde 1857 até ao fim da sua vida (1883) –, uma obra na qual os três volumes de O *capital* estão incluídos, juntamente com muitos outros manuscritos de uma enorme extensão total.

A crítica de Marx à economia política constitui uma ruptura teórica importante na história das ciências sociais, uma revolução que abriu um novo campo teórico. Em outras palavras, Marx estabelece um novo sistema conceitual que visa decifrar as estruturas sociais do capitalismo em geral, e não apenas do capitalismo no qual Marx viveu, na Inglaterra do século XIX. Como Marx corretamente sublinha, o objeto da sua análise é a "média ideal"[1] do sistema

1 MARX, Karl. O *capital*, vol. III. São Paulo: Boitempo, 2017, p. 970.

capitalista e o processo da sua reprodução, as relações causais que operam sob a superfície de cada sociedade capitalista e as formas da sua aparência. No nível econômico, Marx estabeleceu uma *teoria monetária do valor e do capital*, que resumiu de forma concisa na frase "o carácter social do trabalho aparece como a existência monetária da mercadoria".[2] As relações sociais no capitalismo estão "reificadas", ou seja, aparecem – e são apreendidas na interação social – de uma forma "fetichizada": elas se expressam como relações entre "coisas" – mercadorias, dinheiro, títulos etc.

No entanto, o trabalho de Marx não está livre de contradições. No decurso do desenvolvimento da sua teoria, ele progrediu de forma não linear, desenvolvendo novos conceitos, abandonando outros, mas também, por vezes, recuando para o campo teórico da economia política clássica, o qual ele tinha subvertido radicalmente por meio de sua crítica. Nesse sentido, o legado de Marx não é um sistema de pensamento completo, muito menos fechado; em essência, é um projeto de investigação que Marx iniciou sem completar e que está basicamente em curso.

Conhecendo profundamente o estatuto da teoria marxista e tendo pleno acesso a todos os textos originais alemães publicados na *Marx-Engels-Gesamtausgabe* (MEGA 2), César Mortari Barreira parte do desmascaramento sistemático das interpretações "populares" do capitalismo contemporâneo baseadas na alegada oposição entre a "economia real" e a esfera financeira "predatória". Ele apropriadamente defende a tese de que a ascensão das finanças, a chamada financeirização, não é uma ameaça ao capital industrial, nem indica uma fraqueza deste último (sua incapacidade de assegurar padrões de acumulação adequados). As finanças estabelecem uma tecnologia particular de poder – juntamente com um modo particular de financiamento de atividades econômicas – que está completamente em consonância com a natureza da exploração

2 MARX, Karl. *O capital*, vol. III. São Paulo: Boitempo, 2017, p. 649.

capitalista. Toda empresa capitalista tem uma face de Janus: por um lado, um local de produção – os meios de produção – e, por outro, os títulos financeiros – obrigações, ações etc. – que denotam o *status* de sua propriedade. Trata-se de uma situação que a abordagem "economia real vs. especulação financeira" não pode apreender. No capitalismo desenvolvido, o papel-chave dos mercados financeiros não está relacionado apenas ao fornecimento de crédito às empresas: a função complementar das finanças é "monitorar" a eficácia das empresas individuais e outras instituições, facilitando estratégias de exploração favoráveis ao capital.

A dicotomia ficcional entre um capitalismo supostamente "bom", "desenvolvimentista-industrial", e um "mau", "especulativo-financeiro", uma dicotomia introduzida por Thorstein Veblen e John Maynard Keynes, funciona como uma narrativa apologética que ameniza a exploração e o domínio capitalista, elogiando o alegado elemento "bom" do capitalismo e, claro, do Estado capitalista, na sua boa e antiga versão do "bem-estar". Ao mesmo tempo, ela impede o desenvolvimento de uma compreensão abrangente das relações sociais nas sociedades capitalistas. O que Marx realmente nos diz não é que o capitalismo carece de especulação ou de características predatórias, mas que a essência da exploração capitalista corresponde a uma situação na qual o mais-valor é produzido como uma relação econômica "natural" apoiada pelo consenso ideológico dos explorados e, até certo ponto, independentemente da distribuição de renda, dado que esta depende das correlações de poder entre as classes sociais.

Tendo refutado estas percepções "populares" – e não raramente populistas – das elites predadoras dominantes contra a "comunidade industrial produtiva" – o capitalismo cassino etc. –, César Mortari Barreira esforça-se para esclarecer em profundidade as noções e o quadro teórico da crítica marxiana à economia política, revendo minuciosamente as ambivalências ou/e contradições de Marx. Para este efeito, ele também examina discussões mais recentes sobre a teoria marxiana do valor e da forma-valor, prestando especial atenção tanto a diferentes interpretações da noção de dinheiro como capital como à exploração capitalista. Neste contexto, ele fornece uma análise penetrante e altamente original da "Nova Leitura de Marx", desenvolvida no mundo de língua alemã desde os anos 1960, destacando também o importante papel que as obras de Theodor W. Adorno desempenharam na formulação das diferentes interpretações desenvolvidas dentro deste campo teórico especialmente não homogêneo.

Um argumento importante desenvolvido pelo autor do presente livro – a partir de sua revisão crítica acima mencionada da obra de Marx e das análises críticas mais recentes sobre ela – é a consciência de que o que Marx chama de "esfera da circulação simples" não diz respeito a alguma "produção simples de mercadorias", em oposição à produção capitalista, mas à "casca exterior" do circuito do capital total-social, ou seja, do processo geral de produção e reprodução capitalista. A tese de que a "circulação simples" constitui uma forma de aparência da totalidade capitalista e não algum passado pré-capitalista é de grande importância, pois muitas abordagens marxistas da teoria do valor de Marx afirmam o contrário.

Essa questão foi até mesmo um ponto de atrito entre Marx e Engels: enquanto Marx considera os conceitos de valor, a forma-valor etc. como elementos estruturais das relações causais que operam por trás da superfície de toda sociedade capitalista, constituindo elementos do modo de produção capitalista, Engels sustenta que esses conceitos se referem a realidades sociais anteriores ao capitalismo que adquiriram um "conteúdo capitalista" em seu desenvolvimento histórico posterior. Discutindo o manuscrito do Volume I de *O capital* antes de sua publicação, Engels, em carta endereçada a Marx em 16 de junho de 1867, após ressaltar que o alto nível de abstração cria dificuldades de compreensão para o "filisteu" que "realmente não está acostumado a este tipo de pensamento abstrato e certamente não se atormentará por causa da forma de valor", acrescenta: "no máximo, você poderia fornecer evidências históricas bastante mais extensas para as conclusões a que chegou aqui dialeticamente. Você poderia, por assim dizer, aplicar o teste da história".[3] Embora Marx não tenha seguido este conselho de seu camarada, Engels insistiu em sua percepção "historicista", e argumentou no Prefácio que escreveu ao volume III de *O capital* que, no volume I, Marx "toma a produção simples de mercadoria como [o] pressuposto histórico" do capitalismo, ou seja, ele está

> procedendo a partir desta base, para chegar ao capital (...) ele procede precisamente lá a partir da mercadoria simples e não de uma forma conceitual e historicamente secundária, a mercadoria como já modificada pelo capitalismo.[4]

A ênfase de César Mortari Barreira nas formas de aparência das relações capitalistas de dominação e exploração no âmbito da reprodução geral do sistema capitalista, e mais especificamente a compreensão acima mencionada da "circulação simples" como "mera forma de aparecimento de um processo mais profundo subjacente a ela, bem como dela resultante e dela produtor", de acordo com as próprias palavras de Marx,[5] o leva a confrontar algumas teses do grande teórico marxista do Direito Evgeni Pachukanis (1891-1937).

O capitalismo constitui um conjunto de relações de poder social que se refere a todos os níveis sociais. Nele estão contidos o poder econômico e a exploração, juntamente com as relações de poder político, jurídico e ideológico, e os correspondentes processos da "reprodução sociojurídica". Entretanto, em algumas partes de sua famosa obra *A Teoria Geral do Direito e o marxismo*, Pachukanis desconecta as características estruturais do direito e sua evolução do processo geral de reprodução capitalista, pois adere à ideia de que o direito está inerentemente relacionado à "produção simples de

3 *Marx-Engels Collected Works*, vol. 42: 381.

4 MARX, Karl. *O capital*, vol. III. São Paulo: Boitempo, 2017, p. 91.

5 (MEGA, II.2, pp. 68/69).

mercadorias" e às relações de troca que caracterizam não apenas o capitalismo, mas também um longo período histórico que o precede.

O autor do presente livro mostra competentemente que, se alguém se contenta com a abordagem pachukaniana, então se compreende apenas um aspecto da realidade capitalista, qual seja, o aparecimento (e funcionamento) da liberdade formal e da igualdade no capitalismo, subestimando os efeitos políticos, ideológicos e jurídicos concomitantes à "lei da propriedade": que a classe capitalista, tendo a propriedade econômica e a posse (administração) dos meios de produção, paga à classe trabalhadora uma soma em dinheiro (um "equivalente da força de trabalho dos trabalhadores") apenas para obter sistematicamente um lucro acima desse "fundo salarial" e dos custos de depreciação dos meios de produção. A propriedade econômica e a posse (gestão) dos meios de produção exige um quadro jurídico característico das relações sociais de poder capitalistas: ela aparece – e funciona – como consequência de uma convenção jurídica, ou, na formulação de Marx,

> a propriedade acaba sendo o direito, por parte do capitalista, de apropriar-se do trabalho não remunerado de outros ou de seu produto, e a impossibilidade, por parte do trabalhador, de apropriar-se de seu próprio produto.[6]

A condição de liberdade e igualdade no capitalismo, que está amalgamada às relações econômicas e jurídico-contratuais moldadas na esfera da circulação, é a forma de aparência e simultaneamente a forma de operação da dominação e exploração da classe capitalista, resultante da "inclusão" da coerção direta na relação econômica como tal. Trata-se de uma condição que torna a exploração e dominação de classe invisíveis.

6 MARX, Karl. O *capital*, vol. I. São Paulo: Boitempo, 2013, p. 730.

Além disso, a existência da "face de Janus" da empresa capitalista, que Marx descreve como a junção entre um "capitalista monetário" (dono de obrigações e/ou ações, ou seja, o proprietário legal da empresa) e um "capitalista funcional" (gerente), deixa claro que a acumulação de capital é sempre acompanhada pela evolução das formas legais e dos processos de *acumulação de direitos*. O crédito e as finanças, aparecendo como atividades produtoras de lucro fundamentadas em direitos legais e contratos, funcionam como "o fetiche do capital em sua forma consumada".[7] Por estes motivos, a exigência de César Mortari Barreira de que a teoria monetária do valor de Marx deve caminhar junto com uma teoria monetária do direito é plenamente justificada.

Este livro abre um novo caminho na compreensão dos processos de reprodução capitalista em geral, nas relações de poder não evidentes e na avaliação crítica do capitalismo e de suas formas de aparência. No primeiro semestre de 2019, durante seu período de pesquisa em Atenas, Grécia, tive o prazer e o privilégio de trocar sistematicamente opiniões com César Mortari Barreira, enquanto o presente livro ainda estava em fase de elaboração. Foi uma experiência muito proveitosa, na qual aprendi e pensei muito, e pela qual me sinto obrigado a agradecer ao autor.

JOHN MILIOS

Professor Emérito de Economia Política
National Technical University of Athens

7 MARX, Karl. *O capital*, vol. III. São Paulo: Boitempo, 2017, p. 523.

APRESENTAÇÃO

"Pois nada senão o desespero pode nos salvar".

Christian Dietrich Grabbe
citado por Theodor W. Adorno

Embora a pergunta *como é possível a ordem social?* seja crucial, não é fundadora do pensamento sociológico. Esta história quem nos conta é Luhmann. A sociologia, em seu início, reivindicou a inadequação teórica da distinção indivíduo/coletivo, e se dedicou a pensar a mediação de ambos os lados. Desse projeto inaugurou-se uma tradição dedicada à redescrição de semânticas pré-sociológicas, atribuindo-lhes caráter relacional. Pense, por exemplo, nos conceitos de racionalidade, legitimidade ou solidariedade. Weber e Durkheim são as principais referências dessa tradição. Não obstante os dois clássicos busquem superar a diferença entre indivíduo e coletivo (para tanto, constroem caminhos próprios), ainda a tomam por ponto de partida. Estão presos a ela.

Simmel se libertou. Foi o primeiro a formular a pergunta *como é possível a ordem social?* tornando-a *Leitmotiv* da teoria da sociedade. Com base na filosofia da consciência, ele afirma que indivíduo é, na verdade, sujeito, o qual, ao mesmo tempo, é o elemento que compõe as sociedades. Ao sugerir que o social é formado da subjetividade de seus elementos, Simmel considera inadequado qualquer conhecimento que supõe sínteses ou determinações exteriorizadas. Nos termos da reconstrução luhmanniana, "a sociedade não exige nenhum observador externo que seria o único sujeito e portador exclusivo de prestações sintetizadoras". Dito de outro modo, não há nenhuma relação – ou síntese com o outro – que não seja autofundada. Não existem mediações estranhas ao social. A releitura de Luhmann acrescenta, porém, que, por não ser externamente determinado, o sujeito elementar em razão de sua subjetividade protege-se contra sínteses absolutas, mesmo internas à sociedade. Isso porque toda heterossíntese provém de uma autossíntese. Daí a teoria dos sistemas infere que a categoria individualidade é um produto social.

Partindo de Simmel, Luhmann é o autor que levou a pergunta *como é possível a ordem social?* mais a sério. Dedicou estudos específicos a ela e demonstrou como o esquema de dupla contingência, desenvolvido por Parsons, a fez progredir.

Mas esta não é propriamente a história contada neste livro. Seu autor já a havia escrito em sua dissertação de mestrado. Faço aqui um breve interstício. Para a minha geração a prática da crítica social no início de nossa formação não foi trivial. O contexto histórico dos anos 1990 facilitava a fábula de que o marxismo estaria ultrapassado e a hegemonia do paradigma habermasiano do agir comunicativo nos prometia uma organização racional-discursiva da sociedade. Contextos regressivos, todavia, precisam ser criativos: fomos dar a volta no parafuso do pensamento luhmanniano para criticar o nosso tempo, cada vez mais mergulhado na irracionalidade neoliberal. Nesse sentido, buscamos praticar a *crítica imanente* em seu sentido mais forte: girar uma teoria compreensiva ou tecnocrata revelando que ela traz inscrita em seus próprios conceitos o contrário do que afirma. Marx fizera assim com os economistas clássicos. Não foi isso o que nos legou Adorno?

Quanto a Luhmann, pretendíamos mostrar que, para o sujeito se autorreferir, ele precisava observar a si mesmo, ou seja, se tornar objeto de si mesmo e, portanto, se objetificar. A hipótese era que a autonomia dos sistemas, entendida como a individualidade de cada síntese entre elementos específicos, equivalia aos fenômenos do fetichismo e da reificação. A diferenciação social era, assim, reposta na forma de um mosaico de abstrações reais desacopladas das necessidades dos sujeitos. Conheci César Mortari Barreira discutindo essas questões. À época ele era estudante de graduação da PUC-SP e me encontrou no Rio de Janeiro para uma conversa sobre seus estudos. Seu objetivo era transpor o método crítico acima descrito para a recepção conservadora de Luhmann na teoria do Direito Penal de Jakobs, que se baseava na estigmatização de populações como inimigas e na restrição de suas garantias. A proposta de dar uma volta a mais no parafuso me cativou. O resultado foi uma dissertação de mestrado tão consistente quanto aplaudida, em que Barreira sustentou que a potência crítica dos conceitos luhmannianos permitia *usar em negativo* a política criminal repressiva de Jakobs para contestar os processos de legitimação da dogmática jurídico-penal.

Neste prelúdio, está o modelo crítico que move o presente livro. Mas, como visto, sua história e contribuição são outras. Para contá-las, preciso retomar a pergunta *como é possível a ordem social?* e buscar em Simmel linhas análogas à percorrida por Luhmann, mas tomadas em outra ótica. Estas são as linhas que Barreira não quer mais deixar escapar. Quando Simmel analisa a fragmentação social em múltiplas subjetividades e sínteses internas, a indagação insistentemente repetida torna-se inevitável. Já sua resposta rompe com a tradição sociológica ainda assentada na distinção transcendental indivíduo/coletivo. Simmel afirma que, destituída de princípios externos, a relação intersubjetiva exige a imposição de abstrações, que, por sua vez, recolocam a individualidade. As categorias abstratas permitem, assim, que *alter* possa ser compreendido por *ego* e, ao mesmo tempo, que *ego* se identifique. A reflexão simmeliana articula, assim, a passagem da filosofia da consciência para uma "teoria objetiva da sociedade". A expressão está entre aspas, porque provém de Adorno. Eis o empreendimento de Barreira!

O presente livro é uma elaboração refinada sobre as condições objetivas de possibilidade da ordem social. Para tanto, o autor se propõe a extrair da crítica da economia política uma teoria da sociedade. A tarefa não é simples. Se é verdade que a crise de 2008, a frustração com o idealismo habermasiano em torno da razão moderna inacabada e a reivindicação do regresso à análise do capitalismo nos colocaram novamente a necessidade de um retorno a Marx – agora, sem intermediários –, não é menos certo que a teoria marxiana não se pretendeu um programa sociológico. Esta questão tem nos provocado na última década. Barreira a explora exemplarmente e para chegar ao seu cerne volta a Adorno. Seu percurso é rigoroso e criativo: ao empregar meticulosamente o método de interpretação estrutural de *O Capital* e seus textos preparatórios, abre caminho para considerações teóricas do projeto adorniano que, por seu lado, foram fundamentais para o surgimento de uma Nova Leitura de Marx (NLM) a partir dos anos 1970.

Nesse sentido, engana-se quem tomar este livro por interpretação exegética, ainda que brilhante, dos conceitos marxianos. A forma como o autor operacionaliza manuscritos, edições críticas e não críticas de Marx, bem como as intervenções de Engels, é digna de nota. Alinha-o ainda mais à NLM. Mas Barreira está mesmo preocupado com a teoria da sociedade. Para tanto, leva tão a sério a exigência adorniana de não se deter nas fronteiras do pensamento posto, que aproveita o próprio Adorno para esmiuçar Marx.

Barreira traz da teoria adorniana uma discussão fundamental sobre a separação entre sociologia e psicologia ser correta e incorreta. Com isso, Adorno reafirma que a condição de existência da individualidade é, contraditoriamente, a objetividade social: as tipificações abstratas que proporcionam interações também exercem pressão para a formação de personalidades singulares, que dependem das mesmas tipificações para se individualizarem. Em certeira passagem captada por Barreira, Adorno diz que o indivíduo é "portador das determinações sociais que o marcam". Essa passagem é importante para se deixar claro que o problema não é mais do caráter tautológico da relação entre auto e heterorreferência, um legado da constelação luhmanniana sobre a ordem social. Temos, ao contrário, nos ocupados de uma crítica mais radical, que decididamente considera o movimento entre sujeito e objeto uma tautologia cega. Barreira o apreende de um modo particular e profundo, mostrando que a sociedade é uma maquinaria objetiva que, ao moldar indivíduos, reprime interesses, desejos e vontades. O projeto adorniano que este livro descortina pode ser assim resumido: se a integração ou unidade social só se realiza através de sínteses abstratas, ninguém vive nela pelas suas próprias determinações, mas pelas abstrações objetificadas que ela produz. A socialização é, em outras palavras, fetichizada. Com muito êxito, Barreira faz decolar o conceito de fetichismo ao longo das páginas que escreve.

Ainda junto a Adorno, Barreira sabe que é impossível pensar a possibilidade da ordem social de costas para o mundo. Como as abstrações objetificadas se formam? A resposta adorniana exige historicização. O princípio de identificação substitui erroneamente o singular pelo homogêneo. O meio que autoriza tal substituição é a troca, pois, nas palavras de Adorno, "torna comensuráveis e idênticos indivíduos e performances não-idênticos". Mas o princípio de identificação só pode ser assim realizado se as necessidades dos sujeitos forem subordinadas às respectivas trocas que, enquanto relações abstratas, podem homogeneizar. Isso, por sua vez, acontece em um momento determinado: o capitalismo. A socialização objetificada e fetichizada de que fala Adorno é a capitalista. Um de seus grandes legados é a formulação da conexão entre razão identitária e forma-mercadoria. Tal conexão é fundamental para reafirmar que o alvo central do trabalho da crítica é a economia política.

Barreira não se desvia desse alvo e avança passo a passo nas investigações de Marx. Antes, porém, situa sua análise no mundo contemporâneo e faz um escrutínio dos diagnósticos heterodoxos sobre a financeirização. Tais diagnósticos têm enfatizado que a atual acumulação financeira se caracteriza pela captura do capital produtivo por uma classe parasitária, os rentistas, que instrumentalizaria a riqueza produzida para fins especulativos, travando o desenvolvimento socioeconômico. Como esta dinâmica move-se pela concentração de poder dos financistas, nutrida pelo aumento de reivindicações e garantias da propriedade privada acionista, ela minaria os procedimentos democráticos e os direitos sociais. Contra o mercado de ideias do fim da democracia, Barreira oferece uma crítica mordaz. Para ele, a crítica dos parasitas financeiros tende a se dirigir ao plano abstrato das relações de trocas, no qual os indivíduos aparecem como equivalentes e livres para agir, de onde se extrai a permissão de julgar os motivos de suas ações. Abre-se, assim, a possibilidade de personificação dos culpados. Trata-se, portanto, de uma crítica externa que, ao invés de buscar a gênese da abstração que esvazia a potência individual, aceita a promessa abstrata de individualidade para cancelar comportamentos reprováveis, dentre eles, a ganância pessoal e o hiperconsumo. Barreira evoca a noção de paranoia conspiratória para definir essa crítica. Ela compreende o estado repressivo em que vive, mas, como toma por verdade a experiência abstrata em que se movimenta, busca desesperadamente dentro da própria maquinaria objetificada seus inimigos, isentando a mesma maquinaria da violência da dominação.

Barreira acerta em trazer Postone neste ponto para afirmar que este pensamento paranoico é um "anticapitalismo fetichizado". Mas vai além. Se, de um lado, a personalização das estruturas sociais constrói uma observação ligada à imediatez da aparência do capitalismo; de outro, ela exterioriza a classe rentista. Concebe-a, então, como um "fora" que determina o mal operar do sistema. Fetichismo do fetichismo? O autor deste livro prefere discutir as "autodescrições fetichizadas da sociedade capitalista". A meu ver, anda bem nessa linha. A crítica dos parasitas rentistas precisa pressupor três processos de externalização, a saber, (a) o capital financeiro é desacoplado do capital funcionante, (b) o que permite aos financistas drenar a economia produtiva (c) por meio de regulação jurídica que garante os direitos de sua propriedade acionária. No lugar de entender a dinâmica do sujeito automático, a ilusão de que a sociedade é determinada por interesses particulares externos a ela. E mais: da ideia de instrumentalização rentista do direito Barreira infere que o pensamento paranoico concebe uma noção de sistema jurídico estranhado, um *dever ser* apartado do *ser*, cujo conteúdo, se redefinido em direção à disposição comum, poderia liberar a economia produtiva para a consecução de seu suposto fim, a propagação do bem-estar. Nada mais idealista, refuta o autor.

Paranoia, indiferença à reificação e idealismo jurídico são negações das relações abstratas de trocas e, consequentemente, da dominação objetiva do capitalismo. Barreira desfaz essas negações, desvelando como o monstro funciona. Para isso, mergulha com destreza nas águas tortuosas da NLM (com suas múltiplas divergências) e encontra sua foz: a centralidade da forma-valor e do fetichismo da mercadoria em *O Capital*.

Diante de sua reflexão estimulante, cabe, no entanto, alçar um breve voo que o autor não deve ser responsabilizado por nenhuma turbulência que possa gerar. Do ponto de vista da possibilidade da ordem social, a crítica dos parasitas financeiros expõe os riscos de se manter a metafísica da distinção indivíduo/coletivo, citada no início desta apresentação. A culpabilização dos financistas pelo desconforto na vida capitalista leva a uma discussão sobre certa intencionalidade de indivíduos representados como autoconscientes, que estaria em desconformidade com o espírito coletivo. Esta concepção consente com dois extremos problemáticos. Afirma, de um lado, que os indivíduos *são realmente o que são*, multifacetados, diferenciados e não generalizados socialmente; de outro, que a sociedade possui uma cosmovisão, um *ethos* compartilhado ou um consenso autocriado. A metafísica da distinção indivíduo/coletivo julga por real o que não é. Anuncia positivamente o primado (humanista) dos sujeitos, enquanto eles são reificados pela subsunção às relações abstratas de trocas para serem sociais. Essa metafísica é, portanto, a fase conceitual do fetichismo societal. Barreira não caminha para essa discussão. E nem precisaria, porque, coerente com o desenvolvimento de sua exposição, desemboca sua crítica da crítica dos parasitas financistas nas releituras historicistas e equivocadas do método marxiano (ou no engelsianismo) que, ao distanciar a forma-valor da sociabilidade capitalista, dão vazão a leituras sobre vontades, desejos e interesses de capitalistas como motor da dominação. Uma falsificação que a leitora ou o leitor poderá examinar com toda sua riqueza exegética no transcorrer das páginas deste livro.

Diferentemente dessas releituras historicistas, *O Capital* é aqui apresentado a partir da análise da forma-valor e de seu metabolismo, que se desdobra em três momentos chaves: a troca de equivalentes é posta na análise da circulação simples (Seção I, Livro 1), negada nas considerações sobre a reprodução ampliada da acumulação do capital (Seção VII, Livro 1) e reposta nas elaborações sobre capital portador de juros (Seção V, Livro 3). Em primeira instância, a desintegração e atomização material presentes no capitalismo requerem a mensuração da heterogeneidade dos bens, algo que não pode ser feito pelas características físicas nem pelas utilidades concretas. O valor de uso é sempre particular, não pode ser equiparado. Faz-se necessário um valor de troca, que expresse algo que possa ser equivalente entre si, a saber, o tempo de trabalho socialmente necessário para a produção, o trabalho abstrato. Com isso, se dá um primeiro passo para entender a centralidade do fetichismo para possibilitar a ordem social capitalista: os diferentes trabalhos concretos adquirem a forma do valor das coisas. Um postulado que Barreira examina com propriedade a partir de Rubin.

Mas esse primeiro passo não é suficiente. É importante seguir para pensar a reprodução ampliada do capital. Barreira conhece esta necessidade e dela deriva o chamado por uma teoria monetária do valor. Com isso, posso descortinar o título do presente livro. A defesa dessa teoria é outro tema comum às diferentes abordagens da NLM. Para ela, se o valor de troca mensura quantidades específicas da qualidade geral, o dinheiro torna-se assim uma variável duplamente fundamental: é um quantificador de qualidades entre mercadorias comparáveis que, em um segundo momento, permite a quantificação das diferentes unidades produzidas. Dinheiro é um equalizador universalizante. Barreira retira do próprio Marx uma definição que lhe permite desenvolver a argumentação de modo mais apurado: dinheiro é *uma "forma genérica" do equivalente, na qual há simultaneamente o universal e o particular.*

A essa altura, fica claro a centralidade do monetário na organização da sociedade capitalista enquanto forma social objetificada e indiferente à diferença. Mas Barreira segue e leva sua análise à posição do capital portador de juros, quando o dinheiro se torna mercadoria. O crescimento do crédito não apenas transforma as finanças em mecanismo de sociabilidade, mas também subordina a propriedade individual a fundos de ações. Com ele, todo rendimento passa a aparecer como juros de algum crédito. Sob este olhar, o capital impressiona por parecer um ente autômato que busca se valorizar a partir de si mesmo. Neste caso, as formas monetário-financeiras estabelecem um mercado de papéis, que, convertidos em mercadorias, são comercializados com base em instituições e regras jurídicas próprias, que avalizam a negociação dos direitos de propriedade. Para defini-las, Barreira discorre por qual razão Marx denominou o capital portador de juros "a mãe de todas as formas enlouquecidas do capital". Sem paranoias, o autor disseca a Seção V do Livro 3 para revelar o segredo do fetichismo, então indicado na Seção I do Livro 1.

No final de minha apresentação, chego ao cerne da contribuição deste livro. Ativos financeiros são direitos de propriedade que permitem reivindicações sobre rendas futuras. Autorizam, assim, a obrigação de se apropriar de mais valor ainda não existente. Se, de um lado, esta perspectiva demonstra a unidade da separação entre produção e finanças; de outro, esclarece que a expansão do capital portador de juros abrange uma dinâmica de "acumulação de direitos". A expressão é de Marx. Barreira a enfatiza de sorte a sustentar que os ativos exigem o fetichismo jurídico em seu mais alto grau de abstração. Mas para compreender este processo não basta o modelo disponível no campo do *Direito e marxismo*. Pachukanis nos deixou notáveis ferramentas para apreender a forma da liberdade e da igualdade na troca de equivalentes, não para lidar com sua subordinação à lei da propriedade. Como ampliar as condições de apreensão da reprodução sócio-jurídica do capitalismo? Eu propus esta pergunta há um tempo. Barreira a reorganiza e, congruente com a teoria do fetichismo, desnorteia o mapa das análises marxistas sobre o Direito, oferecendo uma descrição complexa das representações da forma jurídica depreendidas da metamorfose da forma do dinheiro.

Não cabe a mim explicar tal descrição. Uma contribuição original deve ser lida nas palavras de seu próprio autor. Asseguro, porém, que a leitora e o leitor encontrarão uma construção analiticamente precisa. Aquele estudante que conheci há mais de uma década me deu a alegria de fazer seu doutorado sob minha orientação. O resultado de sua pesquisa é este precioso livro. Recordo-me que, quando conclui a banca de defesa de sua tese, sustentei, comovido, que naquele dia o conhecimento crítico havia avançado. Deixo nossos pares julgarem a minha razão. Mas, após anos de convívio, em que nos tornamos parceiros e coautores, posso garantir que a busca de César não é por louvor. Para citar outra vez Adorno, resistente ao "otimismo do oba-oba", este jovem pesquisador quer "ir além, seguir pensando". Sua história não para por aqui. E ouso dizer que ela enredará ainda mais o negativo do mundo em que vivemos. Não para aceitá-lo, mas para criticá-lo. Boa leitura!

GUILHERME LEITE GONÇALVES

Professor do Instituto de Estudos Sociais e Políticos – IESP – e da Faculdade de Direito da Universidade do Estado do Rio de Janeiro – UERJ

INTRODUÇÃO

Toda solução pressupõe um diagnóstico estruturado por alguma articulação conceitual. Em um discurso particularmente disseminado, parece ser razoável considerar o atual aumento da desigualdade social e a precarização do trabalho e de nossas vidas como consequências de um agente econômico bastante conhecido – o poder corporativo. Efetivamente, as corporações governam tudo: elas não só determinam o que comemos, assistimos e vestimos, mas também onde trabalhamos e o que fazemos. Presentes em todas as esferas de nossas ações, elas disputam espaço e poder com os Estados nacionais, impondo seus interesses por meio de uma rede de contatos, públicos e privados. Não por acaso, este fenômeno constitui um dos eventos mais notáveis do início do século XXI.

Nesse contexto, é digna de nota a publicação de uma pesquisa do Instituto Federal Suíço de Pesquisa Tecnológica, significativamente intitulada "A Rede de Controle Corporativo Global". Após analisarem como 43 mil corporações se relacionam, os autores do relatório final salientam a "estrutura de laços de gravata" que caracteriza as corporações transnacionais, nas quais "uma grande parte do controle flui para um pequeno núcleo de instituições financeiras estreitamente unidas". Trata-se de uma "gigantesca estrutura", uma "superentidade econômica" com 737 atores que controlam 80% do valor de todas as empresas transnacionais. Além disso, três quartos do referido núcleo são compostos por intermediários financeiros.[8] A partir desses dados, Ladislau Dowbor sugere que "não ver a conexão entre esta concentração de poder econômico e o poder político constitui ingenuidade ou evidente falta de realismo".[9]

Evidências à parte, é importante desde já considerar o seguinte raciocínio: aquilo que *aparece* aos sentidos nem sempre diz algo sobre a estrutura social subjacente à superfície dos fenômenos sociais. Portanto, durante todo o livro deve-se atentar para o uso distinto dos verbos aparecer [*erscheinen*] e parecer [*scheinen*]. Eles estão relacionados à diferença entre "algo ser" [*etwas ist*] e algo "aparecer como" [*etwas erscheint als*].[10] Assim, "aparecer como" significa que há a possibilidade daquilo que aparece se manifestar sob outra forma. Por isso logo no primeiro parágrafo de O *capital* é dito que "a riqueza das sociedades onde reina o modo de produção capitalista *aparece* [*erscheint*] como uma 'enorme coleção de mercadorias'".[11] Ou seja, há a possibilidade da riqueza aparecer sob outra forma em outro modo de produção. Daí a ideia de que a manifestação da riqueza como uma "enorme coleção de mercadorias" é uma aparência (*Erscheinung*)/(*Schein*), e não uma ilusão (*Täuschung*), casos nos quais se utiliza o verbo *scheinen*.

O apelo ao "real" tende a ser ele mesmo sintoma de um desassossego diante daquilo que *parece* ser eterno no cotidiano – "o ostensivo 'realismo' do 'capitalismo' na verdade não tem nada de realista".[12] Nos manuscritos do Livro III de O *capital*, Karl Marx

---

8 VITALI, Stefania; GLATTFELDER, James B.; BATTISTON, Stefano. "The Network of Global Corporate Control". *Plos One*, vol. 6, 2011.

9 DOWBOR, Ladislau. *A era do capital improdutivo*. São Paulo: Autonomia Literária, 2017, p. 46.

10 HEINRICH, Michael. *Wie das Marxsche "Kapital" lesen? Teil 1*. Stuttgart: Schmetterling Verlag, 2016, p. 51.

11 (MEGA, II.6, p. 69) [MEW, 23, p. 49] {Marx, 2013a, p. 113}.

12 FISHER, Mark. *Realismo capitalista*: é mais fácil imaginar o fim do mundo do que o fim do capitalismo? São Paulo: Autonomia Literária, 2020, p. 34.

adverte que, para aquele que está "preso nas relações de produção capitalistas",[13] as relações sociais não são transparentes. Elas são *translúcidas*. Não por acaso, em outra oportunidade ele escreve: "no processo capitalista, cada elemento, mesmo o mais simples, a mercadoria, por exemplo, já é uma inversão".[14]

O significado e importância das *inversões* sociais permeiam todo o livro. Mas, por enquanto, as advertências anteriores já possibilitam compreender as razões pelas quais o capital portador de juros – em análise particularmente afeita à problemática das corporações – é visto por Marx como "a mãe de todas as formas enlouquecidas do capital". Trata-se do momento em que a loucura do "modo de representação capitalista [*kapitalistische Vorstellungsweise*] atinge o seu auge".[15] [16] Nas palavras do autor:

> As mediações das formas *irracionais*, nas quais *aparecem* e se sintetizam na prática determinadas relações econômicas, não importam em nada ao portador prático dessas relações em sua atividade cotidiana, e, como ele está acostumado a mover-se em meio a elas, seu entendimento não encontra aí nenhum obstáculo. Uma contradição completa não tem absolutamente nenhum segredo para ele. Nas formas de aparecimento alienadas, tomadas isoladamente de seu contexto interior, ele se sente em casa, como um peixe na água.[17]

---

13 (MEGA, II.4.2, p. 847) [MEW, 25, p. 833] {Marx, 2017, p. 887}.

14 (MEGA, II.3.4, p. 1505).

15 (MEGA, II.4.2, p. 522) [MEW, 25, p. 483] {Marx, 2017, p. 523}.

16 (N.T.) A "mãe" aparece na edição da Boitempo como "matrix", a *kapitalistische Vorstellungsweise* como "concepção capitalista". Em outro momento, o termo alemão aparece como "mente do capitalista" (MARX, Karl. *O capital*, vol. III. São Paulo: Boitempo, 2017, p. 432). A importância do termo "modo de representação capitalista" foi destacada por Jorge Grespan (GRESPAN, Jorge. *Marx e o modo de representação capitalista*. São Paulo: Boitempo, 2019) e será retomada no quarto capítulo.

17 (MEGA, II.4.2, p. 720 – destaques no original) [MEW, 25, p. 787] {Marx, 2017, p. 839}.

É a partir dessa compreensão que Marx analisa a distinção entre comprar e vender, tão comum na linguagem do dia a dia, como "uma diferenciação que só aparece como *essencial* para quem desconhece por completo a conexão efetiva".[18] Consequentemente, o desconhecimento do que é efetivo cristaliza na consciência cotidiana o aparecimento sensível como momento primordial da epistemologia. No âmbito de uma teoria da sociedade, essa opacidade remete a um aspecto fundante da modernidade – a sua *contraditoriedade*. Na socialização capitalista, tal como ela aparece no mercado, a "racionalidade" da troca entre os sujeitos só se mantém por meio dos interesses antagônicos. A unidade social depende de um conflito – seu aspecto "irracional" – "que a todo momento ameaça explodi-la".[19]

Essa chave de leitura orienta aquela mediação dos fatos sociais que Theodor W. Adorno também denomina "objetividade heterônoma em relação ao sujeito". Em uma sociedade caracterizada pela interdependência universal, "a causalidade retraiu-se, por assim dizer, para a totalidade".[20] Por isso, distante dos anseios de certeza, o conhecimento se estabelece "numa malha de preconceitos, intuições, inervações, autocorreções, antecipações e exageros, em suma, na experiência densa, fundada, mas de modo algum transparente em todos os pontos".[21] Nesse sentido, compreender algo sobre a sociedade pressupõe acolher o que, para o pensamento tradicional, "aparece como opaco, impenetrável, mera individuação".[22]

Retomar esses argumentos possui uma finalidade bastante precisa. Eles são importantes para problematizar os discursos atuais que associam os fundamentos da socialização à "realidade" ou ao "real

18 (MEGA, II.4.2, p. 664 – destaque no original) [MEW, 25, p. 623] {Marx, 2017, p. 669}.

19 ADORNO, Theodor W. *Einleitung in die Soziologie*. Frankfurt am Main: Suhrkamp, 2003, p. 78.

20 AGS, 6, p. 264.

21 AGS, 4, p. 90.

22 AGS, 5, p. 318.

interesse" daqueles que "dominam" o mundo. É sob esses parâmetros que surgem análises como as de Julian Assange. Em um artigo publicado em 2006 – "Conspiração como governança" –, ele aponta a necessidade de compreendermos "a principal estrutura generativa da má governança", algo capaz de nos colocar "em uma posição de clareza". E é justamente a conspiração a responsável por atuar como verdadeira "metodologia de planejamento" para fortalecer o poder autoritário, tanto de governos como de empresas.[23]

De modo similar, Wolfgang Streeck retoma o estudo anteriormente citado do Instituto Federal Suíço de Pesquisa Tecnológica para sugerir o surgimento de uma "atividade lobística" a partir da década de 1970. Se ela demandava que algo fosse feito na economia em nome da retomada do crescimento, isso estava de algum modo relacionado à "explicação de um *plano secreto* do grande capital internacional e do capital financeiro". Ainda que Streeck faça a seguinte ponderação: "há que se ter o devido cuidado perante as teorias da conspiração, nas quais os cientistas sociais não podem acreditar, nem nos fazer acreditar que elas definitivamente não existem".[24]

As referências à conspiração são particularmente sugestivas. Em sua análise dos desafios impostos ao "mapeamento cognitivo" pelo desenvolvimento do capitalismo, Fredric Jameson a compreendeu como uma figura degradada da lógica total do capital tardio. Com isso, ele afasta a ideia costumeira de que ela seria um problema epistêmico, mas sim "uma tentativa desesperada de representar o sistema [do capitalismo], cujo fracasso é marcado por seu escorregamento

23 ASSANGE, Julian. *Conspiracy as Governance*. 2006, pp. 1/2. Disponível em: https://cryptome.org/0002/ja-conspiracies.pdf. Acessado em: 21.06.2023.

24 STREECK, Wolfgang. *Tempo comprado*: a crise adiada do capitalismo democrático. São Paulo: Boitempo, 2018, p. 18.

em puro tema e conteúdo".[25] Portanto, a própria noção de totalidade social aparece como uma conspiração.[26]

Nesse contexto, tendo como ponto de partida o imaginário dominante associado ao protesto político na década de 1980, Christopher Lasch também se refere à difusão da paranoia. Uma vez que o governo passa a ser visto como uma "conspiração contra o povo", então se compreende o receio "de estar sendo manipulado, invadido, colonizado e ocupado por forças estranhas".[27] Mas o objeto desta reflexão foi abordado por Adorno décadas antes. Em "Sobre a relação entre sociologia e psicologia" (1955), ele já destacava como a situação objetiva fornecia a direção para inúmeras regressões psíquicas, sendo

> inegáveis as manifestações de tendências paranoicas. (...) Esta situação, que ameaça a todos e que ultrapassa com suas realizações as fantasias paranoicas, convida especificamente à paranoia, que é talvez muito especialmente favorecida pelas encruzilhadas dialéticas da história.[28]

Note-se, portanto, que as formas psicóticas possuem sua origem não na alegada "complexidade" cada vez maior da sociedade, mas na alienação – "a psicose em si é a alienação objetiva de que o sujeito se apropriou até o mais íntimo".[29]

---

25 JAMESON, Fredric. "Cognitve Mapping". *In*: NELSON, C.; GROSSBERG, L. (Coord.). *Marxism and the Interpretation of Culture*. Londres: MacMillan Education, 1988, p. 356.

26 JAMESON, Fredric. *The Geopolitical Aesthetic*: Cinema and Space in the World System. Londres: BFI Publishing, 1992, p. 9.

27 LASCH, Christopher. *The Minimal Self. Psychic Survival in Troubled Times*. Nova York/Londres: W. W. Norton & Company, 1984, p. 44.

28 AGS, 8, p. 74.

29 AGS, 8, p. 118.

Daí a possibilidade de igualmente considerar a saída conspiratória como um *sintoma* da socialização capitalista, uma denúncia da "desrazão objetiva".[30] Marx sugere algo próximo disso ao destacar que a forma de manifestação e a essência das coisas não coincidem.[31] Se ao progresso "está mesclada, como fermento, uma parcela de barbárie",[32] então o tsunami da precarização do trabalho e o recente definhamento das expectativas de emancipação – corolários das distopias tão em voga – constituem elementos que atualizam a caracterização apresentada por Adorno e Horkheimer na década de 1930: "os homens esperam que o mundo sem saída seja incendiado por uma totalidade que eles próprios constituem e sobre a qual nada podem".[33] A percepção de ausência de alternativas ao capitalismo parece ser o outro lado do "cinza objetivo" que marca a modernidade.[34]

Os impactos subjetivos derivados dessa situação são profundos. Diante de uma vivência cada vez mais aprisionada, na qual os indivíduos se veem impotentes frente à sociedade que os abarca, também é atual o estudo sobre a astrologia feito por Adorno, ao analisar as colunas do jornal *Los Angeles Times* no início da década de 1950. Tendo em vista uma dependência social exacerbada – "a captura do indivíduo por inumeráveis canais de organização",[35] – a "obviedade da dependência" é, ainda assim, difícil de ser enfrentada pelas pessoas. Ao invés de confrontar as causas sociais que levam à impotência individual, habilmente descritas como a "maquinaria anônima que anula o indivíduo",[36] é mais eficaz engendrar uma *ideologia para a dependência* como mecanismo de justificação do

30 AGS, 8, p. 40.

31 (MEGA, II.4.2, p. 721) [MEW, 25, p. 825] {Marx, 2017, p. 880}.

32 AGS, 8, p. 120.

33 AGS, 3, p. 46.

34 AGS, 10.2, p. 650.

35 AGS, 9.2, p. 108.

36 AGS, 10.1, p. 32.

pensamento paranoico: "essa pode ser uma das razões pelas quais há tanta inclinação a projetar a dependência sobre alguma outra coisa, seja uma conspiração de banqueiros de Wall Street, sejam constelações estrelares".[37]

É por essa via que Leo Löwenthal e Norbert Guterman destacam – no clássico *Profetas do engano* (1949) – como os agitadores norte-americanos enfatizavam a conspiração como estratégia de desvio das tentativas de investigar os processos sociais que faziam emergir os discursos sobre as "maquinações de Wall Street".[38] Com isso observa-se o modo pelo qual a solução conspiratória se apresenta como um estratagema de responsabilização elástico e sedutor. Ela é capaz de fomentar a difusão de teorias apocalípticas do fim do mundo e uma compreensão bastante difundida das alterações econômicas e políticas, que caracterizaram o debate sobre a reprodução social nos últimos cinquenta anos.

Pense-se, por exemplo, na "financeirização da economia" a partir da distinção entre capitalismo produtivo e improdutivo. Ancorada em uma leitura que considera a chamada "riqueza real" circunscrita ao processo de produção, esse diagnóstico considera as finanças como uma atividade improdutiva e, consequentemente, parasitária. Ela seria sustentada "pela expansão *quantitativa* do capital portador de juros e pela sua extensão à toda a economia *em detrimento* da reestruturação do capital industrial".[39] Desse modo, seu fortalecimento destituiria a chamada "economia real" de seus recursos, culminando na "tendência de dominação geral dos

---

37 AGS, 9.2, p. 109.

38 LÖWENTHAL, Leo; GUTERMAN, Norbert. *Prophets of Deceit*: a study of the Techniques of the American Agitator. Nova York: Harper & Brothers, 1949, p. 24.

39 FINE, Ben. "Locating Financialisation". *Historical Materialism*, vol. 18, 2010, p. 113 – destaque do autor.

sistemas especulativos sobre os sistemas produtivos".[40] Extravasando suas alegadas funções iniciais de financiamento das atividades ditas produtivas, o setor financeiro teria sido apropriado "por corporações financeiras que os usam para especular em vez de investir".[41]

Nesse argumento há algo além da retomada do poder corporativo. Como já visto, a ele se associa a ideia de que as finanças passaram a usar e drenar o sistema produtivo, fazendo emergir uma espécie de "capitalismo cassino". Esta expressão, consagrada por Susan Strange em 1983, implicaria a imposição da lógica de especulação e ganhos rápidos não só ao setor industrial, mas à sociedade como um todo.[42] Mas o motivo por trás dessa alteração seria a necessidade de saciar a acumulação *pessoal* e o consumo improdutivo da *classe rentista*. A distinção entre lucratividade e investimentos seria responsável por explicar como a sociedade se desviou da produção de bens e serviços socialmente úteis que caracterizariam os chamados trinta anos gloriosos do pós-guerra: "a lógica da acumulação de capital mudou (...). O sistema trava o desenvolvimento. É o capitalismo improdutivo".[43] A estrutura conceitual desse diagnóstico estabelece como saída para os problemas levantados não a reflexão sobre a sociedade e suas contradições, mas a retomada de algo que teria sido perdido e do brilho que não reluz mais – um "fora" que apontaria para um "*global new deal*, um novo pacto global pelo

40 DOWBOR, Ladislau. *A era do capital improdutivo*. São Paulo: Autonomia Literária, 2017, p. 49.

41 DOWBOR, Ladislau. *A era do capital improdutivo*. São Paulo: Autonomia Literária, 2017, p. 32.

42 Dowbor mantém essa linha argumentativa em *O capitalismo se desloca*: "instalou-se um caos financeiro planetário, com o impacto fundamental de que se ganha muito mais dinheiro com aplicações financeiras, basicamente especulação, do que com investimentos produtivos" (DOWBOR, Ladislau. *O capitalismo se desloca. Novas arquiteturas sociais*. São Paulo: Edições Sesc, 2020, p. 17).

43 DOWBOR, Ladislau. *A era do capital improdutivo*. São Paulo: Autonomia Literária, 2017, p. 91.

desenvolvimento inclusivo".[44] A nostalgia gerada por essa argumentação alimenta expectativas quanto à retomada de um "real" Estado de Bem-Estar Social, no qual um "direito emancipatório" desempenharia um papel fundamental.

A partir das problematizações apresentadas, essa projeção nostálgica também pode ser vista como uma manifestação do que Moishe Postone chamou de *anticapitalismo fetichizado*.[45] Ao contrapor a abstração do poder dos rentistas, de um lado, e o concreto "trabalho duro" da classe trabalhadora, do outro, as análises do capitalismo especulativo de Wall Street se movimentam pela *personalização* das estruturas sociais.[46] Ainda que a subjetivação de processos objetivos seja um sintoma da própria socialização capitalista, e não apenas uma falha individual, ela impede a reflexão sobre a "abstração real" que funda o campo social. Retomando uma vez mais Adorno: "a intransparência da objetividade alienada lança os sujeitos de volta ao seu eu restrito e espelha seu ser-em-si separado, o sujeito monadológico e sua psicologia, como o essencial".[47]

Essa análise crítica possui uma longa tradição. No prefácio à *Filosofia do Direito*, Hegel se pronuncia assertivamente contra a "suposta filosofia", um modo de pensar por opiniões e convicções subjetivas que abdica da compreensão das leis objetivas do mundo.[48]

---

44 DOWBOR, Ladislau. *O capitalismo se desloca*: novas arquiteturas sociais. São Paulo: Edições Sesc, 2020, p. 67.

45 POSTONE, Moishe. "Anti-Semitism and National Socialism: Notes on the German Reaction to 'Holocaust'". *New German Critique*, nº 19, 1980, p. 110.

46 No âmbito dos *Estudos sobre a personalidade autoritária*, a personalização é vista como um dispositivo para a compreensão do "não compreensível". Ela constitui a repetição de um padrão infantil: "a opacidade da atual situação política e econômica para a pessoa comum oferece uma oportunidade ideal para a regressão ao nível infantil de estereotipia e personalização" (AGS, 9.1, p. 346).

47 AGS, 8, p. 54.

48 TW, 7, p. 23.

Mas a importância e atualidade desses autores é ignorada por grande parte das análises hegemônicas contemporâneas sobre a financeirização da economia e seus componentes político e jurídico. Daí o argumento de que o poder dos especuladores, como todo e qualquer poder pessoal, precisaria se manifestar de algum modo. Uma vez que o domínio do "poder financeiro global" é tão amplo que "delimita o território ocupado pelas opções da política democrática",[49] o esvaziamento da democracia e a captura da área jurídica caracterizariam uma nova dinâmica de poder.[50] Neste "Estado-biombo", "as políticas impostas pelas corporações aparecem como iniciativas impopulares dos governos".[51] O resultado seria o ocultamento da submissão ao "mercado", isto é, que "meia dúzia de especuladores estão insatisfeitos".[52]

Essa linha de raciocínio exemplifica o conteúdo de verdade daqueles que se fincam na imediatez da socialização capitalista, momento no qual as relações sociais objetificadas se apresentam para o indivíduo "como um ser em si".[53] Se algumas abordagens marxistas apresentam a financeirização da economia[54] como um obscuro

---

49 BELLUZZO, Luiz Gonzaga; GALÍPOLI, Gabriel. *Manda quem pode, obedece quem tem prejuízo*. São Paulo: Contracorrente, 2017, p. 133.

50 DOWBOR, Ladislau. *A era do capital improdutivo*. São Paulo: Autonomia Literária, 2017, p. 115.

51 DOWBOR, Ladislau. *O capitalismo se desloca*: novas arquiteturas sociais. São Paulo: Edições Sesc, 2020, p. 79.

52 DOWBOR, Ladislau. *A era do capital improdutivo*. São Paulo: Autonomia Literária, 2017, p. 113.

53 AGS, 8, p. 45.

54 O termo "financeirização" adquire inúmeros contornos na literatura, mesmo nas abordagens marxistas. Como destaca Costas Lapavitsas, "não há uma noção de financeirização universalmente aceita dentro das ciências sociais" (LAPAVITSAS, Costas. *Profiting Without Producing*: How Finance Exploit Us All. Londres/Nova York: Verso, 2013, p. 13). Por isso mesmo, este livro problematiza não uma concepção específica, mas os pressupostos subjacentes a uma linha de raciocínio.

"projeto *político*" de restauração do poder das elites econômicas,[55] ou então, "um evento de *natureza política*, uma expressão direta da luta de classes",[56] Dowbor sustenta que "a grande realidade (...) é que nenhuma conspiração é necessária". E por qual motivo? Com um número tão reduzido de pessoas poderosas "não há nada que não se resolva no campo de golfe no fim de semana. Esta rede de contatos *pessoais* é de enorme relevância".[57]

Em ambos os casos, observa-se uma *compreensão política* que norteia os diagnósticos da financeirização. Estes, na trilha de uma teoria da sucessão das elites, são construídos a partir da ênfase no poder institucional de um grupo de indivíduos em maior ou menor escala. Nesse sentido, é sintomático que os desafios da lógica financeira predatória ensejam a seguinte reflexão: "não se trata de falta de meios técnicos ou financeiros, e sim da *orientação política* do seu uso".[58] Tal aparato conceitual remonta às reflexões de Thorstein Veblen e John Keynes, fazendo com que o neoliberalismo seja compreendido como o domínio do proprietário capitalista ausente do processo de produção. Neste caso, o rentista aparece enquanto encarnação da vitória da especulação sobre o investimento produtivo. Aqui se argumenta que um novo "bloco hegemônico" teria passado a ditar as normas sociais. A consequência seria a materialização de uma configuração distinta da luta pela hegemonia e, assim, o estabelecimento de um tipo diferente de unidade do capital social.[59]

---

55 HARVEY, David. *O neoliberalismo*: história e implicações. São Paulo: Loyola, 2014, p. 27 – destaque do autor.

56 DUMÉNIL, Gerard; LÉVY, Dominique. *Capital Resurgent*: Roots of the Neoliberal Revolution. Cambridge: Harvard University Press, 2004, p. 68 – destaque do autor.

57 DOWBOR, Ladislau. *A era do capital improdutivo*. São Paulo: Autonomia Literária, 2017, p. 49 – destaque do autor.

58 DOWBOR, Ladislau. *O capitalismo se desloca*: novas arquiteturas sociais. São Paulo: Edições Sesc, 2020, p. 81 – destaque do autor.

59 SOTIROPOULOS, D.; MILIOS, J.; LAPATSIORAS, S. *A Political Economy of Contemporary Capitalism and its Crisis*: Demystifying

Note-se, uma vez mais, a peculiar estrutura de pensamento subjacente a essa análise. Ela não só funda uma lógica de causalidade social significativamente peculiar – na qual uma forma dominante molda todo o sistema capitalista –, como traz efeitos importantes para a compreensão da reprodução sócio-jurídica.[60] Essa perspectiva lê o neoliberalismo enquanto uma forma de dominação na qual uma fração da classe capitalista mantém a todos como reféns – "o aumento da circulação de capital fictício conduz à re-emergência de *formas pessoais de dominação*".[61] É a partir dessa perspectiva que Slavoj Zizek pretende contribuir para o debate acerca dos desafios impostos pela configuração atual do capitalismo. Após igualmente destacar que as finanças constituem uma atividade desconectada do processo de valorização do capital, ele enfatiza que as especulações financeiras "consistem principalmente em operações de crédito e investimentos especulativos em que ainda não se gasta dinheiro na produção". Consequentemente, se "crédito significa dívida", e se seus agentes não estão sujeitos à forma-valor – já que essa relação ocorre antes e fora do processo produtivo –, então eles encontram-se submetidos "a outra forma de relação de poder que não se baseia na dominação abstrata da mercantilização".[62]

Finance. Londres/Nova York: Routledge, 2013, p. 39.

60 A utilização do termo "sócio-jurídica" (e não "sociojurídica") tem como objetivo, em primeiro lugar, evitar o entendimento de que existiria uma separação entre "sociedade" e "direito". Em segundo lugar, ela pretende enfatizar de que modo este afeta aquela. Busca-se, assim, destacar a *posição* dos termos, em que um está posto e o outro pressuposto (FAUSTO, Ruy. *Marx*: Lógica e Política. tomo II. São Paulo: Brasiliense, 1987, p. 299, n. 29). Essa diferença de níveis "chama" uma teoria crítica da sociedade que almeja integrar análises de grande, médio e micro alcance da reprodução sócio-jurídica.

61 CARSON, Rebbeca. "Fictitious Capital and the Re-emergency of Personal Forms of Domination". *Continental Thought & Theory*, vol. 1, Issue 4, 2017, p. 566 – destaque do autor.

62 ZIZEK, Slavoj. *Fictitious Capital and Personal Domination*. 2017. Disponível em: https://thephilosophicalsalon.com/fictitious-capital-and-the-return-of-personal-domination/. Acessado em: 21.06.2023.

É curioso notar como esse tipo de raciocínio aproxima leituras marxistas e heterodoxas. Quando se diz que o desafio que temos diante de nós consiste em reorientar os recursos para financiar as atividades produtivas; que a economia "está sendo sangrada por intermediários que pouco ou nada produzem, e corroída por ilegalidades escandalosas";[63] ou que a crítica à acumulação do capital "envolve a crítica aos direitos específicos que fundamentam o neoliberalismo – o direito à propriedade privada e à taxa de lucro individuais";[64] em todos esses casos desenvolve-se uma crítica fincada na reprovação da distribuição da produção da riqueza. Mais importante ainda, aqui se manifesta um pressuposto fundamental para os propósitos do presente livro:

> *o poder dos capitalistas emana da estrutura jurídica particular das relações de propriedade e é mantido no lugar por ela*. O núcleo da organização capitalista da sociedade é a instituição legal da propriedade privada.[65]

Apesar de jogar luz para a compreensão do aparato jurídico enquanto elemento central da dominação no modo de produção capitalista, essa representação jurídica *obscurece* a relação existente entre o processo de acumulação do capital e a análise de suas determinações formais, notadamente a forma jurídica e seus desdobramentos. Com isso desconsidera-se que "o 'como' dos direitos tem precedência sobre seu 'o quê', 'por que' e 'para que fim'. A forma

---

63 DOWBOR, Ladislau. *A era do capital improdutivo*. São Paulo: Autonomia Literária, 2017, p. 245.

64 HARVEY, David. *O neoliberalismo*: história e implicações. São Paulo: Loyola, 2014, p. 218.

65 SOTIROPOULOS, D.; MILIOS, J.; LAPATSIORAS, S. *A Political Economy of Contemporary Capitalism and its Crisis*: Demystifying Finance. Londres/Nova York: Routledge, 2013, p. 10 – destaque do autor.

dos direitos vem antes de seu conteúdo, objetivo e efeito".[66] Esta é a razão pela qual Christoph Menke considera importante analisar "*a forma burguesa* dos direitos iguais",[67] uma tese que antagoniza com um tipo de crítica dos direitos focada apenas em seus conteúdos.[68] [69]

Considere-se as propostas de revisar "o próprio conceito de direito comercial, que torna central nas decisões corporativas a remuneração dos acionistas e outros aplicadores financeiros"[70] e defender "um conjunto inteiramente distintos de direitos"[71] enquanto alternativa à "fase atual" do capitalismo. Estes exemplos reafirmam um discurso extremamente atual sobre a necessidade de novas e efetivas regulações jurídicas para solucionar os mais variados problemas sociais. Desse modo, se uma aplicação do Estado e do Direito é equivocada, espera-se que possa existir um uso alternativo de cada um deles. Consequentemente, também não parece ser mera coincidência que a compreensão da "financeirização" como algo exterior – um "grilhão" que trava o desenvolvimento capitalista – encaminhe a já mencionada expectativa de que ela poderia ser reformada para possibilitar um novo "New Deal, mais benevolente".[72] Em todos

---

66 MENKE, Christoph. *Kritik der Rechte*. Frankfurt am Main: Suhrkamp, 2015, p. 9.

67 MENKE, Christoph. *Kritik der Rechte*. Frankfurt am Main: Suhrkamp, 2015, p. 10 – destaque do autor.

68 MENKE, Christoph. *Kritik der Rechte*. Frankfurt am Main: Suhrkamp, 2015, p. 409.

69 O alvo de Menke está nos *Critical Legal Studies* desenvolvidos nos EUA a partir da década de 1970. É espantoso que seu livro – *Crítica dos direitos* –, apesar do apelo às "determinações formais", sequer mencione as reflexões de Evgueni Pachukanis, responsável (ainda hoje) pela reflexão mais refinada sobre esse assunto.

70 DOWBOR, Ladislau. *A era do capital improdutivo*. São Paulo: Autonomia Literária, 2017, p. 270.

71 HARVEY, David. *O neoliberalismo*: história e implicações. São Paulo: Loyola, 2014, p. 218.

72 HARVEY, David. *O neoliberalismo*: história e implicações. São Paulo: Loyola, 2014, pp. 167/168.

estes casos, fantasia-se a existência de algo que nunca existiu: "uma espécie de sujeito social geral, uma comunidade de *hommes de bonne volonté*, aos quais bastaria sentar em uma mesa gigante para que se ponha ordem no que deu errado".[73]

O encanto da fantasia regulatória reposiciona o direito para um espaço *disputável* na realização das promessas da modernidade. Na medida em que a efetivação das expectativas sociais é depositada na eficácia do direito, este passa a ser percebido como uma espécie de ferramenta, cuja neutralidade seria mobilizada a favor dos valores daqueles que o manejam. Isso está relacionado com um contexto maior – gradualmente expandido a partir da década de 1990 –, no qual esperava-se que os conflitos decorrentes da "globalização" abririam caminhos para possibilidades inéditas de "emancipação social", "restauração de solidariedades danificadas" e "reconstrução de espaços dialógicos".[74] Aqui se funda uma teoria que conecta a reprodução sócio-jurídica[75] à força das instituições e, por isso, aberta à introdução de procedimentos democráticos de reconhecimento que viabilizariam um direito com potencial emancipatório.[76]

Atribuir à dimensão político-jurídica a responsabilidade de *permitir ou não* o processo de acumulação do capital desconsidera

---

73 AGS, 8, p. 141.

74 FARIA, José Eduardo. *O direito na economia globalizada*. São Paulo: Malheiros, 1999, p. 326.

75 Há uma diferença conceitual entre os termos "reprodução sócio-jurídica" e "direito", cujo aprofundamento será desenvolvido ao longo do livro. Mas é importante atentar desde já para a seguinte questão: o primeiro termo está relacionado aos momentos da legalidade que caracterizam a socialidade capitalista; o segundo é tido como a expressão fetichizada da acumulação de direitos enquanto sistema jurídico autônomo, o que não se confunde – apesar de ter uma relação específica – com a "forma-jurídica" analisada por Pachukanis.

76 BUCKEL, Sonja. *Subjektivierung und Kohäsion*: Zur Rekonstruktion einer materialistischen Theorie des Rechts. Weilerswist: Velbrück Wissenschaft, 2007, pp. 312 e 321.

que o desenvolvimento das formas políticas e jurídicas constituem não apenas *condições* do capital mas, também, *resultados* da acumulação capitalista. Diante da pergunta apresentada por Marx na aparentemente distante *Crítica do Programa de Gotha* – "as relações econômicas são reguladas por conceitos jurídicos ou, ao contrário, são as relações jurídicas que derivam das relações econômicas?" –,[77] as análises que apostam suas fichas na primeira opção (ainda) constituem vasta maioria.

Mas não só. Ao ignorar a categoria da forma-valor para a investigação da socialização moderna – grande trunfo da crítica da economia política –, a "tese canônica da financeirização"[78] corre o risco de retirar de cena o estudo do capital. Não por acaso, ele aparece como uma denominação meramente quantitativa que poderia ser movimentada no tempo e no espaço para fins de reconstrução de uma acumulação "produtiva" e "equilibrada", bacia de todas as correntes desenvolvimentistas.

Nesse percurso, ainda que seja possível observar a presença de uma articulação discursiva dos termos "exploração", "capital" e "capitalismo", isso está muito longe de significar uma retomada das reflexões de Marx. Pelo contrário, é comum observar uma aproximação a abordagens radicalmente distintas. Nas críticas ao capitalismo especulativo de Wall Street revelam-se dois elementos vitais: a dominação pessoal e sua armadura jurídica fincada na propriedade privada. Eles constituem o eixo de questionamento que enseja o diagnóstico do chamado "neofeudalismo jurídico", no qual existiria um retorno do direito pessoal e sua predominância frente ao direito territorial característico da Revolução Francesa.[79]

---

77 (MEGA, I.25, p. 12).

78 PRADO, Eleutério. "Exame crítico da teoria da financeirização". *Crítica marxista*, nº 39, 2014, p. 14.

79 FARIA, José Eduardo. *O direito na economia globalizada*. São Paulo: Malheiros, 1999, p. 325.

Portanto, também não é de se estranhar que a aposta na via emancipatória do direito se aproxima à temática do neo-republicanismo,[80] especialmente no âmbito das reflexões acerca dos instrumentos jurídicos necessários à salvaguarda da liberdade contra o *dominium* privado.[81] Com isso também se intuem as razões pelas quais um discurso do "comum" se enlaça tão facilmente a essa linha de raciocínio. Se a normatividade jurídica é a "peça decisiva do edifício capitalista",[82] não surpreende que o argumento caminhe para a defesa de um "novo direito".[83] Essas abordagens – sugestivamente intituladas de "economia política do neorepublicanismo",[84] de um lado, e "economia política dos comuns", do outro[85] – não só indicam quão peculiar pode ser o desenvolvimento do chamado

---

80 Essa é uma das ideias que orienta o livro de William Clare Roberts, *Marx's Inferno*: "espero retratar Marx como *delineando um republicanismo alternativo, que tem uma semelhança familiar com o neo-republicanismo atualmente em discussão*, mas que parte de uma análise da forma social da vida moderna em vez de se apegar à constituição puramente política da esfera pública" (ROBERTS, William Clare. *Marx's Inferno*: the political theory of Capital. Nova Jersey: Princeton University Press, 2017, p. 7 – destaque do autor).

81 PETTIT, Philip. *Just Freedom*: a moral compass for a complex world. Nova York/Londres: Norton Company, 2014, p. 77.

82 DARDOT, P.; LAVAL, C. *Comum*: ensaios sobre a revolução no século XX. São Paulo: Boitempo, 2018, p. 19.

83 Trata-se de uma demanda igualmente presente em Menke. Uma vez que "o fundamento da forma burguesa dos direitos é a moderna convulsão na ontologia da normatividade", o fundamento do "novo direito" será "a dialética da atividade e da passividade no julgamento político" (MENKE, Christoph. *Kritik der Rechte*. Frankfurt am Main: Suhrkamp, 2015, pp. 11 e 13).

84 SILVA, Ricardo. "Liberdade, desigualdade e dominação: a economia política do neorrepublicanismo". *In*: MIGUEL, Luis Felipe (Coord.). *Desigualdades e democracia*: o debate da teoria política. São Paulo: Ed. Unesp, 2015, p. 137.

85 DARDOT, P.; LAVAL, C. *Comum*: ensaios sobre a revolução no século XX. São Paulo: Boitempo, 2018, p. 146.

"pluriverso marxista",[86] como revigoram o tipo de idealismo jurídico – ou "juridismo"[87] – que Pachukanis criticava há quase cem anos.

É por isso mesmo compreensível que *A Teoria Geral do Direito e o marxismo* (1924) pareça ser *forever young*. Mas seria a retomada do jurista russo por si só suficiente para compreender as manifestações da reprodução sócio-jurídica no atual contexto da dominação financeira? Sua abordagem – cujo principal argumento destaca a *adequação* do direito à forma-mercadoria e, assim, sua *conformidade* com a exploração capitalista – seria suficientemente complexa para dialogar com os estudos que destacam a "exaustão paradigmática" do pensamento jurídico na economia globalizada?[88] [89] Estaria a crítica pachukaniana da forma jurídica apta a esclarecer o imbricamento entre finanças e acumulação de direitos? E ainda mais importante: diante da publicação de textos inéditos de Marx nas últimas décadas e da vasta literatura – em especial a chamada "nova leitura de Marx" – que se desenvolveu a partir da década de 1970, seria a leitura pachukaniana da teoria do valor atual?

86 BOBBIO, Norberto. *Scritti su Marx. Dialettica, stato, società civile*. Roma: Donzelli Editore, 2014, p. 103.

87 O termo é utilizado por Ruy Fausto: "o modelo dominante do discurso de esquerda moderada peca por um excesso de 'juridismo' em detrimento do elemento 'luta'" (FAUSTO, Ruy. *A esquerda difícil*: em torno do paradigma e do destino das revoluções do século XX e alguns outros temas. São Paulo: Perspectiva, 2007, p. 5).

88 FARIA, José Eduardo. *O direito na economia globalizada*. São Paulo: Malheiros, 1999, p. 39.

89 É sintomático que um dos melhores estudos sobre as metamorfoses jurídicas – *O direito na economia globalizada*, de José Eduardo Faria –, cujo objetivo é discutir a globalização e seu impacto no direito (FARIA, José Eduardo. *O direito na economia globalizada*. São Paulo: Malheiros, 1999, p. 7), sequer incorpore na vastíssima bibliografia os estudos de Pachukanis e Marx. Isso se repete em *Direito e conjuntura*, momento no qual o autor reflete sobre as "transformações estruturais sofridas pelo direito na passagem do século XX para o século XXI. (FARIA, José Eduardo. *Direito e Conjuntura*. São Paulo: Saraiva, 2010, p. xi).

Esses são os questionamentos gerais a partir dos quais o presente livro problematiza a desconsideração da análise marxiana da forma-valor enquanto desdobramento das contradições sociais que caracterizam a sociedade moderna. Além disso, ressalta a conexão desse argumento com a categoria do dinheiro e como esse processo reverbera na compreensão da reprodução sócio-jurídica. O percurso trilhado tem como fundamento a crítica da economia política tal como elaborada – e tantas vezes rascunhada – por Marx, base reinterpretada à luz: (i) da teoria sociológica de Adorno e sua influência na "nova leitura de Marx"; (ii) das reflexões apresentadas por John Milios, S. Lapatsioras e D. Sotiropoulos quanto ao sentido da dominação financeira a partir da forma-valor; e, por fim, (iii) da interpretação de Ruy Fausto acerca da "interversão" da lei do valor.

O livro divide-se em seis capítulos que desenvolvem a hipótese de que a crítica da economia política em sua "média ideal" contribui não só para a construção de outro diagnóstico sobre o domínio financeiro – a partir de uma abordagem pautada na teoria monetária do valor –, mas também traz impactos significativos para uma crítica marxista do Direito, notadamente pela delimitação de seus níveis de abstração e respectivos sentidos da legalidade. O primeiro capítulo inicia-se com a apresentação dos elementos gerais que compõem a análise hegemônica da "financeirização" em tempos neoliberais. Trata-se da discussão acerca da relação desses elementos com a ideia de um "imperialismo financeiro", um dos temas mais importantes do debate marxista no início do século XX. Uma vez que o discurso da dominação pessoal-parasitária está presente no atual diagnóstico do "capitalismo especulativo de Wall Street" e nas análises centenárias acerca da "última fase do capitalismo", o capítulo encaminha um estudo dessa onipresença. A exposição da estrutura argumentativa que norteia a "etapa monopolista" do desenvolvimento capitalista revela como a causalidade social e a representação jurídica derivadas podem ser vistas como um elemento constante que aproxima abordagens marxistas e heterodoxas.

Diante do pressuposto comum observado nos dois diagnósticos, qual seja, uma compreensão da socialização capitalista que relega aos bastidores a análise da forma-valor, o segundo capítulo explora o objeto da crítica da economia política e suas delimitações. Tendo contextualizado as pretensões de uma reconstrução marxiana da teoria do valor – tal como colocado pela "nova leitura de Marx" –, as reflexões destacam, de um lado, o fracasso dessa iniciativa e, de outro, o sentido da análise categorial na "média ideal", bem como seus limites. Uma vez delimitadas essas questões, o terceiro capítulo apresenta as características gerais da teoria monetária do valor, oportunidade em que se manifestam as chamadas "ambivalências" de Marx. Por meio de um exame filológico das variações encontradas nos conceitos de trabalho abstrato, valor e dinheiro, o exame dos distintos níveis de abstração que caracterizam o início de *O capital* servem como base para compreender o processo de naturalização das relações sociais subjacentes ao fetichismo das mercadorias e do dinheiro.

No quarto capítulo, a introdução do capital portador de juros não só aprofunda o "mundo encantado" do modo de produção capitalista, como faz emergir representações jurídicas que ressignificam as condições da ordem social. Impulsionando a reprodução sócio-jurídica por meio de uma "acumulação de direitos" – expressão utilizada por Marx –, esses elementos embasam a construção de outro diagnóstico acerca da financeirização, especialmente pela relação existente entre dominação objetiva, contratos financeiros e risco. Traçado este percurso, o quinto capítulo discute a importância e os limites das reflexões de Pachukanis apresentadas em *A Teoria Geral do Direito e o marxismo*. Levando em consideração os textos marxianos – principalmente o *Urtext* e *Resultados do processo imediato de produção* – até então indisponíveis para o jurista russo, a redução do alcance explicativo de Pachukanis é abordada a partir de argumentos que conectam a "circulação simples de mercadorias" com a "lei da apropriação pelo trabalho próprio". Estas reduções bloqueiam a compreensão da importância dessas categorias em *O capital*, cuja reconstrução demonstra tanto o sentido da primeira seção do Livro I para a crítica da economia política como sua contribuição para a delimitação do nível de abstração referente à forma jurídica.

É a partir dessa chave de leitura que o sexto capítulo sistematiza as implicações do capítulo anterior a partir do movimento da troca de equivalentes. Presente na Seção I do Livro I, sua negação na Seção VII do Livro I e sua reposição e aprofundamento pelo capital portador de juros, na Seção V do Livro III, revelam não apenas momentos diversos da reprodução sócio-jurídica – ocasião na qual se verificam distintos sentidos da legalidade –, mas o amálgama destes às metamorfoses do dinheiro. Este raciocínio fornece as bases para uma teoria monetária do direito cujo principal objetivo é contribuir para a apreensão da reprodução sócio-jurídica capitalista em seus distintos níveis de abstração.

As considerações finais retomam os argumentos anteriores e fornecem as premissas para o aprofundamento e ampliação da presente pesquisa. Se o primeiro capítulo define o sentido político do neoliberalismo como eixo analítico para a compreensão da "estrutura jurídica", os apelos por uma leitura categorial fundada na forma-valor apenas aparentemente negam os diagnósticos anteriores. Em virtude das ambivalências de Marx entre uma teoria substancialista e monetária do valor, o afastamento de toda e qualquer tentativa de reconstrução da teoria do valor encaminha o reconhecimento dos distintos níveis de abstração que atravessam a análise do capitalismo. Tratando-se da crítica da economia política, seu desenvolvimento aponta a necessidade de delimitação de seus patamares conceituais e pressupõe o reconhecimento de seus limites. A reprodução sócio-jurídica capitalista segue o mesmo caminho: sua compreensão pela crítica marxista do Direito tem na mediação conceitual entre níveis macro, meso e micro tanto uma abertura para um programa de pesquisa acerca das vinculações entre direito e dinheiro como seu principal desafio.

CAPÍTULO I

DIAGNÓSTICOS EM CRISE

No início da década de 1990, Francis Fukuyama atribuiu o "fim da história" ao momento constitutivo do mundo após o colapso da União Soviética e a queda do muro de Berlim. Isso significava, de um lado, considerar a democracia liberal como um "ponto final da evolução ideológica da humanidade e a forma final de governo humano"[90] e, de outro, consagrar o modelo capitalista como o único modo possível de organização da sociedade. Eram tempos embrionários da chamada nova economia dos serviços, com suas promessas de desenvolvimento econômico global, democrático e equilibrado para todos os países, independentemente da história que precedia cada um.

Esses apelos ganharam ares de certeza institucional, impulsionados pelo então diagnóstico do "fim da sociedade do trabalho".[91] Aqui está a pedra angular da guinada comunicativa frente à alegada

---

90 FUKUYAMA, Francis. *O fim da História e o último homem*. Rio de Janeiro: Rocco, 1992, p. 11.

91 GORZ, André. *Adeus ao proletariado*: para além do socialismo. Rio de Janeiro: Forense Universitária, 1982, p. 11.

"pacificação do conflito de classe"[92] que teria caracterizado a formação capitalista do Estado de Bem-Estar Social. Nesse contexto, foi significativa a alteração no tipo de análise que informava as hipóteses da pesquisa social. Ao longo das décadas de 1950 e 1960, e no início da década de 1970, as abordagens críticas compreendiam a construção e reprodução da ordem social a partir de conceitos como "capitalismo", "conflito", "classe", "dialética" e "exploração".

Isso significa que, mesmo em tempos de "compromisso keynesiano", era possível observar autores que anteviam um futuro nada amistoso. As sugestivas análises de Adorno – em *Aspectos do novo radicalismo de direita* (1967) – acerca da permanência dos pressupostos sociais do fascismo são um bom exemplo. Diante do "fantasma do desemprego tecnológico", ele apontava o fortalecimento de movimentos fascistas, caracterizados como "as feridas, as cicatrizes de uma democracia que não faz justiça a seu próprio conceito até hoje".[93]

De modo semelhante, Pier Paolo Pasolini apresentava reflexões ainda atuais em *Escritos corsários* (1975). Diante da sociedade de consumo, um novo poder emergia tendo como propósitos "a reorganização e a padronização brutalmente totalitária do mundo".[94] E de modo ainda mais claro:

> o fascismo, insisto, no fundo não foi capaz nem de arranhar a alma do povo italiano: o novo fascismo, através dos novos

92 HABERMAS, Jürgen. *Theorie des kommunikativen Handelns*: Zur Kritik der funktionalistischen Vernunft. Band 2. Frankfurt am Main: Suhrkamp, 1987, p. 491.

93 ADORNO, Theodor W. *Aspekte des neuen Rechtsradikalismus*. Frankfurt am Main: Suhrkamp, 2019, p. 18.

94 PASOLINI, Pier Paolo. *Escritos corsários*. São Paulo: Editora 34, 2020, p. 83.

> meios de comunicação e de informação (...) não só a arranhou, mas a dilacerou, violentou, contaminou para sempre.[95] [96]

A partir da década de 1980, no entanto, o cenário teórico passa a sofrer graduais alterações. Ainda podem ser encontradas reflexões como as de Guy Debord – em *Comentários sobre a sociedade do espetáculo* (1988) –, que apresenta os quatro aspectos principais do "poder espetacular": "a incessante renovação tecnológica, o segredo generalizado, a mentira sem contestação e o presente perpétuo".[97] Mas, desde então, grande parte[98] da teoria social mudou de rota. Ao excluir a pergunta pelas condições sociais que tornam possível a sociedade, muitas abordagens passaram a se orientar pela ideia de uma "governança global" organizada por "setores", executada por uma "sociedade civil voluntarista" e baseada em "organizações internacionais" e "comunidades epistêmicas". Esses novos sujeitos não estavam sozinhos, retirando sua força da expansão da democracia

95 PASOLINI, Pier Paolo. *Escritos corsários*. São Paulo: Editora 34, 2020, pp. 55/56.

96 É o "novo fascismo" – a sociedade do consumo – o responsável pela "mutação antropológica" que tanto interessava a Pasolini, em especial devido à atuação de um mecanismo interclassista pretensamente igualitário. Em uma entrevista concedida em 1974, a temática volta a ser apresentada nos seguintes termos: "o fascismo, na verdade, transformara-os [os jovens] em palhaços, em servos, talvez em parte convictos, mas não chegara a tocá-los seriamente, no fundo da alma, em seu modo de ser. Este novo fascismo, esta sociedade do consumo, ao contrário, transformou os jovens profundamente, tocou-os no íntimo, deu a eles outros sentimentos, outros modos de pensar, de viver, outros modelos culturais. Não se trata mais, como na época mussoliniana, de uma arregimentação superficial, cenográfica, mas de uma arregimentação real que roubou e mudou suas almas". (PASOLINI, Pier Paolo. *Escritos corsários*. São Paulo: Editora 34, 2020, p. 270).

97 DEBORD, Guy. *A sociedade do espetáculo*. Rio de Janeiro: Contraponto, 1997, p. 175.

98 STREECK, Wolfgang. *How will Capitalism End? Essays on a Failing System*. Londres/Nova York: Verso, 2016, p. 23.

liberal, dos direitos humanos e da cidadania digital – a chamada aldeia global.

Esse desenvolvimento teórico confirmou uma suspeita de Adorno acerca do futuro da sociologia. Ao levar em consideração apenas as relações entre os homens, deixando em segundo plano a "figura econômica objetiva", o campo sociológico "se apresenta como se o decisivo dependesse efetivamente dessas relações interpessoais ou até mesmo das chances de ações sociais e não daqueles mecanismos".[99] Diante do fortalecimento do individualismo metodológico nas últimas décadas, essa afirmação do teórico de Frankfurt é ainda mais atual. Mas o que explicaria a gênese dessa mudança de direção no pensamento social?

Segundo Streeck, um dos principais problemas das novas abordagens foi assumir a descrição que a economia capitalista dos chamados "anos dourados" fazia de si mesma. Diante da subestimação do capital enquanto agente político e força social, e da superestimação da capacidade de ação e planejamento político-econômico, emergiu um quadro teórico que substituiu a crítica da economia política pela teoria do Estado e da democracia.[100] Esta situação aprofundou a "ideologia do sujeito", ocultando o nexo funcional objetivo da sociedade. Mas não só. Ela também fortaleceu o déficit de reflexão acerca da "produção e a reprodução social da vida da sociedade como um todo", um diagnóstico apresentado por Adorno ao se referir à importância da economia política para uma teoria social crítica.[101]

99 ADORNO, Theodor W. *Einleitung in die Soziologie*. Frankfurt am Main: Suhrkamp, 2003, p. 238.

100 STREECK, Wolfgang. *Tempo comprado*: a crise adiada do capitalismo democrático. São Paulo: Boitempo, 2018, p. 52.

101 AGS, 6, p. 74.

Não por acaso, um dos principais representantes – Andre Gorz – desse "giro antiprodutivista na teoria social"[102] sustenta que o conhecimento passaria a ser a principal força produtiva da sociedade.[103] Isso não só comprometeria a validade das categorias econômicas então vigentes como anunciaria "outra economia". A chamada economia do conhecimento seria uma "forma de capitalismo que procura redefinir suas categorias principais – trabalho, valor, capital – e assim abarcar novos domínios".[104] Consequentemente, o valor de troca das mercadorias teria como critério o conteúdo de conhecimentos e informações. Estes seriam os responsáveis por criar valor, "e não mais o trabalho social abstrato mensurável seguindo um único padrão".[105]

Lido retrospectivamente, qualquer semelhança desse discurso com as promessas das principais empresas do Vale do Silício não parece ser mera coincidência. Intimamente associada à "libidinização dos *gadgets*",[106] as primeiras décadas do século XXI testemunham o nascimento de uma expectativa audaciosa: de que seria possível conciliar a existência das gigantes da tecnologia – Apple, Google,

102 GONÇALVES, Guilherme Leite. "Acumulação primitiva, expropriação e violência jurídica: expandindo as fronteiras da sociologia crítica do direito". *Revista Direito & Práxis*, Rio de Janeiro, vol. 8, nº 2, 2017, p. 1033.

103 Outros "giros" poderiam ser mencionados, como o sugestivamente intitulado "giro prático" [*practice turn*], tal como discutido no livro organizado por Theodore Schatzki, Karin Cetina e Eike von Savigny (2001). Esses movimentos podem ser vistos como manifestações de um deslocamento maior no interior da própria concepção do significado de "crítica" na teoria social que, nas últimas décadas, operou um "giro para dentro de si" (CAUX, Luiz Philipe de. *Imanência da crítica*: os sentidos da crítica na tradição frankfurtiana e pós-frankfurtiana. São Paulo: Edições Loyola, 2021, p. 30).

104 GORZ, André. *Adeus ao proletariado*: para além do socialismo. Rio de Janeiro: Forense Universitária, 1982, p. 9.

105 GORZ, André. *Adeus ao proletariado*: para além do socialismo. Rio de Janeiro: Forense Universitária, 1982, p. 29

106 AGS, 9.2, p. 63.

Facebook, Microsoft e Amazon – com as demandas por justiça econômica, sustentabilidade ecológica e relações sociais igualitárias. Estas, na verdade, seriam alcançadas graças àquelas. Daí a advertência feita por Jonathan Crary: atualmente há uma proibição não só à crítica do consumo tecnológico, mas também à reflexão sobre "como empregar os recursos e capacidades tecnológicos existentes a serviço de necessidades humanas e sociais – e não das exigências do capital e do império".[107]

Esse bloqueio crítico se impõe pela difusão do discurso de que as inovações tecnológicas possibilitam um mundo melhor. Esta hipótese tem como substrato o "solucionismo tecnológico", ideologia que procura resolver todo e qualquer problema social por meio da análise de dados e seus aplicativos.[108] [109] Em outros termos, trata-se da manifestação daquilo que Shoshana Zuboff chamou de busca pelo "capitalismo de terceira modernidade",[110] no qual as expectativas de autodeterminação dos indivíduos poderiam ser satisfeitas pela meio digital.[111] Nesse sentido, a "informacionalização da sociedade" – a

---

107 CRARY, Jonathan. *24/07*: capitalismo tardio e o fim dos sonos. São Paulo: Ubu, 2016, p. 58.

108 MOROZOV, Evgeny. *To save everything click here*: the folly of technological solutionism. Nova York: Public Affairs, 2013, p. 5.

109 James Bridle aborda o tema a partir da noção de "pensamento computacional", isto é, "a crença de que qualquer problema se resolve quando se aplica a computação (BRIDLE, James. *A nova idade das trevas*: a tecnologia e o fim do futuro. São Paulo: Todavia, 2019, p. 12). Isso está associado à "magia do big data", em que basta "depositar toda a sua fé na verdade emergente da informação digital" (BRIDLE, James. *A nova idade das trevas*: a tecnologia e o fim do futuro. São Paulo: Todavia, 2019, p. 99).

110 ZUBOFF, Shoshana. *A era do capitalismo de vigilância*: a luta por um futuro humano na nova fronteira do poder. Rio de Janeiro: Intrínseca, 2020, p. 62.

111 Segundo Zuboff, a terceira modernidade "é, antes de tudo, o futuro humano, enraizado numa democracia inclusiva e comprometido com o direito do indivíduo a uma vida efetiva" (ZUBOFF, Shoshana. *A era do capitalismo de vigilância*: a luta por um futuro humano na nova

ideia de que os problemas sociais são, essencialmente, déficits de informação e conhecimento – é tanto um corolário da alegada potência do conhecimento como uma demonstração do despojamento teórico das dimensões materiais – e suas *legalidades* – que atravessam o corpo social.

Há, portanto, um amálgama – muitas vezes nebuloso – entre Wall Street e o Vale do Silício. Considere-se, por exemplo, a dependência da Uber frente ao banco de investimentos Goldman Sachs. Morozov vale-se desse exemplo para compreender como o prolongamento da crise financeira de 2008 criou uma demanda por serviços mais baratos e modos cada vez mais precários de ganhar a vida. Além disso, ela provocou um deslocamento no fluxo de capitais.[112]

---

fronteira do poder. Rio de Janeiro: Intrínseca, 2020, p. 78). A ideia de modernidades – derivada das elaborações de Ulrich Beck acerca do processo de individualização subjacente à modernidade (BECK, Ulrich. *Sociedade de risco*: rumo a uma outra modernidade. São Paulo: Editora 34, 2011, p. 189) – compreende a *primeira modernidade* como a época (característica dos consumidores de massa da Ford) "na qual a vida se tornou 'individualizada' para um grande número de pessoas à medida que foram se separando das normas, dos significados e das regras tradicionais" (ZUBOFF, Shoshana. *A era do capitalismo de vigilância*: a luta por um futuro humano na nova fronteira do poder. Rio de Janeiro: Intrínseca, 2020, p. 48). A *segunda modernidade*, por sua vez, remete ao momento (característico dos consumidores da Apple) no qual aquilo "que começou como uma migração moderna, abandonando os modos de vida tradicionais, desabrochou e se tornou uma nova sociedade de pessoas nascidas com um senso de individualidade psicológica". (ZUBOFF, Shoshana. *A era do capitalismo de vigilância*: a luta por um futuro humano na nova fronteira do poder. Rio de Janeiro: Intrínseca, 2020, pp. 49/50).

112 Nick Srnicek também aponta para esse imbricamento entre a última grande crise financeira e o surgimento das plataformas digitais (SRNICEK, Nick. *Platform Capitalism*. Cambridge: Polity, 2017, p. 25). De modo relativamente próximo, Trebor Scholz destaca a vinculação entre a chamada "economia do compartilhamento" e os constantes choques de austeridade pós 2008 (SCHOLZ, Trebor. *Cooperativismo de plataforma*. São Paulo: Fundação Rosa Luxemburgo; Editora Elefante; Autonomia Literária, 2016, p. 33). Zuboff também indica o

Em função da queda de lucro das principais fontes tradicionais de rendimentos para os investidores – dividendos de ações e títulos de dívida pública –, os fundos soberanos e investidores institucionais reorientaram o capital global para aplicações mais rentáveis, notadamente as ditas promissoras plataformas tecnológicas.[113]

A partir dessa perspectiva pode-se compreender o alcance da noção de "capitalismo de plataforma". Ela implica um novo modelo de empresa.[114] Tendo como referência o conceito marxiano de "matéria prima", Srnicek sustenta que as plataformas se transformaram em mecanismos eficientes para monopolizar, extrair, analisar e usar infindáveis montantes de dados, especialmente no contexto da divisão financeirizada do trabalho. No âmbito do fordismo, os modelos comerciais possuíam uma capacidade apenas rudimentar de extrair dados, seja do processo de produção, seja do cliente. Mesmo a chamada produção *just in time* não alterou significativamente essa situação. Apesar de exigirem dados sobre a situação dos estoques e a localização dos suprimentos, as cadeias de fornecimentos globais se restringiam a alguns espaços internos da empresa. No entanto, a plataforma digital possui em seu DNA não apenas a extração de dados, mas o direcionamento monopolista e imperialista na disputa por cada vez mais dados.[115]

Não por acaso, Zuboff vê no *big data* o surgimento de uma "nova lógica de acumulação", intrínseca ao "capitalismo de

---

neoliberalismo como um "abrigo" para a consolidação do "capitalismo de vigilância". No entanto, a autora considera o "excepcionalismo de vigilância" após os atentados de 11/09/01 como uma condição igualmente importante (ZUBOFF, Shoshana. *A era do capitalismo de vigilância*: a luta por um futuro humano na nova fronteira do poder. Rio de Janeiro: Intrínseca, 2020, p. 135).

113 MOROZOV, Evgeny. *Big Tech*: a ascensão dos dados e a morte da política. São Paulo: Ubu, 2018, p. 147.

114 SRNICEK, Nick. *Platform Capitalism*. Cambridge: Polity, 2017, p. 40.

115 SRNICEK, Nick. *Platform Capitalism*. Cambridge: Polity, 2017, p. 93.

vigilância".[116] [117] Tendo como base as operações automatizadas de extração de dados – os "ativos de vigilância" – e os investimentos atraídos por essas práticas – o "capital de vigilância" –, a autora observa nessa dinâmica um novo acúmulo de direitos de privacidade, concentrados nas mãos dos capitalistas de vigilância. Uma vez que essa acumulação ocorre unilateralmente, isto é, sem reciprocidade, essa aparente legalidade parece estar mais conectada às relações sociais de uma autoridade absolutista pré-moderna.

Consequentemente, falar sobre "capitalismo de vigilância" significa atentar para "uma nova política e relações sociais que substituem os contratos, o Estado de Direito e a confiança social pela soberania do *Big Other*". Em outras palavras: um "golpe automatizado de cima: não um *coup d'Etat* [golpe de Estado], mas sim um *coup des*

---

116 ZUBOFF, Shoshana. "*Big Other*: Capitalismo de vigilância e perspectivas para uma civilização de informação". *In*: BRUNO, F.; CARDOSO, B.; KANASHIRO, M.; GUILHON, L.; MELGAÇO, L. (Coord.). *Tecnopolíticas da vigilância*: perspectivas da margem. São Paulo: Boitempo, 2018, p. 18.

117 A definição do conceito é apresentada logo no início de *A era do capitalismo de vigilância*: "1. Uma nova ordem econômica que reivindica a experiência humana como matéria-prima gratuita para práticas comerciais dissimuladas de extração, previsão e vendas; 2. Uma lógica econômica parasítica na qual a produção de bens e serviços é subordinada a uma nova arquitetura global de modificação de comportamento; 3. Uma funesta mutação do capitalismo marcada por concentrações de riqueza, conhecimento e poder sem precedentes na história da humanidade; 4. A estrutura que serve de base para a economia de vigilância; 5. Uma ameaça tão significativa para a natureza humana no século XXI quanto foi o capitalismo industrial para o mundo natural nos séculos XIX e XX; 6. A origem de um novo poder instrumentário que reivindica domínio sobre a sociedade e apresenta desafios surpreendentes para a democracia de mercado; 7. Um movimento que visa impor uma nova ordem coletiva baseada em certeza total; 8. Uma expropriação de direitos humanos críticos que pode ser mais bem compreendida como um golpe vindo de cima: uma destituição da soberania dos indivíduos" (ZUBOFF, Shoshana. *A era do capitalismo de vigilância*: a luta por um futuro humano na nova fronteira do poder. Rio de Janeiro: Intrínseca, 2020, p. 7).

gens [golpe das pessoas]".[118] Daí a tese de que a propriedade dos novos meios de modificação comportamental permite ao capitalismo de vigilância exercer "um comando não autorizado sobre a divisão da aprendizagem na sociedade",[119] frustrando a expectativa de um acoplamento entre capitalismo da informação e democracia.

Essas abordagens problematizam o otimismo da "revolução digital". Por isso é importante atentar para um fator imprescindível à ascensão da chamada *Big Tech*, qual seja, a esperança de que os antigos conflitos causados pela luta de classes ou pelas preocupações com o acesso desigual à propriedade ou aos recursos naturais estavam terminados. Consequentemente, "um novo mundo sem classes estava sendo gestado graças à tecnologia digital".[120] [121] A reposição da importância das classes sociais para a compreensão da socialização, em especial em suas atuais manifestações, abre espaço para a retomada de outras categoriais igualmente negligenciadas.

É a partir deste cenário que César Rendueles aponta como o "fetichismo das redes de comunicação"[122] opera um impacto

---

118 ZUBOFF, Shoshana. "*Big Other*: Capitalismo de vigilância e perspectivas para uma civilização de informação". *In*: BRUNO, F.; CARDOSO, B.; KANASHIRO, M.; GUILHON, L.; MELGAÇO, L. (Coord.). *Tecnopolíticas da vigilância*: perspectivas da margem. São Paulo: Boitempo, 2018, p. 49.

119 ZUBOFF, Shoshana. *A era do capitalismo de vigilância*: a luta por um futuro humano na nova fronteira do poder. Rio de Janeiro: Intrínseca, 2020, p. 227.

120 MOROZOV, Evgeny. *Big Tech*: a ascensão dos dados e a morte da política. São Paulo: Ubu, 2018, p. 172.

121 Morozov continua seu argumento salientando os efeitos da "ideologia tecnoutópica", já que esta "permite ao projeto como um todo – aquele convencido de que vivemos numa sociedade sem classes e de que os grandes conflitos por recursos econômicos são coisa do passado – prosseguir sem contestação MOROZOV, Evgeny. *Big Tech*: a ascensão dos dados e a morte da política. São Paulo: Ubu, 2018, pp. 172/173.

122 RENDUELES, César. *Sociofobia*: mudança política na era da utopia digital. São Paulo: Edições Sesc, 2016, p. 46.

significativo em nossas expectativas políticas: elas são reduzidas. No prefácio ao livro de Rendueles, Oswaldo Giacoia aponta para a mesma questão: "esse determinismo tecnológico seria antes uma espécie de fetichismo, cujo efeito mais deletério consiste na redução de nossas expectativas sociopolíticas".[123] Note-se, no entanto, que é possível compreender essa redução das expectativas como uma espécie de redução da redução, isto é, como um *aprofundamento* daquilo diagnosticado por Paulo Arantes com a expressão "novo tempo do mundo".

Valendo-se da distinção entre "espaço de experiência" e "horizonte de expectativa" de Reinhart Koselleck,[124] Arantes apresenta o que denomina de Era da Emergência. Ela constituiria um momento – cuja origem remete à década de 1970 – a partir do qual a distância entre os conceitos de Koselleck passaria a se encurtar cada vez mais, compondo um tempo de "expectativas decrescentes", temporalidade na qual se vive sob a égide de um "regime de urgência".[125] [126] Nesse

---

123 RENDUELES, César. *Sociofobia*: mudança política na era da utopia digital. São Paulo: Edições Sesc, 2016, p. 14.

124 Em *Futuro passado*: *contribuição à semântica dos tempos históricos*, Koselleck esclarece que essas categorias são capazes de fundamentar a possibilidade de uma história. Possuindo um grau de generalidade particularmente elevado, "experiência" e "expectativa" são categorias "meta-históricas". Se a primeira remete ao "passado atual", a segunda envereda pelo "futuro presente": "é a tensão entre experiência e expectativa que, de uma forma sempre diferente, suscita novas soluções, fazendo surgir o tempo histórico" (KOSELLECK, Reinhart. *Futuro passado*: contribuição à semântica dos tempos históricos. Rio de Janeiro: Contraponto; Ed. PUC-Rio, 2006, p. 313).

125 ARANTES, Paulo. *O novo tempo do mundo*: e outros estudos sobre a era da emergência. São Paulo: Boitempo, 2014, p. 67.

126 Essa transformação do tempo é característica do instantaneísmo (termo mais oportuno às dificuldades do presente assumidas pelo "presentismo") subjacente ao "novo tempo do mundo": "o futuro inexperimentável, irreconhecível como tal, infiltrou-se inteiramente no presente, prolongando-o, indefinidamente como uma necessidade tão mais necessária por coincidir com um futuro que em princípio já chegou"

contexto, a própria compreensão do futuro se altera. Como destaca Jameson, aqui opera um "presente fungível".[127] [128] Em uma situação de urgência, o que se exige é a intervenção imediata, um "militantismo frenético"[129] que altera o paradigma da política e impacta qualitativamente os diagnósticos acerca da atual socialização capitalista.

Diante do cenário exposto nas últimas páginas, a esquerda encontra-se em uma posição delicada. De um lado, ela é instada, assim como a direita, a gerenciar a urgência, tendo na "vitória negativa" – a luta para que o futuro não seja pior[130] – um de seus elementos mais característicos. De outro, se a resistência às novidades do regime de acumulação neoliberal implica a recusa aos discursos que apontam a necessidade de constante adaptabilidade e flexibilidade da força de trabalho, ainda falta à esquerda tanto uma reflexão aprofundada acerca das táticas a serem utilizadas contra a nova roupagem do capital quanto uma análise da "nova linguagem" que poderia ser inventada para lidar com tais condições.[131] Isso porque, como o próprio Fisher destaca, "o realismo capitalista é uma expressão da

---

(ARANTES, Paulo. *O novo tempo do mundo*: e outros estudos sobre a era da emergência. São Paulo: Boitempo, 2014, p. 77).

127 JAMESON, Fredric. *The seeds of time*. California: Columbia University Press, 1994, p. 14.

128 Outro observador atento às atuais transformações – Franco Berardi – diz: "a partir de dado momento [a referência é, uma vez mais, a década de 1970, mais especificamente, 1977], podemos ver os espaços distantes, mas o tempo distante ninguém mais vê" (BERARDI, Franco. *Depois do futuro*. São Paulo: Ubu, 2019, p. 95).

129 ARANTES, Paulo. *O novo tempo do mundo*: e outros estudos sobre a era da emergência. São Paulo: Boitempo, 2014, p. 260.

130 ARANTES, Paulo. *O novo tempo do mundo*: e outros estudos sobre a era da emergência. São Paulo: Boitempo, 2014, p. 259.

131 FISHER, Mark. *Realismo capitalista*: é mais fácil imaginar o fim do mundo do que o fim do capitalismo? São Paulo: Autonomia Literária, 2020, p. 52.

decomposição de classe, e uma consequência da desintegração da consciência de classe".[132]

Esta é a razão pela qual grande parte das abordagens críticas enfatizaram os elementos políticos subjacentes às recentes transformações sociais. Ao discutir os limites das teorias da crise neomarxistas ensinadas em Frankfurt a partir da década de 1970, por exemplo, Streeck destaca que o problema central dessas abordagens se manifestava na desconsideração da intencionalidade e capacidade de ação do capital, isto é, sua desconsideração como agência, classe.[133] No entanto, se tal (re)posicionamento das classes – notadamente por intermédio da fração rentista, como se diz – apareceu como a principal estratégia discursiva frente aos discursos do "fim do trabalho", ela mesmo se afastou de um dos aspectos centrais da socialização capitalista: a explicação de sua possibilidade a partir da teoria do valor.

Tal como nas análises "tecnológicas", nas discussões ditas "econômicas" a desconsideração desse tipo de abordagem se intensificou ainda mais após a crise de 2008. Naquele cenário, os debates acerca dos sentidos do neoliberalismo e a chamada "financeirização da economia" avivaram-se dentro e fora da academia. Se em 15 de outubro daquele ano o tradicional *The Guardian* declarava que Marx estava de volta,[134] não tardou para que ideais há tempos conhecidos – como a "democracia sem populismo, políticas transformadoras

132 FISHER, Mark. *Realismo capitalista*: é mais fácil imaginar o fim do mundo do que o fim do capitalismo? São Paulo: Autonomia Literária, 2020, p. 144.

133 STREECK, Wolfgang. *Tempo comprado*: a crise adiada do capitalismo democrático. São Paulo: Boitempo, 2018, p. 67.

134 CONNOLLY, Kate. "Booklovers turn to Karl Marx as financial crisis bites in Germany". *The Guardian*, 15 out. 2008. Disponível em: https://www.theguardian.com/books/2008/oct/15/marx-germany-popularity-financial-crisis. Acessado em: 12.05.2023.

sem o risco da transformação e revolução sem revolucionários"[135] – voltassem a aflorar, fazendo com que a adequação às regras do jogo reencontrasse um velho porto-seguro. Foi assim que, pouco tempo depois, já se ouviam os ecos de "Keynes está de volta" estampados no *Time*[136] e no *Wall Street Journal*.[137]

Desde então, a figura dos rentistas passou a dominar grande parte da reflexão heterodoxa e marxista que analisa a característica definidora do neoliberalismo, isto é, a financeirização não só da economia, mas também da sociedade.[138] No âmbito daquilo que Andrew Kliman caracteriza como "abordagem convencional da esquerda",[139] esses atores e suas redes de poder são vistos como elementos fundantes de uma classe parasitária que movimenta um novo tipo de capitalismo, não só extremamente injusto em termos de distribuição de renda, mas também instável, antidesenvolvimentista e responsável pela contração dos salários dos trabalhadores e pela proliferação da especulação.

A intermediação financeira, longe de cumprir seus alegados objetivos iniciais de financiar o investimento e o crescimento econômico – como no clássico exemplo da industrialização alemã[140] –, teria passado a se destinar aos ganhos improdutivos do 1% mais rico do mundo. Com isso, a sociedade atual deveria ser compreendida

---

135 MANN, Geoff. *In the long run we are all dead. Keynesianism Political Economy and Revolution*. Londres/Nova York: Verso, 2017, pp. 47/48.

136 FOX, Justin. "O retorno Keynes". *Time*, 2008. Disponível em: http://content.time.com/time/magazine/article/0,9171,1853302,00.html. Acessado em: 03.06.2023.

137 https://www.wsj.com/articles/SB123137373330762769.

138 FINE, Ben; SAAD-FILHO, Alfredo. *Marx's Capital*. Sixth Edition. Londres: Pluto Press, 2016, p. 153.

139 KLIMAN, Andrew. *The Failure of Capitalist Production*: Underlying Causes of the Great Recession. Londres: Pluto Press, 2011, p. 5.

140 GERSCHENKRON, Alexander. *O atraso econômico em perspectiva histórica e outros ensaios*. Rio de Janeiro: Contraponto: Centro Internacional Celso Furtado, 2015, p. 76.

como uma passagem do "capitalismo produtivo" para o "capitalismo especulativo". Segundo J. Smithin, esses discursos compreendem o neoliberalismo como uma "vingança dos rentistas".[141]

Aqui é necessário retomar alguns argumentos apresentados na *Introdução*, com o objetivo de realçar ainda mais a problemática subjacente a este primeiro capítulo. A forma de compreensão acima retratada se estrutura a partir da leitura *política* das mudanças ocorridas no capitalismo desde a década de 1970. Não é outro o sentido dado por Yanis Varoufakis em sua explicação da "verdadeira origem" da crise financeira, algo que remonta à brutal elevação da taxa de juros nos EUA, o chamado "golpe de 1979" praticado por Paul Volcker, então presidente do Banco Central americano. Na conceituação da "financeirização" apresentada no glossário de *O Minotauro global*, o termo aparece como um processo decorrente do "aumento do poder e da importância de bancos e instituições afins na gestão e geração de riqueza nas economias capitalistas".[142] Observe-se, portanto, que é o "aumento de poder" de alguns atores sociais que lhes permite obter um "ganho sobre a escassez".

É desse modo que a financeirização passa a ser apresentada como uma espécie de *domínio pessoal* de um ator social específico que estaria usurpando a chamada "economia real", isto é, espremendo o setor industrial. Como destacam Milios e Sotiropoulos, reflexões desse tipo são características da literatura heterodoxa, pela qual as grandes indústrias não seriam mais o "motor a vapor" da economia, tal como sustentado por Keynes e Joseph Schumpeter. Nessa nova relação de forças "sua prioridade [das indústrias] agora

141 SMITHIN, J. *Macroeconomic Policy and the future of Capitalism*. Northampton: Edward Elgar Publishing Limited, 1996, p. 84.

142 VAROUFAKIS, Yanis. *O Minotauro Global*: a verdadeira origem da crise financeira e o future da economia global. São Paulo: Autonomia Literária, 2016, p. 7.

é servir aos interesses dos rentistas – isto é, dos principais acionistas e das instituições financeiras que os representam".[143]

Essa perspectiva está relacionada à compreensão de que o predomínio do setor financeiro "não foi levado ao lugar que hoje ocupa por um movimento próprio (...), foi necessário que os Estados mais poderosos decidissem liberar o movimento dos capitais e desregulamentar e desbloquear seus sistemas financeiros".[144] Por isso mesmo, a construção e o desenvolvimento da "hegemonia dos rentistas" passariam pelo "quadro institucional, as disposições legais, os fluxos de informação e, até mesmo, o poder social" das finanças que permitem "espremer o devedor e extrair retornos usurários".[145]

E mesmo uma "economia política eclética" – nos dizeres de Streeck – caminha por trilhos paralelos. Tendo compreendido o capital como "agente coletivo obstinado e egoísta, interessado e estratégico, capaz de comunicar",[146] essa abordagem apresenta a economia e a sociedade como dependentes sobretudo das "condições políticas". Consequentemente, até as crises econômicas do capitalismo são compreendidas a partir desta chave de leitura: elas "resultam de crises de confiança do lado do capital. Não são perturbações técnicas, mas *crises de legitimação sui generis*".[147]

---

143 MILIOS, John; SOTIROPOULOS, Dimitris. *Rethinking Imperialism*: a Study of Capitalist Rule. Hampshire/ Nova York: Palgrave, 2009, p. 168.

144 CHESNAIS, François (Coord.). *A finança mundializada*: raízes sociais e políticas, configuração, consequências. São Paulo: Boitempo, 2005, p. 35.

145 LAPAVITSAS, Costas. "Financialised Capitalism: Direct Exploitation and Periodic Bubbles". *Working Paper*, SOAS, University of London, 2008, p. 15. Disponível em: http://www.leftlibrary.com/lapavitsas1.pdf. Acessado em: 21.06.2023.

146 STREECK, Wolfgang. *Tempo comprado*: a crise adiada do capitalismo democrático. São Paulo: Boitempo, 2018, p. 69.

147 STREECK, Wolfgang. *Tempo comprado*: a crise adiada do capitalismo democrático. São Paulo: Boitempo, 2018, p. 71 – destaque no original.

Tais diagnósticos fazem renascer até mesmo as reflexões de Eugen Dühring sobre o primado do "poder"[148] na construção da ordem social, desde que devidamente atualizadas pelos principais expoentes do pensamento econômico do século XX. Assim, a ascensão das finanças é vinculada ao "poder hegemônico do proprietário ausente" (Veblen), resultado do conflito entre "a parte produtiva e a parte parasitária da sociedade, em benefício da segunda" (Keynes). A vitória deste último grupo faria com que um padrão básico de desenvolvimento capitalista condizente com sua agenda política e econômica fosse imposto a todos os setores. Longe de significar uma simples vitória, o triunfo da "classe improdutiva" seria interpretado como "a ascensão de um novo bloco histórico (para usar o famoso termo de Gramsci), o que equivale a um determinado cenário institucional da sociedade".[149]

Mas os estudos acerca da "dominação financeira" não terminam por aqui. Diante da crise dos *subprime*, cujos efeitos "claramente se alastraram profundamente à economia real", Alex Callinicos inicialmente pondera que "só porque [a crise] começou no sistema financeiro não significa que foi gerada lá". E, logo após, problematiza: as "bolhas de crédito que sustentam a expansão econômica".[150] Trata-se de uma linha de raciocínio próxima daquela apresentada por J. B. Foster e F. Magdoff, na qual "a financeirização é apenas uma forma de compensar a doença subjacente que afeta a própria

148 Daí a atualidade das críticas de Friedrich Engels à teoria de Dühring, para quem o "poder político imediato" constitui a "origem", o "elemento histórico fundamental". Assim, "todos os fenômenos econômicos devem ser explicados a partir de causas políticas, a saber, a partir do poder" (ENGELS, Friedrich. *Anti-Dühring*. São Paulo: Boitempo, 2015, p. 188).

149 SOTIROPOULOS, D.; MILIOS, J.; LAPATSIORAS, S. *A Political Economy of Contemporary Capitalism and its Crisis*: Demystifying Finance. Londres/Nova York: Routledge, 2013, p. 137.

150 CALLINICOS, Alex. *Bonfire of Illusions. The Twin Crises of the Liberal World*. Cambridge: Polity Press, 2010, p. 50.

acumulação de capital".[151] Esse argumento, por sua vez, é similar tanto à tese de Kliman, na qual o predomínio das finanças é associado à "relativa estagnação" caracterizadora da produção capitalista,[152] como à leitura de Michael Roberts a respeito da associação entre financeirização e lei da queda da taxa de lucro.[153] [154]

Nestes casos, as abordagens marxistas giram em torno da queda da lucratividade observada na década de 1970, uma temática presente nas discussões sobre a sobreacumulação do capital e

---

151 FOSTER, J. B.; Magdoff, F. *The Great Financial Crisis. Causes and Consequences*. Nova York: Monthly Review Press, 2009, p. 108.

152 KLIMAN, Andrew. *The Failure of Capitalist Production*: Underlying Causes of the Great Recession. Londres: Pluto Press, 2011, pp.7/8.

153 ROBERTS, Michael. *The Long Depression*. Haymarket Books: Chicago, 2016, p. 90.

154 Existem diferenças entre esses autores, ainda que ambos desenvolvam suas reflexões a partir da lei da queda tendencial da taxa de lucro. Kliman, por exemplo, é defensor da "interpretação do sistema único temporal" [*temporal single-system interpretation*] (TSSI) da teoria marxiana do valor (KLIMAN, Andrew. *The Failure of Capitalist Production*: Underlying Causes of the Great Recession. Londres: Pluto Press, 2011, p. 102), ao passo que Roberts sustenta uma leitura dos ciclos do capitalismo em diálogo com Kondratiev (ROBERTS, Michael. *The Long Depression*. Haymarket Books: Chicago, 2016, p. 227). Apesar da contribuição de cada um deles para o debate sobre a "financeirização do capitalismo", eles explicitamente não desenvolvem uma teoria social das finanças – "este livro é uma análise empírica, não um trabalho teórico" (KLIMAN, Andrew. *The Failure of Capitalist Production*: Underlying Causes of the Great Recession. Londres: Pluto Press, 2011, p. 9) e "a crítica [deste livro] é principalmente baseada no uso de evidências empíricas. Eu deixo os debates teóricos e, em particular, a defesa teórica da teoria das crises de Marx para outros autores e outro dia" (ROBERTS, Michael. *The Long Depression*. Haymarket Books: Chicago, 2016, p. 6). Assim, não se questiona o sentido *social* da "financeirização" e a sua conexão com a construção da ordem social capitalista, razão pela qual suas teses não serão aqui discutidas.

sua conexão com a "acumulação por espoliação".[155] [156] Esta seria a responsável por liberar um conjunto de ativos a custo muito baixo que, por sua vez, seriam apossados pelo capital sobreacumulado. É a partir dessa construção analítica que o neoliberalismo é apresentado como *a* resposta dos capitalistas diante dos impasses das últimas décadas do século XX. A restruturação neoliberal teria como objetivo "recolocar o poder e a riqueza tão plenamente quanto possível *nas mãos* da fração superior das classes capitalistas e das instituições onde se concentra sua capacidade de ação".[157]

A instauração e o sucesso desse processo dependeriam do recurso a tradições e valores culturais.[158] Eles seriam responsáveis por formar uma "teia de restrições" político-econômicas "que uma geração ulterior de líderes políticos achou dificuldades para desalojar".[159] Se em meados da década de 1990 acreditava-se na não inevitabilidade da dominação financeira e, portanto, na possibilidade de enfrentá-la "por políticas corretivas mais ou menos drásticas",[160] tal anseio resistiu até mesmo ao fatídico ano de 2008. Neste momento também se

155 HARVEY, David. *O neoliberalismo*: história e implicações. São Paulo: Loyola, 2014, p. 116.

156 Em *Os limites do capital* (1982), Harvey apresenta uma linha de raciocínio menos "mecânica", apesar de ainda não ter cunhado o termo "acumulação por espoliação": "o grau em que os problemas da superacumulação que surgem em um local podem ser aliviados por mais desenvolvimento ou desvalorização em outro local depende da intersecção de todos os tipos de forças diversas e conflitantes" (HARVEY, David. *Os limites do capital*. São Paulo: Boitempo, 2006, p. 539).

157 CHESNAIS, François (Coord.). *A finança mundializada*: raízes sociais e políticas, configuração, consequências. São Paulo: Boitempo, 2005, p. 57 – destaque do autor.

158 HARVEY, David. *O neoliberalismo*: história e implicações. São Paulo: Loyola, 2014, p. 50.

159 HARVEY, David. *O neoliberalismo*: história e implicações. São Paulo: Loyola, 2014, p. 72.

160 CHESNAIS, François. *A mundialização financeira*: gênese, custo e apostas. Lisboa: Instituto Piaget, 1998, p. 38.

alimentou a expectativa de que a "quebra" de Wall Street significaria o "fim do modo de desenvolvimento neoliberal",[161] devendo ter o mesmo sentido da queda do muro de Berlim: ambos significariam o fim de uma ideologia.[162]

A defraudação de uma expectativa política desse porte costuma alimentar um escapismo moral no interior dessas abordagens. Ao fixar para o entendimento a avidez dos especuladores, esse juízo tende a observar o domínio das finanças como uma distorção de um (suposto) saudável sistema produtivo, uma espécie de usura renovada, como se os derivativos e outras inovações financeiras fossem meros instrumentos tóxicos.[163] Esses argumentos embasam a compreensão do neoliberalismo como um "parasitismo financeiro que está *gangrenando* o capitalismo mundial".[164] No mais, tal situação revelaria o caráter "insaciável" dos atores do mercado financeiro, um problema "também de ordem ético-social".[165]

A força hegemônica dessas análises poderia ser resumida na ideia, criticamente apresentada por V. H. Klagsbrunn, de que "tudo se explica pela ação de um segmento do capital que mantém

---

161 PRADELLA, Lucia. *L'attualità del Capitale. Accumulazione e impoverimento nel capitalismo globale*. Padova: Il Poligrafo, 2010, p. 369.

162 PECK, J.; THEODORE; N.; BRENNER, N. "Neoliberalism Resurgment? Market Rule after the Great Recession". *In*: POSTONE, Moishe (Coord.). *Perspectives on the Global Crisis*. Duke University Press, 2012, p. 266.

163 Esse raciocínio está presente em todo o campo liberal – além de marcar posição em abordagens marxistas – que procura problematizar a crise de 2008. A análise costumar partir da ideia de "risco moral flexível", momento no qual a ganância e a irresponsabilidade aparecem como chaves de leitura para a compreensão dos dilemas da financeirização (DURAND, Cédric. *Fictitious Capital*: How Finance is Appropriating Our Future. Londres/Nova York: Verso, 2017, p. 13).

164 CHESNAIS, François. *A mundialização do capital*. Xamã: São Paulo, 1996, p. 19 – destaque do autor.

165 CHESNAIS, François. *A mundialização do capital*. Xamã: São Paulo, 1996, p. 240.

o resto do capital como refém".[166] Não por acaso, ela encaminha a proposição de respostas pautadas na rígida separação entre esfera econômica e política, como se esta fosse capaz de regular e orientar aquela: "não parece haver outra escolha para retomar o controle do capitalismo a não ser apostar todas as fichas na democracia".[167] [168]

Como já destacado, o raciocínio que embasa a "tese canônica da financeirização"[169] desenvolve uma crítica afeita à *distribuição* da riqueza social, deixando de lado qualquer referência ao modo de produção capitalista e suas determinações. Daí a ênfase, por exemplo, na necessidade de regulamentação financeira, políticas fiscais e monetárias ativas e uma refundação institucional do setor bancário. Seguindo essa linha de pensamento, a crítica ao capitalista deixa a categoria do capital não apenas inteiramente intocada, mas o eleva como algo além da crítica – "ao invés de uma crítica às relações

---

166 KLAGSBRUNN, Victor Hugo. "Uma leitura crítica dos conceitos de mundialização do capital e de regime de acumulação com predominância financeira". *Crítica Marxista*, nº 27, 2008, p. 46.

167 PIKETTY, Thomas. *O capital no século XXI*. Rio de Janeiro: Intrínseca, 2014, p. 557.

168 A aposta não só não surtiu qualquer efeito como a própria aderência democrática se desprendeu cada vez mais. Nesse sentido, os diagnósticos acerca do fim da democracia (RUNCIMAN, David. *Como a democracia chega ao fim*. São Paulo: Todavia, 2018), sua regressão (GEISELBERGER, Heinrich (Coord.). *A grande regressão*: um debate internacional sobre os novos populismos – e como enfrentá-los. São Paulo: Estação Liberdade, 2019), crise (PRZEWORSKI, Adam. *Crises da democracia*. Rio de Janeiro: Zahar, 2020), morte (LEVITSKY, Steven; ZIBLATT, Daniel. *Como as democracias morrem*. Rio de Janeiro: Zahar, 2018) ou crepúsculo (APPLEBAUM, Anne. *O crepúsculo da democracia*: como o autoritarismo seduz e as amizades são desfeitas em nome da política. Rio de Janeiro: Record, 2020) podem ser lidos como sintomas das "ruínas do neoliberalismo", no preciso sentido dado por Wendy Brown (BROWN, Wendy. *Nas ruínas do neoliberalismo*: a ascensão da política antidemocrática no ocidente. São Paulo: Editora Filosófica Politéia, 2019, p. 20).

169 PRADO, Eleutério. "Exame crítico da teoria da financeirização". *Crítica marxista*, nº 39, 2014, p. 14.

sociais capitalistas, ela identifica o culpado, condena-o e exige ação do Estado para resolver as coisas".[170]

O resultado agregado dessas considerações iniciais é este: ambos os discursos – heterodoxos e marxistas – compõem um diagnóstico geral no qual a financeirização está associada primeiramente ao poder institucional dos rentistas e a seus mecanismos de manutenção e expansão de sua hegemonia predatória. Aqui emerge uma concepção de poder fundada na dominação pessoal-predatória que, não por acaso, se manifesta na recorrente utilização do termo "elite".

Para os propósitos do presente livro – cujo fio condutor se movimenta pela defesa da atualidade do aparato conceitual de Marx –, é importante demonstrar desde já, ainda que de modo aproximado, como uma argumentação na qual prepondera a personalização das relações sociais está distante do modo de compreender a sociedade apresentado já no prefácio à primeira edição de *O capital*:

> Para evitar possíveis erros de compreensão, ainda algumas palavras. De modo algum retrato com cores róseas as figuras do capitalista e do proprietário fundiário. Mas aqui só se trata *de pessoas* na medida em que *elas constituem a personificação de categorias econômicas, as portadoras de determinadas relações e interesses de classe*. Meu ponto de vista, que apreende *o desenvolvimento da formação econômica da sociedade* como um *processo histórico-natural*, pode menos que qualquer outro responsabilizar o indivíduo por relações

---

170 (BONEFELD, Werner. *Critical Theory and the Critique of Political Economy*. Nova York/Londres: Bloomsbury, 2014, p. 196). É sintomático como o "desaparecimento" do capital como categoria aparece agora como *explicação* da chamada "economia intangível", no significativamente intitulado *Capitalism without capital. The Rise of the Intangible Economy* (2018), de Jonathan Haskel e Stian Westlake. Também é digna de nota a tentativa de "sepultamento" do capital, elaborada por McKenzie Wark em *O capital está morto* (2022).

> das quais ele continua a ser socialmente uma criatura, por mais que, subjetivamente, ele possa se colocar acima delas.[171]

Daí a importância de esmiuçar os motivos que levam à semelhança entre abordagens marxistas e heterodoxas. Considere-se, por exemplo, as já mencionadas críticas de Klagsbrunn a Chesnais. Se os primeiros escritos do marxista francês salientavam a mundialização do capital, é exatamente isso que desaparece nos trabalhos mais recentes.[172] Dessa maneira, "seus estudos pouco se diferenciam de textos mais ou menos críticos *não marxistas*, que também veem no setor financeiro a fonte de todos os males do capitalismo mundial".[173]

Essa aproximação entre Marx e Keynes constitui a razão pela qual Milios e Sotiropoulos apontam a fraqueza comum compartilhada por essas abordagens: elas representariam a fórmula neoliberal para assegurar a rentabilidade do capital não a partir da produção de mais-valor, mas como uma questão de redistribuição de renda pertencente essencialmente à esfera da circulação. Desse modo, tanto a inépcia desenvolvimentista como a instabilidade do capitalismo atual aparecem como resultado da insaciabilidade e

171 (MEGA, II.6, p. 14 – destaques no original) [MEW, 23, p. 16] (Marx, 2013a, p. 80).

172 Segundo o autor, Chesnais inicialmente adere a "estudos e conceitos marxistas, para abandoná-los aos poucos. No entanto, *segue utilizando alguns conceitos cunhados por Marx*, mas *com outras determinações*, e se propõe como aplicação atualizada daquele pensamento. Por isso, antes de mais nada, cumpre confrontar sua análise com a teoria de Marx sobre o capitalismo" (KLAGSBRUNN, Victor Hugo. "Uma leitura crítica dos conceitos de mundialização do capital e de regime de acumulação com predominância financeira". *Crítica Marxista*, nº 27, 2008, p. 29 – destaque do autor).

173 KLAGSBRUNN, Victor Hugo. "Uma leitura crítica dos conceitos de mundialização do capital e de regime de acumulação com predominância financeira". *Crítica Marxista*, nº 27, 2008, p. 29 – destaque do autor.

da má regulação. Daí a instigante pergunta: "seríamos, em última instância, todos keynesianos?"[174]

Esse questionamento remete a algumas reflexões desenvolvidas no início da década de 1970. Diante da "euforia" causada pelo "milagre econômico" característico do Estado de Bem-Estar Social, Paul Mattick já analisava a máxima de então: "agora somos todos keynesianos".[175] Na mesma época, Geoffrey Pilling associava intérpretes marxistas como Maurice Dobb, Paul Sweezy e Ronald Meek – a chamada *Dobb school of political economy* – à retomada de Keynes no interior do marxismo.[176]

Disputas à parte, é importante realçar os elementos a partir dos quais são acionadas as análises críticas da financeirização da economia nas abordagens acima destacadas, quais sejam, a insaciabilidade e a má regulação. Se a primeira remete necessariamente a um sujeito, um "ator", a segunda traz o direito para o foco das atenções: uma vez que o parasitismo dos especuladores opera como uma espécie de aspirador de pó da riqueza produzida, as condições da ordem social parecem depender das interações pessoais mediadas pela ordem jurídica e sua materialização nas instituições.

Diante desse cenário, é importante retomar a argumentação de Anselm Jappe, para quem o "anticapitalismo" da esquerda radical não passa de um "antiliberalismo". Isso significa oferecer apenas diferentes modelos – entre liberalismo e keynesianismo; entre modelo continental e modelo anglo-saxão; entre turbo-capitalismo financeirizado e economia de mercado social; entre o júbilo das

---

174 MILIOS, John; SOTIROPOULOS, Dimitris. *Rethinking Imperialism*: a Study of Capitalist Rule. Hampshire/Nova York: Palgrave, 2009, p. 169.

175 MATTICK, Paul. *Marx und Keynes*: Die Grenzen des "gemischten Wirtschaftssystems". Frankfurt am Main: Europäische Verlagsanhalt, 1971, p. 8.

176 PILLING, Geoffrey. "The law of value in Ricardo and Marx". *Economy and Society*, 1: 3, 1972, p. 302.

bolsas e a "criação de empregos" – no interior da própria socialização capitalista: "podem existir diferentes modos de valorização do valor, de acumulação do capital, de transformação de dinheiro em mais dinheiro; e é sobretudo a *distribuição* dos frutos desse modo de produção que pode mudar".[177]

De modo distinto, a atenção às premissas e contradições do modo de produção capitalista constitui a crítica da economia política. Não por acaso, o próprio Marx salienta – em *O capital* – uma das peculiaridades do domínio do capital, qual seja, fazer com que a força produtiva social do trabalho "*apareça* como força produtiva que o capital possui por natureza, como sua força produtiva imanente".[178] Por isso mesmo, em *Resultados do processo imediato de produção*[179] o argumento reaparece:

> O desenvolvimento das forças *sociais* produtivas do trabalho e as condições desse desenvolvimento aparece como *um ato do capital* para o qual o trabalhador individual não apenas se comporta passivamente, mas que procede em contraste com ele.[180]

Essa compreensão está intimamente associada à análise das já mencionadas determinações formais.[181] O estudo de suas

---

177 JAPPE, Anselm. *Crédito à morte*: a decomposição do capitalismo e suas críticas. São Paulo: Hedra, 2013, p. 41 – destaque do autor.

178 (MEGA, II.6, p. 330 – destaque do autor) [MEW, 23, p. 353] {Marx, 2013a, p. 408}.

179 Publicado pela primeira vez em 1933, esse texto era originalmente a conexão entre os Livros I e II de *O capital*.

180 (MEGA, II.4.1, pp. 122-123 – destaques no original).

181 Como destaca Jan Hoff, "a preocupação de Marx em chamar a atenção para o aspecto decisivo da determinação formal é característica não apenas de sua teoria da mercadoria e de sua teoria do dinheiro, mas também de sua teoria do modo de produção capitalista em todos os níveis de sua exposição" (HOFF, Jan. *Marx global. Zur Entwicklung*

transformações – por exemplo, no movimento que conecta valor, lucro, juros e renda – tem um objetivo específico em Marx: revelar o mundo encantado, distorcido e de ponta-cabeça do capitalismo. Por isso é importante lembrar algo sobre a forma-salário:

> Sobre essa forma de manifestação, que torna invisível a relação efetiva e mostra precisamente o oposto dessa relação, repousam todas as representações jurídicas [*Rechtsvorstellungen*], tanto do trabalhador como do capitalista, todas as mistificações do modo de produção capitalista, todas as suas ilusões de liberdade, todas as tolices apologéticas da economia vulgar.[182] [183]

A importância da forma está intimamente associada à crítica do fetichismo do capital. Este é o responsável por fazer com que salário, lucro e renda fundiária apareçam no cotidiano como "formas de rendimento autônomas e mutuamente independentes", uma "decomposição que se apresenta *invertida* na superfície aparente da produção capitalista e, daí, na consciência/na representação dos agentes nela envolvidos".[184]

É a partir da relevância – e, sobretudo, atualidade – dessas análises marxianas que Milios e Sotiropoulos avaliam os diagnósticos do neoliberalismo que não o enlaçam à análise da forma-valor: "a instabilidade financeira e a redistribuição da riqueza são aspectos

---

des internationalen Marx-Diskurses seit 1965. Berlim: Berlim, 2009, pp. 201/202).

182 (MEGA, II.6, p. 502) [MEW, 23, p. 562] {Marx, 2013a, p. 610}.

183 (N.T.) Na edição da Boitempo o termo *Rechtsvorstellungen* é traduzido como "noções jurídicas". A preferência por "representação" se dá pelo paralelo existente entre "modo de produção capitalista" e "modo de representação capitalista" (GRESPAN, Jorge. *Marx e o modo de representação capitalista*. São Paulo: Boitempo, 2019, p. 10).

184 (MEGA, II.4.2, p. 885 – destaque no original) [MEW, 25, p. 874] {Marx, 2017, p. 929}. (N.T.) Engels retira a menção à consciência [*im Bewußtsein/in der Vorstelllung*] em sua edição do Livro III.

cruciais do capitalismo moderno, *mas não captam sua essência*".[185] Falta, por assim dizer, a compreensão da constituição social do neoliberalismo que faz com que este se apresente na forma de abstrações econômicas. Em termos marxianos, isso significa analisar as relações sociais a partir das "determinações formais desse próprio processo",[186] como colocado no *Urtext* (1858).[187]

Esse argumento também é ressaltado em *Para a crítica da economia política* (1859): "o valor de uso, quando encarado de modo indiferente à determinação econômica formal, i.e. o valor de utilidade como valor de utilidade, está para além do âmbito da economia política".[188] E o mesmo raciocínio é enfatizado tanto no Livro I da principal obra marxiana – "uma das insuficiências fundamentais da economia política clássica está no fato de ela nunca ter conseguido descobrir, a partir da análise da mercadoria e, mais especificamente, do valor das mercadorias, *a forma-valor* que o converte precisamente em valor de troca"[189] –, como no início dos manuscritos do Livro III, momento no qual Marx resume seu objetivo, qual seja, "descobrir e apresentar as *formas* concretas que brotam do processo do capital considerado como um todo".[190]

É por ignorar a análise das formas sociais que as críticas à financeirização e ao poder dos especuladores foram apresentadas

---

185 MILIOS, John; SOTIROPOULOS, Dimitris. *Rethinking Imperialism*: a Study of Capitalist Rule. Hampshire/Nova York: Palgrave, 2009, p. 167.

186 (MEGA, II.2, p. 59).

187 Literalmente, "texto original", que antecedia o livro *Para a crítica da economia política*. O *Urtext* foi publicado pela primeira vez em 1941, como anexo dos *Grundrisse*.

188 (MEGA, II.2, p. 108) [MEW, 13, p. 16] {Marx, 2008, p. 54}.

189 (MEGA, II.6, p. 111, n. 32 – destaque do autor) [MEW, 23, p. 95, n. 32] {Marx, 2013a, p. 155, n. 32}.

190 (MEGA, II.4.2, p. 07 – destaque do autor) [MEW, 25, p. 33] {Marx, 2017, p. 53}.

como manifestação do "anticapitalismo fetichizado".[191] A fetichização da crítica ocorre em razão de uma construção conceitual que reproduz a contraposição entre o "concreto/natural" e o "abstrato/artificial" emergentes da externalização da contradição da mercadoria (valor de uso e valor de troca) no dinheiro. Tal processo faz com que a mercadoria apareça apenas em seu valor de uso, como algo material, concreto, ao lado da representação do dinheiro como mero repositório de valor, algo puramente abstrato.

Se o fetichismo *do* e *pelo* dinheiro desagua em abordagens que tentam compreender a sociedade a partir do enlaçamento não refletido do indivíduo[192] em processos abstratos,[193] uma delas merece especial destaque. Trata-se do esforço de alguns autores em realçar

---

191 POSTONE, Moishe. "Anti-Semitism and National Socialism: Notes on the German Reaction to 'Holocaust'". *New German Critique*, nº 19, 1980, p. 110.

192 Trata-se de uma concepção que compreende as relações sociais em que os homens se encontram como algo decorrente dos "motivos das ações" de cada ator social. Consequentemente, "todo problema de coesão social deve ser resolvido através do recurso a estes indivíduos" (HEINRICH, Michael. *Die Wissenschaft vom Wert*: Die Marxsche Kritik der politischen Ökonomie zwischen wissenschaftlicher Revolution und klassicher Tradition. Münster: Westfälisches Dampfboot, 2017, pp. 82 e 371). Como destacado no terceiro capítulo do presente livro, o individualismo é um dos quatro momentos do campo científico da economia política clássica, justamente o que deveria ser revolucionado pela crítica marxiana.

193 Na já mencionada palestra "Aspectos do novo radicalismo de direita" (1967), Adorno chama a atenção para essa questão: "o comunismo assumiu efetivamente uma espécie de caráter mítico, isto é, ele se tornou completamente abstrato, e essa peculiar qualidade abstrata faz que, novamente, tudo que de alguma forma não convém é simplesmente subsumido a esse conceito elástico de comunismo e é, enquanto comunista, rechaçado" (ADORNO, Theodor W. *Aspekte des neuen Rechtsradikalismus*. Frankfurt am Main: Suhrkamp, 2019, p. 31). Note-se que nos *Estudos sobre a personalidade autoritária* (1950), Adorno já destacava: "quanto mais esse último conceito [comunismo] é esvaziado de qualquer conteúdo específico, mais é transformado em um receptáculo para todos os tipos de projeção infantil" (AGS, 9.1, p. 426).

como a personalização subjacente à crítica dos parasitas financeiros está intimamente associada ao antissemitismo: é a partir da materialização do concreto/natural no trabalho árduo e produtivo da raça ariana que sua corrupção seria imputada ao abstrato/artificial manifestado na universalidade do poder financeiro intangível dos judeus, a "anti-raça".[194]

Segundo Enzo Traverso, essa imagem dos judeus como encarnação da modernidade abstrata e impessoal anda de mãos dadas com a dupla percepção de que o século XIX perdia cada vez mais os valores tradicionais e que, por isso, caminhava para a formatação de um mundo anônimo, frio e, em última instância, desumano, culminando na compreensão da categoria "os judeus" como um "outro". Eram os primeiros passos para a identificação do surgimento do capitalismo e da civilização burguesa com a "judaização do mundo".[195] [196] Aqui são retomados os argumentos conspiratórios que procuram compreender – e responsabilizar – os descaminhos da economia como sintomas da "alta finança judia", despertando a vendeta do povo honesto trabalhador, notadamente a partir da contraposição entre "um 'mau' capitalismo 'anglo-saxão', predador

194 POSTONE, Moishe. "The Holocaust and the Trajectory of the Twentieth Century". *In*: POSTONE, Moishe; SANTNER, Eric (Coord.). *Catastrophe and Meaning*: the Holocaust and the Twentieth Century. Chicago: The University Press, 2003, pp. 92-94.

195 TRAVERSO, Enzo. *The Origins of Nazi Violence*. Nova York/Londres: The New Press, 2003, p. 134.

196 Não por acaso, "os primeiros socialistas, particularmente na França, frequentemente igualavam anticapitalismo e antissemitismo, enquanto os conservadores consideravam os judeus responsáveis pelo desaparecimento de uma ordem natural fundada na tradição, na qual os valores aristocráticos estavam perpetuados sem obstáculos, como uma parte integral de uma sociedade hierárquica" (TRAVERSO, Enzo. *The Origins of Nazi Violence*. Nova York/Londres: The New Press, 2003, p. 129).

e sem limites, a um 'bom' capitalismo 'continental', tido como mais responsável".[197]

A crítica fetichizada *necessariamente* atravessa os momentos da reprodução social pela subjetivização das relações sociais. Daí a precisa consideração de Adorno: "o deslocamento de funções objetivas e de condições de culpabilidade para o plano pessoal é, ele mesmo, parte da ideologia dominante".[198] Essa ideologia está particularmente conectada àquilo que Fisher sugestivamente chamou de "denegação fetichista". Ela procura dar conta da percepção de que a falta de centralidade do capitalismo global é simplesmente impensável. Nesse caso, o "inconsciente político" exige a posição de "uma miríade de interesses nebulosos que exercem irresponsabilidades corporativas sem prestar contas".[199] [200]

A materialização desse processo recai numa dicotomização já bastante conhecida: de um lado, a crítica de Pierre-Joseph Proudhon ao capitalista em termos de negação do trabalho e seus produtos; do outro, a denúncia hegemônica da "financeirização" enquanto negação do capitalismo produtivo pelos rentistas. A unidade dessa diferença está na constatação de que ambas correm pelo mesmo trilho: formas de pensamento ligadas à imediatez da aparência

---

197 JAPPE, Anselm. *Crédito à morte*: a decomposição do capitalismo e suas críticas. São Paulo: Hedra, 2013, p. 40.

198 AGS, 8, pp. 133-134.

199 FISHER, Mark. *Realismo capitalista*: é mais fácil imaginar o fim do mundo do que o fim do capitalismo? São Paulo: Autonomia Literária, 2020, pp 108/109.

200 Esse raciocínio é apresentado a partir de um diálogo com Kafka – em *O castelo* –, salientando que sua genialidade foi "ter explorado a *ateologia negativa* própria do capital: falta o centro, mas não podemos deixar de buscá-lo ou postulá-lo. Não é que não haja nada lá – é que, o que *há* não é capaz de exercer responsabilidade" (FISHER, Mark. *Realismo capitalista*: é mais fácil imaginar o fim do mundo do que o fim do capitalismo? São Paulo: Autonomia Literária, 2020, p. 111 – destaque no original).

capitalista – manifestação daquilo que Adorno chamou de "tendência ao concretismo"[201] – que constantemente miram a personalização das categorias econômicas e não as próprias categorias. Neste contexto, as reflexões de Bonefeld são dignas de nota:

> A distinção entre valor de uso e trabalho concreto, de um lado, e valor de troca e trabalho abstrato, incluindo a manifestação de valor na forma de dinheiro, de outro, aparece na forma de personalidades distintas – colocando o industrial criativo contra o banqueiro-especulador parasita. Emerge, então, a ideia de um capitalismo que é corrompido pelos interesses financeiros. A finança transforma o capitalismo em um cassino que gira a roda da sorte do mundo às custas da indústria nacional, da riqueza nacional, dos trabalhadores nacionais e da harmonia nacional.[202]

Essas considerações também facilitam a compreensão de outro aspecto decorrente da crítica aos parasitas improdutivos, qual seja, sua conexão com os atuais apelos nacionalistas "antiglobalização". Diante do "imperialismo financeiro", parasitário e desumano, o seu enfrentamento tende a ser concebido como uma força progressista e libertadora. Seu reverso – o anti-imperialismo – passa a ser compreendido pelos anseios da libertação nacional, sendo esta a chave de leitura "através da qual as comunidades nacionais dominadas

201 Adorno considera que o encanto associado à palavra "concreto" provavelmente "seja uma decorrência de um mundo ele próprio dominado a tal ponto por regularidades abstratas, bem como de relações entre os homens elas próprias tornadas tão abstratas, que o concreto se transformou em uma espécie de utopia". (ADORNO, Theodor W. *Einleitung in die Soziologie*. Frankfurt am Main: Suhrkamp, 2003, pp. 86/87).

202 BONEFELD, Werner. *Critical Theory and the Critique of Political Economy*. Nova York/Londres: Bloomsbury, 2014, p. 196.

defendem a sua identidade em oposição às forças desintegradoras da globalização financeira e do poder imperial".[203]

Esta é a razão pela qual o nacionalismo é ao mesmo tempo ultrapassado e atual. Ele é ultrapassado em virtude dos grandes blocos de poder econômico que cada vez mais pulverizam o Estado nacional. Atual, pois a ideia de nação ainda constitui uma das forças mais eficazes para mobilizar centenas de milhões de pessoas.[204] [205] Se não há dúvidas de que essa "saída" bloqueia qualquer consideração às determinações formais da sociedade moderna, também é certo que um diagnóstico assim estruturado pode ser movimentado tanto pela esquerda como pela direita. Daí a pergunta: a partir de Marx – e de outros marxismos –, não seria possível compreender a dominação financeira e sua "estrutura jurídica" de outro modo?

---

203 BONEFELD, Werner. *Critical Theory and the Critique of Political Economy*. Nova York/Londres: Bloomsbury, 2014, p. 197.

204 ADORNO, Theodor W. *Erziehung zur Mündigkeit*. Frankfurt am Main: Suhrkamp, 1971, p. 71.

205 Isso vale especialmente quando atentamos para as atuais discussões acerca da crise da democracia e sua conexão com o populismo. Daí a importância da análise de Roger Eatwell e Matthew Goodwin. Frente às abordagens que procuram compreender o "nacional-populismo" a partir de movimentos e líderes individuais, os autores enfatizam as "correntes mais profundas que vêm serpenteando sob nossas democracias" (EATWELL, Roger; GOODWIN, Matthew. *Nacional-populismo*: a revolta contra a democracia liberal. Rio de Janeiro: Record, 2020, p. 16). Aqui manifestar-se-iam os "quatro Ds" (em inglês), quatro mudanças históricas – (i) desconfiança [*distrust*] nos políticos e instituições; (ii) destruição [*destruction*] das comunidades diante da imigração, (iii) privação [*deprivation*] em relação ao suposto bem-estar de terceiros; e (iv) desalinhamento [*dealignment*] entre partidos tradicionais e pessoas – que vêm remodelando a política ocidental. Apesar de ressaltarem a importância de analisar tais tendências em conjunto (EATWELL, Roger; GOODWIN, Matthew. *Nacional-populismo*: a revolta contra a democracia liberal. Rio de Janeiro: Record, 2020, p. 22), o amálgama destas à socialização capitalista sequer é aventada.

Veja-se: um dos exemplos mais sintomáticos da aproximação entre marxistas e keynesianos pode ser observado no prefácio à edição brasileira do já mencionado *O Minotauro global*. Nele, Leda Paulani destaca que "em muitos momentos a análise [de Varoufakis] lembra Chesnais, Duménil, Levy, Wray e mesmo David Harvey".[206] Ora, que isso seja interpretado como uma aproximação de um autor profundamente influenciado por Keynes a uma tradição marxista é por si só um indicativo que aponta para a interpretação exatamente oposta. Por que autores marxistas apresentam uma estrutura argumentativa tão próxima ao ideário keynesiano? Isto é, como a crítica da economia política pode servir de base para uma denúncia dos parasitas que estariam "sugando" toda a riqueza da sociedade, invertendo-se em economia política crítica?

Para responder a esse questionamento, é importante notar de que modo os elementos destacados nas últimas páginas não só constituem o diagnóstico heterodoxo[207] da financeirização como já estavam presentes no debate marxista acerca da "última fase do capitalismo".[208] Neste, o poder dos "capitalistas ociosos" e sua improdutividade também foram objeto de análise. Uma vez que a dominação pessoal-parasitária subjaz todas essas análises, talvez faça sentido dizer que o atual embaralhamento de concepções heterodoxas e marxistas tenha uma raiz comum em um dos períodos mais célebres dos debates marxistas.

Se o discurso do capitalismo especulativo de Wall Street esquadrinha uma lógica de causalidade social aparentemente distante

206 VAROUFAKIS, Yanis. *O Minotauro Global*: a verdadeira origem da crise financeira e o futuro da economia global. São Paulo: Autonomia Literária, 2016, p. 26.

207 Me refiro às abordagens (regulacionistas franceses, pós- keynesianos etc.) que criticam o modelo a-histórico de "equilíbrio" característico dos economistas neoclássicos.

208 HILFERDING, Rudolf. *Das Finanzkapital. Eine Studie über die jüngste Entwicklung des Kapitalismus*. Berlim: Dietz Verlag, 1955, p. 1.

das "determinações formais" apresentadas por Marx em *O capital*, posicionando a reprodução sócio-jurídica como uma mera técnica social a favor do parasitismo rentista, e se uma linha de raciocínio bastante similar parece estar presente no diagnóstico da "fase monopolista" do capitalismo, então uma compreensão alternativa da dominação financeira e das formas de legalidade precisa considerar, antes, o que se entende por socialização capitalista.

1.1 Como é possível a ordem social?

Toda e qualquer teoria da sociedade desenvolve uma resposta à pergunta "como é possível a ordem social?" Nos diagnósticos apresentados nas páginas anteriores foi possível observar uma abordagem que concebe o nexo social a partir de uma lógica bastante específica. Trata-se do entendimento de que um ator dominante – o capital financeiro, as grandes corporações, a fração rentista da classe capitalista etc. – teria a capacidade de formatar toda a socialidade, estabelecendo uma espécie de dominação pessoal-parasitária. A premissa subjacente ao diagnóstico pressupõe um raciocínio no qual a organização da sociedade é posta como algo correspondente à vontade de um sujeito.

A posição dos desígnios de alguém como elemento fundante do campo social possui uma camada de sentido verdadeira. Na realidade efetiva da socialização capitalista, a clivagem entre indivíduo e sociedade é socialmente posta, decorrente de contradições objetivas.[209] Daí o argumento de Adorno: "a separação entre sociologia e psicologia é incorreta e correta ao mesmo tempo".[210] Ao derivar a socialização da vontade individual, no entanto, esquece-se que todo e qualquer indivíduo – e a própria categoria de individualidade – é

209 Por isso Adorno diz: "o mundo pré-burguês ainda não conhece a psicologia, e o totalmente socializado, não mais" (AGS, 8, p. 83).

210 AGS, 8, p. 57.

um produto da sociedade. Mais especificamente, ele é "portador das determinações sociais que o marcam".[211]

Em se tratando do modo de produção capitalista, essa compreensão é fundamental. Falar do caráter objetivo da sociedade significa abordar seu processo de autonomização e de representações fetichizadas. Esses elementos serão retomados mais adiante. Mas vale apontar desde já que a objetividade social não é encontrada de imediato pelo pensamento.[212] Por isso uma teoria da sociedade é "essencialmente um processo".[213] Uma "teoria enfática da sociedade" se inicia, portanto, ali onde termina a compreensibilidade.[214] Esta é a razão pela qual Adorno compreende a crítica da economia política como "*anamnese* da gênese"[215] das formas sociais autonomizadas: "a sociedade, o que se tornou autônomo, também não continua a ser inteligível; inteligível é apenas a lei de autonomização".[216]

Este é o imbricamento que permite compreender, por exemplo, a associação marxiana entre capital portador de juros e "formas enlouquecidas *do capital*".[217] Por ora, no entanto, é necessário destrinchar a conexão entre teoria social e crítica da economia política a partir das determinações formais.

---

211 AGS, 8, p. 50.

212 AGS, 8, p. 570.

213 AGS, 8, p. 9.

214 AGS, 8, p. 12.

215 ADORNO, Theodor W. "Notizen von einem Gespräch zwischen Th. W. Adorno und A. Sohn-Rethel am 16. 4. 1965". *In*: SOHN-RETHEL, Alfred. *Geistige und körperliche Arbeit*. VCH Verlag, 1989, p. 223.

216 AGS, 8, p. 296.

217 (MEGA, II.4.2, p. 522 – destaque do autor) [MEW, 25, p. 483] {Marx, 2017, p. 523}.

1.1.1 Das formas sociais...

A crítica marxiana possui uma série de particularidades. Considere-se, por exemplo, o caderno de excertos de Bonn (1842), no qual Marx trava contato com o livro de Charles de Brosses sobre o fetichismo. Na mesma página em que transcreve uma referência ao Brasil, Marx faz a seguinte anotação: "*os selvagens de Cuba consideravam o ouro* como um fetiche dos espanhóis, celebravam uma festa por ele, dançavam e cantavam em torno dele e então atiravam-no ao mar para o afastar".[218] Já naquela época o estatuto do fetichismo era associado aos europeus, constituindo uma inversão do discurso colonialista que o lia como um fenômeno primitivo de outros povos.

Não é mera coincidência que no capítulo sobre o dinheiro – em *O capital* – seja dito que "a sociedade moderna, que já em sua infância arrancou a Pluto das entranhas da terra pela cabeça, saúda no Graal de ouro a resplandecente encarnação de seu princípio vital mais próprio".[219] Essa referência é significativa. Inversamente a uma crítica externa, a menção ao fetichismo denota uma estratégia dialética de *crítica imanente da socialização capitalista*, isto é, um modo de apreender e apresentar como a própria sociedade produz não só formas sociais absurdas e fantasmagóricas, mas sua própria negação.[220]

---

218 (MEGA, IV.1, p. 322 – destaque no original).

219 (MEGA, II.6, p. 154) [MEW, 23, pp. 146-147] {Marx, 2013a, p. 206}.

220 Ainda que Marx jamais utilize a categoria "crítica imanente", é importante afastar a interpretação de Heinrich, quando este afirma que a crítica da economia política não deve ser entendida como "imanente" (HEINRICH, Michael. *Die Wissenschaft vom Wert*: Die Marxsche Kritik der politischen Ökonomie zwischen wissenschaftlicher Revolution und klassicher Tradition. Münster: Westfälisches Dampfboot, 2017, p. 379). Isso exige um comentário mais detido, que tem como base os distintos sentidos atribuídos à crítica imanente. Segundo Caux, a posição de Heinrich só faz sentido quando se considera a controvérsia habermasiana: "ele [Heinrich] está comprando, todavia, o sentido dado a partir

Marx enfatiza isso ao considerar "comum", no sentido de vulgar, "uma pessoa que procure não se *apropriar* da ciência a partir dela mesma (por mais que o faça de modo errado), mas acomodá-la de *fora, do ponto de vista de seu interesse externo*".[221] Daí o acerto de Helmut Brentel ao destacar que "a perspectiva crítica decisiva da concepção de Marx do objeto reside em seu significado como uma teoria da forma e do fetiche".[222]

Em Marx, a fantasmagoria que assombra a sociedade moderna constitui o negativo da racionalidade moderna. Não enquanto negação existencial, mas como seu "traço".[223] Na crítica da economia política, o negativo não aparece como o outro, mas como marca constituinte da própria distinção que caracteriza o capitalismo. Em termos conceituais, essa ambivalência já era percebida por Georg Lukács, então apontada nos seguintes termos: "distinções como direito

---

de Habermas à expressão [crítica imanente]" (CAUX, Luiz Philipe de. *Imanência da crítica*: os sentidos da crítica na tradição frankfurtiana e pós-frankfurtiana. São Paulo: Edições Loyola, 2021, p. 248, n. 357). Postone, por sua vez, qualifica a crítica marxiana como imanente em diversas oportunidades (POSTONE, Moishe. *Tempo, trabalho e dominação social*: uma reinterpretação da teoria crítica de Marx. São Paulo: Boitempo, 2014, p. 109). Neste caso, a imanência está fundada na possibilidade objetiva de superar o "grilhão" que aprisionaria o desenvolvimento das forças produtivas (POSTONE, Moishe. *Tempo, trabalho e dominação social*: uma reinterpretação da teoria crítica de Marx. São Paulo: Boitempo, 2014, p. 415). Apesar das aparências, essa crítica imanente possibilista está bastante distante das abordagens de Marx e Adorno: "a possibilidade imanente ao capitalismo de sua própria transcendência é um desenlace da crítica da economia política, e não ponto de vista ou critério da crítica" (CAUX, Luiz Philipe de. *Imanência da crítica*: os sentidos da crítica na tradição frankfurtiana e pós-frankfurtiana. São Paulo: Edições Loyola, 2021, p. 400).

221 (MEGA, II.3.3, p. 771 – destaque no original).

222 BRENTEL, Helmut. *Soziale Form und ökonomisches Objekt*: Studien zum Gegenstands- und Methodenverständnis der Kritik der politischen Ökonomie. Frankfurt am Main: Westdeutscher Verlag, 1989, p. 15.

223 TOMBA, Massimiliano. *Marx's Temporalities*. Leiden/Boston: Brill, 2013, p. 94.

e violência, ordem e rebelião, violência legal e ilegal empurram para um segundo plano o fundamento violento comum a todas as instituições da sociedade de classes".[224] Nesta fundamental consideração, Lukács chama a atenção para a necessidade de se evitar a queda em um princípio de identidade que bloqueia qualquer possibilidade de se pensar a negação do ser nele mesmo.

É possível decifrar esse raciocínio a partir da distinção entre "a contradição *no* conceito" e a "contradição *entre* conceitos".[225] Com isso é possível incorporar não só a tradicional dicotomia "direito e violência", mas também outras frequentemente presentes no diagnóstico heterodoxo da financeirização: "capitalismo produtivo" e "capitalismo especulativo", "parasitismo financeiro" e "economia real" etc. Em todos esses casos, a posição dos termos pressupõe o juízo de que A e não-A não podem coincidir. O que está em jogo aqui é a compreensão de que em "A = A" ocorre "uma reivindicação extraordinariamente enfática",[226] já que os dois termos são postos como "realmente idênticos". O efeito dessa identificação é que a não-identidade "não só não emerge em tal juízo, mas quando emerge, então, de acordo com as regras tradicionais da lógica, de acordo com a lógica predicativa, esta identidade é precisamente negada".[227]

Por meio dessa "pressão por identidade" que é exercida na mente pelas formas sociais, "aquilo que não está em conformidade

---

224 LUKÁCS, Georg. *História e consciência de classe*: estudos sobre a dialética marxista. São Paulo: Editora WMF Martins Fontes, 2012, p. 442.

225 ADORNO, Theodor W. *Einleitung in die Soziologie*. Frankfurt am Main: Suhrkamp, 2003, p. 17 – destaque no original.

226 ADORNO, Theodor W. *Einleitung in die Soziologie*. Frankfurt am Main: Suhrkamp, 2003, p. 19.

227 ADORNO, Theodor W. *Einleitung in die Soziologie*. Frankfurt am Main: Suhrkamp, 2003, p. 19.

com esta pressão à identidade assume necessariamente o carácter de contradição [no sentido pejorativo]".[228] Não por acaso:

> A tese do primado do ser sobre a consciência inclui a exigência metodológica de não se formarem conceitos segundo o critério de unidades características adequadas a um procedimento pragmático e utilitário, mas sim expressar com estes conceitos a formação e o movimento das tendências dinâmicas da sociedade.[229]

Adorno desdobra essas questões a partir daquilo que denomina "regras tradicionais da lógica" ou "formas da nossa lógica", formas que são transformadas em uma espécie de segunda natureza – a idealidade posta como paradigma para as ciências em geral.[230] Por isso o pensamento não-ideológico auxilia "a conduzir a própria coisa àquela linguagem que seria, de outro modo, cortada pela linguagem dominante".[231] Trata-se do exato oposto da tese liberal que, ao colocar a unidade dos homens como algo já realizado, "ajuda a fazer a *apologia do existente*".[232]

Se Ludwig Wittgenstein diz "sobre aquilo de que não se pode falar, deve-se calar",[233] Adorno não hesita em ver nessa proposição a "autenticidade respeitosa e autoritária" do positivismo,[234] para

---

228 ADORNO, Theodor W. *Einleitung in die Soziologie*. Frankfurt am Main: Suhrkamp, 2003, p. 20.

229 AGS, 10.1, p. 38.

230 AGS, 5, p. 72.

231 AGS, 10.1, p. 24.

232 AGS, 3, p. 193 – destaque do autor.

233 WITTGENSTEIN, Ludwig. *Tractatus Logico-Philosophicus*. São Paulo: Edusp, 2010, p. 281.

234 Note-se que a "mentalidade positivista" habita justamente a sociologia do conhecimento de Mannheim, tão ancorada na chamada "teoria da elite" e, não por acaso, tão atual hoje em dia. O que uma vez mais atesta a atualidade da reflexão adorniana: "as distorções da sociologia

então dizer: "se a filosofia pudesse ser de algum modo definida, ela seria o esforço para dizer aquilo sobre o que não se pode falar".[235] [236] Assim, está longe de ser coincidência que a não tematização da contradição a partir das determinações formais pelos discursos hegemônicos da financeirização abra espaço para a sua compreensão enquanto desvio, disfunção, erro.

É no mínimo curioso que o princípio de identidade da crítica do parasitismo das finanças – o "roubo rentista" – atualize as análises que Adolph Wagner fez da teoria marxiana do valor: "o mais-valor produzido unicamente pelos trabalhadores ficaria inapropriadamente para os empreendedores capitalistas".[237] No entanto, é o próprio Marx quem explicitamente rejeita essa interpretação, ridicularizando-a:

---

do conhecimento se fundamentam no método. Este traduz os conceitos dialéticos em conceitos classificatórios" (AGS, 10.1, p. 36).

235 AGS, 5, p. 336.

236 A referência a Wittgenstein está longe de ser secundária, já que o pensamento do autor constitui uma das bases do já mencionado "giro prático" [*practice turn*] na teoria social. Neste caso, a abordagem de Schatzki é emblemática: "nas mãos de Wittgenstein, o entendimento e a inteligibilidade estruturam não apenas o âmbito social, mas também o domínio da mente individual e da ação" (SCHATZKI, Theodore R. *Social Practices*: a Wittgensteinian Approach to Human Activity and the Social. Cambridge: Cambridge University Press, 1996, p. 12). Essa abordagem também terá influência em discípulos de Axel Honneth, como Robin Celikates e Titus Stahl (CAUX, Luiz Philipe de. *Imanência da crítica*: os sentidos da crítica na tradição frankfurtiana e pós-frankfurtiana. São Paulo: Edições Loyola, 2021, pp. 49, 61), notadamente a partir do aforismo 217 das *Investigações filosóficas*: "'Como posso seguir uma regra' – se esta não é uma pergunta pelas causas, então é uma pergunta para justificar *minha maneira* de agir de acordo com a regra. Se esgotei as justificativas, cheguei então à rocha dura, e minha pá entorta. Estou inclinado a dizer então: 'É assim mesmo que ajo'" (WITTGENSTEIN, Ludwig. *Investigações filosóficas*. Petrópolis: Vozes, 2009, p. 118).

237 Wagner apresenta essas considerações em "Doutrina geral ou econômica da economia nacional" [*Allgemeine oder theoretische Volkswirthschaftlehre*], de 1879.

> O obscurantista [Wagner] me embute a ideia de que "o mais-valor produzido *unicamente* pelos trabalhadores ficaria *inapropriadamente* para os empreendedores capitalistas" (n. 3, p. 114). Ora, eu digo exatamente o oposto, isto é, que a produção de mercadorias necessariamente se torna, em um certo ponto, produção "capitalista" de mercadorias, e que, de acordo com a *lei do valor* que a governa, o "mais-valor" convém ao capitalista, e não ao trabalhador.[238]

Um discurso que compreende o lucro capitalista – ou os juros decorrentes da atividade financeira – como roubo terá sérias dificuldades para conectar sua linha de raciocínio com a teoria marxiana do valor. À primeira vista, isso está relacionado a uma espécie de bloqueio investigativo das formas que caracterizam o modo de produção capitalista. Segundo Grespan, se "o capital vem a ser dominante pela autonomização das suas formas (...), [então] a forma é mais do que mera categoria operatória, é um conceito decisivo e específico".[239] Esta é a razão pela qual Marx aponta as dificuldades de Wagner justamente com a forma-valor.[240] Isso significa que o pensamento por identidade põe a subjetividade como terreno da contradição. Mas não só. Ele efetivamente bloqueia a análise das determinações formais, igualmente tolhidas.

No entanto, é a partir desse imbricamento entre contradição e forma – tão caro a Marx – que Adorno procura salientar um aspecto basilar do capitalismo: "a sociedade não se mantém viva com suas contradições ou apesar de suas contradições, *mas por meio de suas contradições*".[241] Ou seja, a sociedade constitui "uma unidade que só se completa, que propriamente só se constitui através do mecanismo

---

238 (MEW, 19, p. 382 – destaque no original).

239 GRESPAN, Jorge. *Marx e o modo de representação capitalista*. São Paulo: Boitempo, 2019, p. 95.

240 (MEW, 19, p. 369).

241 ADORNO, Theodor W. *Einleitung in die Soziologie*. Frankfurt am Main: Suhrkamp, 2003, p. 20 – destaque do autor.

da separação, da abstração".[242] Consequentemente, "a organização social na qual vivemos continua sendo heterônoma, isto é, nenhuma pessoa pode existir na sociedade atual realmente conforme suas próprias determinações".[243] Em outras palavras: a contradição social não é resolvida, mas desdobrada – isto é, movimentada –, pelas determinações formais, notadamente a "forma-valor".[244] Marx aponta para esse processo em um famoso trecho da seção I do Livro I:

> O processo de troca das mercadorias inclui relações contraditórias e mutuamente excludentes. O desenvolvimento da mercadoria não elimina essas contradições, porém cria a forma em que elas podem se mover. Esse é, em geral, o método pelo qual se solucionam as contradições reais (...). Devemos então considerar todo o processo pelo lado da forma, isto é, como mudança de forma ou a metamorfose das mercadorias, que medeia o metabolismo social.[245]

Se é necessário "considerar todo o processo pelo lado da forma",[246] então não chega a surpreender que, um pouco adiante, ainda na seção I, Marx volte a enfatizar a importância da forma-valor:

---

242 ADORNO, Theodor W. *Einleitung in die Soziologie*. Frankfurt am Main: Suhrkamp, 2003, p. 77.

243 ADORNO, Theodor W. *Erziehung zur Mündigkeit*. Frankfurt am Main: Suhrkamp, 1971, p. 144.

244 Um estudo mais detalhado sobre o sentido da "forma-valor" na crítica da economia política é apresentado nos próximos capítulos.

245 (MEGA, II.6, p. 130) [MEW, 23, p. 119] {Marx, 2013a, p. 178).

246 Grespan esclarece os dois sentidos que a "forma" suscita: "a forma é 'criada' pela apresentação do conflito imanente: tendo o sentido de um canal, uma dimensão 'em que' as contradições 'podem se mover' sem, por isso, desaparecerem, a própria 'forma' resultado do desenvolvimento das 'contradições efetivas'. Isto é, em primeiro lugar, a forma não preexiste como categoria, mas é 'criada' pela apresentação; em segundo lugar, ela é 'efetiva', um 'método' enquanto caminho da realidade, e não enquanto procedimento teórico de um saber puro e dos seus sujeitos"

> Uma das insuficiências fundamentais da economia política clássica está em nunca ter conseguido descobrir, a partir da análise da mercadoria e, mais especificamente, do valor das mercadorias, a forma do valor que o converte precisamente em valor de troca. Justamente em seus melhores representantes, como A. Smith e Ricardo, ela trata a forma-valor como algo totalmente indiferente ou exterior à natureza do próprio valor. O fundamento disso não está apenas em que a análise da grandeza do valor absorve inteiramente sua atenção. Ele é mais profundo. A forma-valor do produto do trabalho é a forma mais abstrata, mas também mais geral do modo burguês de produção, que assim se caracteriza como um tipo particular de produção social e, ao mesmo tempo, um tipo histórico. Se tal forma é tomada pela forma natural eterna da produção social, também se perde de vista necessariamente a especificidade da forma-valor, e assim também da forma-mercadoria e, num estágio mais desenvolvido, da forma-dinheiro, da forma-capital.[247]

Diante dessas referências, a retomada da pergunta "como é possível a ordem social?" pode considerar a forma-valor e seus desdobramentos como respostas para a compreensão do vínculo social. Tal como ressaltado por Grespan:

> A forma se define como forma social, portanto, não só porque é o canal por onde devem fluir as relações entre os agentes, mas porque esses canais são criados e recriados pelo capital como forma autônoma e abrangente, fundadora de um "sistema" autocentrado de relações sociais que tem a si mesmo

---

(GRESPAN, Jorge. *Marx e o modo de representação capitalista*. São Paulo: Boitempo, 2019, p. 107).

247 (MEGA, II.6, p. 111, n. 32) [MEW, 23, p. 95, n. 32] {Marx, 2013a, p. 155, n.32}.

> como finalidade (*Selbstzweck*) imposta a todas as demais formas possíveis.[248] [249]

Este é uma caminho radicalmente distinto daqueles que compreendem a sociedade a partir da vontade de um ator social específico – um entendimento criticado por Marx já nos *Grundrisse*: "a sociedade não consiste de indivíduos, mas expressa a soma de vínculos, relações em que se encontram esses indivíduos uns com os outros".[250] [251] Se "considerar todo o processo pelo lado da forma" aparece como algo indispensável para Marx, não seria possível vislumbrar um distanciamento entre, de um lado, a construção analítica que desdobra as formas sociais características do movimento do capital e, do outro, o diagnóstico heterodoxo da financeirização com sua particular leitura acerca do poder hegemônico de uma fração da classe capitalista?

---

248 GRESPAN, Jorge. *Marx e o modo de representação capitalista*. São Paulo: Boitempo, 2019, p. 164.

249 Como será demonstrado mais adiante, aqui deve ser enfatizado que a análise formal da crítica da economia política institui fundamentalmente uma *teoria do fetichismo*, isto é, uma teoria do modo de aparecimento da socialização capitalista. Por isso Brentel vê na crítica das formas sociais a elaboração de uma "teoria da aparência" (BRENTEL, Helmut. *Soziale Form und ökonomisches Objekt*: Studien zum Gegenstands- und Methodenverständnis der Kritik der politischen Ökonomie. Frankfurt am Main: Westdeutscher Verlag, 1989, p. 283).

250 (MEGA, II.1.1, p. 188) [Marx, 2011, p. 205].

251 Adorno enfaticamente considera a sociedade como um enredamento social mediante a troca. Nesse sentido, a sociedade "não é nem mera soma ou aglomeração, ou outro nome que preferirem, entre indivíduos, nem é algo absolutamente independente frente aos indivíduos, mas sempre contém em si, simultaneamente, ambos estes momentos. Ela só se efetiva através dos indivíduos, mas, enquanto é relação desses indivíduos, não pode ser reduzida a eles, e, por outro lado, também não pode ser apreendida como um mero conceito superior existente por si própria". (ADORNO, Theodor W. *Einleitung in die Soziologie*. Frankfurt am Main: Suhrkamp, 2003, p. 69).

Em que pesem alguns argumentos já destacados nas páginas anteriores, ainda seria possível dizer que a crítica dos atores preponderantes em um dado momento histórico e sua correlata capacidade de formatar a sociedade, apesar de manifestamente se afastar do sentido da análise da forma-valor acima destacado – no qual "forma" denota um *modo de existência (as sucessivas formas) para a contradição social* –, nem por isso constituiria um afastamento da teoria marxiana do valor. Do contrário, as reflexões oriundas da "fase monopolista" do capitalismo sequer deveriam ser levadas em consideração algumas páginas atrás. Daí a importância de se atentar para outros sentidos da "forma" nas reflexões de Marx. Isso é importante pois em *O capital* também se encontra um uso mais comum do termo, associado às espécies de um gênero. Na seção III do Livro I, por exemplo, é dito:

> A produção de valores de uso, ou bens, não muda sua natureza geral ao proceder para e sob o controle do capitalista. O processo de trabalho deve, portanto, ser visto inicialmente de forma independente de qualquer forma social determinada.[252]

A "forma social determinada" diz respeito, aqui, ao capitalismo, assim como poderia aludir ao feudalismo. Por isso o parágrafo seguinte aborda o "metabolismo" dos homens com a natureza. Mas outras passagens de *O capital* sugerem ainda outro sentido para "forma social". Considerem-se dois trechos da seção IV do Livro I:

> Se o modo de produção capitalista se apresenta, por um lado, como uma necessidade histórica para a transformação do processo de trabalho em um processo social, então, por outro lado, essa forma social do processo de trabalho se apresenta como um método empregado pelo capital para explorá-lo de

252 (MEGA, II.6, p. 192) [MEW, 23, p. 192] {Marx, 2013a, p. 255}.

> maneira mais lucrativa, por meio do aumento de sua força produtiva.[253]
>
> Leva tempo e experiência até que o trabalhador diferencie a máquina de sua aplicação capitalista e, portanto, aprenda a transferir seus ataques dos próprios meios materiais de produção para sua forma social de exploração.[254]

Nesses casos, Marx não está especificando um tempo histórico, já que a forma social também é apresentada como "método" e como modo de "exploração", isto é, ela está qualificando essa historicidade. Como destaca Grespan, "para além de simples variedade de uma matéria, ou espécie de um gênero, *a 'forma' também implica formação social*", ou seja, ela também pode ser utilizada para descrever a "estrutura e hierarquia de grupos e indivíduos mediante a disposição das coisas entre eles".[255] É a atenção exclusiva a esse sentido de forma, desconsiderando os demais, que possibilita compreender a forma social como um tipo específico de ordem social, um reducionismo típico dos diagnósticos hegemônicos da financeirização apresentados anteriormente.

Daí a possibilidade de dizer que a finança "é a forma do 'capital portador de juros' tomada na *fase atual do capitalismo*, estudada por Marx em um estágio inicial de sua centralização".[256] Desse modo, a "financeirização" seria caracterizada por uma formação social específica, na qual a estrutura e hierarquia de grupos e indivíduos é mediada pelas instituições financeiras, isto é, sustentada por um

---

253 (MEGA, II.6, p. 331) [MEW, 23, p. 354] {Marx, 2013a, p. 410}.

254 (MEGA, II.6, p. 415) [MEW, 23, p. 452] {Marx, 2013a, p. 501}.

255 GRESPAN, Jorge. *Marx e o modo de representação capitalista*. São Paulo: Boitempo, 2019, p. 96 – destaque do autor.

256 CHESNAIS, François. "A proeminência da finança no seio do 'capital em geral', o capital fictício e o movimento contemporâneo de mundialização do capital". *In*: BRUNHOFF, Suzanne. *et al. A finança capitalista*. São Paulo: Alameda, 2010, p. 100 – destaque do autor.

ordenamento social que favorece os direitos de propriedade, notadamente os títulos atrelados às bolsas de valores.

O destaque à "fase atual do capitalismo" é proposital, já que a plausibilidade dessa interpretação depende de uma espécie de acerto de contas com a compreensão de forma enquanto desdobramento das contradições sociais. Consequentemente, diante das reflexões apresentadas até agora, duas alternativas parecem se apresentar: ou *O capital* é estruturado pela análise da forma-valor e de seus desdobramentos, conforme a exposição nos primeiros capítulos, hipótese na qual a forma-valor traz os elementos para a compreensão do "metabolismo" específico da "forma social" capitalista; ou *O capital* é estruturado por uma sucessão de "formas sociais" históricas, cada uma com uma diagramação específica: o "pré-capitalismo" estaria presente logo no início do Livro I, para então dar lugar ao "capitalismo clássico" – na Seção VII do Livro I, momento da "acumulação do capital" – e, finalmente, ao "capitalismo contemporâneo" analisado no Livro III.

Ao sedimentar o caminho para a compreensão da crítica da economia política nos termos de uma análise histórica das fases do capitalismo, a segunda perspectiva – significativamente intitulada "leitura historicista de Marx"[257] – parece constituir um alicerce seguro para o discurso que apresenta a financeirização como manifestação da superioridade de uma fração da classe capitalista que teria imposto sua vontade às demais em uma nova fase do capitalismo. Se esse for o caso, no entanto, por qual motivo Marx teria escrito, na famosa *Introdução* de 1857, que "seria, além de impossível, falso ordenar as categorias econômicas na sucessão em que foram historicamente determinantes"?[258] Como compatibilizar essa leitura com a ênfase de que as sucessivas categorias não tratam "da relação que se estabelece

257 SOTIROPOULOS, D.; MILIOS, J.; LAPATSIORAS, S. *A Political Economy of Contemporary Capitalism and its Crisis*: Demystifying Finance. Londres/Nova York: Routledge, 2013, p. 46.

258 (MEGA, II.1.1, p. 42) [Marx, 2011, p. 60].

historicamente entre as relações econômicas na sucessão das diversas formas de sociedade", e sim "de sua articulação no interior da sociedade burguesa moderna"?[259]

1.1.2 ...ao desenvolvimento histórico do capitalismo

Responder essas perguntas exige uma série de mediações analíticas. De modo geral, o discurso de que o Livro I de *O capital* seria um "trabalho essencialmente histórico"[260] advém de uma interpretação bastante específica do sentido da crítica da economia política, notadamente da Seção I do Livro I. É a partir de uma resenha de Engels ao livro *Para a crítica da economia política* (1859) que a crítica marxiana passa a ser interpretada por meio do "método lógico-histórico", isto é, como uma apresentação do processo de desenvolvimento histórico do capitalismo, com notáveis consequências para a compreensão da relação entre causalidade social e forma-valor.[261]

Nesse texto, Engels inicialmente salienta que o método dialético utilizado por Marx permitiria "fazer a crítica da economia de duas maneiras: a histórica e a lógica".[262] Uma vez que o desenvolvimento histórico frequentemente passa por "saltos e ziguezagues", então seu tratamento lógico parecia constituir a única alternativa. No entanto, Engels sustenta que "isto [a abordagem lógica], porém, não é na verdade nada mais que o [método] histórico, apenas despojado da forma histórica e das irritantes contingências", de tal modo que "lá onde começa essa história *deve começar também o processo de*

259 (MEGA, II.1.1, p. 42) [Marx, 2011, p. 60].

260 KAUTSKY, Karl. *Karl Marx' ökonomische Lehren*. Stuttgart/Berlim, 1887, p. IX.

261 Note-se desde já que essa leitura tem bastante influência na elaboração conceitual de Pachukanis em *A Teoria Geral do Direito e o marxismo*, conforme reflexões apresentadas no quinto capítulo.

262 (MEGA, II.2, p. 252) [MEW, 13, p. 474] {Engels, 2008, p. 284}.

reflexão". Adicionalmente, Engels compreende o desenvolvimento conceitual nos termos de uma "imagem refletida, de forma abstrata e teoricamente consequente, do desenvolvimento histórico".[263] Assim, "neste método, partimos da primeira e mais simples relação que temos historicamente, factualmente; aqui, portanto, da primeira relação econômica que encontramos. Depois, procedemos à sua análise".[264]

O mesmo entendimento aparece em *Lei do valor e taxa de lucro* (1895). Além de reafirmar essa abordagem histórica, Engels faz uma interpretação da teoria marxiana do valor que seria bastante influente nas análises marxistas do século XX. Em um primeiro momento – ao comentar a interpretação de Werner Sombart do sistema marxiano –, Engels parece não apresentar nada particularmente novo. Ele resume os pontos principais da compreensão da teoria do valor, destacando que "o valor das mercadorias é a forma histórica específica em que se impõe, de maneira determinante, a força produtiva do trabalho, a qual, em último caso, rege todos os processos econômicos".[265]

Em que pese salientar que "não se pode dizer que esteja incorreta essa concepção da importância da lei do valor para a forma de produção capitalista", Engels sugere: "porém, parece-me que sua formulação é *demasiadamente ampla*, suscetível de uma formulação *mais restrita*, mais precisa".[266] Por isso, a lei do valor é apresentada logo após "em maiores detalhes", momento no qual Engels compreende a produção de mercadorias como algo que se desenvolve a partir da determinação do valor pelo tempo de trabalho, incluindo

263 (MEGA, II.2, p. 253 – destaque do autor) [MEW, 13, p. 475] {Engels, 2008, p. 285}.

264 (MEGA, II.2, p. 253) [MEW, 13, p. 475] {Engels, 2008, p. 285}.

265 (MEGA, II.14, p. 328) [MEW, 25, p. 94] {Engels, 2017, p. 955}.

266 (MEGA, II.14, p. 328 – destaque do autor) [MEW, 25, p. 904] {Engels, 2017, p. 955}.

"múltiplas relações em que se afirmam os diferentes aspectos da lei do valor, tal como expostos na seção I do Livro I de *O capital*".[267]

São as condições presentes nessas múltiplas relações que afetam a forma-valor. E Engels de fato destaca que essas condições parecem naturais, de tal modo que elas "se impõem sem que os participantes tomem consciência delas e só podem ser abstraídas da prática cotidiana por meio de uma longa investigação teórica".[268] Ainda assim, logo após é apresentado o acontecimento histórico – "o progresso mais significativo e decisivo" – que teria alterado substancialmente essas condições, qual seja "a transição para o dinheiro metálico". Este seria o responsável por fazer com que a determinação do valor pelo tempo de trabalho não mais aparecesse "de forma visível na superfície da troca de mercadorias".[269]

Esta demarcação *separa* dois períodos históricos, aquele anterior ao dinheiro metálico, denominado por Engels "produção simples de mercadorias" [*einfache Warenproduktion*] ou "produção mercantil", e o período capitalista propriamente dito, atual. É por meio dessa distinção que a Seção I do Livro I de *O capital* e sua análise da forma-valor passam a ser vistas como pertencentes tão somente ao primeiro período. Engels sustenta esse raciocínio no Prefácio ao Livro III, ao dizer que, no início de sua crítica da economia política, Marx "toma como ponto de partida a produção simples de mercadorias *como seu pressuposto histórico* para, então, avançar desde essa base até o capital".[270]

Essa interpretação registra a análise da forma-valor *fora* do capitalismo e, assim, abre espaço para compreender a forma social como um tipo histórico específico de ordem social, tal como nos

267 (MEGA, II.14, p. 332) [MEW, 25, p. 908] {Engels, 2017, p. 960}.

268 (MEGA, II.14, p. 332) [MEW, 25, p. 908] {Engels, 2017, p. 960}.

269 (MEGA, II.14, p. 332) [MEW, 25, p. 909] {Engels, 2017, p. 960}.

270 (MEGA, II.15, p. 16 – destaque do autor) [MEW, 25, p. 20] {Engels, 2017, p. 42}.

diagnósticos hegemônicos da financeirização. Vale ressaltar a questão acerca da validade da lei do valor nas palavras do próprio Engels:

> A lei marxiana do valor tem validade geral, desde que as leis econômicas valham para todo o período da produção simples de mercadorias, portanto, até o tempo em que esta experimenta uma modificação por meio da introdução da forma de produção capitalista (....). Portanto, a lei marxiana do valor tem validade econômica geral para um período que se estende desde os primórdios da troca que transforma os produtos em mercadorias até o século XV de nossa era. Mas a troca de mercadorias tem origem numa época anterior a toda a história escrita; numa época que, no Egito, remonta a pelo menos 3.500, talvez 5.000, e na Babilônia, a 4.000, talvez 6.000 anos antes de nossa era; a lei do valor vigorou, pois, por um período de cinco a sete milênios.[271]

A influência dessa interpretação foi decisiva[272] no desenvolvimento das correntes marxistas. Note-se, por exemplo, a própria

---

271 (MEGA, II.14, p. 333) [MEW, 25, p. 909] {Engels, 2017, pp. 960-961}.

272 Aqui se manifesta o que Elbe denomina *engelsianismo*: "os escritos de Engels – ainda que conceitos como 'marxismo' ou 'materialismo dialético' não se encontrassem neles – forneceram para gerações inteiras de leitores, marxistas e anti-marxistas, o modelo interpretativo através do qual a obra de Marx foi apreendida" (ELBE, Ingo. *Marx im Westen*: die neue Marx-Lektüre in der Bundesrepublik seit 1965. Berlim: Akademie Verlag, 2010, p. 14). Trata-se de um argumento simular àquele encontrado em Christopher Arthur: "a gerações de estudantes foi-lhes ensinada a economia marxista baseada na distinção entre a produção capitalista e a 'produção mercantil simples'. Contudo, esta abordagem descende de Engels, *e não de Marx*. Mas, dado que a autoridade de Engels atribuiu credibilidade a esta ideia, ela influenciou invariavelmente os economistas marxistas" (ARTHUR, Christopher. *A nova dialética e "O capital" de Marx*. São Paulo: Edipro, 2016, p. 34 – destaques no original). Apesar da recorrência desses argumentos, Michael Kräetke é um dos autores mais críticos a esse tipo de avaliação: "O termo 'engelsianismo' é usado como um insulto até hoje. Foi descoberto por filósofos marxistas e filomarxistas que queriam construir uma distinção teórica

compreensão de W. I. Lênin a respeito da obra marxiana. Se em *As três fontes e as três partes constitutivas do marxismo* (1913) é dito que "Marx traçou o desenvolvimento do capitalismo desde os primeiros germes da economia mercantil, desde a troca simples, até às suas formas superiores, até à grande produção",[273] no texto *Karl Marx* (1915) a principal obra do pensador alemão – *O capital* – é vista como um estudo que apresenta o modo de produção capitalista "em sua emergência, desenvolvimento e decadência".[274] Nessas passagens sobressai uma compreensão empírica das categorias da crítica da economia política: a forma-valor teria como objeto "a *origem* da forma-dinheiro do valor, o estudo do *processo histórico* do desenvolvimento da troca, dos atos de troca particulares e fortuitos (...) até a forma geral do valor".[275]

Na mesma linha encontra-se Ernest Mandel. Ele afirma que

> sem a *produção simples de mercadorias*, nenhum capitalismo poderia começar a existir. Por isso, *O capital*, os *Grundrisse* e outros textos econômicos básicos de Karl Marx incluem muitas análises da produção simples de mercadoria.[276] [277]

---

fundamental e, por vezes, um jargão característico das diferenças de opinião entre Marx e Engels. Porém, um olhar mais atento revela que muito pouco disso está destinado a durar, já que o engelsianismo se retrai à suposta inclinação de Engels em ter uma resposta para tudo" (KRÄTKE, Michael. *Friedrich Engels. El burgués que inventó el marxismo*. Bellaterra Edicions: Manresa, 2020, p. 58).

273 LW, 19, p. 07.

274 LW, 21, p. 48.

275 LW, 21, p. 49 – destaque no original.

276 MANDEL, Ernest. "Introduction". *In*: MARX, Karl. *Capital*: a Critique of Political Economy. vol. 1. Nova York: Penguin, 1976, p. 14 – destaque do autor.

277 No entanto, nenhuma referência textual é dada ao leitor. Como destacado mais adiante, isso ocorre porque a categoria "produção simples de mercadoria" simplesmente nunca foi utilizada por Marx.

No mesmo contexto, também são sintomáticas as palavras de Ronald Meek. Adepto da leitura histórica do valor, ele sustenta que

> Na produção simples de mercadoria a lei do valor operava de modo a tornar as relações de troca equivalentes às taxas de trabalho incorporadas. (...) A postulação de Marx de uma sociedade abstrata pré-capitalista baseada no que *ele chamou de produção "simples" de mercadorias não era essencialmente diferente* da postulação de Adam Smith sobre uma sociedade "precoce e rude" habitada por caçadores de veados e castores.[278] [279]

É verdade que não deixam de existir diferenças entre esses autores, aqui brevemente retratados. Se em Engels a lei do valor existiu em uma etapa anterior ao capitalismo, no período da "produção simples de mercadorias" ou "produção mercantil", em Meek ela é vista como um primeiro "modelo geral", uma "primeira aproximação" que seria especificada e aprofundada gradativamente.[280] Ainda assim, isso significa que ambos compartilham uma ideia comum, a de que a referida lei do valor, tal como (supostamente) apresentada por Marx, não seria mais atual. Por isso, o interesse por trás da retomada dessas interpretações do objeto da Seção I do Livro I é destacar de que modo elas pavimentam o caminho para

---

278 MEEK, Ronald. *Studies in the labour Theory of value*. Nova York/ Londres: Monthly Review Press, 1973, pp. 156 e 303 – destaque do autor.

279 Salientando quão complexa era uma análise desse tipo para fins de compreensão da sociedade capitalista, Meek chega mesmo a classificar esse estudo como uma "mitodologia" [*mythodology*] (Meek, 1973, p. 304).

280 (MEEK, Ronald. *Studies in the labour Theory of value*. Nova York/ Londres: Monthly Review Press, 1973, p. 180). Sweezy faz uma leitura semelhante, sustentando que Marx "acreditava e praticava o método das aproximações sucessivas". (SWEEZY, Paul. *The Theory of Capitalist Development*: Principles of Marxian Political Economy. Nova York/ Londres: Monthly Review Press, 1970, p. 11).

as análises que compreendem *O capital* como a descrição de uma fase do capitalismo.

Isso fica particularmente claro quando se atenta para um parágrafo acrescentado por Engels em sua edição dos manuscritos do Livro III de *O capital*. Após Marx discutir os efeitos da criação das sociedades por ações, Engels diz:

> Desde que Marx escreveu o que vai acima, desenvolveram-se, como é sabido, novas formas de empresa industrial, que representam a segunda e a terceira potências das sociedades por ações (...). Disso resulta: superprodução geral crônica, preços baixos, queda tendencial dos lucros e até mesmo sua total desaparição; em outras palavras, a tão falada liberdade de concorrência chegou ao fim da linha e se vê ela mesma obrigada a proclamar sua manifesta e escandalosa falência.[281]

Antecipando a lógica conceitual que se tornaria presente no diagnóstico heterodoxo da financeirização, Engels considera que é a "nova forma" de capital individual – a "empresa industrial" – a responsável pelo fim da livre concorrência, o período chamado de "capitalismo concorrencial", trazendo consequências importantes para a configuração social. Ora, trata-se de um argumento bastante consistente no interior da interpretação histórica de *O capital*. Se a principal obra de Marx é o reflexo do desenvolvimento histórico, não é mera coincidência que esse entendimento traga como corolário a necessidade de se "atualizar" a teoria marxiana diante de novos acontecimentos, notadamente diante daqueles que caracterizariam uma nova "fase" do capitalismo.

O *apelo à contextualização* caracteriza inúmeras abordagens marxistas no século passado.[282] A famosa obra de Paul Baran e Paul

---

281 (MEW, 25, p. 453) {Marx, 2017, p. 495}.

282 O mesmo raciocínio está presente nas abordagens heterodoxas. Dowbor, por exemplo, chega a dizer que a "análise macrossocial" de Marx

Sweezy, significativamente intitulada *Capital monopolista*,[283] talvez constitua um dos melhores exemplos desse tipo de investida. Após enfatizarem a alegada "estagnação da ciência social marxiana, sua falta de vitalidade e frutividade", os autores apresentam um "importante fator" que poderia explicar a razão dessa precariedade e, consequentemente, orientar todo um processo de reelaboração teórica: "a análise marxiana do capitalismo, em seu momento final, *ainda está baseada na suposição de uma economia competitiva*".[284]

Assim, apesar de reconhecerem o mérito de Marx em salientar o movimento inerente de concentração e centralização do capital, Baran e Sweezy defendem que o estágio monopolista traria "alterações substanciais" tanto no modo de organização da sociedade como na própria acumulação do capital. Por isso, essas mudanças exigiriam uma (re)conceituação do capitalismo, sendo a alteração mais emblemática a necessidade de substituição do conceito de "mais-valor" pelo de "excedente", ou "excedente econômico", que passa a ser definido como a diferença entre aquilo que a sociedade produz e os custos desta produção.[285]

"continua teimosamente relevante". No entanto, "os conceitos devem ser reconstruídos, e não simplesmente transpostos. Reconstruídos, porque Marx, ao analisar a Revolução Industrial, deu-se ao trabalho de explicitar as novas relações técnicas de produção (...), as relações sociais que delas decorreram (...) e as novas relações de poder baseadas na propriedade privada dos meios de produção" (DOWBOR, Ladislau. *O capitalismo se desloca*: novas arquiteturas sociais. São Paulo: Edições Sesc, 2020, p. 25). Como destacado mais adiante, é equivocado supor que a economia política seja uma *descrição* do capitalismo do século XIX, razão pela qual não se trata de transposição conceitual, mas de sua articulação em diferentes níveis de abstração.

283 BARAN, Paul; SWEEZY, Paul. *Monopoly Capital*. Nova York/Londres: Monthly Review Press, 1966.

284 BARAN, Paul; SWEEZY, Paul. *Monopoly Capital*. Nova York/Londres: Monthly Review Press, 1966, p. 4 – destaque do autor.

285 BARAN, Paul; SWEEZY, Paul. *Monopoly Capital*. Nova York/Londres: Monthly Review Press, 1966, p. 9.

De modo similar, a denúncia do contexto histórico também orienta a análise do "novo imperialismo", tal como colocado por Harvey. Se os "pressupostos iniciais cruciais" de Marx – dentre os quais se destacam os mercados competitivos de livre funcionamento – teriam como consequência relegar "a acumulação baseada na atividade predatória e fraudulenta e na violência a uma 'etapa original' tida como não mais relevante",[286] e se há uma repetição e aprofundamento desses processos, então também seria necessário um novo conceito para descrever a nova etapa do capitalismo: a "acumulação por espoliação".[287]

Essas contribuições procuram destrinchar a socialização capitalista a partir da *atribuição* de conceitos, algo muito diferente da tentativa de construção de uma "teoria objetiva da sociedade"[288] na qual a abstração já se encontra no próprio objeto. Ainda assim, mais do que problematizar a contínua produção de novos conceitos, o ponto-chave é destacar como a leitura historicista contribuiu para a construção do discurso que apresenta a financeirização como a manifestação da superioridade de um ator social que teria se imposto aos demais em uma nova fase do capitalismo – uma linha de raciocínio que, como já destacado, embasa a crítica do capitalismo especulativo de Wall Street. Uma vez que o deslocamento da forma-valor para a pré-história do capitalismo aparece como um momento fundamental da leitura de *O capital* como uma sucessão histórica de "formas sociais", isto é, em diferentes fases, o que as reflexões que marcaram o debate monopolista – imediatamente posterior às análises de Engels – teriam a nos dizer acerca do modo de socialização capitalista?

---

286 HARVEY, David. *O novo imperialismo*. São Paulo: Loyola, 2014, p. 120.

287 HARVEY, David. *O novo imperialismo*. São Paulo: Loyola, 2014, p. 121.

288 ADORNO, Theodor W. *Einleitung in die Soziologie*. Frankfurt am Main: Suhrkamp, 2003, p. 196.

1.2 A socialização capitalista em debate

Se *O capital* é compreendido como uma apresentação do desenvolvimento histórico do capitalismo, desde suas formas primitivas até a grande indústria, então a representação desse processo só pode ter validade para o nível de desenvolvimento social presente no século XIX, isto é, para o chamado capitalismo alegadamente caracterizado pela livre concorrência. Caso a leitura de Engels encaminhe o entendimento de que toda etapa de um determinado desenvolvimento histórico possui uma formação social distinta, parece ser compreensível que tal estrutura de pensamento exija da "última fase do capitalismo"[289] um modo de socialização particular.

É nesse contexto em que a articulação entre "concorrência" e "monopólio" adquire fundamental importância. Lênin destaca essa questão em seu clássico estudo do imperialismo (1917). Partindo da premissa de que Marx escreve *O capital* em um momento no qual a livre concorrência é a "lei natural", "o aparecimento do monopólio, como consequência da concentração da produção, é uma lei geral e fundamental *da presente fase do capitalismo*".[290]

Esse argumento abre as mais variadas portas para a crítica do capitalismo existente no início do século XX. No entanto, alguns elementos fundamentais derivados da estrutura argumentativa desenvolvida a partir da leitura historicista de *O capital* ainda precisam ser analisados. Diante da compreensão de que a fase monopolista caracteriza a "lei geral e fundamental da presente fase do capitalismo", é necessário averiguar até que ponto essa identificação encaminha uma alternativa à lógica conceitual que embasa o diagnóstico heterodoxo da financeirização.

---

289 HILFERDING, Rudolf. *Das Finanzkapital. Eine Studie über die jüngste Entwicklung des Kapitalismus*. Berlim: Dietz Verlag, 1955, p. 1.

290 LW, 22, p. 298 – destaque do autor.

1.2.1 Uma causalidade social distinta (...)

O capital financeiro (1909) é considerado uma das principais contribuições para o desenvolvimento da teoria marxista, tendo influenciado Lênin, Rosa Luxemburgo e Nicolai Bukharin, entre outros. Em que pese não ser objetivo desta seção apresentar os diferentes diagnósticos e disputas entre esses autores,[291] é de vital importância considerar a *linha de raciocínio* construída nesse período, notadamente no que se refere ao exame das novas condições a partir das quais se estabeleceria a socialização capitalista. Como destacado mais adiante, daqui emanam consequências importantes para a compreensão e problematização da reprodução sócio-jurídica capitalista.

Rudolf Hilferding pretende compreender as características da alegada "última fase do capitalismo" e, para tanto, utilizou o sistema teórico da economia política clássica que, segundo o autor, "começa com William Petty *e encontra a sua expressão suprema em Marx*".[292] [293] Daí a advertência, já no prefácio, que "a concepção marxista da história formula essas leis em termos gerais, e a economia marxista então as *aplica* ao período de produção de mercadorias".[294] A própria hipótese de que seria possível aplicar as "leis gerais" formuladas por Marx antecipa o objetivo das reflexões de Hilferding: o "único

291 Ver, nesse sentido, o primeiro capítulo de *Rethinking Imperialism* (MILIOS, John; SOTIROPOULOS, Dimitris. *Rethinking Imperialism*: a Study of Capitalist Rule. Hampshire/Nova York: Palgrave, 2009, pp. 9-32).

292 HILFERDING, Rudolf. *Das Finanzkapital. Eine Studie über die jüngste Entwicklung des Kapitalismus*. Berlim: Dietz Verlag, 1955, p. 1 – destaque do autor.

293 É importante notar como Marx já é visto como um continuador da economia política clássica, e não como um autor que rompe com este campo científico.

294 HILFERDING, Rudolf. *Das Finanzkapital. Eine Studie über die jüngste Entwicklung des Kapitalismus*. Berlim: Dietz Verlag, 1955, p. 4 – destaque do autor.

objetivo" do marxismo seria "a descoberta de relações causais". Desse modo, "conhecer as leis da sociedade produtora de mercadorias é poder, ao mesmo tempo, revelar os fatores causais que determinam as decisões voluntárias das várias classes desta sociedade".[295]

Essa relação de causalidade social merece atenção: se Engels apontou o desenvolvimento de novas formas de capital individual como um fator nuclear para o fim da livre concorrência, Hilferding aprofunda esse *insight*. Para tanto, ele destrincha como se constitui e quais seriam as consequências do "capital financeiro", isto é, o capital bancário, capital na forma dinheiro que será transformado em capital industrial.[296] O contexto geral a partir do qual são colocadas essas questões remete ao surgimento das grandes corporações, momento no qual a articulação entre capital e capital social total adquire fundamental importância. Hilferding compreende essa relação do seguinte modo:

> O capital, que assenta num modo de produção socializado e pressupõe uma concentração social dos meios de produção e do poder de trabalho, é aqui diretamente dotado da forma de capital social (um capital de indivíduos diretamente associados) que se distingue do capital privado.[297]

A grande corporação a partir da qual se constituem os monopólios aparece, então, como a manifestação – isto é, a "forma" – do capital social, significativamente compreendido como um tipo de *associação pessoal*. Consequentemente, em Hilferding o capital social é apresentado a partir do especial tipo de relação entre esses

295 HILFERDING, Rudolf. *Das Finanzkapital. Eine Studie über die jüngste Entwicklung des Kapitalismus*. Berlim: Dietz Verlag, 1955, p. 4.

296 HILFERDING, Rudolf. *Das Finanzkapital. Eine Studie über die jüngste Entwicklung des Kapitalismus*. Berlim: Dietz Verlag, 1955, p. 335.

297 HILFERDING, Rudolf. *Das Finanzkapital. Eine Studie über die jüngste Entwicklung des Kapitalismus*. Berlim: Dietz Verlag, 1955, pp. 148/149.

indivíduos: "o capital industrial, comercial e de comércio de dinheiro *são partes distintas do capital social que, em dado momento, devem existir em uma relação definida entre eles*".[298]

Essa passagem já revela uma estrutura conceitual bastante próxima da referida abordagem heterodoxa. Mas ainda é importante notar que, apesar de sua aparente simplicidade, ela inclui mais informações do que expressa. A utilização da distinção parte/todo traz algumas implicações importantes. Cada uma dessas "partes" é vista não só enquanto frações do capital, mas como frações da classe capitalista, já que o próprio capital social é compreendido nos termos de uma associação de indivíduos. Por isso, Hilferding não deixa de destacar as funções específicas de cada uma delas: "o capital bancário não só é totalmente diferente do capital industrial, como também do capital comercial e do comércio de dinheiro".[299]

Consequentemente – e isso é fundamental –, cada parte aparece como sendo governada por uma lógica e imperativos distintos, como se fossem frações autônomas que existissem *antes* do capital social. Partindo dessa perspectiva, é significativa a interpretação feita por Kees Van der Pijl acerca do processo de circulação do capital, tal como apresentado nos manuscritos do Livro II. Apesar de Marx dizer que os ciclos do capital correspondem às formas do capital enquanto momentos de sua *metamorfose*,[300] Van der Pijl compreende esses momentos como frações históricas e funcionais dos *sujeitos* capitalistas:[301]

---

298 HILFERDING, Rudolf. *Das Finanzkapital. Eine Studie über die jüngste Entwicklung des Kapitalismus*. Berlim: Dietz Verlag, 1955, p. 252 – destaque do autor.

299 HILFERDING, Rudolf. *Das Finanzkapital. Eine Studie über die jüngste Entwicklung des Kapitalismus*. Berlim: Dietz Verlag, 1955, p. 248.

300 (MEGA, II.11, p. 17) [MEW, 24, p. 56] {Marx, 2014, p. 131}.

301 VAN DER PIJL, Kees. *Transnational Classes and International Relations*. Londres/Nova York: Routledge, 1998, p. 50.

> Olhando por cima do ombro de um empreendedor imaginário envolvido em um desses circuitos [do capital monetário, do capital produtivo e do capital-mercadoria, apresentados por Marx no Livro II], pode-se supor uma fenomenologia específica. A perspectiva do comerciante, que prioriza o movimento lucrativo de bens e compara os mercados potenciais em termos de sua capacidade de absorver determinadas mercadorias; a perspectiva do rentista, para a qual o retorno do dinheiro é a única referência decisiva e que também, devido à sua capacidade de "totalizar" e arbitrar empreendimentos produtivos e comerciais competitivos, redistribui o capital entre eles; e finalmente, o capitalista produtivo, concentrado em assegurar os insumos humanos e materiais específicos da próxima rodada de produção expandida.[302]

Essa "fenomenologia específica" encaminha um entendimento que vê a unidade da classe capitalista como algo dependente da superioridade de uma dessas frações, momento em que a composição de um "bloco hegemônico" estabeleceria um cenário institucional adequado à lógica econômica do respectivo grupo dominante.[303] E é exatamente esse desenvolvimento que estava presente no raciocínio de Hilferding a respeito da "relação definida" entre os capitais individuais.

Por isso, não é contingente que a utilização da distinção todo/partes para fins de compreensão da ordem social exija a resolução do problema da unidade da diferença criada entre esses polos. Isso é alcançado mediante o recurso a uma segunda distinção – acima/abaixo –, isto é, por meio de uma alusão à hierarquia.[304] Em se

302 VAN DER PIJL, Kees. *Transnational Classes and International Relations*. Londres/Nova York: Routledge, 1998, p. 52.

303 SOTIROPOULOS, D.; MILIOS, J.; LAPATSIORAS, S. *A Political Economy of Contemporary Capitalism and its Crisis*: Demystifying Finance. Londres/Nova York: Routledge, 2013, p. 48.

304 LUHMANN, Niklas. *Die Gesellschaft der Gesellschaft*. vol. 2. Frankfurt am Main: Suhrkamp, 1998, p. 919.

tratando da "última fase do capitalismo",[305] momento no qual a livre concorrência teria sido eliminada pelas empresas monopolistas,[306] é na referida "relação definida" que o capital financeiro parece trazer à tona uma transformação fundamental na ordem social:

> A mobilização de capital e a contínua expansão do crédito gradualmente trazem uma mudança completa na posição dos capitalistas monetários. O poder dos bancos aumenta e eles se tornam fundadores e eventualmente governantes da indústria, cujos lucros eles tomam para si como capital financeiro, assim como anteriormente o velho usurário tomava, sob a forma de "juros", o produto dos camponeses e o aluguel do terreno do senhor da mansão. Os hegelianos falaram da negação da negação: o capital do banco era a negação do capital do usurário e é negado pelo capital financeiro. Este último é a síntese do capital dos usurários e dos bancos, e se apropria dos frutos da produção social em um estágio infinitamente mais elevado do desenvolvimento econômico.[307]

Essa "mudança completa" expressa um novo diagrama da socialização capitalista. Como visto, Engels inicialmente associava o fim da livre concorrência ao surgimento e desenvolvimento de um capital individual, isto é, as novas empresas industriais. Hilferding, por sua vez, vê na fusão entre bancos e industriais – o capital financeiro – uma dominação que "expropria os frutos" da produção, uma linha de raciocínio também presente em Lênin. Em seu já mencionado estudo sobre o imperialismo (1917) encontra-se a seguinte passagem:

---

305 HILFERDING, Rudolf. *Das Finanzkapital. Eine Studie über die jüngste Entwicklung des Kapitalismus*. Berlim: Dietz Verlag, 1955, p. 1.

306 HILFERDING, Rudolf. *Das Finanzkapital. Eine Studie über die jüngste Entwicklung des Kapitalismus*. Berlim: Dietz Verlag, 1955, p. 445.

307 HILFERDING, Rudolf. *Das Finanzkapital. Eine Studie über die jüngste Entwicklung des Kapitalismus*. Berlim: Dietz Verlag, 1955, p. 337.

> O capitalismo está tão desenvolvido que, embora a produção de bens ainda seja "dominante" e considerada a base de toda a economia, na realidade ela já está minada e os lucros principais vão para os "gênios" da finança. Essas maquinações e fraudes se baseiam na socialização da produção, mas o enorme progresso da humanidade que chegou até essa socialização beneficia os especuladores.[308]

É sintomático perceber no próprio desenvolvimento da leitura historicista de *O capital* o aparecimento dos elementos típicos do diagnóstico da financeirização que tanto aproxima marxistas e heterodoxos. Assim, não chega a ser surpreendente que esses especuladores sejam apresentados como responsáveis por gerenciar um "capitalismo parasitário",[309] constituindo uma "monstruosa dominação da oligarquia financeira".[310] Se o caráter externo da "alta finança" – sua improdutividade – constitui um elemento importante para a crítica do capitalismo especulativo de Wall Street, o mesmo raciocínio aparece em Hilferding:

> Em relações capitalistas desenvolvidas (...) a parcela de capitalistas ociosos cresce à custa dos capitalistas funcionais, um fenômeno que contradiz o dogma da queda da taxa de juros, mas que, no entanto, está de acordo com os fatos. É também causa da crescente influência e importância do capital portador de juros, ou seja, dos bancos, e uma das principais alavancas para efetuar a transformação do capital em capital financeiro.[311]

---

308 LW, 22, p. 211.

309 LW, 23, p. 102.

310 LW, 22, p. 231.

311 HILFERDING, Rudolf. *Das Finanzkapital. Eine Studie über die jüngste Entwicklung des Kapitalismus*. Berlim: Dietz Verlag, 1955, p. 133.

Mas não só, já que em Lênin é possível encontrar a mesma formulação:

> O incremento extraordinário da classe, ou melhor, da camada de rentistas, isto é, dos indivíduos (...) que não participam em nada em nenhuma empresa, cuja profissão é a ociosidade. A exportação de capitais, um dos fundamentos econômicos mais essenciais do imperialismo, reforça ainda mais este isolamento total entre o setor dos rentistas e a produção e coloca a marca do parasitismo em todo o país.[312]

Em ambos os casos, o fortalecimento dos rentistas significa algo mais do que a construção discursiva da figura do parasita. Assim como as atuais discussões destacam o poder do rentista improdutivo, o "capitalista ocioso" aparece como uma figura capaz de modelar a ordem social. Tendo inicialmente salientado como a relação entre "magnatas" do capital tem na "união pessoal" um fator de suma importância[313] as considerações finais de Hilferding fazem emergir aquele tipo de causalidade social já conhecido entre as partes do capital social na "última fase do capitalismo":

> As esferas anteriormente separadas do capital industrial, comercial e bancário são agora colocadas sob a direção comum da alta finança, na qual os senhores da indústria e dos bancos estão unidos em uma estreita associação pessoal.[314]

Seguindo a mesma linha de raciocínio, Lênin também é inequívoco ao afirmar que o capital financeiro – "concentrado em poucas mãos" – não só consolida a referida oligarquia financeira, impondo

---

312 LW, 22, p. 281.

313 HILFERDING, Rudolf. *Das Finanzkapital. Eine Studie über die jüngste Entwicklung des Kapitalismus*. Berlim: Dietz Verlag, 1955, p. 336.

314 HILFERDING, Rudolf. *Das Finanzkapital. Eine Studie über die jüngste Entwicklung des Kapitalismus*. Berlim: Dietz Verlag, 1955, p. 445.

"um tributo a toda a sociedade em benefício dos monopolistas",[315] como destaca as consequências políticas desse desenvolvimento. Curiosamente, a ideia de que "o Estado-rentista é o Estado do capitalismo parasitário e em decomposição"[316] esquadrinha de modo claro as condições a partir das quais é compreendida a ordem social do início do século XX e aquela de hoje. Ou seja: com a alegada eliminação da livre concorrência e tendo como ponto de partida a interpretação do "capital social" enquanto *associação de indivíduos*, o argumento geral desenvolvido nas reflexões acerca da "fase monopolista" compreende a socialização capitalista a partir do surgimento e desenvolvimento de uma "forma" dominante: o capital financeiro, no qual os "senhores da alta finança" – os rentistas – sugam a riqueza produzida e moldam todo o sistema capitalista.

Se o particular diagrama de organização capitalista apresentado nos parágrafos acima qualifica a dominação da "última fase do capitalismo" nos termos de uma dominação pessoal-parasitária, então se compreende de que modo as análises da "fase monopolista" do capitalismo sedimentam uma *ponte de passagem* para as principais análises do capitalismo especulativo de Wall Street. Ainda assim, talvez não seja mera coincidência que essa identidade tenha relação com a sugestiva indicação, feita pelo próprio Hilferding, de que suas reflexões pareciam se afastar da teoria marxiana do valor.[317]

Diante desse embaralhamento, Heinrich não hesita em dizer que a teoria do monopólio de Lênin seria uma regressão decisiva em relação à crítica da economia política. Assim, "relações econômicas impessoais de poder são transformadas em pessoais, em vez da lei do valor, os 'lordes do monopólio' impõem sua vontade ao resto da

---

315 LW, 22, p. 236.

316 LW, 22, p. 282.

317 HILFERDING, Rudolf. *Das Finanzkapital. Eine Studie über die jüngste Entwicklung des Kapitalismus*. Berlim: Dietz Verlag, 1955, p. 340.

sociedade".[318] Consequentemente, "não mais o valor, mas a vontade dos monopolistas deveria agora dominar a economia".[319] Polêmicas à parte,[320] a especial conexão entre esses discursos e a teoria do valor é objeto de consideração no terceiro capítulo deste livro, momento em que é apresentada a distinção entre uma teoria substancialista do valor, de um lado, e uma teoria monetária do valor, do outro.

Antes disso, no entanto, é importante atentar para a estrutura lógica do discurso que estabelece a socialização capitalista nos termos de uma dominação pessoal e parasitária. Se a ordem social capitalista é decifrada a partir dessa perspectiva, quais seriam as implicações para a compreensão da reprodução sócio-jurídica na sociedade?

---

318 HEINRICH, Michael. "Invaders from Marx: Über den Umgangmit der Marx'schen Theorie und über die Schwierigkeiten einer heutigen Lektüre – eine kritische Auseinandersetzung mit Karl Heinz Roth und anderen". *Jungle World*, 38, 2005.

319 HEINRICH, Michael. *Kritik der politischen Ökonomie. Eine Einführung in "Das Kapital"*. Stuttgart: Schmetterling Verlag, 2018, p. 221.

320 As reflexões de Lênin sobre o Estado estão longe de serem tão rudimentares como sugere grande parte da literatura que se identifica com a abordagem "formal" da crítica da economia política. Pelo contrário, a maioria de suas reflexões são não só importantes como atuais, ainda que em um *nível de abstração* distinto daquele no qual opera a crítica da economia política (uma delimitação amplamente ignorada por seus críticos). Pense-se, por exemplo, na leitura de classe sobre o caráter mistificador do Estado capitalista, notadamente em sua forma republicana. Ou, então, como destacado por Hans-Georg Backhaus – precursor da leitura categorial da crítica da economia política –, na ênfase na necessidade de se ler *O capital* a partir da *Lógica* de Hegel, algo cuja importância foi fundamental para a crítica dos manuais econômicos soviéticos (BACKHAUS, Hans-Georg. *Dialektik der Wertform*: Untersuchungen zur Marxschen Ökonomiekritik. Freiburg: Ca ira, 1997, pp. 78/79). Mais importante ainda – tema aprofundado mais adiante –, é possível que Lênin seja um dos primeiros autores a atentar para a delimitação da crítica da economia política à "média ideal", em um texto – "Novamente sobre o problema da teoria da realização" – de 1899 (LW, 4, p. 77) sumariamente ignorado.

1.2.2 (...) e sua representação jurídica

As páginas anteriores demonstraram como uma interpretação da crítica da economia política apreende a socialização capitalista de modo particularmente favorável ao diagnóstico heterodoxo da financeirização. Naturalmente, entre a "fase monopolista" e o "capitalismo especulativo" do período neoliberal existem inúmeras diferenças materiais. Ainda assim, é a estrutura de pensamento que adquire fundamental importância para os propósitos do presente livro. Como destacado, a crise de 2008 catalisou demandas por novas e efetivas regulações, com especial destaque à possibilidade de que legislações criminais internacionais pudessem controlar as grandes corporações e, assim, servir como mecanismo de disputa frente à dominação rentista internacional.[321]

O ponto decisivo, aqui, não é tanto o conteúdo do argumento, mas suas formas. Quando o direito é compreendido apenas como um "mecanismo", uma "ferramenta", em suma, um "instrumento", o "ponto de vista" a partir do qual pensa-se poder utilizá-lo está longe de ser determinante. Assim, se a leitura historicista de *O capital* e seu bloqueio à forma-valor validam uma lógica de causalidade social subjetiva adequada à crítica do capitalismo especulativo de Wall Street, de que modo essa mesma estrutura de pensamento aborda o sentido jurídico das relações sociais? Seria possível ver emergir aqui uma compreensão efetivamente distinta da reprodução sócio-jurídica?

Considerem-se, por exemplo, algumas manifestações de Hilferding a respeito dessa temática. Em um contexto no qual tanto o capital industrial como o capital comercial são propriedade dos bancos, o monopólio econômico é "reforçado por um monopólio legal através da posse de direitos de patente pelas combinações

321 BAARS, Grietje. *The Corporation, Law and Capitalism*: a Radical Perspective of the Role of Law in the Global Political Economy. Leiden/Boston: Brill, 2019, p. 8.

monopolísticas".[322] Consequentemente, "a dependência da indústria em relação aos bancos é uma *consequência das relações de propriedade*".[323] É importante atentar para a arquitetura desse argumento: uma vez que o monopólio econômico é a manifestação do fim da livre concorrência, então sua superioridade está intimamente associada à concentração da propriedade privada nas mãos desses monopolistas. Por tal razão, é o direito de propriedade privada que se apresenta como o eixo a partir do qual gira a representação jurídica. Isso significa que não apenas a dependência é uma consequência dessas relações, mas a própria dominação aparece nesse mesmo terreno.

Neste caso, quem domina é visto como alguém em condições de fazer valer sua posição privilegiada, usando não só o Estado, mas também o direito a seu favor. Ora, é justamente no contexto da união pessoal da alta finança que Hilferding salienta a seguinte questão:

---

322 HILFERDING, Rudolf. *Das Finanzkapital. Eine Studie über die jüngste Entwicklung des Kapitalismus*. Berlim: Dietz Verlag, 1955, p. 294.

323 (HILFERDING, Rudolf. *Das Finanzkapital. Eine Studie über die jüngste Entwicklung des Kapitalismus*. Berlim: Dietz Verlag, 1955, p. 335 – destaque do autor). Isso está relacionado à compreensão da relação entre "forma social" e "forma jurídica", apresentada por Hilferding em uma nota de rodapé interessante: "quando, portanto, J. Grunzel exprime a opinião de que 'os cartéis diferem dos trustes em espécie e não em grau, e não conheço nenhum caso único no decurso de três décadas de formação vigorosa de cartéis na Europa em que uma forma de organização se transformou na outra', ele simplesmente confunde a forma jurídica da organização com a sua essência. O fato de a transição do cartel para o truste não ser frequente mostra simplesmente que as duas formas têm o mesmo conteúdo (...). *A diferença na forma é atribuível a circunstâncias totalmente diferentes, sobretudo ao desenvolvimento dos bancos e às suas ligações com a indústria e, em parte, também a várias formas de intervenção legislativa*. É bem sabido, por exemplo, que a legislação americana contra os cartéis tem incentivado o truste como forma de combinação". (HILFERDING, Rudolf. *Das Finanzkapital. Eine Studie über die jüngste Entwicklung des Kapitalismus*. Berlim: Dietz Verlag, 1955, p. 301 – destaque do autor).

> O atraso do sistema jurídico torna-se assim um obstáculo, e o capital financeiro exige cada vez mais insistentemente que este seja removido, mesmo que isso tenha de ser feito à força. Isso leva a conflitos cada vez mais agudos entre os Estados capitalistas avançados e as autoridades estatais das áreas atrasadas, e a tentativas cada vez mais urgentes de impor a esses países sistemas jurídicos adequados ao capitalismo, independentemente de os governantes existentes serem mantidos ou destruídos.[324]

A adequação do sistema jurídico aos interesses do capital financeiro – isto é, aos interesses dos "capitalistas ociosos" que estruturaram uma "relação definida" com os demais capitalistas – e a possibilidade de impor esse sistema a outros países parece seguir a mesma linha de raciocínio que situa o Estado nas mãos da classe dominante. Como se sabe, trata-se de um discurso particularmente influente no interior do marxismo. Aqui são fundamentais as reflexões apresentadas por Engels em *A origem da família, da propriedade privada e do Estado* (1884). Se num primeiro momento o Estado é visto como "um poder aparentemente colocado acima da sociedade",[325] logo após Engels destaca que, na realidade, ele é:

> O Estado da classe mais poderosa, da classe economicamente dominante, classe que, por intermédio dele, se converte também em classe política dominante e adquire novos meios para a repressão e exploração da classe oprimida (...). O moderno Estado representativo é o instrumento de que se serve o capital para explorar o trabalho assalariado.[326]

---

324 HILFERDING, Rudolf. *Das Finanzkapital. Eine Studie über die jüngste Entwicklung des Kapitalismus*. Berlim: Dietz Verlag, 1955, pp. 479/480.

325 (MEW, 21, p. 165).

326 (MEW, 21, pp. 166-167).

O Estado – e, poder-se-ia dizer, também o direito – aparecem como algo que é apropriado pela classe mais poderosa, dominante. Ele é, como realçado pelo próprio Engels, um instrumento a ser utilizado para fins de aprofundamento e consolidação da dominação pessoal. É justamente a partir dessas reflexões que Lênin desenvolve grande parte de *Estado e revolução* (1917). Não por acaso, a "força do Estado" é compreendida como um grupo de "pessoas armadas em formações especiais, que têm prisões e outras instalações *à sua disposição*".[327] Esses são os elementos a partir dos quais o Estado é visto como uma "ferramenta de exploração da classe oprimida".[328] Assim: "O Estado é um órgão de dominação de classe, um órgão para a *opressão* de uma classe pela outra, é a criação da 'ordem' que sanciona e consolida essa opressão amortecendo o conflito de classes".[329]

Uma vez mais é importante atentar para a lógica subjacente ao argumento: "a ordem que sanciona a opressão" é, justamente, a legalidade. Assim como o Estado aparece explicitamente como um instrumento da classe dominante, também o direito é abordado apenas sob o prisma da instrumentalidade. Ele é algo "à disposição" de alguém, uma concepção que também está presente na conferência *Sobre o Estado* (1919). Após salientar que o Estado "sempre foi um aparelho que se destacou da sociedade e composto por um grupo de homens",[330] Lênin faz a seguinte consideração:

> As pessoas estão divididas em governados e especialistas de governo, que se elevam acima da sociedade e são chamados de governantes, representantes do Estado. Este aparelho, este

---

327 LW, 25, p. 401 – destaque do autor.

328 LW, 25, p. 403.

329 LW, 25, p. 399 – destaque no original.

330 LW, 29, p. 468.

> grupo de pessoas que governam os outros, sempre apreende uma certa instituição para exercer a coerção.[331]

Aqui se destaca a compreensão do aparelho estatal enquanto forma de organização do poder, um "aparato" que se modifica durante a história dos modos de produção. No entanto, quando considerado uma "máquina *nas mãos* dos capitalistas",[332] então "o sufrágio universal, a Assembleia Constituinte, o parlamento, são apenas a forma, uma espécie de mudança que em nada altera a questão", isto é, "o capital, uma vez lá, domina toda a sociedade, e nenhuma república democrática, nenhum direito de voto muda qualquer coisa sobre a essência da questão".[333] Consequentemente, "a força do capital é tudo, a Bolsa é tudo, e o parlamento e as eleições são marionetes, fantoches".[334]

Nesse contexto, não chega a ser surpreendente que o direito apareça como algo irrelevante. Ainda assim, outros textos são mais explícitos no tratamento da temática jurídica. Pense-se, por exemplo, em *O programa agrário da social-democracia* (1908), no qual Lênin pergunta "o que é uma lei?", para logo após responder: "ela é uma *expressão da vontade* das classes que ganharam e detêm o poder do Estado em suas mãos".[335] Por isso é dito – em *Uma posição contraditória* (1917) – que "a vontade, se for a manifestação da vontade do Estado, deve ser expressa como uma lei estabelecida pelo poder do Estado",[336] uma estrutura argumentativa que comporta os mais variados conteúdos.

Já em *Disparidade crescente* (1913), Lênin afirma que

---

331 LW, 29, p. 468.

332 LW, 29, p. 476 – destaque do autor.

333 LW, 29, p. 477.

334 LW, 29, pp. 478-479.

335 LW, 13, p. 327 – destaque do autor.

336 LW, 25, p. 80.

> Constituições escritas e não escritas (...) *são meramente um registro* dos resultados de luta obtidos através de uma série de vitórias duramente conquistadas do novo sobre o velho e uma série de derrotas infligidas ao novo pelo velho.[337]

Isso fará com que o autor explicitamente considere – em *Sobre uma caricatura do marxismo* (1916) – que "*uma lei* é uma medida política, *é política*".[338] Essas passagens dão força à interpretação de Piers Beirne e Hunt de que Lênin atribui "pouco significado à lei: ou ela fornecia uma vestimenta formal para as relações econômicas e sociais reais ou, em sua forma material como polícia e tribunais, fornecia o mecanismo de repressão".[339] Mesmo Pachukanis fez questão de destacar esse ponto em *Lênin e os problemas do direito* (1925). Diante de uma leitura que vê a revolução do proletariado como um evento certo e necessário, seria até certo ponto natural que a teoria marxista do Direito relegasse "as formas jurídicas a segundo e até mesmo a terceiro plano no desenvolvimento social".[340] Desse modo:

---

337 LW, 18, p. 557 – destaque do autor.

338 LW, 23, p. 40 – destaque do autor.

339 BEIRNE P. (Coord.). *Revolution in Law*: Contributions to the Development of Soviet Legal Theory, 1917-1938. Londres: Routledge, 1990, p. 64.

340 PASHUKANIS, Evgeny. "Lenin and Problems of Law". *In*: BEIRNE, P.; SHARLET, R. (Coord.). *Pashukanis*: Selected Writings on Marxism and Law. Londres: Academic Press, 1980, p. 147. Isso não significa que Lênin observe o direito tão somente a partir desta perspectiva, tal como destacado pelo próprio Pachukanis. Note-se, no entanto, que esse ensaio de 1925 "foi a primeira tentativa de Pachukanis de buscar apoio antecipado para as graves implicações de *A Teoria Geral do Direito e o marxismo* nos volumosos escritos de Lênin sobre o direito, ainda que fragmentários", conforme nota à tradução para o inglês, feita por Peter Maggs (PASHUKANIS, Evgeny. "Lenin and Problems of Law". *In*: BEIRNE, P.; SHARLET, R. (Coord.). *Pashukanis*: Selected Writings on Marxism and Law. Londres: Academic Press, 1980, p. 132).

> Relações econômicas desenvolvem-se sobre a base da condição específica das forças produtivas e são decisivas na análise final. A alavanca direta que empurra para frente a marcha da história é a classe, isto é, a luta política, sendo que ela mesma não é outra senão "a expressão concentrada da economia". Na medida em que a formulação jurídica das relações econômicas e dos fatos políticos está em causa, desempenha um papel secundário e subserviente. A teoria marxista, genericamente falando, tem pouca atenção, portanto, aos problemas do direito.[341]

Perante a "marcha da história", isto é, a imperiosa vitória da classe trabalhadora, parece ser compreensível que a própria especificidade do direito acabe se perdendo em definições mais ou menos vagas, como "política", "instrumento", "registro" e "expressão da vontade de uma classe". Consequentemente, não deixa de ser esperada a consideração de que "a liberdade da sociedade capitalista *permanece sempre a mesma, tal como nas antigas repúblicas gregas*: liberdade para os escravistas".[342]

De acordo com o discurso derivado da "fase monopolista", aqui se percebe como a compreensão instrumentalista perde de vista tanto a "pressão estrutural" como a "dominação objetiva" do capital.[343] Por isso a apreensão do Estado e do Direito como "ferramentas" transforma ambos em objetos passíveis de apropriação por indivíduos. Eles aparecem, portanto, como se fossem algo *externo* à própria ação. Mas isso só constitui um problema quando estamos diante da socialização "corriqueira", na qual o movimento do "valor que se autovaloriza" se impõe. Por isso é importante atentar para

---

341 PASHUKANIS, Evgeny. "Lenin and Problems of Law". *In*: BEIRNE, P.; SHARLET, R. (Coord.). *Pashukanis*: Selected Writings on Marxism and Law. Londres: Academic Press, 1980, p. 147.

342 LW, 25, p. 474 – destaque do autor.

343 ELBE, Ingo. *Marx im Westen*: die neue Marx-Lektüre in der Bundesrepublik seit 1965. Berlim: Akademie Verlag, 2010, p. 367.

a análise acerca do "poder do Estado" que o próprio Marx faz em *Guerra Civil na França* (1871):

> No mesmo passo em que o progresso da moderna indústria desenvolvia, ampliava e intensificava o antagonismo de classe entre o capital e o trabalho, o poder do Estado foi assumindo cada vez mais o caráter de poder nacional do capital sobre o trabalho, de uma força pública organizada para a escravização social, de uma máquina do despotismo de classe.[344]

Em um *contexto revolucionário* não são as "leis naturais da produção" – a "coerção muda exercida pelas relações econômicas" – que garantem a socialização capitalista. Por tal motivo, até mesmo Heinrich admite que, em uma situação como esta, na qual o Estado se encontra principalmente como uma máquina de violência, "o foco nesse caráter repressivo é bastante plausível".[345] [346] Mas a situação se altera caso se considere a socialização na "evolução da produção capitalista", não em seus processos de ruptura. Aqui se desenvolve "uma classe de trabalhadores que, por *educação, tradição e hábito*,

344 (MEW, 17, p. 336) [Marx, 2011a, p. 55].

345 HEINRICH, Michael. "Grenzen des 'idealen Durchschnitts'. Zum Verhältnis von Ökonomiekritik und Staatsanalyse bei Marx". *In*: LINDNER, Urs; NOWAK, Jörg; PAUST-LASSEN, Pia (Coord.). *Philosophieren unter anderen. Beiträge zur Palaver der Menschheit*. Münster: Westfälisches Dampfboot Verlag, 2008, p. 223.

346 Mesmo que seja possível sustentar a plausibilidade do foco no "caráter repressivo" em um contexto revolucionário, isso não significa que ele não possa existir em um contexto não-revolucionário, algo subentendido no argumento de Heinrich, um dos principais defensores da compreensão da crítica da economia política em sua "média ideal". Como destacado mais adiante, a análise na "média ideal" constitui apenas um nível de abstração, nível a partir do qual se procura revelar a conexão interna subjacente à sociedade capitalista. Isso não exclui análises em outros patamares conceituais, tal como nas leituras institucionais e de classe. Pelo contrário, aloca a pergunta acerca da conexão conceitual entre esses distintos níveis de abstração, questionamento fundamental para a construção de uma teoria marxista da sociedade.

reconhece as exigências desse modo de produção como leis naturais e evidentes por si mesmas".[347]

No nível de abstração em que vige a análise das determinações formais da sociedade capitalista, a derivação do direito e do Estado a partir da vontade de um sujeito demonstra como o centro de gravitação dessa concepção gira em torno da *aplicação* deles, e não da compreensão de ambos enquanto *formas sociais*. Ainda assim, é importante perceber que o bloqueio à abordagem da dominação capitalista e da reprodução sócio-jurídica pautada na análise nas determinações formais é, acima de tudo, uma compreensão absolutamente coerente com o ponto de partida historicista anteriormente destacado, no qual a forma-valor é relegada ao período da assim chamada "produção simples de mercadorias". Especialmente neste caso, as considerações de Stuchka são reveladoras:

> À medida que a sociedade passou da simples produção de mercadorias para a exploração capitalista como o principal modo de produção, e especialmente para a fase de monopólio capitalista e imperialista, a contradição entre a liberdade de contrato e a liberdade do indivíduo na atividade econômica foi sendo cada vez mais revelada. "O comerciante compra apenas para vender *mais caro*", mas o capitalista monopolista não é guiado pelo princípio da liberdade e equivalência, mas pelo princípio do ditado (às custas de outra classe) das condições da distribuição da produção de trabalho, não da equalização (*Gleichmacherei*), mas do super lucro (*Plusmacherei*).[348]

347 MEGA, II.6, p. 663 – destaque do autor) [MEW, 23, p. 765] {Marx, 2013a, pp. 808-809}.

348 SHARLET, R.; MAGGS, P.; BEIRNE, P. (Coord.). *P. I. Stuchka*: Selected Writings on Soviet Law and Marxism. Nova York/Londres: M. E. Sharpe, 1988, p. 104 – destaque no original.

A liberdade e a equivalência são nesse ponto transformadas em "princípios" que orientavam a atividade do comerciante, *antes* da passagem para a sociedade capitalista. Se

> a lei burguesa – como a lei de classe do período do florescimento do capitalismo – *é como qualquer lei,* isto é, na medida em que apoia e protege o interesse básico da classe, aqui a classe capitalista, mudando, é claro, em proporção à mudança no próprio capitalismo,[349]

então se compreende de que modo a leitura histórica de *O capital* e suas reflexões sobre o Estado não só desaguam na particular interpretação da socialização capitalista levada a cabo por Hilferding, como influenciam um modo de apreensão bastante particular da legalidade moderna.[350]

---

349 SHARLET, R.; MAGGS, P.; BEIRNE, P. (Coord.). *P. I. Stuchka*: Selected Writings on Soviet Law and Marxism. Nova York/Londres: M. E. Sharpe, 1988, p. 99 – destaque do autor.

350 Pachukanis é um dos principais críticos de Stuchka: "essa definição [de Stuchka] revela o conteúdo de classe encerrado nas formas jurídicas, mas ela não nos explica por que esse conteúdo toma tal forma" (PACHUKANIS, Evgeni. *A Teoria Geral do Direito e o marxismo e ensaios escolhidos (1921-1929).* São Paulo: Sundermann, 2017, p. 109). De todo modo, não se pode esquecer que a leitura historicista da crítica da economia política está presente em diversos momentos de *A Teoria Geral do Direito e o marxismo*, como será destacado. Antes de aprofundar essas questões no quinto capítulo, convém salientar que Pachukanis – assassinado em 1937 – não teve acesso a textos de Marx como o *Resultados do processo imediato de produção*, publicado em 1933, e o *Urtext*, publicado em 1941 (como anexo aos *Grundrisse*). Consequentemente, ainda não lhe era acessível nem a fundamental compreensão dos primeiros três capítulos – em que se articulam forma-valor, forma-mercadoria e forma-jurídica – de *O capital* como uma análise da *circulação simples de mercadorias* enquanto "aparência pura", da "esfera abstrata do processo global de produção burguês" (MEGA, II.2, pp. 64; 68), nem a compreensão de que as categorias iniciais do Livro I que aparecem como condições do capital são, também, seu resultado (MEGA, II.4.1, p. 67).

Considere-se em algumas reflexões de Costas Lapavitsas sobre a necessidade de controlar as finanças, feitas após sua densa análise da financeirização que, não por acaso, inspira-se no "marxismo clássico", isto é, na contribuição de Hilferding e Lênin.[351] O economista grego sabe muito bem que "a ascensão da liberação financeira durante as décadas da financeirização não deveria ser confundida com a falta de regulação".[352] Em que pese admitir que "confrontar a financeirização seria muito mais complexo do que meramente introduzir bancos públicos em larga escala",[353] é justamente no imbricamento entre regulação e bancos públicos que sua "representação jurídica" aparece de modo mais claro. A ênfase nos direitos de propriedade opera como mola propulsora da necessidade de tornar públicos os bancos e, assim, iniciar um processo de controle da financeirização. Consequentemente:

> Se o interesse público fosse plenamente representado e democraticamente expresso dentro das finanças, poderia ajudar a restabelecer o serviço público como um motivo superior ao ganho privado em toda a economia em geral. Um espírito reforçado de serviço público seria um passo vital para reverter a ascensão das finanças nas últimas décadas, ao mesmo tempo em que lançaria as bases de uma transformação mais ampla da economia no interesse de muitos. Restabelecer a propriedade pública e o controle sobre os bancos também criaria um novo espaço para a intervenção regulatória no âmbito das finanças e no resto da economia.[354]

---

351 LAPAVITSAS, Costas. *Profiting Without Producing*: How Finance Exploit Us All. Londres/Nova York: Verso, 2013, p. 36.

352 LAPAVITSAS, Costas. *Profiting Without Producing*: How Finance Exploit Us All. Londres/Nova York: Verso, 2013, p. 312.

353 LAPAVITSAS, Costas. *Profiting Without Producing*: How Finance Exploit Us All. Londres/Nova York: Verso, 2013, p. 307.

354 LAPAVITSAS, Costas. *Profiting Without Producing*: How Finance Exploit Us All. Londres/Nova York: Verso, 2013, p. 325.

Mas não só. O reforço mútuo entre regulação pública e propriedade pública[355] também levaria a uma "re-imposição do espírito público" e a uma "ascensão da noção de Direito Público". E quais seriam as consequências disso?

> O domínio expansivo do dinheiro sobre o modo de vida das famílias e dos indivíduos seria, assim, invertido. O espaço para se envolver em políticas de provisão pública é proporcionado pelo surgimento de novas tecnologias e pela oposição espontânea dos trabalhadores à monetarização da vida.[356]

Essas referências expressam da forma mais clara possível uma compreensão da natureza do poder do capital que o *reduz* às condições institucionais. Neste caso, uma diagramação institucional alternativa – os referidos bancos públicos – "permitiria uma replicação da eficiência da economia capitalista sem a presença das finanças (isto é, sem qualquer referência à valorização do capital)".[357] Ainda assim, pouco tempo após esse diagnóstico, a reprodução social financeira, notadamente em sua dimensão política, não parece ser desafiada nem por uma regulação confrontadora, muito menos por uma "oposição espontânea" abalizada em esperadas forças progressistas.

Diante dos discursos que advogam saídas jurídicas para a crise do capitalismo – incluindo a própria defesa de um potencial

---

355 LAPAVITSAS, Costas. *Profiting Without Producing*: How Finance Exploit Us All. Londres/Nova York: Verso, 2013, p. 326.

356 LAPAVITSAS, Costas. *Profiting Without Producing*: How Finance Exploit Us All. Londres/Nova York: Verso, 2013, p. 327.

357 SOTIROPOULOS, D.; MILIOS, J.; LAPATSIORAS, S. *A Political Economy of Contemporary Capitalism and its Crisis*: Demystifying Finance. Londres/Nova York: Routledge, 2013, p. 88.

emancipatório do direito,[358] [359] como já referido –, a leitura historicista de *O capital* não é capaz de oferecer uma compreensão efetivamente distinta da reprodução sócio-jurídica capitalista. Em termos de construção de um diagnóstico alternativo aos desafios impostos pela dominação financeira, a estrutura lógica subjacente ao discurso da instrumentalidade é, na verdade, desastrosa.[360] Ela reforça a perspectiva de que a legalidade seria uma mera técnica social trans-histórica que somente expressaria uma vontade, seja esta "liberal", "socialdemocrata", "socialista" etc. e que, por isso mesmo, poderia compor uma estratégia de emancipação humana.

Daí a necessidade de se considerar a seguinte questão: não há dúvidas de que na manifestação histórica da dominação do capital seja possível observar tentativas de instrumentalização da institucionalidade vigente para fins de manutenção e aprofundamento de uma dominação pessoal. No entanto, o ponto-chave é saber se a causalidade social pressuposta na leitura historicista de *O capital* oferece a

---

358 BUCKEL, Sonja. *Subjektivierung und Kohäsion*: Zur Rekonstruktion einer materialistischen Theorie des Rechts. Weilerswist: Velbrück Wissenschaft, 2007.

359 Em que pese querer enfrentar a "subtematizacão da forma jurídica" para reconstruir a teoria materialista do direito, Buckel salienta que o sistema jurídico produz "três efeitos que não devem ser subestimados", quais sejam: (i) estabelecimento do reconhecimento formal; (ii) produção de uma técnica de conhecimento; e (iii) suspensão da violência. (BUCKEL, Sonja. *Subjektivierung und Kohäsion*: Zur Rekonstruktion einer materialistischen Theorie des Rechts. Weilerswist: Velbrück Wissenschaft, 2007, pp. 312/313).

360 Note-se, no entanto, que a insuficiência desses discursos não pode ser explicada com base em elementos empíricos, como se o ponto fulcral residisse na mera comparação "fática", ao melhor estilo da dicotomia "o que era esperado" e "o que realmente aconteceu". O que se mostra gradativamente é, na verdade, a premissa a partir da qual esses diagnósticos aparecem – ou, como diz Postone, a "hipótese oculta" (POSTONE, Moishe. *Tempo, trabalho e dominação social*: uma reinterpretação da teoria crítica de Marx. São Paulo: Boitempo, 2014, p. 62) – e que está intimamente relacionada a uma teoria substancialista do valor. Este tema será aprofundado no terceiro capítulo.

única compreensão crítica possível do modo de produção capitalista a partir da "crítica da economia política". O destaque ao subtítulo de *O capital* está longe de ser uma mera questão estilística, já que ainda é preciso atentar para um argumento nada despretensioso: ora, no próprio Marx é possível encontrar uma compreensão das relações sociais de modo algum distante dos enunciados destacados nas últimas páginas. Considere-se, por exemplo, uma passagem dos *Manuscritos econômico-filosóficos* (1844):

> Se o produto do trabalho não pertence ao trabalhador, se um poder estranho está diante dele, então isto só é possível pelo fato de [o produto do trabalho] pertencer a um *outro homem fora o trabalhador*. Se sua atividade lhe é martírio, então ela tem de ser fruição para um outro e alegria de viver para um outro. Não os deuses, não a natureza, apenas o homem mesmo pode ser este poder estranho sobre o homem.[361]

Se aqui observam-se elementos para uma dominação pessoal, a ideia de que o Estado seria um instrumento à disposição da classe dominante aparece de modo cristalino, por exemplo, no *Manifesto comunista* (1848): "o poder moderno do Estado é apenas *um comitê que gere os assuntos* comuns de toda a classe burguesa".[362] Além disso, uma carta enviada a Joseph Weydemeyer (05 de março de 1852) – em que Marx apresenta qual seria a novidade de sua análise das classes – aponta claramente para a vitória do proletariado como um evento certo e necessário:

> O que eu fiz de novo foi: 1. demonstrar que a existência das classes está ligada apenas a *fases históricas determinadas do desenvolvimento da produção*; 2. que a luta de classes conduz necessariamente à ditadura do proletariado; 3. que

---

361 (MEGA, I.2, p. 371 – destaque no original) [MEW, 40, p. 519] {Marx, 2010, p. 86}.

362 (MEW, 4, p. 464 – destaque do autor) [Marx; Engels, 2010, p. 42].

> esta ditadura em si mesma constitui apenas a transição para a abolição de todas as classes e para uma sociedade sem classes.[363]

Essas referências poderiam sugerir que a leitura historicista e o paradigma da dominação pessoal-parasitária seriam não só coerentes, mas corretos. Por isso Lênin se apoia exatamente nessa carta para dizer: "nestas palavras, Marx conseguiu exprimir (...) a diferença principal e radical entre a sua doutrina e a doutrina dos pensadores avançados e mais profundos da burguesia".[364] Não por outro motivo, essa "diferença principal e radical" também significaria que "a doutrina de Marx é omnipotente *porque ela é verdadeira*. É *completa e harmoniosa*, dando aos homens uma visão integral do mundo",[365] tal como publicado por Lênin em *As três fontes e as três partes constitutivas do marxismo* (1913).

As consequências dessa pretensão são significativas, principalmente quando se considera o diagnóstico heterodoxo da financeirização. Se a estrutura lógica da leitura historicista e seu desenvolvimento, notadamente no entrelaçamento entre o especial modo de compreender a socialização capitalista e sua representação jurídica, fazem emergir os mesmos elementos – a existência de uma dominação pessoal e parasitária – que caracterizam a crítica ao capitalismo especulativo de Wall Street, e se essa tradição marxista é vista como a leitura correta do legado marxiano, então o debate acerca do sentido da crítica da economia política envolve muito mais do que uma mera disputa filológica.

É justamente a denúncia do determinismo histórico presente em Marx que alimenta inúmeras análises que apontam a falência do diagnóstico marxista da sociedade contemporânea, um déficit que exigiria um "novo direito". Daí a suposição de que "cabe à crítica da

---

363 (MEW, 28, p. 508 – destaque no original).

364 LW, 25, p. 424.

365 LW, 19, pp. 03-04 – destaque do autor.

economia política mostrar como o desenvolvimento das contradições do capitalismo gera por si mesmo as condições históricas a partir das quais o comunismo se torna necessário".[366] Diante desse argumento, os autores franceses – expoentes de uma defesa do "comum" como um "princípio político que define um novo regime de lutas em escala mundial"[367] – não hesitam em questionar:

> Esse comunismo pretensamente científico está agonizando por toda parte. A fé se esgotou, apenas alguns velhos crentes ainda se comprazem em agitar o turíbulo para benzer a marcha gloriosa da história. Como acreditar que o desenvolvimento do capitalismo seja uma fase, necessária ainda que dolorosa, para que surja um novo modo de produção?[368]

Se assim for, o que fazer? A *Introdução* do presente livro teve início com a afirmação de que toda solução pressupõe um diagnóstico que, por sua vez, possui uma estrutura conceitual definida. Diante da crítica à financeirização que aproxima marxistas e heterodoxos, este capítulo inicial procurou demonstrar como essa aproximação pode ser compreendida, primeiramente, a partir da interpretação da crítica da economia política feita pela leitura historicista de *O capital* e, logo após, por meio da lógica de causalidade social e sua representação jurídica subjacentes às análises da "fase monopolista" do capitalismo, ambas bloqueando a análise da forma-valor enquanto desenvolvimento da contradição social. Isso não significa, no entanto, que outra leitura de Marx não possa fornecer uma análise distinta da socialização capitalista e, assim, fazer emergir uma compreensão alternativa da dominação financeira e suas consequências para a análise dos sentidos da legalidade no modo de produção capitalista.

---

366 DARDOT, P.; LAVAL, C. *Comum*: ensaios sobre a revolução no século XX. São Paulo: Boitempo, 2018, p. 81.

367 DARDOT, P.; LAVAL, C. *Comum*: ensaios sobre a revolução no século XX. São Paulo: Boitempo, 2018, p. 54.

368 DARDOT, P.; LAVAL, C. *Comum*: ensaios sobre a revolução no século XX. São Paulo: Boitempo, 2018, pp. 83/84.

CAPÍTULO II

O ESTATUTO DA CRÍTICA DA ECONOMIA POLÍTICA

O primeiro capítulo apresentou os elementos gerais que compõem o discurso crítico hegemônico da financeirização em tempos neoliberais. Após analisar o encadeamento de sua estrutura argumentativa, apontou-se uma conexão com as reflexões referentes à "última fase do capitalismo". Como visto, o discurso da dominação pessoal-parasitária – extensamente presente nas críticas ao capitalismo especulativo de Wall Street – está intimamente relacionado a uma interpretação específica da forma-valor. Não por acaso, foi aventada a possibilidade de uma interpretação distinta do objeto da crítica da economia política como alternativa à investigação da dominação financeira, o que traria consequências importantes para a análise da reprodução sócio-jurídica.

Daí a importância de se atentar para a seguinte questão: em que pese a razoabilidade e prestígio da leitura historicista de *O capital* apresentada nas páginas anteriores, sua abordagem compreende o legado marxiano como um trabalho histórico-descritivo. A partir dessa perspectiva, a preocupação de Marx parece estar na análise das etapas históricas do capitalismo, e não nas "leis fundamentais" do seu modo de funcionamento. Por essa razão, é sintomático que a partir da década de 1960 tenha emergido na Europa um debate particularmente importante acerca do estatuto da crítica da economia política.[369]

Ainda que a disseminação da teoria marxiana e marxista já estivesse em curso no século XIX, alguns fatores contribuíram para que a segunda metade do século XX caracterizasse um divisor de águas na história desse processo.[370] Pense-se, por exemplo, na chamada "desestalinização" da então União Soviética, no surgimento de novos movimentos sociais emancipatórios e revolucionários a partir da Guerra do Vietnã, ou mesmo nos primeiros abalos na crença fordista do Estado de Bem-Estar Social, mecanismo fundante de uma projeção na qual a prosperidade perpétua conviveria com uma situação politicamente administrável.[371]

Esses eventos propiciaram um ambiente a partir do qual surgiram, nos mais variados países e continentes, diversas leituras inovadoras da obra marxiana – uma resposta à chamada "crise do marxismo" que caracterizava aquele momento. Tamanha inovação, no entanto, está longe de possuir características comuns que permitam a identificação de um movimento teórico unitário. Ainda assim, é possível perceber uma espécie de identidade quanto ao ponto de partida, qual seja, a recusa do "marxismo como visão de mundo", também denominado de "o marxismo", expressão utilizada para

---

369 É importante notar que, no Japão, essa discussão – e seu impacto para a análise da forma-valor – remete à década de 1940, notadamente aos embates entre Kozo Uno e Samezo Kuruma, entre 1947-1948, em Tóquio. Na verdade, neste momento já se colocavam questões que só seriam discutidas na Alemanha a partir da década de 1970. (HOFF, Jan. *Marx global. Zur Entwicklung des internationalen Marx-Diskurses seit 1965*. Berlim: Akademie Verlag, 2009, p. 101).

370 HOFF, Jan. *Marx global. Zur Entwicklung des internationalen Marx-Diskurses seit 1965*. Berlim: Akademie Verlag, 2009, p. 11.

371 ELBE, Ingo. *Marx im Westen*: die neue Marx-Lektüre in der Bundesrepublik seit 1965. Berlim: Akademie Verlag, 2010, p. 30.

caracterizar a recepção dominante – restritiva e ideologizada – de Marx.

Trata-se da rejeição àquilo que poderia ser chamado de guia para a "economia política proletária", um modelo interpretativo do mundo baseado em alguns pressupostos: (i) determinismo ontológico que, divulgado como "socialismo científico", preparou o caminho para a concepção mecanicista e fatalista do materialismo histórico, engendrando uma metafísica da história que se realizaria pela missão providencial do proletariado; (ii) interpretação historicista do método marxiano; e (iii) crítica apenas conteudística do Estado, tendo como eixo de análise a vontade da classe capitalista e o uso instrumental que esta faz do aparelho estatal, sem questionar as razões pelas quais o conteúdo de classe adquire a forma de "Poder Público".[372]

Heinrich também oferece algumas caracterizações desse "marxismo tradicional".[373] Ele destaca a ausência de atenção a aspectos

372 ELBE, Ingo. *Marx im Westen*: die neue Marx-Lektüre in der Bundesrepublik seit 1965. Berlim: Akademie Verlag, 2010, pp. 14-24.

373 O uso dessas nomenclaturas exige certa atenção. Elbe identifica "o" marxismo com o "marxismo tradicional", termo também utilizado por Heinrich. Este, no entanto, procurou captar os significados descritos acima com o referido "marxismo como visão de mundo" [*Weltanschauungsmarximus* ou *worldview Marxism*], termo consagrado na literatura. Werner Bonefeld, por sua vez, lança mão da expressão "marxismo clássico" para se referir à temática (BONEFELD, Werner. *Critical Theory and the Critique of Political Economy*. Nova York/ Londres: Bloomsbury, 2014, p. 7), conceito igualmente utilizado no artigo de Bellofiore e Riva (BELLOFIORE, Riccardo; RIVA, Tommaso Redolfi. "The *Neue Marx-Lektüre*: Putting the critique of political economy back into the critique of society". *Radical Philosophy*, 189, jan./ fev. 2015, p. 24). Bastante discutido no Brasil, Moishe Postone também se vale da expressão "marxismo tradicional", notadamente para se referir às abordagens que analisam o capitalismo "do ponto de vista do trabalho" (POSTONE, Moishe. *Tempo, trabalho e dominação social*: uma reinterpretação da teoria crítica de Marx. São Paulo: Boitempo, [1993] 2014, p. 21). Note-se, no entanto, que Postone inclui no rol de representantes dessas abordagens tradicionais alguns membros da Escola

decisivos da crítica da economia política, tais como a derivação categorial e sua relação com as formas sociais e a análise do fetichismo. Daí o argumento de que o "marxismo popular", sustentado pelo amálgama de um "economicismo rude" e de um "pronunciado determinismo histórico", cumpria acima de tudo um papel de construção de identidade para o movimento dos trabalhadores.[374]

Um tipo questionamento similar já estava presente ao final da Primeira Guerra Mundial. Naquele momento começaram a surgir abordagens marxistas críticas ao "marxismo oficial": o chamado "marxismo ocidental" – no qual são agregados autores tão divergentes como Karl Korsch, Georg Lukács, Antonio Gramsci, Horkheimer e Adorno –; ou mesmo os trabalhos pioneiros que se dedicaram à discussão das categorias iniciais de *O capital*, tais como valor, forma-valor e trabalho abstrato. Neste momento se destacam as reflexões de Isaac Rubin e Eugen Pachukanis, já na década de 1920, e o ainda pouco conhecido debate japonês entre Kozo Uno e Samezo Kuruma, na década de 1940.

Esses embates ocorriam a partir de duas frentes. Uma corrente defende, de um lado, que o motor do desenvolvimento social está na luta de classes, e não nas leis econômicas objetivas, que servem aos sindicatos e partidos de esquerda como uma espécie de álibi para dominar e controlar politicamente a classe trabalhadora. Tendo o operaísmo italiano de Mario Tronti como um dos principais seus representantes, essa tendência critica a ortodoxia marxista pelo excesso de contemplação estrutural e teórica. Do outro lado, observa-se uma corrente que acusa a referida ortodoxia, inversamente, de falta de profundidade teórica, razão pela qual seria necessária uma

---

de Frankfurt, em especial Horkheimer e Adorno. Longe de significar uma mera anedota, aqui se manifesta uma tensão quanto às premissas teóricas que inicialmente levaram à "nova leitura de Marx".

374 HEINRICH, Michael. *Kritik der politischen Ökonomie. Eine Einführung in "Das Kapital"*. Stuttgart: Schmetterling Verlag, 2018, p. 23.

"reconstrução", notadamente no plano metodológico, que livrasse as categorias marxianas das contrações dogmáticas ortodoxas.

É justamente nesse contexto que tem início a "nova leitura de Marx",[375] termo utilizado em sentido preciso pela primeira vez por Backhaus, no prefácio do livro – *Dialética da forma-valor* – que reúne seus escritos.[376] Trata-se de uma recepção da teoria marxiana que se afasta tanto do "marxismo-leninismo" como da "social-democracia", recolocando os problemas da sociedade a partir de novas bases, notadamente a partir da análise da forma-valor. Ainda que não seja possível caracterizá-la como uma escola homogênea, pode-se dizer que

> o núcleo paradigmático da "nova leitura de Marx" consiste (...) numa crítica da interpretação historicista ou empirista da análise formal marxista por parte do marxismo ocidental

375 Ela tem início na década de 1960, mais precisamente em 1964 e 1965, no âmbito da Escola de Frankfurt, a partir do desenvolvimento de um grupo de trabalho de alunos de Adorno. Com fulcro nos trabalhos de Backhaus, Reichelt, Brentel e, mais recentemente, Heinrich e Rakowitz, entre outros, essa leitura tem como premissa a retomada da forma-valor como eixo a partir do qual se movimentam as análises da sociedade capitalista. Em que pese existirem profundas divergências sobre o sentido das categorias marxianas, a defesa de uma teoria monetária do valor constitui sua principal contribuição, tema desenvolvido no próximo capítulo. Para uma visão geral das inúmeras leituras de Marx que passam a ser produzidas a partir da década de 1960, ver o livro *Marx Global* (HOFF, Jan. *Marx global. Zur Entwicklung des internationalen Marx-Diskurses seit 1965*. Akademie Verlag: Berlin, 2009, pp. 78-195). Para um mapeamento da "nova leitura de Marx", com suas principais premissas e desenvolvimentos, ver (BARREIRA, César Mortari. "A 'nova leitura de Marx': um mapeamento de suas premissas e desenvolvimentos". *Revista da Sociedade Brasileira de Economia Política*, nº 63, 2022).

376 BACKHAUS, Hans-Georg. *Dialektik der Wertform*: Untersuchungen zur Marxschen Ökonomiekritik. Freiburg: Ca ira, 1997, p. 9.

> e de muitos representantes do neo-marxismo no tocante à socialização.[377]

Daí a importância de destacar como essa abordagem relaciona-se com os escritos de Engels.[378] Segundo Ingo Elbe, o termo "marxismo" foi empregado pela primeira vez pelo socialdemocrata alemão Franz Mehring, em 1879. No entanto, o nascimento de uma escola propriamente "marxista" tem início com a publicação de *Anti-Dühring*, em 1878, e de sua posterior recepção por Karl Kautsky, Karl Liebknecht, Eduard Bernstein, entre outros.

> Os escritos de Engels – ainda que conceitos como "marxismo" ou "materialismo dialético" não se encontrassem neles – forneceram para gerações inteiras de leitores, marxistas e anti-marxistas, o modelo interpretativo através do qual a obra de Marx foi apreendida (...). Sobretudo o *Anti-Dühring* é elevado à categoria de "manual da doutrina marxista" e de uma "cosmovisão marxista" retratada positivamente.[379] [380]

---

377 ELBE, Ingo. *Marx im Westen*: die neue Marx-Lektüre in der Bundesrepublik seit 1965. Berlim: Akademie Verlag, 2010, p. 32.

378 Destacam-se: a resenha à *Contribuição à crítica da economia política* (1859); o livro *Anti-Dühring* (1878); a inacabada *Dialética da natureza* (1883); o livro *Ludwig Feuerbach e o fim da filosofia clássica alemã* (1886) e o suplemento ao Livro III de *O capital* (1894-1895).

379 ELBE, Ingo. *Marx im Westen*: die neue Marx-Lektüre in der Bundesrepublik seit 1965. Berlim: Akademie Verlag, 2010, p. 14.

380 Kautsky afirma que "não há livro que tenha contribuído para a compreensão do marxismo como este. Por certo *O capital* é maior, mas foi inicialmente através do *Anti-Dühring* que nós aprendemos a lê-lo e compreendê-lo corretamente", enquanto Lênin compreendia o referido livro como um "manual de todo trabalhador dotado de consciência de classe". Uma análise mais detalhada pode ser encontrada em (ELBE, Ingo. *Marx im Westen*: die neue Marx-Lektüre in der Bundesrepublik seit 1965. Berlim: Akademie Verlag, 2010, pp. 14-24).

Apesar da força dessa tradição marxista, não são poucas as abordagens que criticam como seu conteúdo se afasta da crítica da economia política. Heinrich, por exemplo, considera que a interpretação da teoria marxiana do valor como uma teoria quantitativa – cuja tarefa primordial seria *provar* que o lucro pode ser reduzido a uma certa quantidade de trabalho não pago – acabaria por reduzir Marx aos "socialistas ricardianos".[381] Nesse contexto emerge a tese de que o conteúdo do "código marxista" desenvolvido por Engels caracterizaria o chamado "Marx exotérico". Robert Kurz, não aceitando a distinção althusseriana entre um "jovem Marx" e um "Marx maduro",[382] foi o responsável por tornar famosa a análise de um "duplo Marx". O primeiro – associado ao *Manifesto comunista* – seria o "exotérico" e "positivo", universalmente conhecido como mentor do movimento operário que atuava na luta de classes. O segundo – vinculado ao *O capital* – seria o "esotérico", obscuro e pouco conhecido, apresentando o capital aparece como uma relação social, como "sujeito automático".[383] [384]

---

381 HEINRICH, Michael. *Die Wissenschaft vom Wert*: Die Marxsche Kritik der politischen Ökonomie zwischen wissenschaftlicher Revolution und klassicher Tradition. Münster: Westfälisches Dampfboot, 2017, p. 208.

382 Uma análise – não apenas da literatura francesa – do "mito" que atravessa essa distinção pode ser encontrada em (MUSTO, Marcello. *Repensar Marx e os marxismos*: guia para novas leituras. São Paulo: Boitempo, 2022, pp. 61-99).

383 KURZ, Robert. *Marx lesen! Die wichtigsten Texte von Karl Marx für das 21. Jahrhundert*. Frankfurt am Main: Eichborn, 2001, p. 28.

384 Deve-se ter em mente que as análises desse autor (e, de modo geral, do grupo *Krisis*, além dos autores posteriormente vinculados à revista *Exit!*) não se confundem com aquelas desenvolvidas na NLM. Por isso Kurz explicitamente situa a "crítica do valor" – posteriormente chamada de "valor-cisão", após as contribuições de Roswitha Scholz – como uma "terceira posição" diante da NLM e da ortodoxia marxista (KURZ, Robert. *Marx lesen! Die wichtigsten Texte von Karl Marx für das 21. Jahrhundert*. Frankfurt am Main: Eichborn, 2001, p. 8).

De modo similar, Postone, em sua tentativa de reconstruir a crítica do valor e do capital, procurou demonstrar como o chamado "marxismo tradicional"[385] se distancia de Marx. Neste

> a dominação social no capitalismo, no seu nível mais fundamental, não consiste na dominação de pessoas por outras pessoas, mas na dominação das pessoas por estruturas sociais abstratas constituídas pelas próprias pessoas.[386]

Elbe, por sua vez, propõe uma diferenciação entre o marxismo (no singular) – sistematizado e elevado ao patamar de doutrina por Engels e que desemboca no marxismo-leninismo – e as formas dissidentes e críticas da recepção da obra de Marx (os marxismos, no plural).[387] [388] Já Milios e Sotiropoulos enfatizam "uma mudança de paradigma dentro da teoria econômica marxista"[389] subjacente à tese da fase monopolista. Daí a abertura de espaço "para uma teorização diferente dos fenômenos capitalistas, semelhante à

385 Classificação que engloba aquelas abordagens que analisam o capitalismo do ponto de vista do trabalho, isto é, que compreendem o trabalho como uma atividade social finalística, presente desde sempre na história do homem.

386 POSTONE, Moishe. *Tempo, trabalho e dominação social*: uma reinterpretação da teoria crítica de Marx. São Paulo: Boitempo, 2014, p. 46.

387 ELBE, Ingo. *Marx im Westen*: die neue Marx-Lektüre in der Bundesrepublik seit 1965. Berlim: Akademie Verlag, 2010, p. 13.

388 Apesar do acerto em criticar a tese da "produção simples de mercadorias", é equivocada a contraposição *entre* Marx e Engels. Como será demonstrado no próximo capítulo, é possível identificar no aparato conceitual marxiano uma série de ambivalências. Frente a isso, o "engelsianismo" aparece confortavelmente como uma estratégia de invisibilização dos problemas existentes em Marx. Daí a importância da "nova leitura de Engels". (BARREIRA, César Mortari. "A sujeição ao direito: elementos para uma releitura do 'sujeito de direito' em Pachukanis". *In*: CUNHA, José Ricardo (Coord.). *Teorias Críticas e Crítica do Direito*. vol. I. Rio de Janeiro: Lumen Juris, 2020).

389 MILIOS, John; SOTIROPOULOS, Dimitris. *Rethinking Imperialism*: a Study of Capitalist Rule. Hampshire/Nova York: Palgrave, 2009, p. 117.

problemática geral institucionalista que se encontra em Weber, Veblen, Schumpeter e Galbraith".[390]

Diante dessas referências, cabe uma pergunta: o que movimenta essas classificações e embates? Se parece ser necessário acentuar a diferença entre Marx e os marxismos, como outra leitura pode nos auxiliar a compreender a vinculação entre a dominação social do capital e a reprodução sócio-jurídica? Uma resposta a esta pergunta precisa considerar ao menos duas questões: o objeto da crítica da economia política e seus limites.

2.1 O objeto da crítica da economia política

Tendo em vista que as análises apresentadas no capítulo anterior salientam o aspecto político subjacente à crítica do capitalismo, parece ser adequado recuperar uma preocupação constante do pensamento de I. Rubin. Mesmo diante de uma atmosfera na qual predomina uma concepção ortodoxa do marxismo, Rubin destaca a dependência da evolução das ideias econômicas não só da luta de classes, mas também da "evolução das formas econômicas".[391] E assim se apresenta uma distinção bastante precisa, retomada por diversos autores a partir da década de 1960:

> A atenção dos economistas clássicos estava dirigida para a descoberta das bases técnicas-materiais de formas sociais que eles tomavam como dadas, e não sujeitas a análise posterior. O objetivo de Marx foi descobrir as leis de origem e desenvolvimento das formas sociais assumidas pelo

390 SOTIROPOULOS, D.; MILIOS, J.; LAPATSIORAS, S. *A Political Economy of Contemporary Capitalism and its Crisis*: Demystifying Finance. Londres/Nova York: Routledge, 2013, p. 37.

391 RUBIN, Isaac Ilyich. *História do pensamento econômico*. Rio de Janeiro: Editora UFRJ, 2014, p. 29.

> processo de produção técnico-material a um dado nível de desenvolvimento das forças produtivas.[392]

A ênfase nas "leis de origem e desenvolvimento das formas sociais" e, em particular, na forma-valor, caracterizam grande parte das novas leituras de Marx. Com isso busca-se enfatizar que a ordem da apresentação das categorias marxianas não obedece a uma sequência histórica, como em Engels e, hoje em dia, Wolfgang Fritz Haug.[393] Marx destacou essa problemática já na *Introdução* de 1857. Como mencionado, neste texto encontra-se a ideia de que "seria, além de impossível, falso ordenar as categorias econômicas na sucessão em que foram historicamente determinantes".[394] Além disso:

> Sua ordem é antes determinada pela relação que elas mantêm entre si, na sociedade burguesa moderna, precisamente o inverso do que parece ser a sua ordem natural ou a correspondente sucessão do desenvolvimento histórico. Não se trata da relação que se estabelece historicamente entre as relações econômicas na sucessão das diversas formas de sociedade. Menos ainda da sua ordem "na ideia" (Proudhon) (uma representação confusa do movimento histórico).

392 RUBIN, Isaac Ilyich. *A teoria marxista do valor*. São Paulo: Polis, 1987, p. 56.

393 Em sua "décima preleção" introdutória sobre *O capital*, Haug chega mesmo a dizer, em defesa da perspectiva trans-histórica da teoria do valor, que "*nada se altera desde os tempos de Homero*, ou desde há milênios antes dos mesmos, ainda que o seu estatuto social, bem como o estatuto das formas que se vão edificando em cima dela, com destaque para a forma do preço, passem por metamorfoses enormes" (HAUG, Wolfgang Fritz. *Vorlesungen zur Einführung ins "Kapital"*. Berlim: Argument, 2005, p. 152 – destaque do autor). A relação entre esse tipo de leitura do valor com a chamada "teoria substancialista do valor" é exposta no terceiro capítulo.

394 (MEGA, II.1.1, p. 42) [Marx, 2011, p. 60].

> Trata-se, sim, de sua articulação no interior da sociedade burguesa moderna.[395]

A delimitação "no interior da sociedade burguesa moderna" não será abandonada posteriormente. Pelo contrário, ela está presente de modo explícito em *O capital*. Na primeira frase do Livro I é dito que a investigação começa com a análise da mercadoria, forma de aparecimento da riqueza nas sociedades nas quais reina o modo de produção capitalista.[396] Portanto, é importante realçar o argumento de que a lei do valor "só se desenvolve livremente *com base na produção capitalista*".[397] Trata-se do oposto da interpretação engelsiana da "produção simples de mercadorias", na qual a lei do valor teria vigorado até o século XV. Para além de todos os problemas embutidos nessa interpretação – notadamente, a exclusão da categoria "circulação simples de mercadorias", objeto da Seção I do Livro e a desvinculação entre forma-valor e forma-dinheiro[398] –, é digno de nota que o conceito de "produção simples de mercadorias" não é encontrado em nenhum texto marxiano.

Por isso mesmo, Christopher Arthur chega a sugerir que a longa tradição marxista desenvolvida a partir dessa chave de leitura nada mais seria do que uma *mitologia*, um "mito marxista".[399] Polêmicas

---

395 (MEGA, II.1.1, p. 42) [Marx, 2011, p. 60].

396 (MEGA, II.6, p. 69) [MEW, 23, p. 49] {Marx, 2013a, p. 113}.

397 (MEGA, II.6, p. 499 – destaque do autor) [MEW, 23, p. 558] {Marx, 2013a, p. 606}.

398 A forma-dinheiro é apresentada no quarto capítulo do presente livro, ao passo que o sentido da circulação simples para a crítica da economia política é abordado no quinto capítulo.

399 (ARTHUR, Christopher. "The Myth of 'Simple Commodity Production". *Marx Myths & Legends*, 2005. Disponível em: https://marxmyths.org/chris-arthur/article2.htm. Acessado em: 21.06.2023). Na edição da Boitempo, o leitor pode encontrar a referência ao conceito de "produção simples de mercadorias" no Livro III, capítulo 15, "Desenvolvimento das contradições internas da lei" (MARX, Karl. *O capital*, vol. III. São Paulo: Boitempo, 2017, p. 300). Ocorre que o

à parte, as diferenças entre Marx e Engels não devem ser subestimadas,[400] algo cuja importância pode ser observada pela comparação entre o manuscrito do Livro III (publicado pela MEGA 2 em 1992) e a versão editada por Engels (1894). Marx, por exemplo, não deixa dúvidas: "No caso das categorias mais simples do modo de produção capitalista, da mercadoria e dinheiro, nós já salientamos o caráter mistificador".[401]

Em seu processo de edição, Engels altera o sentido dessa frase ao acrescentar e demarcar a análise da mercadoria e do dinheiro à produção mercantil, isto é, à "produção simples de mercadorias": "No caso das categorias mais simples do modo de produção capitalista, e mesmo da produção mercantil, ao examinar a mercadoria e o dinheiro, nós já demonstramos o caráter mistificador".[402]

A partir dessa linha de raciocínio, mercadorias e dinheiro já não são as categorias mais simples do modo de produção capitalista, mas da produção mercantil. Como destaca Brentel,

> Engels entende a "lei do valor" da chamada "produção simples de mercadorias" no sentido de um comércio de permuta realmente pré-monetário, em que os atos de troca

---

termo aparece no subitem IV (Adendo), *escrito por Engels*, não existindo qualquer menção à "produção simples de mercadoria" no manuscrito do Livro III (MEGA, II.4.2).

400 Note-se, no entanto, que isso não significa sugerir uma desqualificação do trabalho editorial feito por Engels. Em virtude das publicações da MEGA 2 pôde-se pela primeira vez ter acesso aos textos marxianos sem qualquer edição, seja por motivos interpretativos e/ou políticos. Como destaca Grespan: "não se trata exatamente de condenar o trabalho de Engels, excepcional para as condições da época, *e sim de abrir possibilidades de leitura do texto de Marx*" (GRESPAN, Jorge. "'*O capital* e seus escritos preparatórios': sobre o lançamento do volume 4.3 da MEGA". *Crítica Marxista*, nº 37, 2013, p. 158 – destaque do autor).

401 (MEGA, II.4.2, pp. 848-849).

402 [MEW, 25, p. 835] {Marx, 2017, p. 889}.

> são mais ou menos diretamente orientados pela quantidade de trabalho.[403]

Por isso essa interpretação dificulta a compreensão do amálgama existente entre dinheiro e valor, tal como expressada na Seção I do Livro I. Mas não só. Antes de qualquer consideração mais detalhada acerca da forma-valor, ainda é necessário analisar os distintos níveis de abstração da crítica da economia política.

2.1.1 A "média ideal" da crítica

Quando se questiona a diferença entre o sentido histórico atribuído à crítica da economia política – ocasião na qual se encontra o argumento da eliminação da livre concorrência pelas empresas monopolistas na "última fase do capitalismo"[404] – e as palavras do próprio Marx, uma referência dos manuscritos do Livro III merece destaque: "A análise do movimento efetivo da concorrência está fora dos nossos planos e aqui nós pretendemos apresentar apenas a organização interna do modo de produção capitalista, por assim dizer, em sua média ideal".[405]

A atenção à "média ideal" constitui um argumento indispensável para o presente livro. Ela serve como uma chave de leitura para a percepção dos diferentes planos conceituais que atravessam a crítica da economia política e orienta a compreensão da reprodução sócio-jurídica.[406] Veja-se: a análise do "movimento efetivo da

---

403 BRENTEL, Helmut. *Soziale Form und ökonomisches Objekt*: Studien zum Gegenstands- und Methodenverständnis der Kritik der politischen Ökonomie. Frankfurt am Main: Westdeutscher Verlag, 1989, p. 144.

404 HILFERDING, Rudolf. *Das Finanzkapital. Eine Studie über die jüngste Entwicklung des Kapitalismus*. Berlim: Dietz Verlag, 1955, p. 455.

405 (MEGA, II.4.2, p. 853) [MEW 25, p. 839] {Marx, 2017, p. 893}.

406 Como destacado mais adiante, a crítica da economia política não se estabelece de imediato, por exemplo, logo na Seção I do Livro I. Enquanto resultado da apresentação dialética categorial – isto é, crítica imanente

concorrência" está fora dos planos de O *capital* justamente por conta desse recorte. Nos manuscritos do Livro III, Marx volta a enfatizar esse recorte ao destrinchar a renda fundiária absoluta: "esse assunto *pertence à doutrina da concorrência*, no qual o movimento efetivo dos preços de mercado é examinado".[407]

Essa delimitação não parece ser tão clara caso o leitor consulte apenas a edição feita por Engels. Nela encontra-se a ideia de que os desdobramentos da constante equalização da taxa geral de lucro pertencem "ao exame *especial* da concorrência".[408] No entanto, no manuscrito de Marx há algo completamente diferente: "os detalhes adicionais sobre este assunto *estão fora dos nossos limites*, porque *devem ser desenvolvidos no tratado 'Sobre a concorrência'*".[409]

A passagem do "fora dos nossos limites" (Marx) ao "exame especial" (Engels)[410] é sintomática. Ela implica um *alargamento* do objeto da crítica da economia política, desconsiderando sua delimitação à "organização interna", isto é, à "média ideal" do modo de produção capitalista. Por isso, há uma diferença fundamental entre o nível de abstração presente em O *capital* e as análises referentes a fenômenos concretos de um contexto específico. Marx salienta essa questão ao discutir a equalização da taxa de lucro por meio da concorrência:

> Teoricamente (...) parte-se do pressuposto de que as leis do modo de produção capitalista se desenvolvam em sua pureza, mas na realidade as coisas se dão sempre de

---

e não externa –, a crítica emerge gradativamente, pelo amálgama entre distintos planos conceituais.

407 (MEGA, II.4.2, p. 706 – destaque do autor) [MEW, 25, p. 772] {Marx, 2017, p. 824}.

408 (MEW, 25, p. 207 – destaque do autor) [Marx, 2017, p. 232].

409 (MEGA, II.4.2, p. 270 – destaque do autor).

410 Uma análise aprofundada dos limites da crítica da economia política é apresentada no próximo subitem.

> modo aproximado. A aproximação, porém, será tanto maior quanto mais desenvolvido se encontrar o modo de produção capitalista e quanto mais se tiver eliminado sua impureza, separando-o dos restos de realidades econômicas anteriores.[411]

A referência à "pureza" é igualmente importante. A crítica marxiana não pode ser compreendida nem como a apresentação do desenvolvimento histórico do capitalismo, nem como a análise de uma fase específica desse modo de produção, o alegado capitalismo concorrencial que teria sido substituído pelo capitalismo monopolista. Isso significa que a crítica da economia política opera no âmbito *macro* da análise do modo de produção capitalista. O texto *Resultados do processo imediato de produção* é esclarecedor a esse respeito. Ao discutir a relação entre fluidez do capital e versatilidade do trabalho – um axioma da economia política clássica –, Marx salienta:

> a fim de apresentar as leis da economia política na sua pureza, é feita abstração destas fricções, tal como na mecânica pura é feita abstração de fricções particulares que têm de ser ultrapassadas em cada caso particular da sua aplicação.[412]

Essas referências permitem questionar o argumento de que a predominância dos monopólios teria alterado a *lógica* da socialização capitalista.[413] Apesar da referência à "média ideal" aparecer em

---

411 MEGA, II.4.2, pp. 250-251) [MEW, 25, p. 184] {Marx, 2017, p. 209}.

412 (MEGA II.4.1, p. 88).

413 Há aqui uma confusão entre capital individual e capital social, que também é aprofundada no próximo capítulo. Note-se desde já, no entanto, algo destacado por Milios e Sotiropoulos: "o monopólio não é o oposto da livre concorrência. É uma forma de capital individual, gerado precisamente no quadro da livre concorrência [esta sim referente ao capital social]: *não fora e/ou ao lado da livre concorrência, mas através*

Lênin,[414] já no ano de 1899, uma atenção mais detida à sua fundamental importância é recente.[415] Ela contribui para a compreensão das razões pelas quais Marx destaca, no prefácio à primeira edição alemã (1867), que seu objeto de estudo estava nas relações de produção e circulação do modo de produção capitalista. Naquele contexto, a Inglaterra – a localização clássica do capitalismo – servia como "ilustração principal" do desenvolvimento teórico. Assim, em *O capital* "não se trata do maior ou menor grau de desenvolvimento dos antagonismos sociais que surgem das leis naturais da produção capitalista. *Trata-se dessas próprias leis*".[416] E, de modo ainda mais explícito, "a finalidade última desta obra é revelar *a lei do movimento econômico* da sociedade moderna".[417]

Mesmo em suas correspondências Marx não deixou de destacar o objeto e sentido da crítica da economia política. Em carta enviada a Lassalle (22 de fevereiro de 1858), Marx caracteriza o desenvolvimento de seu trabalho – a redação de *O capital* – não como uma análise histórica, mas como "*uma crítica das categorias econômicas*, oder if you like, o sistema da economia burguesa criticamente apresentado.

---

da livre concorrência e de acordo com a lógica do seu funcionamento" (MILIOS, John; SOTIROPOULOS, Dimitris. *Rethinking Imperialism*: a Study of Capitalist Rule. Hampshire/Nova York: Palgrave, 2009, p. 117 – destaque do autor).

414 LW, 4, pp. 77-83.

415 A referência obrigatória aqui é a *Ciência do valor* [*Die Wissenschaft vom Wert*], de Heinrich, tese de doutorado defendida em 1992. O texto – revisado e ampliado – foi publicado em 1999, e desde então o argumento da "média ideal" é amplamente debatido. Um exemplo recente que atesta a importância dessa chave de leitura é o já citado livro de Søren Mau, que explicitamente a vincula à análise do poder econômico do capital (MAU, Søren. *Mute Compulsion. A Marxist Theory of the Economic Power of Capital*. Londres/Nova York: Verso, 2023. p. 5).

416 (MEGA, II.5, p. 12 – destaque do autor) [MEW, 23, p. 12] {Marx, 2013a, p. 78}.

417 (MEGA, II.5, pp. 13-14 – destaque do autor) [MEW, 23, pp. 15-16] {Marx, 2013a, p. 79}.

É simultaneamente apresentação do sistema e, pela apresentação, uma crítica do mesmo".[418] Não por acaso, em carta a Kugelmann (28 de dezembro de 1862), Marx também não apresenta *O capital* como uma defesa da inevitável vitória da classe trabalhadora, mas como um "esforço científico para revolucionar a ciência".[419] Daí a caracterização do "economista vulgar", tal como retratada em carta a Kugelmann (11 de julho de 1868):

> O economista vulgar pensa que fez uma grande descoberta quando, contra a revelação da interconexão interna, afirma orgulhosamente que na aparência as coisas parecem diferentes. Na verdade, ele vangloria-se de se apegar à aparência, e toma-a como definitiva. Por que, então, ter alguma ciência?[420]

Trata-se do mesmo argumento encontrado nos manuscritos do Livro III: "toda ciência seria supérflua se a forma de manifestação e a essência das coisas coincidissem imediatamente".[421] Essa delimitação do escopo científico da principal obra marxiana é fundamental para avaliar seus usos e abusos. Assim como a necessidade do dinheiro em nossa sociedade não é derivada das instituições do Estado e suas políticas monetárias – sendo, muito menos, algo meramente instrumental –, mas sim das contradições mais elementares da forma-mercadoria,[422] a reprodução sócio-jurídica também não é

418 (MEW, 29, p. 550 – destaque no original).

419 (MEW, 30, p. 640).

420 (MEW, 32, p. 553).

421 (MEGA, II.4.2, p. 721) [MEW, 25, p. 825] {Marx, 2017, p. 880}.

422 Uma análise detalhada dessas questões será oferecida no próximo capítulo. Por enquanto, é suficiente atentar para uma diferença entre dois níveis de análise: "a existência de moeda não se baseia em ações do Estado, mas sim na mercadoria que necessita do dinheiro (...). No entanto, em condições capitalistas normais, o Estado garante o valor da manifestação concreta do dinheiro através das instituições estatais" (HEINRICH, Michael. *Kritik der politischen Ökonomie. Eine*

satisfatoriamente compreendida quando se considera apenas "a relativização de alguns de seus mais importantes conceitos, princípios e categorias" pela chamada globalização.[423]

A partir da delimitação do objeto da crítica da economia política, a crítica do direito o revela como uma forma plástica de mediação da coesão social para fins de manutenção da acumulação de capital. No entanto, se a análise do modo de produção capitalista é feita em sua "média ideal", então as considerações sobre o sentido jurídico das relações sociais seguem o mesmo caminho. Por isso é importante notar, desde agora, que as tentativas de derivar uma compreensão completa – que possa abarcar os níveis macro, meso e micro – da reprodução sócio-jurídica a partir da análise categorial são *necessariamente* insuficientes.[424]

Disso também deriva a necessidade de se questionar até que ponto a crítica em sua "média ideal" pode ser reduzida a um "ponto de vista" específico, seja ele a "a classe trabalhadora",[425] ou mesmo o "proletariado assalariado de sexo masculino".[426] [427] Isso é fundamental na avaliação de análises que apontam os "pontos cegos"

Einführung in "Das Kapital". Stuttgart: Schmetterling Verlag, 2018, pp. 210/211).

423 FARIA, José Eduardo. *O direito na economia globalizada*. São Paulo: Malheiros, 1999, p. 7.

424 Esse ponto é fundamental para a compreensão dos avanços e limites da apresentação crítica do direito a partir da crítica da economia política, tal como colocado no sexto capítulo.

425 WARK, McKenzie. *O capital está morto*. São Paulo: Funilaria e Sobinfluencia edições, 2022, p. 45.

426 FEDERICI, Silvia. *Calibã e a bruxa*: mulheres, corpo e acumulação primitiva. São Paulo: Elefante, 2017, p. 26.

427 Em *Notas sobre gênero em 'O capital' de Marx* (2017), Federici sustenta que o "descuido" sobre a importância do trabalho reprodutivo das mulheres implica que Marx "nos deixou uma análise do capital e da classe *a partir de uma perspectiva masculina – a do 'homem que trabalha'*" (FEDERICI, Silvia. *Calibã e a bruxa*: mulheres, corpo e acumulação primitiva. São Paulo: Elefante, 2017, p. 86 – destaque do autor).

presentes em *O capital*. Pense-se, por exemplo, no quadro geral a partir do qual Silvia Federici lança suas críticas a Marx, em *A reprodução da força de trabalho na economia global e a revolução feminista inacabada* (2009):

> A análise do capitalismo feita por Marx foi prejudicada por sua incapacidade de conceber o trabalho produtor de valor de outra forma que não seja a de produção de mercadorias, e sua consequente cegueira quanto à importância do trabalho reprodutivo não remunerado realizado pelas mulheres no processo de acumulação capitalista.[428]

A mesma chave de leitura pode ser encontrada em *Sobre o cuidado dos idosos e os limites do marxismo* (2009), no qual a exclusão dos idosos em movimentos sociais na esquerda marxista também teria relação com Marx: "a responsabilidade por essa situação remonta, em parte, ao próprio Marx. O cuidado dos idosos não é um tema encontrado em seus trabalhos".[429] Ora, pode-se sem dúvidas dizer que *O capital* é "cego" às discussões sobre o trabalho reprodutivo não remunerado e os idosos. A questão principal, no entanto, é saber as razões pelas quais isso ocorre.

A própria Federici pergunta, "por que Marx ignorou tão persistentemente o trabalho reprodutivo das mulheres?", para então responder: "Marx *descreveu a condição do proletariado industrial de seu tempo como ele a via*, e o trabalho doméstico realizado pelas mulheres dificilmente entrava em seu horizonte".[430] McKenzie Wark também tem algo próximo a dizer: "há um mundo da vida

---

428 FEDERICI, Silvia. *Calibã e a bruxa*: mulheres, corpo e acumulação primitiva. São Paulo: Elefante, 2017, p. 195.

429 FEDERICI, Silvia. *Calibã e a bruxa*: mulheres, corpo e acumulação primitiva. São Paulo: Elefante, 2017, p. 265.

430 FEDERICI, Silvia. *O ponto zero da revolução*: trabalho doméstico, reprodução e luta feminista. São Paulo: Elefante, 2019, p. 199 – destaque do autor.

cotidiana, que o moedor de carne [o trabalho, segundo a interpretação que Wark faz de Marx] não *descreve*, do qual um excedente é extraído para o benefício de outra pessoa".[431] Desconectadas de qualquer discussão sobre o objeto e limites da crítica da economia política, essas leituras parecem ver em Marx um trabalho meramente descritivo, e não teórico.[432]

De modo similar, o recorrente argumento de que não há "saída democrática" sem o questionamento do poder do 1% mais rico do mundo é igualmente problemático. A crítica às finanças e aos especuladores deve enfatizar o conteúdo de classe que atravessa o neoliberalismo e o desenvolvimento dos monopólios de tecnologia. Mas a permanência neste nível de análise acaba por sedimentar uma ontologia individualista da sociedade. Neste caso, as relações sociais são reduzidas a modelos duais de observação empírica do poder, pressupondo-se uma tipologia entre dominador e dominado.

Isso pode parecer suficiente para grande parte das abordagens heterodoxas e marxistas, como destacado. No entanto, desse modo perde-se de vista um aspecto crucial da crítica de Marx, qual seja, o poder do capital inclui mecanismos de dominação que *transcendem as classes*. Daí a importância de destrinchar esse fenômeno a partir da "média ideal": "o que é decisivo *é como* a dominação e exploração

---

431 WARK, McKenzie. *O capital está morto*. São Paulo: Funilaria e Sobinfluencia edições, 2022, p. 56 – destaque do autor.

432 É importante considerar o diferente nível de abstração – o que não significa uma hierarquização – a partir do qual podem ser desenvolvidas as questões de raça, gênero e sexualidade, quando comparadas ao nível de abstração da crítica da economia política. Se há em grande parte um acordo de que "Marx não tinha muito a dizer sobre gênero e família" (BROWN, Heather. *Marx on Gender and the Family. A Critical Study*. Leiden/Boston: Brill, 2012, p. 143), o principal desafio parece estar no imbricamento conceitual entre a análise do modo de produção capitalista em sua "média ideal" – momento em que o trabalho reprodutivo é abstraído – e a análise da reprodução social capitalista em outros níveis de concretude.

funcionam em uma determinada sociedade".[433] Não por acaso, aqui ainda vale o mesmo tipo de advertência que Pachukanis fazia às teorias sociológicas e psicológicas do Direito: a ênfase no conteúdo de classe "não nos explica por que esse conteúdo toma tal forma".[434]

Isso não significa estabelecer um corte rígido, como se a sociedade capitalista pudesse ser analisada a partir da "média ideal" *ou* a partir da análise de classe, pois, efetivamente, "a dominação de classe está preparada para sobreviver à forma objetiva e anônima de classe".[435] Mas *não só. É igualmente importante notar* a alteração de registro efetuada pelo próprio Marx. Se no *Manifesto comunista* (1848) a análise começa pela posição das classes, na *Introdução* de 1857 Marx inicia a apresentação do modo de produção capitalista sem referência a elas. Por sua vez, em *O capital* as classes são postas no último capítulo dos manuscritos do Livro III, momento no qual as três grandes classes – assalariados, capitalistas e proprietários fundiários – são definidas a partir do salário, do lucro e da renda da terra. Ou seja, a posição social de cada uma delas está associada às categorias que expressam a riqueza fetichizada – elas são produto do fetichismo do capital.

Esse raciocínio traz consequências importantes. Em se tratando do estudo da "lei do movimento econômico da sociedade moderna", dados como endividamento familiar e a queda na taxa de lucro encontram-se *fora* do seu nível de abstração. Tal como destacado por Kozo Uno, por mais refinado que seja o método matemático, os dados econômicos decorrentes de sua aplicação nada dizem sobre o processo social que os situa: "um foco acrítico na estatística desvia

---

433 HEINRICH, Michael. *Kritik der politischen Ökonomie. Eine Einführung in "Das Kapital"*. Stuttgart: Schmetterling Verlag, 2018, p. 13 – destaque no original.

434 PACHUKANIS, Evgeni. *A Teoria Geral do Direito e o marxismo e ensaios escolhidos (1921-1929)*. São Paulo: Sundermann, 2017, p. 109.

435 AGS, 8, 377.

a atenção das forças reais em ação".[436] [437] A ênfase na "média ideal", no entanto, não se confunde com o mero estudo conceitual das condições de possibilidade da sociedade moderna. Destacar isso é importante para afastar a interpretação de que *O capital* seria uma obra "*apenas* com exigências científicas".[438] É verdade que Marx afirma, em carta a Engels (20 de fevereiro de 1866):

> Que em um trabalho [*O capital*] como o meu devem existir muitos *shortcomings* de detalhe. Mas a *composição*, o nexo, é um triunfo da ciência alemã que um indivíduo alemão pode reconhecer, pois ela *in no way* é *seu* mérito, ela pertence à *nação*.[439]

Gerald Hubmann vale-se dessa carta para sustentar que "conforme a autocompreensão de Marx, portanto, *seu projeto econômico constitui um sistema de conceitos na tradição da filosofia*

---

436 UNO, Kozo. *The Types of Economic Policies under Capitalism*. Leiden/Boston: Brill, 2016, p. 5.

437 Compreender essas categorias (lucro, juros etc.) como expressões fetichizadas é fundamental para problematizar certo marxismo de dados, desenvolvido especialmente após a crise de 2008. Para tanto, ainda são atuais as considerações de Backhaus: "se na discussão em comemoração aos cem anos de *O capital* a economia quase não tomou conhecimento de seu subtítulo – *crítica da economia política* no sentido de uma "crítica das categorias econômicas" –, isso se deve obviamente ao fato de que a grande maioria dos economistas tem evitado e evita – assim como o Diabo foge da cruz – o tema central desta crítica, qual seja o caráter fetichista das categorias econômicas" (BACKHAUS, Hans-Georg. *Dialektik der Wertform: Untersuchungen zur Marxschen Ökonomiekritik*. Freiburg: Ca ira, 1997, p. 34).

438 HUBMANN, Gerald. "Da política à filologia: a Marx-Engels Gesamtausgabe". *Crítica Marxista*, nº 34. São Paulo: Unesp, 2012, p. 36 – destaque do autor.

439 (MEW, 31, p. 183 – destaque no original).

e da ciência alemã".[440] [441] Aqui a "composição" de *O capital* é *sobreposta* à sua finalidade, reduzindo a crítica da economia política à especulação conceitual. Não há dúvidas de que o "nexo" a partir do qual se constrói a derivação categorial está intimamente relacionado à filosofia alemã, especialmente à dialética hegeliana.[442] Ainda assim, é necessário retomar uma advertência apresentada nos *Grundrisse*, qual seja, a necessidade de "*corrigir o modo idealista da apresentação* que produz a aparência de que se trata simplesmente das determinações conceituais e da dialética desses conceitos".[443]

Por isso *O capital* "é simultaneamente apresentação do sistema e, pela apresentação, *uma crítica do mesmo*",[444] "o mais terrível míssil já lançado na cabeça da burguesia (proprietários de terras incluídos)",[445] conforme carta a Johann Philipp Becker (17 de abril de 1867). Ainda que a crítica da economia política em sua "média ideal" só possa ser alcançada por uma apresentação categorial, seu sentido revela muito mais do que uma mera sistematização conceitual.

---

440 HUBMANN, Gerald. "Da política à filologia: a Marx-Engels Gesamtausgabe". *Crítica Marxista*, nº 34. São Paulo: Unesp, 2012, p. 36 – destaque do autor.

441 Não por acaso, ao analisar o impacto das publicações da MEGA 2 para a compreensão da obra marxiana, Hubmann chega a dizer que "Marx aparece cada vez mais como um dos últimos eruditos de saber enciclopedista – assim firmando-se na tradição do Iluminismo europeu, mas também na do Idealismo Alemão – cuja obra em grande parte permanece fragmentária, e com isso poucas soluções pode oferecer, mas que se empenha nos problemas da modernidade" (HUBMANN, Gerald. "Da política à filologia: a Marx-Engels Gesamtausgabe". *Crítica Marxista*, nº 34. São Paulo: Unesp, 2012, p. 46).

442 A discussão referente à dialética em Marx e Hegel ultrapassa os limites deste livro. Ainda assim, no terceiro capítulo são apresentadas algumas considerações sobre o sentido da apresentação dialética das categorias marxianas importantes para o desenvolvimento de uma teoria monetária do valor.

443 (MEGA, II.1.1, p. 85 – destaque do autor) [Marx, 2011, p. 100].

444 (MEW, 29, p. 550 – destaque do autor).

445 (MEW, 31, p. 541).

Este é o motivo pelo qual Marx não se opôs à publicação em fascículos da tradução francesa de *O capital*. Pelo contrário. Mesmo advertindo que isso tornaria mais árdua a compreensão do método de análise da crítica da economia política, notadamente nos primeiros capítulos, Marx não hesita:

> aplaudo vossa ideia de publicar a tradução de *O capital* em fascículos periódicos. Nessa forma, a obra será mais acessível à classe trabalhadora e, para mim, essa consideração é a mais importante do que qualquer outra.[446]

2.1.2 O desenvolvimento crítico-conceitual da crítica

O desenvolvimento conceitual presente na crítica da economia política leva à desconstrução da aparência da socialização capitalista. A apresentação categorial procura demonstrar de que modo aquilo que aparece como ponto de partida e pressuposto do capital revela-se, ao final, como seu resultado.[447] Essa conexão bastante precisa pode ser observada quando Marx se refere às categorias mais simples do Livro I enquanto mistificadoras das relações sociais. No entanto, "considerando primeiro o capital no processo imediato de produção, como extrator de mais-trabalho, *essa relação é ainda muito simples*".[448] Isso significa que ao longo do percurso investigativo novas determinações são acrescentadas, enriquecendo-se o processo de derivação categorial. Assim:

---

446 (MEGA, II.7, p. 09) [MEW, 23, p. 31] {Marx, 2013a, p. 93}.

447 Essa compreensão atravessa o presente livro e traz importantes consequências para o aparato conceitual apresentado por Pachukanis em *A Teoria Geral do Direito e o marxismo*. No entanto, neste momento da exposição importa destacar apenas o sentido geral desse desenvolvimento conceitual, tema aprofundado no quinto capítulo.

448 (MEGA, II.4.2, p. 850 – destaque do autor) [MEW, 25, p. 835] {Marx, 2017, p. 889}.

> O processo real de produção [Livro III], como unidade do processo imediato de produção [Livro I] e o processo de circulação [Livro II], engendra novas configurações, nas quais se torna cada vez mais difícil identificar a conexão interna; as relações de produção tornam-se independentes umas das outras e os componentes de valor se ossificam em formas autônomas.[449]

Há um amálgama existente entre a "conexão interna" da sociedade capitalista e as relações "muito simples" expostas no Livro I. Esse imbricamento é sem dúvida muito caro ao próprio Marx. Ele não só manifesta especial preocupação com a unidade[450] dos Livros, como escreve a Engels (31 de julho de 1865) – ou seja, um ano após a redação da última citação – que possuía sérias dúvidas acerca da possibilidade de enviar uma parte isolada de *O capital* para o seu editor:

> Não consigo me decidir a enviar alguma coisa antes de ter o todo diante de mim. *Whatever shortcomings they may have* [seja quais forem as deficiências que possam ter], uma vantagem dos meus escritos é que eles são um todo artístico, e só consegui isso pelo fato de nunca os publicar antes que estivessem diante de mim em sua *totalidade*. Com

---

449 (MEGA, II.4.2, p. 851) [MEW, 25, p. 836] {Marx, 2017, pp. 890-891}.

450 (N.T.) Na edição da Boitempo, a relação entre os três processos é apresentada nos termos de uma "conjugação", e não como uma unidade [*Einheit*], termo presente tanto no manuscrito como na *Werke*: "o processo real de produção, *no qual se conjugam* o processo imediato de produção e o processo de circulação" (MARX, Karl. *O capital*, vol. III. São Paulo: Boitempo, 2017, p. 890 – destaque do autor). Note-se que a escolha por "unidade" transmite um sentido de imbricamento que evita uma compreensão autônoma desses processos. A escolha por "conjugação", por sua vez, dá vazão ao entendimento de que existiria uma diferença no *tempo* entre esses processos, como se a passagem dos Livros I, II e III pudesse manifestar uma sequência temporal – o valor que é originalmente produzido, que depois é trocado, até ser, por fim, distribuído.

o método de Jacob Grimm isto é impossível e cai melhor para escritos que não são articulações dialéticas.[451]

O desenvolvimento categorial como parte de um "todo artístico" que se articula dialeticamente aparece uma boa forma de resumir o sentido de *O capital*. Essa caracterização, no entanto, não especifica o conteúdo de seus respectivos momentos. Como já destacado anteriormente, é comum o discurso que interpreta a referida "totalidade" como uma análise da produção de mercadorias – "o Livro I se concentra quase exclusivamente no processo de valorização"[452] –, seguida de sua circulação – "o Livro II propõe uma perspectiva da circulação geral do capital tomada do ponto de vista da realização do valor e sua subsequente circulação"[453] – e, por fim, de sua distribuição – "o principal foco do Livro III é a distribuição".[454]

Não há dúvidas de que *O capital* costura um entrelaçamento entre produção, circulação e distribuição. Mas isso também não esclarece o estatuto desse imbricamento: seria ele temporal, conceitual? Uma reposta satisfatória a essa pergunta pode ter início considerando-se algo enfatizado por Marx nos *Grundrisse*. Lá se encontra a ideia de que "o resultado a que chegamos não é que produção, distribuição, troca e consumo são idênticos, mas que todos eles são membros de uma totalidade, diferenças dentro de uma unidade".[455] Essa "unidade" aparece em termos conceituais, desenvolvida a partir da distinção entre capital em geral e capitais individuais. Mas diferentemente do

451 (MEW, 31, p. 132 – destaque no original).

452 HARVEY, David. *A loucura da razão econômica*: Marx e o capital no século XXI. São Paulo: Boitempo, 2018, p. 35.

453 HARVEY, David. *A loucura da razão econômica*: Marx e o capital no século XXI. São Paulo: Boitempo, 2018, p. 38.

454 HARVEY, David. *A loucura da razão econômica*: Marx e o capital no século XXI. São Paulo: Boitempo, 2018, p. 42.

455 (MEGA, II.1.1, p. 35) [Marx, 2011, p. 53].

texto de 1857-1858, a estrutura de *O capital* é construída a partir da distinção entre capital individual e capital social total.[456]

Isso indica que a unidade entre produção e circulação é alcançada a partir de três níveis distintos de *apresentação*: (i) o processo imediato de produção; (ii) o processo de circulação; e (iii) o processo total de produção. Por isso, nos manuscritos do Livro II, ao se referir ao conteúdo do Livro I, Marx salienta que "o que nos interessava era o processo direto de produção, que se apresenta em cada ponto *como processo de um capital individual*".[457] Essa situação só se altera – isto é, iniciando a análise no nível do capital social total – a partir da Seção III dos manuscritos do Livro II, expressamente intitulada por Engels "a reprodução e a circulação do capital social total". Daí a advertência feita por Marx de que "tanto na primeira como na segunda seção trata-se de um capital individual, do movimento de uma parte autonomizada do capital social".[458]

Essas referências poderiam parecer suficientes para apontar o desenvolvimento *conceitual* subjacente à apresentação das categorias marxianas. Ainda assim, convém aprofundar um pouco mais essa temática. Considere-se, por exemplo, o modo como Marx aborda a passagem do capital individual para o capital social total. Seria possível dizer, tal como presente no Livro I, que "o crescimento do capital social se consuma no crescimento de muitos capitais individuais".[459] Isso significaria que o capital social total é composto pela mera soma

456 O conceito de "capital em geral" não é mais utilizado – tanto nos manuscritos como nas cartas – após 1863 (HEINRICH, Michael. *Die Wissenschaft vom Wert*: Die Marxsche Kritik der politischen Ökonomie zwischen wissenschaftlicher Revolution und klassicher Tradition. Münster: Westfälisches Dampfboot, 2017, p. 180), uma mudança estrutural que traz consequências para as tentativas marxistas de derivação de *O capital* a partir dos *Grundrisse*.

457 (MEGA, II.11, p. 370 – destaque do autor) [MEW, 24, p. 393] {Marx, 2014, p. 497}.

458 (MEGA, II.11, p. 342) [MEW, 24, p. 353] {Marx, 2014, p. 451}.

459 (MEGA, II.6, p. 571) [MEW, 23, p. 653] {Marx, 2013a, p. 701}.

aritmética dos capitais individuais. No entanto, nos manuscritos do Livro II encontra-se um sentido distinto dessa questão: "os ciclos dos capitais individuais se entrelaçam, pressupõem e condicionam uns aos outros, constituindo, precisamente nesse entrelaçamento, o movimento do capital social total".[460] Aqui já não se trata de uma simples somatória, uma vez que a inclusão de novas determinações – *e não o reconhecimento de algum fenômeno histórico* – faz com que a consideração do movimento desses capitais individuais construa barreiras à efetivação de cada um.

Há um exemplo ainda mais emblemático para se compreender o sentido conceitual do desenvolvimento das categorias que compõem a crítica da economia política. Em *Resultados do processo imediato de produção*, ao retomar a análise da mercadoria, Marx logo salienta: "A *mercadoria*, como forma elementar da riqueza burguesa, foi nosso ponto de partida, o pressuposto para a emergência do capital. Por outro lado, *as mercadorias aparecem agora como o produto do capital*".[461]

Em Marx há sem dúvida uma "progressão" conceitual, como geralmente se diz. Mas não só. Diferentemente de um "sistema conceitual", a sucessão categorial revela um movimento que altera o sentido inicialmente posto.[462] As categorias que surgiram como

---

460 (MEGA, II.11, p. 342) [MEW, 24, pp. 353-354] {Marx, 2014, p. 451}.

461 (MEGA, II.4.1, p. 24 – destaque no original).

462 Tal como colocado por Gerstein: "[n]o Volume I somente a produção é considerada, com, no entanto, a qualificação de que a circulação está presente implicitamente em seus efeitos específicos (isto é, valor). O Volume II considera a própria circulação. O Volume III não é simplesmente a adição de produção e circulação, mas é a construção de sua unidade como uma estrutura complexa articulada. A diferença entre os dois pontos de vista é que no segundo categorias-chave de produção são alteradas (transformadas) entre os Volumes I e III" (GERSTEIN, Ira. "Production, circulation and value: the significance of the 'transformation problem' in Marx's Critique of Political Economy". *Economy and Society*, vol. 5, 3, 1976, p. 255).

condição do capital aparecem, agora, como seu *resultado*,[463] isto é, elas constituem um *a priori* que também é *a posteriori*.[464] Ora, é sintomático que Marx caracterize sua exposição como "circular".[465] Note-se, no entanto, que as "duas" mercadorias não são iguais. Enquanto produto do capital, a mercadoria "é determinada de forma diferente".[466] O objeto não é mais a mercadoria individual, isolada, mas uma "*massa de mercadorias* (...) em que cada uma é portadora do valor do capital e do mais-valor produzido por ele".[467] Consequentemente:

> Como tal – como portadora do valor total do capital + do mais-valor, em contraste com a mercadoria que originalmente nos parecia ser independente – *como produto do capital* – na realidade como forma convertida do capital que agora se valoriza –, *a mercadoria* aparece agora na *escala* e nas *dimensões* da *venda* que deve ocorrer para que o antigo valor do capital possa ser realizado, junto com o mais-valor gerado por ele, o que de modo algum acontece com o fato de que as mercadorias individuais ou uma parte das mercadorias individuais sejam vendidos pelo seu valor.[468]

São as novas determinações as responsáveis pela alteração no registro da categoria mercadoria: ela vai de portadora de valor para portadora do valor total e do mais-valor, algo especificado por Marx um pouco adiante:

---

463 Esse movimento é fundamental na discussão sobre os problemas metodológicos em Pachukanis, no quinto capítulo.

464 AGS, 5, p. 252.

465 (MEGA, II.4.1, p. 24).

466 (MEGA, II.4.1, p. 33).

467 (MEGA, II.4.1, p. 33 – destaques no original).

468 (MEGA, II.4.1, p. 34 – destaques no original).

> Não se trata aqui apenas, como no caso da mercadoria independente, de ela ser vendida pelo seu valor, mas também de ser o portador do capital avançado na sua produção e, por conseguinte, como uma *parte alíquota do produto total do capital* pelo seu valor (preço) (...). Como parte alíquota do valor total produzido, as mercadorias individuais devem ser vendidas pelo seu preço e, por conseguinte, vendidas como *parte alíquota* do produto total vendido (...). A partir disso, pode-se ver de que modo a mercadoria *como produto* do capital é distinguida *da mercadoria individual, tratada de forma independente*; essa distinção será cada vez mais aparente, e afetará a determinação do preço real da mercadoria etc., em medida cada vez maior, quanto mais longe tivermos seguido o processo de produção e circulação capitalista.[469]

É a apresentação categorial que torna insuficiente a premissa do Livro I de que as mercadorias seriam vendidas pelos seus respectivos valores. Quando consideradas como produtos do capital, as mercadorias são vendidas pelo seu preço. Assim, não se trata aqui de uma diferença temporal, histórica, mas de uma *distinção*.[470] Marx destaca isso também no Livro III:

---

469 (MEGA, II.4.1, pp. 45-46 – destaque no original).

470 Isso pode ser particularmente importante para o famoso debate em torno dos preços de produção, derivado da chamada "controvérsia do valor", durante a década de 1970, e que culminou no livro publicado por Ian Steedman e Paul Sweezy (STEEDMAN, Ian; SWEEZY, Paul (Coord.). *The Value Controversy*. Londres: Verso, 1981). Em que pese não serem objeto do presente livro, as referências até aqui destacadas permitem compreender a passagem do valor para o preço de produção como um desenvolvimento conceitual. Segundo Heinrich, "não há produção capitalista que produza primeiro em valores que teriam então que ser transformados em preços de produção ao longo do tempo. A produção capitalista ocorre sempre a preços de produção" (HEINRICH, Michael. *Die Wissenschaft vom Wert*: Die Marxsche Kritik der politischen Ökonomie zwischen wissenschaftlicher Revolution und klassicher Tradition. Münster: Westfälisches Dampfboot, 2017, p. 283). Isso

> O valor da mercadoria como base permanece importante, uma vez que o dinheiro só pode ser desenvolvido em seu conceito a partir desse fundamento, e porque o preço, em relação a seu conceito geral, é apenas valor monetizado.[471] [472]

É por isso significativo que *Resultados do processo imediato de produção* tenha sido pensado originalmente como o capítulo final do Livro I.[473] No entanto, após enfim concordar em publicar os Livros I, II e III separadamente, Marx altera o conteúdo do Livro I, deixando-o com ares de um livro com começo, meio e fim. Segundo Grespan, quando se comparam os projetos dos Livro I com o que foi efetivamente publicado, é possível verificar uma série de alterações: "é como se ele tivesse algum receio de não poder concluir a obra e quisesse, por isso, dar ao Livro I um sentido completo".[474]

Aqui já se manifesta uma diferença entre o "sentido completo" *atribuído* ao Livro I e a ordem categorial que deveria expressar as relações essenciais das categorias. Neste caso, há um imbricamento entre relações "simples" e "complexas". As categorias iniciais são

---

significa que há uma diferença entre níveis de abstração entre valor e preço, aspecto explicitamente ressaltado por Ira Gerstein (GERSTEIN, Ira. "Production, circulation and value: the significance of the 'transformation problem' in Marx's Critique of Political Economy". *Economy and Society*, vol. 5, 3, 1976, p. 243). Mais importante ainda para os propósitos do presente livro, a tese da "transformação" dos valores em preço tem como pressuposto uma teoria substancialista do valor – mas esta é a "estrutura [argumentativa] de Ricardo, não de Marx" (SMITH, Tony. *Beyond Liberal Egalitarianism*: Marx and Normative Social Theory in the Twenty-First Century. Chicago: Haymarket, 2017, p. 89).

471 (MEGA, II.4.2, p. 267) [MEW, 25, p. 203] {Marx, 2017, p. 228}.

472 (N.T.) Em sua edição do Livro III, Engels acrescenta que o preço seria "inicialmente apenas o valor na forma-dinheiro" (MEW, 25, p. 203).

473 (MEGA, II.4.1, p. 24).

474 GRESPAN, Jorge. "'*O capital* e seus escritos preparatórios': sobre o lançamento do volume 4.3 da MEGA". *Crítica Marxista*, nº 37, 2013, p. 160.

necessariamente incompletas, já que procuram apresentar o objeto em um nível de abstração específico que abstrai relações mais complexas. Disso decorre a noção de derivação categorial, no preciso sentido de que o posicionamento de uma "chama" a outra. Essa processualidade contínua está na base daquilo que Adorno captou ao apresentar a "progressão dialética" como algo em que "o progresso na concreção do conceito é sua autocorreção".[475] Valendo-se da noção de imanência – ausente em Marx –, a introdução à *Filosofia da nova música* é elucidativa a esse respeito: "o procedimento é imanente: a coerência do fenômeno, em um sentido a ser desenvolvido somente junto a ele mesmo, se torna fiadora de sua verdade e fermento para sua inverdade".[476]

Daí ser possível dizer que a função da exposição dialética consistiria em "fazer as categorias falarem".[477] Uma vez que as categorias sucessivas também apontam para além de si mesmas, aqui se vislumbra a possibilidade de que a totalidade do modo de produção capitalista seja efetivamente apresentada – "totalidade dinâmica de todas as proposições que se engendram umas às outras por meio de sua relação contraditória".[478] Isso significa que "a sequência das categorias, a 'transição' de uma categoria para a seguinte não é, portanto, uma questão de didática, mas tem ainda um conteúdo informativo específico".[479]

Aqui está a *criticidade* da apresentação categorial, notadamente quando se considera a pretensa naturalidade e independência com as quais se revestem as categorias presentes no cotidiano da socialização

475 AGS, 6, p. 327.

476 AGS, 12, p. 34.

477 BACKHAUS, Hans-Georg. *Dialektik der Wertform*: Untersuchungen zur Marxschen Ökonomiekritik. Freiburg: Ca ira, 1997, p. 101.

478 AGS, 5, p. 260.

479 HEINRICH, Michael. *Die Wissenschaft vom Wert*: Die Marxsche Kritik der politischen Ökonomie zwischen wissenschaftlicher Revolution und klassischer Tradition. Münster: Westfälisches Dampfboot, 2017, p. 173.

capitalista. Na sociedade integrada à troca de mercadorias, as contradições sociais aparecem como meros conflitos. A luta contra a precarização do trabalho, por exemplo, não aparece imediatamente como resultado da expropriação dos meios de produção e das tendências objetivas da socialização moderna. Ela aparece mediada pelo salário e, consequentemente, pelos arranjos institucionais, os atores específicos e suas dinâmicas estratégicas. Não por acaso, aqui se recupera a gramática da luta por reconhecimento diante dos mais variados poderes.

Por isso é necessário insistir no argumento marxiano – "toda ciência seria supérflua se a forma de manifestação e a essência das coisas coincidissem imediatamente"[480] – e, assim, compreender *O capital* como um "esforço científico para revolucionar a ciência".[481] O empenho para descortinar o fetichismo do capital a partir de suas determinações formais – o mundo encantado das inversões e ocultamentos que efetivamente brotam da socialização capitalista – constitui, portanto, o sentido geral da crítica da economia política.[482]

---

480 (MEGA, II.4.2, p. 721) [MEW, 25, p. 825] {Marx, 2017, p. 880}.

481 (MEW, 30, p. 640).

482 A interpretação de *O capital* como uma obra que "prova" a exploração dos trabalhadores pelos capitalistas constitui um dos principais resultados de uma leitura substancialista do valor, como se este fosse não só observável como empiricamente quantificável. No âmbito de uma teoria monetária do valor, no entanto, esse tipo de associação se altera. Não se trata, evidentemente, de negar a exploração, mas de compreender sua exposição no quadro de uma revolução científica, tema abordado no próximo capítulo. De todo modo, é sintomática a crítica feita por Gerstein já em 1976: "se um erro, comum ao neo-ricardianismo e ao marxismo vulgar, é tratar o valor como observável na produção, e a teoria do valor como teoria do preço, confundindo assim produção e circulação, então um segundo erro, novamente comum a ambas as tendências (e novamente com uma diferença característica), é tratar a teoria do valor como principalmente uma prova da exploração capitalista" (GERSTEIN, Ira. "Production, circulation and value: the significance of the 'transformation problem' in Marx's Critique of Political Economy". *Economy and Society*, vol. 5, 3, 1976, p. 257).

Que isso não possa alcançar, por exemplo, o "movimento real" da *práxis* jurídica está relacionado ao nível de abstração da crítica categorial. Se *O capital* certamente não é um livro do tipo "tudo o que você precisa saber sobre o capitalismo",[483] ainda assim ele depende fundamentalmente da análise da forma-valor enquanto desenvolvimento da contradição social. Trata-se de uma premissa que, como visto anteriormente, é bloqueada tanto na crítica ao capitalismo especulativo de Wall Street como na crítica à "etapa monopolista". Note-se, no entanto, que a necessidade de uma abordagem pela forma-valor corre o risco de transformar essa categoria em algo demasiadamente elástico e, consequentemente, (re)mistificador.

Pense-se, por exemplo, no próprio sentido da expressão "teoria do valor", cuja importância é repetida exaustivamente por toda e qualquer abordagem marxista. Tamanho consenso não significa que ela tenha um significado claro e preciso. Do contrário, não teria destacado – ainda na década de 1970 – a teoria do valor possuía ao menos oito versões predominantes, sendo compreendida como: (i) uma teoria do desenvolvimento gradual da história; (ii) uma teoria dos preços fundamentais; (iii) uma construção ideal puramente acessória; (iv) uma teoria do "salário justo"; (v) uma teoria das forças que determinam a "justiça" da alocação da força de trabalho na economia; (vi) uma teoria da "unidade da eficiência"; (vii) uma teoria microeconômica dos custos e da distribuição; e (viii) uma teoria macroeconômica da distribuição dos salários.[484]

Por isso, mesmo hoje em dia não se pode esquecer que a exposição da forma-valor *nunca* foi idêntica. É possível encontrar na obra marxiana ao menos cinco versões, começando por sua exposição embrionária em *Para a crítica da economia política* (1859), passando pelo primeiro capítulo da primeira edição de *O capital*

483 KLIMAN, Andrew. "How Not to Evaluate the Relevance of Marx's Capital". *Crisis & Critique*, vol. 3, Issue 3, 2016, p. 219.

484 BACKHAUS, Hans-Georg. *Dialektik der Wertform*: Untersuchungen zur Marxschen Ökonomiekritik. Freiburg: Ca ira, 1997, p. 117.

(1867), sua popularização[485] no anexo a esta primeira edição, até chegar, finalmente, à Seção I da segunda edição de *O capital* (1872) e à tradução francesa do Livro I (1872-1875), revisada pelo próprio Marx. Entre idas e vindas, *todas* as versões são diferentes, com algumas alterações significativas. Por exemplo: o anexo com a versão popularizada da forma-valor foi excluído na segunda edição e grande parte do seu conteúdo passou a integrar o primeiro capítulo, ao passo que a "forma-genérica" (*Gattungsform*) presente na primeira edição nunca mais foi retomada. O mesmo ocorreu com a sugestiva "forma IV", que encerrava a análise da forma-valor no primeiro capítulo em 1867.[486]

Uma vez que o sentido da crítica da economia política depende essencialmente do desenvolvimento conceitual subjacente à apresentação categorial, então se compreendem as razões pelas quais as várias versões e interpretações da teoria do valor e da forma-valor vão de encontro à tentativa de elucidação da reprodução social capitalista em sua totalidade. Além disso, essa situação alimenta discursos que demandam a "reconstrução" da crítica da economia política enquanto único meio de compreensão da obra marxiana. Mas um pouco de precaução talvez seja necessário para balancear tamanhas expectativas. Do contrário, como avaliar o testemunho de Helmut Reichelt – um dos principais nomes da leitura categorial

---

485 No prefácio à primeira edição, logo após admitir ter popularizado a análise da substância do valor e da grandeza do valor, Marx destacava o seguinte ponto: "[d]iferentemente [da referida popularização] é o que ocorre com a análise da forma-valor. Ela é de difícil compreensão, porque a dialética é muito mais precisa que em sua primeira exposição. Portanto, *aconselho o leitor não familiarizado ao pensamento dialético a pular a seção da p. 15 até o final da p. 34, e a ler o anexo 'A forma-valor' incorporado ao livro*" (MEGA, II.5, pp. 11/12 – destaque do autor).

486 Nas redações posteriores, a análise da forma-valor termina com a forma-dinheiro. A relevância dessa alteração é destacada no próximo capítulo.

e precursor da tentativa de "reconstruir" o método marxiano –,[487] de que a "nova leitura de Marx" fracassou em suas pretensões?[488]

2.2 A delimitação da crítica da economia política

A importância da forma-valor enquanto desdobramento das contradições sociais para a crítica da economia política é destacada já no primeiro capítulo do presente livro. No entanto, sua "retomada" não é assim tão simples, como se a mera alusão às determinações formais levasse necessariamente à correta interpretação da principal obra marxiana. Se a nem sempre percebida diversidade de versões da exposição da forma-valor já constitui um elemento complicador por si só, a publicação de textos inéditos pela MEGA 2 acrescenta ainda mais complexidade a essas questões.

Publicado pela primeira vez em 1987, *Complementos e alterações à primeira edição* (*Ergänzungen und Veränderungen*) – 1871-1872 – escrito por Marx quando da notícia de que a segunda edição alemã do Livro I estava a caminho – é um bom indicativo. A importância desse manuscrito para a problemática acima discutida está relacionada à descoberta das autocríticas realizadas por Marx quanto ao modo de exposição da primeira edição de *O capital*, especialmente acerca do sentido da forma-valor. Considere-se, por exemplo, a frase "esse produto do trabalho é valor". Marx enfatiza que "esta é uma expressão abstrata, *que inclui mais do que ela diz*".[489] Isso significa que há uma insuficiência naquilo que é dito, isto é, que existem *determinações pressupostas*. Marx vale-se de uma interessante analogia para destrinchar essas relações:

---

487 REICHELT, Helmut. *Zur logischen Struktur des Kapitalbegriffs bei Karl Marx*. Frankfurt am Main: Europäische Verlaganstalt, 1973.

488 REICHELT, Helmut. *Neue Marx-Lektüre. Zur Kritik sozialwissenschaftlicher Logik*. Hamburg: VSA-Verlag, 2008, p. 5.

489 (MEGA, II.6, p. 32 – destaque do autor).

> Se digo, por exemplo, que a pedra é pesada, então *expresso* o peso como uma propriedade que cabe à pedra observada isoladamente para si. No entanto, na verdade seu peso é uma propriedade corporal que ela apenas possui na relação com outros corpos. A expressão, ainda que não se diga nada sobre essa relação, a inclui.[490]

A referência à "relação com os outros" merece destaque, pois o próprio Marx salienta que "as mercadorias obtêm expressão valor (forma-valor) *somente na relação entre si*".[491] Ora, que a teoria do valor deva ser entendida como a crítica de uma relação social não é absolutamente algo novo. Em 1913, Luxemburgo enfatiza que

> Smith considerava a criação do valor uma qualidade fisiológica do trabalho, uma expressão do organismo do homem. Como a aranha tira do seu corpo a teia, o operário cria valor (...). Só Marx reconheceu no valor uma *relação social particular*.[492]

Em 1935-1936, Karl Korsch associava a teoria marxiana do valor à demonstração da "natureza social real das relações humanas fundamentais subjacentes o chamado 'valor' pelos clássicos".[493] Mas as anotações de *Complementos e alterações* permitem aprofundar justamente o sentido dessa relação social. Não basta dizer que a socialidade está relacionada ao trabalho humano socialmente necessário à produção das mercadorias, ao trabalho abstrato,[494] ou que essa

490 (MEGA, II.6, p. 32 – destaque no original).

491 (MEGA, II.6, p. 29 – destaque do autor).

492 LUXEMBURGO, Rosa. *A acumulação do capital*: estudo sobre a interpretação econômica do Imperialismo. Rio de Janeiro: Zahar, 1983, p. 45 – destaque do autor.

493 KORSCH, Karl. *Karl Marx*. Chicago: Haymarket, 2017, p. 19.

494 O conceito de trabalho abstrato está longe de significar algo "simples", "sem qualificação", como se essa categoria revelasse um mero "gasto fisiológico-mental de energia humana", como é comum observar na

particularidade diga respeito tão somente à sociedade capitalista, não sendo uma característica trans-histórica. Se a objetividade do valor é "puramente fantástica",[495] e se ela aparece pela "redução" dos distintos trabalhos a trabalho abstrato, é sintomática a autocrítica feita por Marx sobre seu modo de exposição na primeira edição de *O capital*:

> Nessa redução se esqueceu que nenhuma delas [no exemplo do casaco e do linho] possui tal *objetividade* valor por si só, mas cada uma delas só a possui enquanto uma *objetividade comum*. Fora da relação entre elas – fora da relação na qual elas valem como iguais – nem o casaco nem o linho possuem *objetividade valor* ou sua *objetividade* como simples geleia de trabalho humano enquanto tal. Eles possuem essa objetividade social unicamente como relação social (em relação social) (...). Um produto do trabalho, observado isoladamente para si, não é, portanto, valor, tampouco é mercadoria (...). A expressão valor só pode ser encontrada, as mercadorias só podem possuir forma-valor, *na relação de distintas mercadorias*.[496]

Marx não só destaca a existência da forma-valor apenas na "relação de distintas mercadorias" – algo radicalmente distinto da ideia de que o valor seria uma propriedade interna das mercadorias *anterior* ao processo de troca[497] – como manifesta sua *ruptura* com

---

literatura marxista. Como destacado no próximo capítulo, no conceito de trabalho abstrato revelam-se de modo particularmente claro as *ambivalências* de Marx.

495 (MEGA, II.6, p. 32).

496 (MEGA, II.6, pp. 30-31 – destaques no original).

497 Esse é um entendimento frequente da teoria do valor, resumido por Heinrich da seguinte maneira: "o trabalhador *gastou* uma quantidade específica de trabalho abstrato e essa quantidade existe *dentro* da mercadoria individual e transforma o artigo isolado em um objeto de valor" (HEINRICH, Michael. *Kritik der politischen Ökonomie. Eine Einführung in "Das Kapital"*. Stuttgart: Schmetterling Verlag, 2018,

a economia política clássica. Além disso, aqui se destaca a ideia de que o valor só aparece na relação de troca, isto é, pelo dinheiro, fazendo emergir o amálgama entre forma-mercadoria, valor, forma--valor e dinheiro, uma compreensão nem sempre clara nas outras exposições da forma-valor.

Não é de se estranhar que dessas variações e dificuldades tenha emergido um discurso que apontava um caminho obrigatório para o andamento de toda e qualquer pesquisa preocupada em analisar o capitalismo:

> diante das exposições mais ou menos fragmentárias e das numerosas observações singulares disseminadas em outras obras, resta, portanto, um *desideratum* urgente da pesquisa marxista em reconstruir por inteiro a teoria do valor.[498]

Tendo em vista a percepção de descontinuidade entre a análise da forma-valor em Marx e nas correntes marxistas, a necessidade da reconstrução da teoria do valor parece ser, assim, um passo indispensável para a continuidade do presente livro. Se Lênin já havia sugerido quais seriam as características e o sentido definitivos da obra marxiana, a crítica categorial decorrente da correta apreensão do desenvolvimento da exposição da forma-valor desponta como uma

---

p. 47 – destaque do autor). Algumas décadas antes, Rubin já problematizava esse tipo de leitura. Após salientar que a economia política habitualmente defende "que o valor da mercadoria depende da quantidade de trabalho socialmente necessário para sua produção", o autor russo considera que "é mais exato expressar inversamente a teoria do valor: na economia mercantil-capitalista, as relações de produção entre os homens em seu trabalho necessariamente *adquirem a forma de valor* das coisas, e só podem aparecer nesta forma material; o trabalho social só pode *expressar-se* no valor" (RUBIN, Isaac Ilyich. *A teoria marxista do valor*. São Paulo: Polis, 1987, p. 77 – destaque do autor).

498 BACKHAUS, Hans-Georg. *Dialektik der Wertform*: Untersuchungen zur Marxschen Ökonomiekritik. Freiburg: Ca ira, 1997, p. 42.

forte candidata à elucidação dos descaminhos pelos quais seguiram as abordagens marxistas.

2.2.1 Da reconstrução...

Em se tratando dos debates que ocorreram em solo alemão na década de 1970, a assim chamada "reconstrução da crítica da economia política" possui um sentido bastante preciso. Trata-se do pressuposto de que entre os diversos textos de Marx existe um *discurso unitário e correto* que, por sua vez, permite uma reconstrução apta a afastar as interpretações equivocadas da teoria marxiana e reverter seu processo de popularização. Não por acaso, essa hipótese tem como corolário a expectativa de que *O capital* constitui a "obra final", isto é, como se os manuscritos que compõem o projeto da crítica da economia política – desenvolvido a partir do final da década de 1850 – seguissem uma linha *qualitativa ascendente*, desaguando na melhor e definitiva versão.

A referência central dessa empreitada está nos trabalhos de Backhaus, notadamente no já citado *Dialética da forma-valor* (1997), livro que reúne artigos que apresentam e desenvolvem o projeto de pesquisa do autor.[499] Como já salientado no primeiro capítulo, o principal adversário da "leitura lógica" era a leitura engelsiana da crítica da economia política, principalmente a tese da "produção simples de mercadorias". Por tal razão, neste momento o foco não

---

499 O desenvolvimento das reflexões de Backhaus parte de sua leitura, por volta de 1963, da primeira edição (1867) de *O capital*, na biblioteca de Hermann Brill, um político social-democrata que falecera alguns antes (BACKHAUS, Hans-Georg. *Dialektik der Wertform*: Untersuchungen zur Marxschen Ökonomiekritik. Freiburg: Ca ira, 1997, p. 29). O texto era raramente conhecido naquele período, pelo menos na Alemanha Ocidental. As consequências da leitura – em especial, as diferenças na exposição da forma-valor – constituíram uma espécie de guia para a elaboração conceitual de Backhaus (HOFF, Jan. *Marx global. Zur Entwicklung des internationalen Marx-Diskurses seit 1965*. Akademie Verlag: Berlin, 2009, p. 83).

é retomar essas discussões, nem expor uma análise detalhada da obra de Backhaus. O que interessa é enfatizar como a mudança de postura desse autor em relação aos estudos históricos abre portas para a incorporação dos níveis de abstração como chave de leitura da socialização capitalista, com consequências importantes para a reprodução sócio-jurídica.

Considere-se, primeiramente, o texto *Para a dialética da forma-valor* (1969). Nele há uma apresentação do programa de pesquisa de Backhaus, tendo como ponto de partida uma análise da recepção da crítica da economia política em diversos autores. Nesse momento, o aluno de Adorno salienta como a teoria marxiana do valor é geralmente distorcida quando associada à mera "enumeração de hipóteses sociológicas e econômicas".[500] O motivo dessa situação passa pelos déficits de compreensão da forma-valor no marxismo então hegemônico. No entanto, Backhaus reconhece que isso não pode ser atribuído apenas a uma certa cegueira problemática dos intérpretes. Pelo contrário, "a inadequação de suas representações provavelmente só pode ser entendida partindo da suposição de que Marx não abandonou uma versão completa de sua teoria do valor-trabalho".[501]

Backhaus divide a contribuição da análise das determinações formais para a teoria marxiana da sociedade a partir de três aspectos. Ela seria: (a) a interface entre sociologia e teoria econômica para a construção de uma teoria da sociedade; (b) a base para uma crítica da ideologia e a para a construção de uma teoria específica do dinheiro; e (c) a premissa para se compreenderem as relações entre as relações de produção e a "superestrutura" no âmbito de uma

500 BACKHAUS, Hans-Georg. *Dialektik der Wertform*: Untersuchungen zur Marxschen Ökonomiekritik. Freiburg: Ca ira, 1997, p. 41.

501 BACKHAUS, Hans-Georg. *Dialektik der Wertform*: Untersuchungen zur Marxschen Ökonomiekritik. Freiburg: Ca ira, 1997, p. 42.

teoria da sociedade.[502] O aprofundamento dessas linhas de pesquisa ocorre a partir da década de 1970. Entre 1974 e 1997 aparecem os famosos *Materiais para a reconstrução da teoria marxiana do valor*, divididos em quatro partes – primeira (1974), segunda (1975), terceira (1978) e quarta (1997).

As duas primeiras partes possuem um discurso comum, qual seja, a construção de um discurso crítico tanto a Engels como ao marxismo que o sucedeu. Logo no início da *Primeira parte*, Backhaus analisa algumas críticas feitas à teoria do valor de Marx. Apesar de apontar o desacerto das interpretações neoclássicas, ele vê na literatura marxista uma série de problemas: "[ela] não era de modo algum capaz de refutar convincentemente todas as objeções do outro lado; ela mesma não está livre de *graves deficiências de interpretação*".[503] A razão desse déficit estava intimamente associada ao "erro fundamental" de Engels, principalmente quando este interpreta os três primeiros capítulos de *O capital* nos termos de uma "produção simples de mercadorias", tal como apresentado no capítulo anterior. E ao seguir essa interpretação, "a teoria *marxista* do valor teve que bloquear a compreensão da teoria *marxiana* do valor".[504]

A consequência primária dessa abordagem está na invisibilização da importância e dos problemas decorrentes das distintas versões da análise da forma-valor. Daí o argumento de que "os estudiosos marxistas se viram incapazes de definir o significado de seus próprios conceitos básicos da teoria do valor de uma maneira universalmente

---

502 BACKHAUS, Hans-Georg. *Dialektik der Wertform*: Untersuchungen zur Marxschen Ökonomiekritik. Freiburg: Ca ira, 1997, p. 57.

503 BACKHAUS, Hans-Georg. *Dialektik der Wertform*: Untersuchungen zur Marxschen Ökonomiekritik. Freiburg: Ca ira, 1997, p. 69 – destaque do autor.

504 BACKHAUS, Hans-Georg. *Dialektik der Wertform*: Untersuchungen zur Marxschen Ökonomiekritik. Freiburg: Ca ira, 1997, p. 69 – destaque no original.

vinculante".[505] Assim, não chega a ser surpreendente que Backhaus resuma a contribuição da teoria marxista do valor ressaltando uma vez mais a diferença entre Marx e marxistas:

> A teoria *marxista* do valor ficou presa ao terreno da teoria *pré-marxiana*, e sua estrutura conceitual poderia ser definida como uma versão apenas terminologicamente nova da teoria do valor-trabalho dos *ricardianos de esquerda*.[506]

Essa compreensão traz uma consequência importante, qual seja, a expectativa de que "o texto de Marx é, em si mesmo, incompreensível e, na melhor das hipóteses, *acessível somente à filologia especializada de Marx*".[507] Isso significa que a ênfase nos erros da tradição marxista vinculada a Engels e o destaque à reconstrução filológica do núcleo da crítica da economia política denotam um pressuposto fundamental: a existência não apenas de um discurso correto e coerente no texto marxiano, como já indicado, mas acessível somente a especialistas.

Esse é justamente o principal objeto da *Segunda Parte*, cujo início destaca a "afinidade estrutural" entre as teorias marxistas do valor e as teorias subjetivas do valor. Segundo Backhaus, ambas ignoram a conexão entre forma-valor e dinheiro e, portanto, constituem *teorias pré-monetárias do valor*. Neste caso, "a indiferença à teoria monetária e à forma não-dialética do desenvolvimento conceitual

---

505 BACKHAUS, Hans-Georg. *Dialektik der Wertform*: Untersuchungen zur Marxschen Ökonomiekritik. Freiburg: Ca ira, 1997, p. 72.

506 BACKHAUS, Hans-Georg. *Dialektik der Wertform*: Untersuchungen zur Marxschen Ökonomiekritik. Freiburg: Ca ira, 1997, p. 74 – destaque no original.

507 BACKHAUS, Hans-Georg. *Dialektik der Wertform*: Untersuchungen zur Marxschen Ökonomiekritik. Freiburg: Ca ira, 1997, p. 70 – destaque do autor.

são basicamente apenas dois aspectos da mesma coisa".[508] É a partir desse momento que Backhaus passa a enfatizar o caráter monetário da teoria marxiana, no preciso sentido de que a crítica da economia política deveria ser entendida como uma crítica a todas as abordagens pré-monetárias.[509] Com base nessa perspectiva, o "núcleo racional" da teoria *marxista* do valor seria apenas uma "variante da teoria do valor dos ricardianos de esquerda".[510]

Backhaus aprofunda esse argumento ao destrinchar as abordagens que se guiam pela "função do valor", hipótese na qual este é reduzido à mera regulação da relação de troca entre mercadorias. Consequentemente, "para a apresentação do conceito de valor, parece ser completamente irrelevante se os valores são expressos como preços monetários e se a troca é mediada pelo dinheiro ou não".[511] Nesse contexto, ainda que os adeptos da teoria da "produção simples de mercadorias" façam uso de conceitos dialéticos, Backhaus não vê nisso mais do que uma mera "construção verbalmente dialética".[512] Aqui opera a substituição da derivação conceitual do dinheiro por uma hipótese histórica acerca de seu surgimento. Daí sua insistência ao enfatizar que o material histórico só pode ser compreendido e ordenado pela lógica. Mas não só. Backhaus chega a dizer que "se as interpretações de Engels fossem seguidas, as montanhas da dialética

508 BACKHAUS, Hans-Georg. *Dialektik der Wertform*: Untersuchungen zur Marxschen Ökonomiekritik. Freiburg: Ca ira, 1997, p. 93.

509 BACKHAUS, Hans-Georg. *Dialektik der Wertform*: Untersuchungen zur Marxschen Ökonomiekritik. Freiburg: Ca ira, 1997, p. 94.

510 BACKHAUS, Hans-Georg. *Dialektik der Wertform*: Untersuchungen zur Marxschen Ökonomiekritik. Freiburg: Ca ira, 1997, p. 94.

511 BACKHAUS, Hans-Georg. *Dialektik der Wertform*: Untersuchungen zur Marxschen Ökonomiekritik. Freiburg: Ca ira, 1997, p. 95.

512 BACKHAUS, Hans-Georg. *Dialektik der Wertform*: Untersuchungen zur Marxschen Ökonomiekritik. Freiburg: Ca ira, 1997, p. 97.

de Marx teriam dado à luz a nada mais do que um rato".[513] [514] Daí a suspeita de que Engels possivelmente não tenha compreendido adequadamente o sentido da exposição dialética marxiana das categorias da crítica da economia política.[515]

Diante da severidade dessas críticas, chama atenção a mudança de postura observada na *Terceira parte* dos escritos de Backhaus, notadamente suas reflexões acerca da alegada "necessidade urgente" de reconstrução da teoria marxiana do valor. Aqui Backhaus informa ao leitor ter tomado conhecimento de algumas passagens de Marx e Engels que não se enquadram na distinção lógico ou histórico, o que recolocava uma vez mais a problemática da primazia de uma ou outra.[516] Ao contrário de momentos anteriores, Backhaus passa a admitir a existência de "uma incerteza *da parte de Marx* sobre a origem e validade dos termos que ele usa". Isso implicaria "rever fundamentalmente o conceito de 'reconstrução' subjacente às duas primeiras partes dos *Materiais*".[517]

Há aqui uma alteração na "imputação" dos chamados erros de interpretação. Se antes Backhaus advogava pela existência de uma leitura correta da obra marxiana, algo que seria obtido pela reconstrução lógica da apresentação categorial, agora é o próprio estatuto da crítica da economia política que passa a ser questionado. Uma vez constatada uma "certa incerteza" em Marx – a não clareza quanto

---

513 BACKHAUS, Hans-Georg. *Dialektik der Wertform*: Untersuchungen zur Marxschen Ökonomiekritik. Freiburg: Ca ira, 1997, p. 112.

514 Backhaus faz referência aqui à expressão de Horácio: *parturiente montes, nascetur mus*, isto é, "a montanha pariu um rato", utilizada para descrever situações em que o resultado esperado é decepcionante frente à expectativa criada.

515 BACKHAUS, Hans-Georg. *Dialektik der Wertform*: Untersuchungen zur Marxschen Ökonomiekritik. Freiburg: Ca ira, 1997, p. 113.

516 BACKHAUS, Hans-Georg. *Dialektik der Wertform*: Untersuchungen zur Marxschen Ökonomiekritik. Freiburg: Ca ira, 1997, p. 131.

517 BACKHAUS, Hans-Georg. *Dialektik der Wertform*: Untersuchungen zur Marxschen Ökonomiekritik. Freiburg: Ca ira, 1997, p. 132 – destaque do autor.

ao caráter lógico ou histórico de determinadas passagens –, então os equívocos interpretativos devem ser explicados de outro modo:

> À luz das passagens anteriormente ignoradas no texto, esta interpretação "lógica" revelou-se uma simplificação injustificável do problema da "apresentação" (...). O conteúdo teórico crítico e monetário forma apenas um componente da teoria do valor de Marx, de modo que a peculiaridade problemática dessa teoria do valor só é compreendida quando se mantém um olho no componente oposto, sua intenção "histórico-lógica". Apenas o reconhecimento de certas ambiguidades [*Zweideutigkeiten*] transmite uma imagem adequada da teoria marxiana do valor.[518]

Aquilo que constituía a forma de descobrimento do discurso correto e coerente da teoria do valor aparece agora como uma "simplificação injustificável", a ponto de Backhaus defender a necessidade de se reconhecerem as "ambiguidades"[519] de Marx. As consequências desse tipo de posicionamento afetam profundamente o conteúdo das Partes I e II dos *Materiais*, algo que não passa despercebido pelo próprio autor. Por isso ele passa a argumentar que a interpretação lógica poderia negar a interpretação histórica, mas que esta também poderia negar aquela. Assim, o impasse entre esses dois modelos interpretativos deveria ser entendido "como uma indicação de que o problema metodologicamente tão importante da interpretação 'lógica' e 'histórica' foi resolvido de forma instável *pelo próprio Marx*".[520]

---

518 BACKHAUS, Hans-Georg. *Dialektik der Wertform*: Untersuchungen zur Marxschen Ökonomiekritik. Freiburg: Ca ira, 1997, p. 133.

519 É importante não confundir a tese das "ambiguidades" (Backhaus) com a tese das "ambivalências" (Heinrich). A diferença entre ambas e o impacto da segunda para a compreensão da crítica da economia política são destacados no próximo capítulo.

520 BACKHAUS, Hans-Georg. *Dialektik der Wertform*: Untersuchungen zur Marxschen Ökonomiekritik. Freiburg: Ca ira, 1997, p. 136 – destaque do autor.

Isso significa uma mudança radical de postura frente às primeiras considerações apresentadas nas páginas anteriores. Se a interpretação lógica de *O capital* ignorasse as referidas "ambiguidades", ela correria o risco de se tornar uma "nova ortodoxia", um "novo dogmatismo de uma filologia marxiana" em que o texto marxiano seria considerado "sacrossanto".[521] [522] Nesse momento, Engels já não é mais o "rato", ao mesmo tempo em que Marx já não aparece como a "montanha". Não por acaso, Backhaus considera que "o próprio texto marxiano dá motivos para argumentar com Marx contra qualquer interpretação marxista e, finalmente, também *com Marx contra Marx*".[523] Desse modo – e isto é fundamental para a problemática construída ao longo do capítulo anterior –, cai por terra a possibilidade de toda e qualquer reconstrução da forma-valor.

Essa hipótese é explicitamente admitida por Backhaus. Primeiramente, salientando que o principal problema em Marx já não seria o da "variabilidade" e dos "erros de exposição", mas a manifestação destes como "problemas objetivos insuficientemente resolvidos, defeitos da análise material".[524] E, em segundo lugar, sustentando que

521 BACKHAUS, Hans-Georg. *Dialektik der Wertform*: Untersuchungen zur Marxschen Ökonomiekritik. Freiburg: Ca ira, 1997, p. 138.

522 Essa possibilidade é reforçada pelas tentativas de "descobrir" o "verdadeiro Marx" a cada nova publicação da MEGA 2, como se seus fichamentos e excertos escondessem alguma fonte ainda não conhecida capaz de corrigir interpretações anteriores. Trata-se de uma expectativa – um exemplo daquilo que Terrell Carver chama de "fetichismo arquivístico" (CARVER, Terrell. *Marx*: ontem e hoje. Rio de Janeiro: Zahar, 2021, p. 19) – que desconsidera a incompletude da crítica marxiana e ignora os horizontes de pesquisa – sobre história, antropologia, matemática, biologia, química – nos últimos anos de vida de Marx (MUSTO, Marcello. *O velho Marx*: uma biografia de seus últimos anos. São Paulo: Boitempo, 2018, pp. 30-44).

523 BACKHAUS, Hans-Georg. *Dialektik der Wertform*: Untersuchungen zur Marxschen Ökonomiekritik. Freiburg: Ca ira, 1997, p. 139 – destaque do autor.

524 BACKHAUS, Hans-Georg. *Dialektik der Wertform*: Untersuchungen zur Marxschen Ökonomiekritik. Freiburg: Ca ira, 1997, p. 144.

> Marx se viu incapaz de articular de modo suficientemente claro e distinto sua própria descoberta por meio dos conceitos econômico-filosóficos por ele utilizados, os quais pertenciam a diferentes modelos teóricos.[525]

Diante dessas novas reflexões, quais seriam as consequências desse *giro compreensivo* para a análise da forma-valor? Se a expectativa inicial buscava um discurso correto e coerente da obra marxiana a partir dessas determinações formais, seria o reconhecimento da importância da leitura histórica um aceite da historização da forma-valor? Seria correto, tal como postula Engels, considerar que "a lei do valor *vigorou*, pois, por um período de cinco a sete milênios"?[526]

Em hipótese alguma. Uma das contribuições mais importantes da leitura "lógica" está justamente na crítica à tese da "produção simples de mercadorias". Com isso revela-se o amálgama existente entre valor, forma-valor e dinheiro, matriz da "teoria monetária do valor". Mas não só, já que a análise das determinações formais constitui uma crítica das teorias econômicas destinadas a produzir conceitos quantificáveis que podem ser operacionalizados em análises empíricas. Como sugere Søren Mau, a principal contribuição da teoria da forma-valor está na compreensão da crítica da economia política enquanto "teoria qualitativa das formas sociais com o objetivo de revelar e criticar as relações sociais subjacentes ao modo de produção capitalista".[527]

Ainda assim, é indisputável a limitação e a reavaliação do projeto originário de Backhaus. Por isso ele afirma que a "análise da forma-valor só pode ganhar um significado tangível e um

---

525 BACKHAUS, Hans-Georg. *Dialektik der Wertform*: Untersuchungen zur Marxschen Ökonomiekritik. Freiburg: Ca ira, 1997, p. 144.

526 (MEGA, II.14, p. 333 – destaque do autor) [MEW, 25, p. 909] {Engels, 2017, pp. 960-961}.

527 MAU, Søren. *Mute Compulsion*: a Marxist Theory of the Economic Power of Capital. Londres/Nova York: Verso, 2023, p. 66.

significado não trivial se for interpretada como uma *crítica às teorias pré-monetárias do valor* e, portanto, como uma teoria qualitativa do dinheiro".[528] Isso significa que a análise da forma-valor continua fundamental, mas ela perde o estatuto de centro de gravidade a partir do qual todas as questões subjacentes à crítica da economia política poderiam ser resolvidas.

Por essa razão, Backhaus agora admite que o próprio Marx mescla análises lógicas e históricas: "esses novos problemas [referentes à contribuição dos estudos históricos] estão em condição de relativizar a *reconstrução* 'lógica' da teoria do valor, transformando-a em uma interpretação".[529] Neste movimento – da "reconstrução" à "interpretação" –, Backhaus chega mesmo a dizer, em uma nota de rodapé particularmente importante, que suas reflexões de 1969, quando destacava a "necessidade urgente de reconstruir por inteiro a teoria do valor",[530] nada mais seriam do que a manifestação de uma "*pretensão ingênua*".[531]

É em meio a este cenário que a *Quarta parte* tenta desvendar a possível conexão entre as leituras lógicas e históricas. Aqui entra em cena um exame minucioso não só das edições de O *capital*, mas também dos *Grundrisse* e de *Para a crítica da economia política*. O argumento de Backhaus é que o "Rascunho" de 1857-1858 e a primeira edição (1867) de O *capital* favorecem uma interpretação lógica, ao passo que o prefácio do texto de 1859 e a segunda edição

528 BACKHAUS, Hans-Georg. *Dialektik der Wertform*: Untersuchungen zur Marxschen Ökonomiekritik. Freiburg: Ca ira, 1997, p. 154 – destaque no original.

529 BACKHAUS, Hans-Georg. *Dialektik der Wertform*: Untersuchungen zur Marxschen Ökonomiekritik. Freiburg: Ca ira, 1997, p. 155 – destaque no original.

530 BACKHAUS, Hans-Georg. *Dialektik der Wertform*: Untersuchungen zur Marxschen Ökonomiekritik. Freiburg: Ca ira, 1997, p. 42.

531 BACKHAUS, Hans-Georg. *Dialektik der Wertform*: Untersuchungen zur Marxschen Ökonomiekritik. Freiburg: Ca ira, 1997, p. 220 – destaque do autor.

(1872) de O *capital* encampam uma interpretação histórica. Essa análise teria como condão provar que "em Marx e Engels o 'lógico' e o 'histórico' se combinam de diferentes maneiras".[532] Essa "combinação", no entanto, nada diz acerca da pergunta: como se relacionam o lógico e o histórico na exposição categorial dialética?

Backhaus não consegue encaminhar uma resposta satisfatória a essa questão, mesmo após percorrer inúmeros textos de Marx e Engels. Ele até considera a hipótese de que a história não seria uma mera "ilustração" do desenvolvimento categorial dialético, mas uma "prova" deste, para logo então descartar essa possibilidade.[533] Após idas e vindas, Backhaus observa a conexão entre "lógica" e "história" como um "*problema irresolúvel* da construção marxiana da teoria do valor",[534] uma vez que as distintas versões deixadas por Marx testemunham sempre novas tentativas de estabelecer alguma relação lógico-histórica.

Aparentemente, o projeto inicial de reconstruir a teoria marxiana do valor pela correta interpretação da forma-valor desemboca num beco sem saída. Tendo reconhecido a importância da análise da forma-valor para a crítica das teorias pré-monetárias do valor, a discussão sobre a conexão entre crítica da economia política e teoria da sociedade – tão cara a Backhaus em seus primeiros escritos – parece ter seu desenvolvimento bloqueado. Mas ainda há um argumento a ser desenvolvido. De fato, Backhaus termina suas reflexões argumentando como as críticas de Marx a Smith – a respeito da confusão entre desenvolvimento categorial e histórico – podem

532 BACKHAUS, Hans-Georg. *Dialektik der Wertform*: Untersuchungen zur Marxschen Ökonomiekritik. Freiburg: Ca ira, 1997, p. 229.

533 BACKHAUS, Hans-Georg. *Dialektik der Wertform*: Untersuchungen zur Marxschen Ökonomiekritik. Freiburg: Ca ira, 1997, pp. 258/259.

534 BACKHAUS, Hans-Georg. *Dialektik der Wertform*: Untersuchungen zur Marxschen Ökonomiekritik. Freiburg: Ca ira, 1997, p. 297 – destaque do autor.

ser direcionadas ao próprio Marx. Mas o último parágrafo da *Parte IV* também esboça um caminho para a teoria social.

Diante de todas as reflexões que marcam o percurso dos *Materiais para uma reconstrução da teoria marxiana do valor*, notadamente a reconsideração dos estudos históricos, Backhaus agora diz: "isto implica a necessidade de uma *reconstrução crítica*".[535] Qual seria o sentido desta nova reconstrução? Somente uma frase é apresentada até o término do livro: "isso só pode significar que a teoria de Marx é 'decomposta e recomposta em uma nova forma para que possa assim atingir o fim que ela mesma se pôs'".[536] A novidade aqui está em refundar a crítica da economia política a partir de uma *aproximação à intersubjetividade* como critério normativo. Isso porque o trecho citado por Backhaus – "desmontada e refeita em uma nova forma para melhor atingir o objetivo que estabeleceu para si mesma" – vem de *Para a reconstrução do materialismo histórico*, escrito por Habermas[537] em 1976.[538]

---

535 BACKHAUS, Hans-Georg. *Dialektik der Wertform*: Untersuchungen zur Marxschen Ökonomiekritik. Freiburg: Ca ira, 1997, p. 297 – destaque do autor.

536 BACKHAUS, Hans-Georg. *Dialektik der Wertform*: Untersuchungen zur Marxschen Ökonomiekritik. Freiburg: Ca ira, 1997, p. 297.

537 Como destaca Habermas já no início de suas reflexões: "*a falta de clareza imperou desde o início sobre os fundamentos normativos da teoria social de Marx* (...). As melodias do socialismo ético foram tocadas sem êxito até o fim: uma ética filosófica que não se limita a enunciados metaéticos só pode encontrar lugar ainda hoje se conseguir *reconstruir os pressupostos e procedimentos comunicativos universais de justificação de normas e valores*" (HABERMAS, Jürgen. *Para a reconstrução do materialismo histórico*. São Paulo: Unesp, 2016, p. 28 – destaque do autor). Note-se desde já que Buckel faz explícita referência a esse trecho para esclarecer sua proposta de "reconstrução de uma teoria materialista do direito" (BUCKEL, Sonja. *Subjektivierung und Kohäsion*: Zur Rekonstruktion einer materialistischen Theorie des Rechts. Weilerswist: Velbrück Wissenschaft, 2007, p. 16).

538 BACKHAUS, Hans-Georg. *Dialektik der Wertform*: Untersuchungen zur Marxschen Ökonomiekritik. Freiburg: Ca ira, 1997, p. 298.

Os desdobramentos dessa mudança de rota não são irrelevantes. De um lado, os impasses decorrentes da tentativa de Backhaus de reconstruir a análise da forma-valor parecem constituir uma espécie de "Cavalo de Tróia" do já mencionado "giro antiprodutivista da teoria social",[539] caracterizado sobretudo pelo retorno do idealismo na teoria social. De outro, o fracasso da tentativa de reconstrução da teoria do valor pela ênfase nas determinações formais parece colocar em risco a problematização desenvolvida no capítulo anterior. Se esta for a situação final, como compreender a narrativa construída desde o início deste livro, no qual a retomada da forma-valor aparecia como um passo fundamental à construção de um diagnóstico alternativo da financeirização da economia que, por sua vez, abriria espaço para novas reflexões sobre a reprodução sócio-jurídica?

Aqui deve-se atentar para o seguinte: o argumento de que sem uma "correta apreensão da teoria do valor" não seria possível destrinchar o sentido da "forma-valor" apareceu como um pressuposto inicial necessário à consideração de uma nova leitura do capitalismo especulativo de Wall Street. No entanto, a posição das variações das determinações formais e as dificuldades de enquadrá-las lógica ou historicamente demonstrou o equívoco de se buscar uma apresentação "verdadeira" e coerente da abordagem marxiana. Este é o movimento que revela os dois pontos principais que constituem o principal legado da reflexão iniciada por Backhaus para o estudo da socialização capitalista.

O primeiro tem como base as duas primeiras partes dos *Materiais*, intimamente associadas à ênfase na conexão interna entre a teoria do valor e a teoria do dinheiro.[540] Isso significa a compreensão da crítica

---

539 GONÇALVES, Guilherme Leite. "Acumulação primitiva, expropriação e violência jurídica: expandindo as fronteiras da sociologia crítica do direito". *Revista Direito & Práxis*, Rio de Janeiro, vol. 8, nº 2, 2017.

540 Essa conquista também é derivada da contribuição das reflexões de Rubin, já em 1923. Como salienta Saad Filho, "essa tradição [de Rubin] enfatiza a importância da moeda para a teoria do valor, porque o valor

da economia política como uma crítica das teorias pré-monetárias do valor, sejam elas marxistas ou não. Ainda que este resultado apareça em Backhaus de modo incipiente, o desenvolvimento de uma teoria monetária do valor em contraposição à teoria substancialista do valor tem aqui sua gênese.[541] Além de permitir uma análise mais aprofundada do "poder do capital" – "a capacidade de impor sua lógica na vida social",[542] – as reflexões sobre a forma-valor abrem espaço para investigações sobre a formação de abstrações reais – como "o" Direito – que se impõem impessoalmente.

O segundo ponto, por sua vez, decorre da guinada compreensiva presente nas duas últimas partes dos *Materiais*. Se a análise da forma-valor, apesar de permanecer fundamental, já não pode ser vista como o centro a partir do qual gira uma reconstrução da obra marxiana, então ela constitui somente um nível de abstração da crítica da economia política. Ela não é *contrária*, mas *distinta* do estudo histórico de uma sociedade capitalista em particular. Consequentemente, a possibilidade de uma saída normativa – uma abertura presente em Backhaus, ainda que ele mesmo não a siga[543] – está longe

aparece apenas através do preço (...). A ênfase na importância da moeda facilitou o ressurgimento do interesse na análise monetária de Marx, e a crítica das abordagens do trabalho incorporado abriu caminhos para o desenvolvimento de interpretações mais coerentes de Marx" (SAAD-FILHO, Alfredo. *O valor de Marx*: economia política para o capitalismo contemporâneo. Campinas: Editora da Unicamp, 2011, pp. 50/51).

541 Como destacado no próximo capítulo, essa contraposição não caminha pela tese de que existiria uma leitura correta da teoria do valor, a monetária *ou* a substancialista. Ainda que elas forneçam diagnósticos opostos acerca da financeirização da economia, ambas partem de um solo comum, qual seja, a obra marxiana, revelando com isso as ambivalências desta.

542 MAU, Søren. *Mute Compulsion*: a Marxist Theory of the Economic Power of Capital. Londres/Nova York: Verso, 2023, p. 46.

543 Backhaus continuou sua agenda de pesquisa, cada vez mais voltada à "constituição" do valor e aos conceitos macroeconômicos presentes na "ciência econômica" que, apesar de procurarem explicar a realidade social, continuamente se deparam com "monstruosidades" conceituais

de ser uma necessidade. Pelo contrário, não se trata de desmontar a crítica da economia política em virtude do "problema insolúvel" que caracteriza a relação entre lógica e história, mas delimitar seus respectivos âmbitos de problematização e sua conexão em uma teoria da reprodução social capitalista. No âmbito do presente livro, isso será fundamental para a apresentação dos sentidos e delimitações da legalidade que caracterizam a reprodução sócio-jurídica.

Diante desse cenário, a análise da forma-valor e seu desenvolvimento conceitual até as formas mais concretas podem ser compreendidos como manifestação da crítica da economia política em sua "média ideal".[544] Mas não só. Como o próprio Marx destaca nos *Grundrisse*, "o nosso método indica os pontos onde a análise

(BACKHAUS, Hans-Georg. "Der widersprüchliche und monströse Kern der nationalökonomischen Begriffsbildung". *In*: FETSCHER, Iring; ALFRED, Schmidt (Coord.). *Emanzipation und Versöhnung. Zu Adornos Kritik der 'Warentausch'-Gesellschaft und Perspektiven der transformation*. Frankfurt: Neue Kritik Verlag, 2002). Daí sua análise do "enigma do dinheiro" (BACKHAUS, Hans-Georg. "Das 'Rätsel' des Geldes: ein Scheinproblem der Ökonomie oder ein Grundproblem der Sozialwissenschaft?" *Hefte für politische Ökonomie*, 6, 1985) e sua relação com a "objetividade do valor" nos primeiros capítulos de *O capital* (BACKHAUS, Hans-Georg. "Elementare Mängel in der traditionellen Rezeption der Marxschen Form-Analyse". *Marxistische Studien. Jahrbuch des IMSF*, 13, 1987). Essas reflexões o levam à discussão do conceito de crítica em Marx e na teoria crítica, ensejando uma teoria da constituição do capitalismo enquanto estrutura objetiva produzida pela ação dos indivíduos, mas, ainda assim, independente destes (BACKHAUS, Hans-Georg. "Über den Doppelsinn der Begriffe 'politische Ökonomie' und 'Kritik' bei Marx und in der Frankfurter Schule". *In*: DORNUF, Stefan; PITSCH, Reinhard (Coord.). *Wolfgang Harich zum Gedächtnis*. Band 2. München: Müller und Nerding, 2000). Esses textos estão agora compilados em *Marx, Adorno e a crítica da teoria econômica* (BACKHAUS, Hans-Georg. *Marx, Adorno und die Kritik der Volkswirtschaftlehre*. Freiburg: Ça ira, 2013).

544 (MEGA, II.4.2, p. 853) [MEW, 25, p. 839] {Marx, 2017, p. 893}.

histórica tem de ser introduzida".[545] [546] Esta é a razão pela qual o próprio Marx salienta a diferença entre a pureza da análise teórica e a realidade empírica. No primeiro esboço da carta a Vera Zasulitch – em resposta a uma carta recebida em 16 de fevereiro de 1881 –, Marx elabora uma série de argumentos sobre o desenvolvimento do capitalismo na Rússia. Após admitir a possibilidade de outro caminho[547] para a revolução comunista – isto é, sem que o modo de produção capitalista constitua um pressuposto –, Marx não hesita em advertir: "porém, é preciso descer da teoria pura à realidade russa".[548]

Não por acaso, as discussões desenvolvidas nas páginas anteriores demonstram a necessidade de se retomar uma advertência decisiva feita por Marx no *Urtext*, ainda hoje pouco reconhecida: "a forma dialética de apresentação só é correta *se conhece seus*

---

545 (MEGA, II.1.2, p. 369) [Marx, 2011, p. 378].

546 Musto resume a questão do seguinte modo: "rejeitada a simetria entre ordem lógica e ordem histórica, o momento histórico se tornaria decisivo para o entendimento da realidade, enquanto o lógico tornaria possível conceber a história como algo além de uma simples cronologia de eventos" (MUSTO, Marcello. *Repensar Marx e os marxismos*: guia para novas leituras. São Paulo: Boitempo, 2022, p. 160).

547 Neste mesmo esboço, Marx indica a edição francesa de *O capital* (1873-1875), na qual acrescenta – em comparação à primeira edição alemã (1867) – que o processo de separação dos produtores de seus meios de produção "só se realizou de um modo radical na Inglaterra, (...) ainda que todos os países da Europa ocidental sigam o mesmo processo" (MEGA II. 7, p. 634). Note-se que esse acréscimo não foi incorporado por Engels na quarta edição alemã, de 1890. Kevin Anderson oferece uma discussão introdutória sobre a importância da edição francesa em seu *Marx nas margens* (2019, pp. 257-270). Para uma análise aprofundada e abrangente sobre a avaliação, história e recepção de *Le Capital*, ver (MUSTO, Marcello. *Repensar Marx e os marxismos*: guia para novas leituras. São Paulo: Boitempo, 2022).

548 MARX, Karl; ENGELS, Friedrich. *Lutas de classe na Rússia*. São Paulo: Boitempo, 2013, p. 96.

limites".[549] O primeiro item deste capítulo sugeriu a importância de se atentar para os distintos níveis de abstração a partir dos quais o capitalismo pode ser tematizado. Trata-se, agora, de aprofundar esse *insight*, destacando sua fundamental importância para a análise da reprodução sócio-jurídica.

2.2.2 ...aos limites da crítica da economia política

O sentido da legalidade das relações sociais é captado de distintas maneiras ao longo dos livros que compõem *O capital*. De análises derivadas das determinações formais a citações de casos de tribunais, passando por referências explícitas à legislação, a reprodução sócio-jurídica emerge na crítica da economia política em uma pluralidade de manifestações. Por isso mesmo, ela não pode ser restringida tão somente à "forma jurídica" ou ao "direito".

Ainda que essas questões só devam ser desenvolvidas no quinto capítulo, é importante atentar desde já para o seguinte raciocínio: a menção à "forma jurídica" que aparece na Seção I do Livro I, tal como desenvolvida por Pachukanis e por diversos autores marxistas, *não* está no mesmo nível de abstração do estudo da legislação inglesa apresentado na Seção III do mesmo livro. A própria mudança de seção pressupõe um movimento de desenvolvimento conceitual. Assim, não é mera coincidência a sugestiva indicação de uma "acumulação de direitos" associada à expansão do capital portador de juros, na Seção V do Livro III, como destacado oportunamente.

Um exemplo ulterior talvez seja ainda mais claro. Considere-se a análise feita por Marx acerca da jornada de trabalho no oitavo capítulo do Livro I. Após salientar que diante da lei da troca de mercadorias tanto o capitalista como o trabalhador possuem direitos iguais, encontra-se a famosa passagem: "entre direitos iguais,

549 (MEGA, II.2, p. 91 – destaque do autor).

quem decide é a força".[550] Ou seja, a regulamentação da jornada de trabalho não se deixa definir pelas categorias até então analisadas, nem constitui o objeto de análise da crítica da economia política, mas depende tanto da luta entre a classe capitalista e a classe trabalhadora como de sua respectiva institucionalização – desse modo, sua apreensão conceitual exige outro nível de abstração.[551]

Essas diferenças – e isso é fundamental para o escopo do presente livro – apontam para relações sociais cuja apreensão conceitual não se mantém no mesmo patamar. Não se pode, por exemplo, estruturar uma análise de decisões de tribunais diretamente a partir da forma-valor. Isso também vale para o movimento conceitual daquilo que aparece como pressuposto do capital (a forma jurídica) para o que emerge como seu resultado (o direito). Ainda que este desaguar aponte para a criação, autonomização e imposição de uma abstração real – o sistema jurídico – paralelo à criação e autonomização do sistema de crédito, ambos constituem expressões do fetichismo do capital. Assim, seu estudo não possui relação direta com a análise da "legislação sanguinária" que caracterizou a acumulação originária e sua possível "atualização" nos contínuos processos de expropriação que caracterizam o neoliberalismo.

A compreensão dos limites da apresentação dialética das categorias marxianas traz impactos que vão muito além da delimitação que procura localizar sistematicamente o "lógico" e do "histórico" na crítica da economia política. Em termos de construção de uma teoria da sociedade, o "problema irresolúvel" de Backhaus é antes

550 (MEGA, II.6, p. 241) [MEW, 23, p. 249) {Marx, 2013a, p. 309}.

551 Aqui se manifesta uma vez mais a importância do estudo epistolar. Em carta enviada a Engels – 10 de fevereiro de 1866 –, Marx relata como seu agravado estado de saúde interferiu na redação do Livro I: "eu não poderia fazer nenhum progresso com a parte realmente teórica. Para isso meu cérebro não estava preparado. Portanto, *expandi historicamente* a seção sobre a "jornada do trabalho", *algo que não fazia parte do meu plano original*" (MEW, 31, p. 174 – destaque do autor).

um indicativo da necessidade de uma mediação conceitual capaz de amalgamar distintos níveis de apreensão da sociedade capitalista do que um convite ao normativismo teórico. Se Marx enfatiza sua preocupação em estudar e desvendar as "leis internas" do modo de produção capitalista, e se a exposição dessa compreensão ocorre no âmbito da "pureza" conceitual, não se pode esquecer que nenhum capitalismo real existe enquanto "média ideal", mas apenas em contextos históricos, sociais e culturais específicos.

Por isso, a periodização do capitalismo – vital para a compreensão das diferentes manifestações capitalistas entre os diversos países – corresponde a um nível de abstração distinto daquele apresentado em *O capital*.[552] Tal como sustentado por Uno, seria possível estabelecer três níveis de apreensão da sociedade capitalista: (i) a teoria pura (*genriron*); (ii) a teoria dos estágios históricos capitalistas (*dankaïron*); e (iii) a análise empírica da atual situação da economia política em um Estado qualquer (*genjô-bunseki*).[553] Para o marxista japonês, "a lógica interna do capitalismo só pode ser rigorosamente compreendida pela teoria pura econômica, que por sua vez é distinta da teoria das etapas do desenvolvimento capitalista".[554]

Uma vez que o *genriron* não se identifica com os demais níveis de abstração, o que se coloca em questão é a pergunta pelo imbricamento conceitual dessa diferença.[555] Isso não passou despercebido por Marx.

---

552 HEINRICH, Michael. *Kritik der politischen Ökonomie. Eine Einführung in "Das Kapital"*. Stuttgart: Schmetterling Verlag, 2018, p. 224.

553 UNO, Kozo. *The Types of Economic Policies under Capitalism*. Leiden/ Boston: Brill, 2016, p. 236.

554 UNO, Kozo. *The Types of Economic Policies under Capitalism*. Leiden/ Boston: Brill, 2016, pp. 31/32.

555 Um contraexemplo poderia ser útil, notadamente quando se atenta para o desenvolvimento teórico da chamada "teoria francesa da regulação". É verdade que Boyer afirma, em sua análise crítica das abordagens regulacionistas, que o compromisso inicial com Marx vai pelos ares já na década de 1980 (BOYER, R. *A teoria da regulação*: uma análise crítica. São Paulo: Nobel, 1990, p. 56). Mas isso fica ainda mais evidente ao se

Em sua análise da renda fundiária capitalista, há uma importante passagem que diz:

> A forma *econômica* específica em que o maistrabalho não pago é extraído dos *produtores diretos* determina a relação de dominação e servidão (...). Nisso se funda, porém, toda a estrutura da entidade comunitária econômica, nascida das próprias relações de produção; simultaneamente com isso, sua estrutura política peculiar. Em todos os casos, é na relação direta entre os proprietários das condições de produção e os produtores diretos – relação cuja forma eventual sempre corresponde naturalmente a determinada fase do desenvolvimento dos métodos de trabalho e, assim,

---

atentar para a mudança de postura ocorrida em Aglietta. Se em *Uma teoria da regulação capitalista* (1979) ele explicitamente considera seu trabalho como "tendo seu fundamento lógico no materialismo dialético" (AGLIETTA, Michel. *A Theory of Capitalist Regulation*: the US Experience. Londres/Nova York: Verso, 2015, p. 15), em *A violência da moeda* (1982) há um explícito abandono da teoria do valor (AGLIETTA, Michel; ORLEÁN, André. *A violência da moeda*. São Paulo: Brasiliense, 1990, p. 15). O motivo para tanto seria o seguinte: em Marx a moeda não possuiria qualquer estatuto teórico, sendo mero instrumento para garantir as trocas. Disso derivaria até mesmo um ponto em comum entre Marx e os autores neoclássicos: "os teóricos da teoria do valor trabalho e os guardiões da independência das escolhas do sujeito econômico individual *têm em comum o fato de considerarem a moeda como um epifenômeno*" (AGLIETTA, Michel; ORLEÁN, André. *A violência da moeda*. São Paulo: Brasiliense, 1990, p. 14 – destaque do autor). Consequentemente, seria necessário escolher entre "teoria da moeda *ou* teoria do valor" (AGLIETTA, Michel; ORLEÁN, André. *A violência da moeda*. São Paulo: Brasiliense, 1990, p. 16 – destaque do autor). Como se vê, apesar da abordagem regulacionista levantar questões relevantes para a compreensão do desenvolvimento histórico do capitalismo, a não percepção da teoria do valor como teoria crítica às teorias pré-monetárias do valor não só impossibilita a construção de uma mediação conceitual entre esses distintos níveis de abstração – a análise do modo de produção capitalista em sua "média ideal" articulada à análise do fordismo e do neoliberalismo – como encaminha uma ruptura entre esses estudos.

> a sua força produtiva social – que encontramos o segredo mais profundo, o fundamento oculto de toda a construção social e, consequentemente, também da forma política das relações de soberania e de dependência, isto é, da forma específica do Estado existente em cada caso.[556]

Veja-se que a fundação da estrutura política – e, consequentemente, também jurídica – na forma econômica é posta pela análise do modo de produção capitalista no âmbito da "média ideal", isto é, a partir do desenvolvimento "formal", não tendo como referência o estudo do desenvolvimento empírico dessas questões. Por isso Marx continua o trecho acima citado enfatizando a seguinte questão:

> Isso não impossibilita que *a mesma base econômica* – a mesma no que diz respeito às condições principais –, graças a *inúmeras circunstâncias empíricas* de diversos tipos, condições naturais, raciais, influências históricas externas etc., manifeste-se em infinitas variações e matizes, que só se podem compreender por meio de uma análise dessas circunstâncias empíricas.[557]

A mesma "base econômica"[558] pode se manifestar – jurídica e politicamente – de distintas maneiras, a depender dos elementos

---

556 (MEGA, II.4.2, p. 732 – destaques no original) [MEW, 25, pp. 799-800] {Marx, 2017, p. 852}.

557 (MEGA, II.4.2, p. 732 – destaques no original) [MEW, 25, pp. 799-800] {Marx, 2017, p. 852}.

558 A referência à "base" sem dúvida faz ecoar a distinção "estrutura" e "superestrutura", tal como colocado no prefácio à *Para a crítica da economia política* (1859). Mas isso por si só está longe de ser um problema. Em que pese o destaque marxista à famosa frase "a totalidade dessas relações de produção forma a estrutura econômica da sociedade, a base real sobre a qual *se eleva* uma superestrutura jurídica e política e à qual correspondem certas formas de consciência social". (MEGA, II.2, p. 100 – destaque do autor; [MEW, 13, p. 08] {Marx, 2008, p. 49}, não se pode esquecer que essa "elevação" deriva do fato de que "as

que compõem seu "solo", cujo estudo, por depender de análises empíricas, difere daquele desenvolvido na apresentação da crítica da economia política. Trata-se, uma vez mais, de uma diferença quanto ao nível de abstração a partir do qual essas especificidades podem ser analisadas. Com isso se entendem as razões pelas quais Marx destaca, no capítulo da "assim chamada acumulação originária", a metamorfose do Estado, e não da forma-política: "a dívida pública, ou seja, a alienação do Estado, *seja ele despótico, constitucional ou republicano*, marca a era capitalista".[559] [560]

O recorte existente entre "análise formal" e "análise empírica" também pode ser observado em uma carta a Danielson (10 de abril de 1879), momento em que as diferenças e limites entre esses distintos níveis de abstração vêm à tona de modo particularmente claro. Perguntado sobre o andamento do segundo volume[561] de *O capital*, Marx responde que "sob nenhuma circunstância teria liberado o segundo volume antes que a atual crise industrial na Inglaterra tivesse atingido seu clímax".[562] E por qual motivo? Pois "é preciso observar o curso atual até que as coisas estejam maduras, para então 'consumi-las produtivamente', isto é, 'teoricamente'".[563]

---

relações jurídicas, tais como as formas de Estado, não são compreendidas a partir de si mesmas nem a partir do chamado desenvolvimento geral do espírito humano, mas sim pelo *enraizamento* nas condições de vida materiais" (MEGA, II.2, p. 100 – destaque do autor) [MEW, 13, p. 8] {Marx, 2008, p. 49}. Este tema é aprofundado no terceiro capítulo.

559 (MEGA, II.7, p. 671 – destaque do autor) [MEW, 23, p. 782] {Marx, 2013a, p. 824}.

560 Essa passagem é encontrada pela primeira vez na edição francesa de *O capital* (1872-1875), não estando nas primeiras edições alemãs (1867 e 1872). Engels incorpora esse trecho a partir da terceira edição alemã (1883) (MEGA, II.8, p. 705).

561 O segundo volume originalmente incluía os Livros II e III. Após a publicação separada de cada um deles por Engels, a distinção entre livros e volumes perdeu sentido, a não ser para a análise epistolar.

562 (MEW, 34 p. 370).

563 (MEW, 34, p. 371).

A questão por trás dessa necessária "espera" refere-se ao desenvolvimento *efetivo* da crise então vigente, dependente em grande medida da atuação do sistema bancário, sem o qual a análise teórica não poderia avançar. Nesse meio tempo, no entanto, operam fatores em hipótese alguma secundários. Se a atuação dos bancos nacionais na Europa impactava a análise científica de Marx,[564] isso não o impede de destacar – na mesma carta acima citada, mas agora referindo-se aos Estados Unidos – que o progresso econômico americano, em que pese já ultrapassar o inglês, teria que acertar contas com a população americana: lá "as massas são mais reativas e têm mais *meios políticos nas suas mãos* para rejeitar a forma de progresso que ocorre à sua custa".[565]

Note-se: a mesma carta que põe a análise "categorial" dos Livros II e III em espera, também encaminha análises "empíricas". Por isso, não se trata aqui de uma diferença hierárquica. Sem a análise "empírica", a "categorial" não pode ser desenvolvida. Mas a ausência desta faz com que aquela se reduza ao imediatismo da aparência mistificadora da realidade efetiva. Isso atesta uma vez mais a fundamental importância da referida advertência feita por Marx no *Urtext*: "a forma dialética de apresentação só é correta *se conhecer seus limites*".[566]

Esses limites aparecem em diversos momentos de O *capital*. No segundo capítulo do Livro I, ao analisar o processo de troca, Marx se refere pela primeira vez à ação dos indivíduos. É ela, e não a determinação formal, que faz com que uma mercadoria específica

564 O que traz a relevante pergunta acerca da possibilidade de compreensão das "leis internas" do capitalismo em sua "média ideal" abstraindo-se do Estado (HEINRICH, Michael. "Entstehungs- und Auflösungsgeschichte des Marxschen "Kapital"". *In*: BONEFELD, Werner; HEINRICH, Michael (Coord.). *Kapital & Kritik. Nach der "neuen" Marx-Lektüre*. Hamburg: VSA Verlag, 2011, p. 187).

565 (MEW, 34, p. 375 – destaque do autor).

566 (MEGA, II.2, p. 91 – destaque do autor).

atue como equivalente universal.[567] Por isso é dito que as grandezas de valor são fixadas pelo hábito social.[568] [569] Já na famosa passagem da circulação simples de mercadorias para a circulação de capital, Marx se vê diante do seguinte problema: "o capital não pode ter origem na circulação, tampouco pode não ter origem na circulação. Ele tem de ter origem nela e, ao mesmo tempo, não ter origem nela".[570] A resolução desse nó passa pela incorporação de uma categoria até então inédita – a compra e venda da força de trabalho. Trata-se da mesma estratégia utilizada no estudo da acumulação originária. No capítulo referente à "lei geral da acumulação capitalista", Marx faz a seguinte consideração:

> O solo da produção de mercadorias só tolera a produção em larga escala na forma capitalista. Certa acumulação de capital nas mãos de produtores individuais de mercadorias constitui, por isso, o pressuposto do modo específico de produção capitalista, razão pela qual tivemos de pressupô-la na passagem do artesanato para a produção capitalista. Podemos chamá-la de acumulação originária, pois, em vez de resultado, ela é o fundamento histórico da produção especificamente capitalista. De que modo ela surge é algo que ainda não precisamos examinar aqui. Basta dizer que ela constitui o ponto de partida.[571]

---

567 (MEGA, II.6, p. 115) [MEW, 23, p. 101] {Marx, 2013a, p. 161}.

568 (MEGA, II.6, p. 117) [MEW, 23, p. 103] {Marx, 2013a, p. 163}.

569 No primeiro capítulo também pode-se encontrar uma referência ao "hábito social", quando Marx discute a transição da forma de valor-universal para a forma-dinheiro. (MEGA, II.6, p. 101) [MEW, 23, p. 84] {Marx, 2013a, p. 145}, algo que geralmente causa confusão. Estaria Marx "derivando" o dinheiro duas vezes? Como destacado no próximo capítulo, trata-se de um problema fundamental para a teoria monetária do valor.

570 (MEGA, II.6, p. 182) [MEW, 23, p. 180] {Marx, 2013a, p. 240).

571 (MEGA, II.6, p. 570) [MEW, 23, p. 652] {Marx, 2013a, p. 700}.

A "acumulação originária"[572] enquanto "fundamento histórico" é o pressuposto para a análise da acumulação capitalista. Uma vez que a análise desta ocorre no nível de abstração da "média ideal", o estudo do modo de surgimento daquela constitui algo "que ainda não precisamos examinar aqui". Isso significa que a análise da "assim chamada acumulação originária" não só manifesta um limite da forma de apresentação dialética das categorias como estabelece a necessidade de uma investigação histórica acerca dos métodos que permitiram a separação entre trabalhadores e meios de produção em um contexto não-capitalista.[573]

---

572 (N.T.) Trata-se de uma análise da gênese daquilo que existe – a acumulação do capital –, sua fundação, não tendo qualquer conotação de causalidade. Daí a opção por traduzir *ursprünglich Akkumulation* por "acumulação originária", e não "primitiva", como geralmente aparece na literatura. Note-se, no entanto, que é o próprio Marx quem traduz *ursprünglich Akkumulation* por "acumulação primitiva" [*L'accumulation primitive*] na edição francesa (1872-1875, publicada em fascículos) de *O capital* (MEGA, II.7, p. 631), por ele mesmo revisada.

573 O significado *sistemático* da acumulação originária está mais claro na edição francesa de *O capital*, na forma de um dos capítulos da oitava seção (MEGA, II.7, p. 631), ou seja, em uma seção distinta daquela em que é analisada a acumulação do capital. Apesar de Engels manter essa divisão na tradução para o inglês (MEGA, II.9, p. 619), na terceira e quarta edições do texto em alemão ele a abandona. De todo modo, se é certo que o sentido histórico do capítulo da acumulação originária não opera no âmbito da "média ideal" do modo de produção capitalista, isso não significa, no entanto, que só exista violência econômica no capitalismo, isto é, que a violência extraeconômica – direta – seja algo secundário, referente a um processo histórico anterior. É importante notar que Marx salienta, em sua análise sobre os impactos do crédito, que "a expropriação se estende, então, desde os produtores diretos até os próprios capitalistas pequenos e médios. *Tal expropriação forma o ponto de partida do modo de produção capitalista; realizá-la é seu objetivo*" (MEGA, II.4.2, pp. 503/504 – destaque do autor) [MEW, 25, p. 455] {Marx, 2017, p. 498}. Trata-se de uma análise dos resultados empíricos do papel do crédito na produção capitalista, um estudo que possui um nível de abstração diferente daquele a partir do qual se orienta a crítica da economia política. A "repetição" – o melhor seria dizer: atualização – dos processos violentos, muitas vezes tidos como

Um raciocínio similar é utilizado logo no início da Seção VII do Livro III, referente à transformação do lucro extra em renda fundiária. Marx destaca que "a análise da propriedade fundiária em suas diversas formas históricas ultrapassa os limites desta obra". Por isso seu objeto de estudo pressupõe o domínio do modo de produção capitalista sobre a agricultura, de tal modo que "*para os fins de nossa análise*, a objeção de que existiram ou ainda existem outras formas de propriedade fundiária e de agricultura *é totalmente irrelevante*".[574]

Essas considerações corroboram a fundamental importância de se atentar para os limites da apresentação dialética das categorias marxianas.[575] De modo geral, pode-se dizer que a crítica da economia política é atravessada por insuficiências de dois tipos. Primeiramente, há uma insuficiência material, no preciso sentido de que ela é menos uma obra acabada[576] – *O capital* – do que um programa de pesqui-

---

"arcaicos", é, na verdade, um dos principais trunfos de Marx para uma teoria da sociedade.

574 (MEGA, II.4.2, pp. 667-668 – destaque do autor) [MEW, 25, pp. 627-628] {Marx, 2017, p. 675}.

575 O debate alemão acerca dessa temática gira em torno da controvérsia entre Riedel (RIEDEL, Dieter. "Grenzen der dialektischen Darstellungsform". *MEGA-Studien*, H. 1, 1997) e Reichelt (REICHELT, Helmut. "Grenzen der dialektischen Darstellungsform – oder Verabschiedung der Dialektik? Einige Anmerkungen zur These von Dieter Riedel". *MEGA-Studien*, H. 1, 2000).

576 Como destaca Vollgraf: "a publicação dos manuscritos de pesquisa de Marx revela que seu trabalho sobre O *capital* não foi um processo linearmente ascendente de aquisição de conhecimento. Esta conclusão é contrária à interpretação recebida que prevaleceu antes da MEGA 2, e que ainda influenciou mesmo os primeiros volumes da Parte II da MEGA 2 [a segunda seção da MEGA 2 tem o título "O *capital* e seus escritos preparatórios", atribuindo tanto uma unidade como uma progressão entre os mais variados textos que compõem a crítica da economia política] (talvez também devido à existência de material inédito e desconhecido). Em vez disso, a obra de Marx é muito mais um processo atribulado de

sa.[577] Algumas referências do próprio Marx fortalecem essa tese. Em carta a Danielson (13 de junho de 1871), ele destacou a necessidade de "uma revisão completa do manuscrito"[578] do Volume II (ou seja, os Livros II e III) antes de sua publicação. A insatisfação com as duas primeiras edições do Livro I também é manifestada, dez anos depois, em outra carta a Danielson (13 de dezembro de 1881). Após receber a notícia de que uma terceira edição sairia em breve, Marx diz que esta novidade "acontece num momento muito inoportuno" – sua esposa acabara de falecer –, para logo após salientar:

> De todo modo, no entanto, vou concordar com o meu editor que farei o mínimo de alterações e adições possíveis para a 3ª edição, mas que desta vez ele vai imprimir apenas 1000 cópias em vez de 3000, como ele originalmente queria. Se estes 1000 exemplares da 3ª edição forem vendidos, talvez eu retrabalhe o livro como faria em outras circunstâncias.[579]

Esse "retrabalho" do Livro I também está associado à divergência entre as edições existentes já naquela época. A edição francesa,

---

avanços e estagnação na compreensão, de formação de novos conceitos e abandono de planos (cf. a noção descartada de 'capital em geral'), de progresso textual e de versões que são destruídas, de tomar partido e recuar (cf. o envolvimento de Marx no debate sobre o esgotamento do solo)" (VOLLGRAF, Carl-Erich. "Marx's Further Work on Capital after Publishing Volume i: On the Completion of Part II of the MEGA 2". *In*: VAN DER LINDEN, M.; HUBMANN, G. (Coord.). *Marx's Capital*: An Unfinishable Project? Leiden/Boston: Brill, 2018, p. 66). Uma análise das aquisições filológicas da MEGA 2 também é apresentada por Musto (MUSTO, Marcello. *Repensar Marx e os marxismos*: guia para novas leituras. São Paulo: Boitempo, 2022, pp. 296-314).

577 HEINRICH, Michael. "Entstehungs- und Auflösungsgeschichte des Marxschen 'Kapital'". *In*: BONEFELD, Werner; HEINRICH, Michael (Coord.). *Kapital & Kritik. Nach der "neuen" Marx-Lektüre*. Hamburg: VSA Verlag, 2011, p. 191.

578 (MEW, 33, p. 231).

579 (MEW, 35, p. 246).

revisada por Marx, poder ser interpretada como a "versão final". Mas esta leitura meramente cronológica é demasiadamente simples. Pense-se, por exemplo, nas indicações feitas por Marx a Danielson quando questionado sobre qual edição utilizar para a tradução russa da segunda edição do Livro I. Se num primeiro momento (15 de novembro de 1878) ele salienta que "embora às vezes eu tenha sido obrigado – especialmente no primeiro capítulo – a simplificar a apresentação na formulação da edição francesa",[580] logo após (28 de novembro de 1878) Marx enfatiza que "as duas primeiras seções ['Mercadoria e dinheiro' e 'A transformação do dinheiro em capital'][581] *devem ser traduzidas exclusivamente de acordo com o texto alemão*".[582] Consequentemente, não é sem propósito a afirmação de Vollgraf de que as edições do Livro I são "*edições de última mão*, mas não *edições de última intenção*".[583]

Mas há ainda um segundo sentido a partir do qual pode-se dizer que a crítica da economia política é insuficiente. Em seus últimos anos Marx dedicava-se ao estudo de temas como geologia, mineralogia, física e tecnologia. Aqui é fundamental associar essa "mudança de rota" aos próprios limites da apresentação dialética das categorias.[584] Trata-se do necessário estudo de outras áreas de

---

580 (MEW, 34, p. 358).

581 Ou seja, justamente a parte referente à exposição da forma-valor, momento da circulação simples de mercadorias.

582 (MEW, 34, p. 362 – destaque do autor).

583 VOLLGRAF, Carl-Erich. "Marx's Further Work on Capital after Publishing Volume i: On the Completion of Part II of the MEGA 2". *In*: VAN DER LINDEN, M.; HUBMANN, G. (Coord.). *Marx's Capital*: An Unfinishable Project? Leiden/Boston: Brill, 2018, p. 64 – destaque no original.

584 Isso também se conecta ao chamado "ecossocialismo de Marx". Tal como destacado por Kohei Saito, "a nova edição histórica de *Marx-Engels-Gesamtausgabe* nos permite reconstruir como, no curso do aprofundamento de sua teoria da economia política, Marx desenvolveu seu pensamento ecológico como uma crítica do capitalismo. Uma investigação mais completa dos novos materiais publicados pela MEGA

conhecimento, algo intimamente associado à abordagem transdisciplinar que caracteriza os limites da crítica da economia política e sua conexão com os diversos níveis de abstração. É verdade que o imbricamento destes níveis pode contribuir, por exemplo, para o clássico estudo acerca da diferenciação entre a dialética marxiana e a dialética hegeliana. Se nesta, como destacado por Otto Frieder Wolf, os conceitos podem aparecer e desaparecer no processo de mediação conceitual,[585] na apresentação dialética marxiana existem objetos que não podem ser completamente desenvolvidos conceitualmente tendo como parâmetro apenas um nível de abstração:

> O registro cuidadoso de experiências e narrativas, de resultados de pesquisas empíricas e reconstruções da história contemporânea pode nos fornecer uma base confiável para obter uma compreensão válida da situação atual. Teoria, empirismo, história e experiência prática devem se unir para que nós, como atores, possamos nos orientar de forma confiável. Isto é facilitado pelo fato de que filosoficamente fazemos primeiro uma clara distinção entre essas diferentes realizações cognitivas – e não as misturamos desde o início sob um título vago como 'dialético' ou as perdemos no problema aparente de saber se Marx tinha tacitamente abandonado o método dialético.[586]

---

mostrou que uma crítica estereotipada (e falsa) de sua indiferença à escassez de recursos naturais e à sobrecarga de nossas ecoesferas, bem como a crítica à sua superstição prometeica sobre o desenvolvimento econômico e tecnológico ilimitados não são plausíveis. Além disso, uma investigação mais sistemática de excertos e notas nos permite compreender o papel central da ecologia em sua crítica do capitalismo" (SAITO, Kohei. *O ecossocialismo de Karl Marx*. São Paulo: Boitempo, 2021, p. 320).

585 WOLF, Otto Frieder. "Marx'Konzept der 'Grenzen der dialektischen Darstellung'". *In*: HOFF, J.; PETRIOLI, A.; STÜTZLE, I.; WOLF, F.O. (Coord.). *Das Kapital neue lesen – Beiträge zur radikalen Philosophie*. Münster: Westfälisches Dampfboot, 2006, p. 178.

586 WOLF, Otto Frieder. "Marx'Konzept der 'Grenzen der dialektischen Darstellung'". *In*: HOFF, J.; PETRIOLI, A.; STÜTZLE, I.; WOLF, F.O.

Os limites da apresentação dialética aprofundam sua insuficiência conceitual. Isso significa que o desenvolvimento categorial da crítica da economia política não constitui uma espécie de modelo de determinação abstrata *a priori* das relações sociais, mas um dos momentos da "revolução científica" almejada por Marx. Assim, não se trata de uma diferenciação hierárquica entre níveis de abstração. Essas zonas fronteiriças não dizem respeito a fenômenos marginais, mas a pontos nodais da apresentação sistemática.

Desse modo, o ponto essencial acerca da análise do modo de produção capitalista em sua "média ideal" não é tanto o de sua incompletude temática, mas de sua sincronização conceitual com diferentes realizações cognitivas para fins de construção de uma teoria da sociedade. Nesse contexto, a constatação dessas duas insuficiências necessárias – material e conceitual – da crítica da economia política aparece como um elemento importante para afastar tanto as tentativas de sua reconstrução meramente "lógica" como sua reelaboração normativa. Mas não só. A compreensão de que a análise do capitalismo em sua "média ideal" constitui apenas um nível de abstração de um objeto de estudo tem como corolário a necessidade de sua articulação com abordagens em outros níveis de concretude do mesmo objeto.

Assim como a apreensão científica da sociedade capitalista não é tarefa exclusiva da sociologia, da economia ou da ciência política, a compreensão de sua reprodução sócio-jurídica não depende apenas da análise de suas determinações formais.[587] Pelo contrário, o que se

---

(Coord.). *Das Kapital neue lesen – Beiträge zur radikalen Philosophie*. Münster: Westfälisches Dampfboot, 2006, p. 181.

587 Em que pese constituir um tema do quinto capítulo, é importante atentar desde logo para o seguinte: a crítica ao direito a partir da apresentação das determinações formais revela o caráter fetichista de sua pretensa autonomia, mas isso por si só não esgota o conhecimento científico sobre a reprodução sócio-jurídica, cuja materialização na legislação e nos tribunais exige uma análise em outro nível de abstração.

tem é uma relação específica de dependência entre diferentes níveis que, por sua vez, não constituem esferas de conhecimento separadas umas das outras.[588] Desenvolver o amálgama entre eles, no entanto, constitui um esforço científico cuja incorporação metodológica na teoria social e jurídica ainda está por vir.

De todo modo, a percepção dos distintos níveis de abstração a partir dos quais o capitalismo deve ser estudado torna possível reconsiderar a problemática apresentada no primeiro capítulo acerca da construção da ordem social nos debates marxistas do início do século XX. Se os discursos do "último estágio do capitalismo" abandonavam as determinações formais da crítica da economia política por meio de uma leitura historicista de *O capital*, é importante atentar para a sugestiva compreensão de Uno, para quem o estudo do imperialismo ocorre em um nível de abstração distinto da teoria pura do capitalismo. Diante dos autores que interpretam *O capital* como fruto do liberalismo de seu tempo, o autor japonês faz o seguinte questionamento: se assim for, e se isso também implicar que Lênin apenas abordou a etapa imperialista do capitalismo, como explicar a profunda diferença metodológica de exposição existente entre as obras desses autores? Em outras palavras: por quais motivos Lênin não teria simplesmente iniciado sua análise do imperialismo a partir da exposição da forma-mercadoria?

Isso não ocorreu pois, ao contrário de Hilferding, que tentou deduzir o capital-financeiro diretamente da teoria marxiana do dinheiro, Lênin astutamente percebera a impossibilidade de deduzir o desenvolvimento histórico do desenvolvimento lógico.[589] Para o marxista japonês, no entanto, a análise lenineana do imperialismo

588 HEINRICH, Michael. *Die Wissenschaft vom Wert*: Die Marxsche Kritik der politischen Ökonomie zwischen wissenschaftlicher Revolution und klassicher Tradition. Münster: Westfälisches Dampfboot, 2017, p. 147.

589 UNO, Kozo. *Principles of Political Economy*: Theory of a Purely Capitalist Society. Sussex/New Jersey: Harvester Press/Humanities Press, 1980, p. XIV.

ignorou a diferença entre a "teoria pura" do capitalismo e o estudo das etapas históricas deste.[590] [591] Não por acaso, Uno faz o seguinte esclarecimento:

> A minha teoria das etapas não é, como parece ser tantas vezes mal compreendida, apenas uma simples 'periodização' (de fora) da história do desenvolvimento capitalista. O meu objetivo ao definir as três fases típicas e histórico-munciais do desenvolvimento capitalista é utilizá-las para mediar a teoria econômica geral-abstrata, que é única, e as histórias econômicas específicas concretas (e, portanto, múltiplas e diversas) do capitalismo, quer num determinado país quer no mundo como um todo.[592]

O avanço dessa compreensão impacta, uma vez mais, as pressuposições apresentadas no início deste livro. A partir das reflexões expostas nas páginas anteriores, a ênfase no caráter predatório, especulativo e de classe do capitalismo de Wall Street está longe de constituir um erro, uma interpretação equivocada do capitalismo atual, como aparentemente parecia ser o caso no primeiro capítulo. Este discurso tem extrema importância, notadamente pelos efeitos

---

590 UNO, Kozo. *The Types of Economic Policies under Capitalism*. Leiden/Boston: Brill, 2016, pp. 235/236.

591 Segundo Sekine, "Uno apreciou essa discrição por parte de Lênin, de quem aprendeu que o imperialismo tinha de ser estudado não no mesmo nível de abstração da teoria puramente lógica do capitalismo, mas sim no nível de abstração teórica por etapas" (SEKINE, Thomas. "An Essay on Uno's Stages-Theory of Capitalist Development: What Might We Learn from This Book?" *In*: UNO, Kozo. *The Types of Economic Policies under Capitalism*. Leiden/Boston: Brill, 2016, p. 261). Ainda assim, há em Lênin mais do que mera astúcia. Sua discussão com Kautsky acerca do "ultra-imperialismo" (LW, 22, p. 276) e a caracterização deste como "abstração morta" (LW, 22, p. 301) demonstram uma especial preocupação com os níveis de abstração, ainda que este termo não seja mencionado.

592 UNO, Kozo. *The Types of Economic Policies under Capitalism*. Leiden/Boston: Brill, 2016, p. 235.

distributivos do aprofundamento da especulação,[593] sua correlação com o aumento da desigualdade e concentração de renda e capitais e, consequentemente, sua vinculação com os diagnósticos da crise da democracia.

Todos esses elementos, no entanto, estão inseridos no âmbito de uma problematização que ocorre em um nível de abstração – o da "mundanidade" – distinto daquele no qual opera a "média ideal" – o da "sociologia sem histórias, sem cor local e sem espaço para o exótico e, não raro, absurdo da vida social e política".[594] [595] Por isso eles revelam aspectos outros do que aqueles vinculados à análise das determinações formais.[596] Desse modo, o que está em jogo é uma diferença destacada por Marx em uma nota de rodapé

---

593 Note-se, no entanto, que não há uma distinção entre um "mercado financeiro especulativo" e uma "sólida produção capitalista": "todo ato de produção capitalista contém um elemento especulativo, já que nenhum capitalista pode ter certeza absoluta de que vai realizar seu valor ou a que preço. A especulação nos mercados financeiros é mais óbvia e rápida, mas de forma alguma algo qualitativamente diferente da produção capitalista. *Ambos procedem de expectativas necessariamente incertas e ambos tentam alcançar a mesma coisa através do comércio de seus respectivos produtos: a maximização do lucro*" (HEINRICH, Michael. *Kritik der politischen Ökonomie. Eine Einführung in "Das Kapital"*. Stuttgart: Schmetterling Verlag, 2018, p. 168 – destaque do autor).

594 STREECK, Wolfgang. *Tempo comprado*: a crise adiada do capitalismo democrático. São Paulo: Boitempo, 2018, p. 46.

595 Streeck não aborda essas diferenças em termos de níveis de abstração, mas como manifestação da já referida "*economia política* contemporânea seletiva e, muitas vezes, eclética" (STREECK, Wolfgang. *Tempo comprado*: a crise adiada do capitalismo democrático. São Paulo: Boitempo, 2018, p. 9 – destaque no original). Ainda assim, é mérito de Streeck enfatizar que "uma teoria do capitalismo sem capital atuante e capaz de ação é, inevitavelmente, anêmica" (STREECK, Wolfgang. *Tempo comprado*: a crise adiada do capitalismo democrático. São Paulo: Boitempo, 2018, p. 67).

596 O sentido categorial da dominação financeira é apresentado no quarto capítulo.

metodologicamente importante, ao fazer uma ressalva acerca do estudo da rotação do capital comercial:

> Aqui, como no texto em geral, fala-se somente do comércio normal, e não da *especulação*, cujo estudo ultrapassa os limites desta obra, assim como, na maior parte, tudo que se refere à distribuição do capital comercial.[597]

A "especulação" e a "distribuição" ultrapassam os limites da análise do "comércio normal" não por questões de importância, mas de método, uma *delimitação*[598] que Marx também realiza acerca da relação entre regulação jurídica e taxa de juros:

> Costume, tradição legal etc. têm tanto a ver com a determinação da taxa de juros média (na medida em que ela existe não apenas como um número médio, mas como uma quantidade factual) quanto a própria concorrência. A consideração desta história pertence, portanto, à *seção sobre a concorrência* (uma taxa média de juros deve ser legalmente *assumida* em muitas disputas judiciais em que os juros devem ser calculados).[599] [600]

---

597 (MEGA, II.4.2, p. 379, n. a) – destaque no original) [MEW, 25, p. 319, n. 40] {Marx, 2017, p. 350, n. 40}.

598 Ainda assim, o respeito a essas fronteiras constitui um dos principais problemas de *O capital*, notadamente no Livro III, razão pela qual Uno salienta que o próprio Marx não tinha clareza da diferenciação do estudo do capitalismo em distintos níveis de abstração. Isso pode ser observado em momentos em que a crítica marxiana vai além de seu objeto de estudo – a análise do modo de produção capitalista em sua "média ideal" –, notadamente ao abordar alguns temas como o crédito, tema destacado no próximo capítulo.

599 (MEGA, II.4.2, pp. 436-437 – destaques no original) [MEW, 25, p. 376] {Marx, 2017, p. 411}.

600 (N.T.) Engels exclui justamente a frase "a consideração desta história pertence, portanto, à seção sobre a concorrência" em sua edição do Livro III.

Esses trechos atestam uma vez mais a necessária demarcação entre *distintos níveis de abstração* a partir dos quais a reprodução social capitalista pode ser apreendida. No entanto, as dificuldades que perpassam a crítica da economia política não se restringem às questões desenvolvidas nas páginas anteriores acerca de seu objeto e suas delimitações. Se Backhaus já havia destacado as ambiguidades de Marx subjacentes à tentativa de reconstrução da forma-valor pela leitura lógica, no próximo capítulo é necessário atentar para um problema nuclear na própria "teoria pura", isto é, no âmago da crítica em sua "média ideal", sugestivamente retratado como as "duas almas" da crítica marxiana.[601] Qual seria, então, o sentido preciso dessa duplicidade e sua importância para a análise da reprodução sócio-jurídica?

601 SOTIROPOULOS, D.; MILIOS, J.; LAPATSIORAS, S. *A Political Economy of Contemporary Capitalism and its Crisis*: Demystifying Finance. Londres/Nova York: Routledge, 2013, p. 46.

CAPÍTULO III

AS AMBIVALÊNCIAS DE MARX E A TEORIA MONETÁRIA DO VALOR

A percepção de que a crítica da economia política não possui um sentido unitário não é algo novo. Como destacado no capítulo anterior, os estudos de Backhaus acerca da necessidade de reconstrução da teoria do valor já apontam para essa questão. Lembre-se, no entanto, que o aluno de Adorno trabalha com um pressuposto particularmente importante, qual seja, a possibilidade de superar o caráter ambíguo de *O capital* pelo estabelecimento de uma leitura correta do arsenal teórico marxiano. Apesar de ter se revelado um caminho equivocado – o referido "novo dogmatismo" da filologia marxista –, a evolução teórica dos debates que caracterizam a "nova leitura de Marx" ajuda a compreender o papel fundamental da análise da forma-valor e sua necessária delimitação.

Mas é no próprio âmbito da teoria do valor – isto é, no interior da crítica da economia política em sua "média ideal" – que aparecem algumas das questões mais intrigantes acerca do desenvolvimento conceitual de Marx. No final da década de 1980, Philip Mirowski sugestivamente caracteriza a crítica da economia política como "o canto do cisne das teorias substancialistas do valor".[602] Isso significa que essas teorias teriam em Marx sua máxima expressão *e* declínio. E por qual motivo? Segundo o autor, seria possível não só identificar duas versões contraditórias da teoria do valor como perceber a mudança entre uma e outra ao longo dos livros de O *capital*.[603]

A contraditoriedade presente no texto marxiano ilumina as razões pelas quais existem consideráveis discrepâncias entre marxistas, notadamente quando estes interpretam a lei do valor. Não por acaso, Pilling sustenta que "em seu tratamento desta lei, erros fundamentais foram cometidos especialmente por escritores ingleses, muitos afirmando escrever como marxistas".[604] Diante das costumeiras interpretações que fazem do trabalho o "termo comum" para explicar a variação dos preços das mercadorias, Pilling destaca que a tarefa da crítica de Marx à economia política não foi a de encontrar uma "constante" a partir da qual tudo pudesse ser quantificado, "mas a de estabelecer as leis de mediação através das quais a 'essência' dos fenômenos se manifestava como 'aparência'".[605]

A principal diferença entre essas abordagens reside na distinta apreciação do *valor*. No primeiro caso, ele é compreendido como uma propriedade interna das mercadorias, advinda do trabalho, existente *antes* e *independentemente* da troca; no segundo, como uma manifestação social cuja efetividade também depende das flutuações do mercado. Trata-se de uma alternância que Milios, Sotiropoulos e Lapatsioras enfatizam do seguinte modo:

---

602 MIROWSKI, Philip. *More Heat than Light*. Cambridge: Cambridge University Press, 1989, p. 174.

603 MIROWSKI, Philip. *More Heat than Light*. Cambridge: Cambridge University Press, 1989, pp. 180/181.

604 PILLING, Geoffrey. "The law of value in Ricardo and Marx". *Economy and Society*, 1: 3, 1972, p. 281.

605 PILLING, Geoffrey. "The law of value in Ricardo and Marx". *Economy and Society*, 1: 3, 1972, p. 284.

> De fato, nos escritos da maturidade de Marx estão presentes dois discursos teóricos, cada um incompatível com o outro. Por um lado, há o sistema teórico que ele chamou de "crítica da economia política" (que inclui a teoria monetária do valor e do capital). Por outro lado, encontramos uma versão sofisticada da economia política clássica (principalmente ricardiana) de valor como "trabalho gasto", que se encontra principalmente nas seções do Volume 3 de *O capital* e em outros pontos de seus manuscritos de 1861-1865.[606]

Isso significa que seria possível encontrar em Marx simultaneamente uma *teoria substancialista do valor* e uma *teoria monetária do valor*. O foco, aqui, não está em demonstrar a aceitação da teoria ricardiana do valor antes da década de 1850, tal como observável, por exemplo, em *A miséria da filosofia* (1847):

> Ricardo mostra-nos o movimento real da produção burguesa que constitui valor (...). A teoria do valor de Ricardo é a explicação científica da vida econômica atual; a teoria do valor do Sr. Proudhon é a interpretação utópica da teoria de Ricardo. Ricardo afirma a verdade da sua fórmula derivando-a de todos os processos econômicos e explicando assim todos os fenômenos, mesmo aqueles que à primeira vista parecem contradizê-la, como as pensões, a acumulação de capital e a relação entre salários e lucros.[607] [608]

---

606 SOTIROPOULOS, D.; MILIOS, J.; LAPATSIORAS, S. *A Political Economy of Contemporary Capitalism and its Crisis*: Demystifying Finance. Londres/Nova York: Routledge, 2013, p. 46.

607 (MEW, 4, pp. 81-82) [Marx, 2017b, pp. 57-58].

608 Marx já havia se manifestado sobre o valor de um modo particularmente autêntico. Em 1842, nos chamados "Debates sobre a lei referente ao furto de madeira", após considerar o argumento de um deputado que propunha uma equiparação entre "valor da madeira" e "critério da pena", Marx faz o seguinte comentário: "[o] valor é a existência burguesa da propriedade, *a palavra lógica* pela qual atinge primeiramente

O aspecto decisivo é perceber de que modo o "esforço científico para revolucionar a ciência"[609] faz com que existam dois discursos distintos no interior da crítica da economia política. Como destaca Heinrich, Marx não propõe simplesmente uma nova teoria do capitalismo. Ele é o "protagonista de uma revolução científica que abre um campo teórico radicalmente novo".[610] Consequentemente, essa ambivalência não é atribuída a um erro – como na tese de Backhaus acerca das "ambiguidades" entre o lógico e o histórico – ou a uma falta de precisão conceitual.[611] O argumento aqui é sensivelmente mais profundo. As ambivalências são compreendidas como uma consequência de toda revolução científica que tenta "criar uma nova disciplina teórica com base na crítica de um sistema de pensamento estabelecido".[612]

Esse novo campo científico abriga não só um novo discurso – a crítica da economia política –, mas também um aprimoramento do discurso clássico – a economia política crítica.[613] Portanto, não se

---

compreensibilidade e comunicabilidade social" (MEGA, I.1, p. 204 – destaque do autor) [Marx, 2017a, p. 83].

609 (MEW, 30, p. 640).

610 HEINRICH, Michael. *Die Wissenschaft vom Wert*: Die Marxsche Kritik der politischen Ökonomie zwischen wissenschaftlicher Revolution und klassischer Tradition. Münster: Westfälisches Dampfboot, 2017, p. 17.

611 BRENTEL, Helmut. *Soziale Form und ökonomisches Objekt*: Studien zum Gegenstands- und Methodenverständnis der Kritik der politischen Ökonomie. Frankfurt am Main: Westdeutscher Verlag, 1989, p. 281.

612 SOTIROPOULOS, D.; MILIOS, J.; LAPATSIORAS, S. *A Political Economy of Contemporary Capitalism and its Crisis*: Demystifying Finance. Londres/Nova York: Routledge, 2013, p. 46.

613 No âmbito do presente debate, é importante atentar para a etimologia da expressão "economia política". Segundo Teinosuke Otani, "o termo 'economia' pode ser rastreado até a palavra grega οικονομια (*oikonomia*); é uma combinação das palavras οικος (*oikos*), que significa 'casa ou lugar para se viver', e νομος (*nomos*), que significa 'administrar', portanto, quando combinado, o significado é aproximadamente 'administração de uma casa'. O termo foi posteriormente aplicado às políticas financeiras da cidade-estado grega, πολις (*polis*), criando assim o termo πολιτικη

trata de sustentar que a autorreflexão de Marx é deficiente, mas que "*o seu próprio desenvolvimento categorial permanece ambivalente em pontos decisivos*".[614]

> Essas ambivalências não são causadas apenas por resquícios anacrônicos do discurso clássico, que poderiam ser facilmente separados de uma configuração teórica "correta". *Os elementos do discurso clássico estão bastante integrados no novo terreno; eles já infectam as categorias básicas e geram problemas específicos.*[615]

O reconhecimento das ambivalências no interior da crítica marxiana descarta desde o início a possibilidade de sua reconstrução, já que esta pressupõe a existência de um discurso unitário e coerente, como já destacado.[616] Além disso, ela traz como corolário uma espécie de interpretação "condescendente" das leituras que interpretam Marx como um autor "clássico". Este é o teor do argumento de Schumpeter, no qual Marx é considerado "um economista clássico

---

οικονομα (*politike oikonomia*), que é a fonte direta do termo inglês '*political economy*'. É claro, portanto, que a palavra 'política' em 'economia política' não se refere à política, mas sim a um aspecto 'social'; em outras palavras, economia política deve ser entendida como a ciência que toma a 'economia da sociedade' como seu objeto de investigação" (OTANI, Teinosuke. *A Guide to Marxian Political Economy*: What Kind of Social System is Capitalism? Switzerland: Springer, 2018).

614 HEINRICH, Michael. *Die Wissenschaft vom Wert*: Die Marxsche Kritik der politischen Ökonomie zwischen wissenschaftlicher Revolution und klassicher Tradition. Münster: Westfälisches Dampfboot, 2017, p. 17 – destaque no original.

615 HEINRICH, Michael. *Die Wissenschaft vom Wert*: Die Marxsche Kritik der politischen Ökonomie zwischen wissenschaftlicher Revolution und klassicher Tradition. Münster: Westfälisches Dampfboot, 2017, p. 17 – destaque no original.

616 O debate sobre as ambivalências remete a uma série de estudos publicados na Alemanha na década de 1970 (ELBE, Ingo. *Marx im Westen*: die neue Marx-Lektüre in der Bundesrepublik seit 1965. Berlim: Akademie Verlag, 2010, pp. 237-282).

e, mais especificamente, um membro do grupo ricardiano". E por qual motivo? Por adotar a teoria ricardiana do valor como "trabalho dispendido" na produção de uma mercadoria, isto é, por ter continuado no âmbito de uma teoria substancialista do valor, ainda que a articulando com uma teoria da exploração.[617]

Assim, se em Ricardo o valor é uma propriedade interna de todas as mercadorias enquanto produtos do trabalho,[618] a principal tarefa da economia política seria determinar as leis que regulam a distribuição do produto total da terra.[619] Desse modo, a crítica marxiana seria meramente distributiva, no sentido de que ela apontaria a necessidade de outra forma de distribuição da riqueza social. É certo que esse tipo de leitura não deixa de ser uma estratégia utilizada por autores neoclássicos para datar as reflexões de Marx e, com isso, desqualificá-las. Já nos primórdios da retomada da teoria subjetiva do valor, Vilfredo Pareto o ridicularizava por "fazer o valor depender

---

617 SCHUMPETER, Joseph. *History of Economic Analysis*. Londres/Nova York: Routledge, 1987, pp. 368/369.

618 Algumas referências do pensamento de Ricardo são dignas de nota. Logo na primeira seção do primeiro capítulo o economista inglês salienta que "o valor de uma mercadoria, ou a quantidade de qualquer outra pela qual pode ser trocada, depende da quantidade relativa de trabalho necessário para sua produção" (RICARDO, David. *Princípios de Economia Política e Tributação*. Os Economistas. São Paulo: Nova Cultural, 1996, p. 23). Logo após a abordagem quantitativa do valor é também apresentada: "se a quantidade de trabalho contida nas mercadorias determina o seu valor de troca, todo acréscimo nessa quantidade de trabalho deve aumentar o valor da mercadoria sobre a qual ela foi aplicada, assim como toda diminuição deve reduzi-lo" (RICARDO, David. *Princípios de Economia Política e Tributação*. Os Economistas. São Paulo: Nova Cultural, 1996, p. 25). E antes do início da segunda seção pode-se ler que "é correto dizer, como dissera anteriormente Adam Smith (...), que a quantidade comparativa de mercadorias que o trabalho produzirá é que determina o valor relativo delas, presente ou passado" (RICARDO, David. *Princípios de Economia Política e Tributação*. Os Economistas. São Paulo: Nova Cultural, 1996, p. 27).

619 RICARDO, David. *Princípios de Economia Política e Tributação*. Os Economistas. São Paulo: Nova Cultural, 1996, p. 19.

apenas do trabalho",[620] para ao final concluir que "a teoria do valor de Marx tornou-se hoje artigo de museu".[621]

Essa compreensão "clássica" de Marx – feitor da economia política crítica, como destacado – volta à tona nos dias de hoje. No significativamente intitulado *O valor de tudo*, Mariana Mazzucato pergunta: "qual definição de valor é usada para distinguir criação de valor de extração de valor, ou mesmo de destruição de valor?"[622] É com o intuito de dar uma resposta a isso que a autora se propõe a revigorar um debate há tempos esquecido pela literatura *mainstream*: "a mudança em nosso sistema econômico deve ser sustentada pela volta da ideia do valor para o cerne de nosso pensamento".[623] A autora, no entanto, vai além, argumentando que o desaparecimento do conceito de valor permitiu que, "paradoxalmente, esse termo crucial (...) passasse a ser usado e abusado à vontade".[624] Diante do acúmulo de crises – econômica, ambiental, política e social – e, consequentemente, das mais variadas desigualdades, a possibilidade de criação de uma "economia mais justa" passa a depender da retomada de um "debate sério a respeito da natureza e da origem do valor".[625]

Ao falar explicitamente sobre Marx, Mazzucato salienta que o pensador alemão analisou o capitalismo "de maneira objetiva", tendo como fim compreender qual o caminho da humanidade no

---

620 RICARDO, David. *Princípios de Economia Política e Tributação*. Os Economistas. São Paulo: Nova Cultural, 1996, p. 194.

621 RICARDO, David. *Princípios de Economia Política e Tributação*. Os Economistas. São Paulo: Nova Cultural, 1996, p. 330.

622 MAZZUCATO, Mariana. *O valor de tudo*: produção e apropriação na economia global. São Paulo: Portfolio-Penguin, 2020, p. 20.

623 MAZZUCATO, Mariana. *O valor de tudo*: produção e apropriação na economia global. São Paulo: Portfolio-Penguin, 2020, p. 22.

624 MAZZUCATO, Mariana. *O valor de tudo*: produção e apropriação na economia global. São Paulo: Portfolio-Penguin, 2020, p. 31.

625 MAZZUCATO, Mariana. *O valor de tudo*: produção e apropriação na economia global. São Paulo: Portfolio-Penguin, 2020, p. 43.

modo de produção capitalista.[626] Nesse contexto, Marx teria desenvolvido "sua própria versão da teoria do valor-trabalho". Ainda assim, sua ideia geral seria a mesma de Smith e Ricardo: "o valor de mercado materializa o valor *inerente* às mercadorias. A fonte desse valor *inerente* é a única mercadoria especial que os trabalhadores possuem: sua força de trabalho".[627]

Por isso a autora compreende a descrição marxiana da fonte de valor como algo em acordo com a ideia proposta por David Ricardo. A novidade marxiana, no entanto, estaria na distinção entre o trabalho gasto na produção e a força de trabalho. Este seria "o segredo da teoria do valor de Marx".[628] Trata-se, aqui, da conhecida análise da exploração como fio condutor da crítica da economia política: "os trabalhadores eram *explorados* porque os capitalistas embolsavam a mais-valia produzida além de suas necessidades de subsistência".[629] Em suma: "Marx apresentou a ideia de força de trabalho como um padrão de valor objetivo e invariável, partindo da premissa essencial compartilhada por economistas anteriores de que o valor deriva do trabalho".[630]

Por mais que esse tipo de leitura possa ser criticada a partir de diferentes frentes – como ficará claro nas próximas páginas, a atenção estará voltada para a teoria do valor –, é interessante notar sua semelhança com abordagens marxistas que interpretam as categorias

---

626 MAZZUCATO, Mariana. *O valor de tudo*: produção e apropriação na economia global. São Paulo: Portfolio-Penguin, 2020, p. 76.

627 MAZZUCATO, Mariana. *O valor de tudo*: produção e apropriação na economia global. São Paulo: Portfolio-Penguin, 2020, p. 76 – destaque do autor.

628 MAZZUCATO, Mariana. *O valor de tudo*: produção e apropriação na economia global. São Paulo: Portfolio-Penguin, 2020, p. 76.

629 MAZZUCATO, Mariana. *O valor de tudo*: produção e apropriação na economia global. São Paulo: Portfolio-Penguin, 2020, p. 77 – destaque no original.

630 MAZZUCATO, Mariana. *O valor de tudo*: produção e apropriação na economia global. São Paulo: Portfolio-Penguin, 2020, p. 85.

iniciais de *O capital* como um "aperfeiçoamento" da economia política clássica.[631] [632] Apesar das diferenças entre esses discursos, eles estão vinculadas ao já mencionado "marxismo tradicional". Mais especificamente, à compreensão trans-histórica do trabalho. Este é abstraído das determinações características do capitalismo e, desse modo, passa a valer como critério de avaliação: "o trabalho, portanto, forma a base da crítica do capitalismo, o *ponto de vista* de onde essa crítica é elaborada".[633]

Essa recepção de Marx traz consequências importantes. Lida a partir da teoria clássica, a exposição inicial do Livro I é vista como um *continuum* das elaborações de Smith e Ricardo, como se as categorias iniciais – mercadoria, trabalho abstrato e valor – constituíssem um *prelúdio* para a "crítica real", um "terreno de entrada" para a categoria do mais-valor, este sim concebida como a crítica marxiana por excelência. Tal como indicado por Saad-Filho, para o marxismo tradicional a análise do capitalismo começa apenas no quarto capítulo de *O capital*.[634]

---

631 MANDEL, Ernest. *The Formation of the Economic Thought of Karl Marx*. Nova York/Londres: Monthly Review, 1971, p. 48.

632 Em Mandel é possível encontrar com bastante nitidez o sentido de uma teoria substancialista do valor, sua preocupação quantitativa e, consequentemente, sua aproximação à economia política clássica. A mesma ideia de aperfeiçoamento (via conceito de trabalho abstrato) pode ser encontrada em seu livro de introdução à teoria econômica marxista (MANDEL, Ernest. *An Introduction to Marxist Economic Theory*. Nova York: Pathfinder Press, 1970, p. 18) e em seu texto de introdução à tradução inglesa do Livro I de *O capital* (MANDEL, Ernest. "Introduction". *In*: MARX, Karl. *Capital*: a Critique of Political Economy. vol. 1. Nova York: Penguin, 1976, p. 42).

633 POSTONE, Moishe. *Tempo, trabalho e dominação social*: uma reinterpretação da teoria crítica de Marx. São Paulo: Boitempo, 2014, p. 20 – destaque no original.

634 SAAD-FILHO, Alfredo. *O valor de Marx*: economia política para o capitalismo contemporâneo. Campinas: Editora da Unicamp, 2011, p. 45.

É sem dúvida possível associar esses discursos marxistas à "interpretação espúria"[635] da referida produção simples de mercadorias. Mas diferentemente de Postone, igualmente movido pelo ânimo de uma reconstrução da crítica marxiana – via *Grundrisse* –, a tese das ambivalências observadas na teoria do valor oferece uma chave de leitura alternativa para se compreender a origem das inúmeras divergências e críticas no interior das correntes marxistas.[636] Não se trata tanto de erros ou acertos interpretativos *per se*, mas do amálgama destes à continuidade da revolução científica iniciada por Marx.[637] Isso só pode ocorrer revelando-se os fundamentos da teoria clássica – a-historicismo, antropologismo, individualismo e empirismo[638] –, cuja ruptura deve orientar uma teoria crítica da sociedade.[639]

Essas considerações permitem compreender melhor a problematização subjacente ao presente livro, já que seu exato sentido passou por um processo gradativo de posições e negações. No primeiro capítulo, tanto a crítica ao capitalismo especulativo de Wall Street como

---

635 POSTONE, Moishe. *Tempo, trabalho e dominação social*: uma reinterpretação da teoria crítica de Marx. São Paulo: Boitempo, 2014, p. 71.

636 Essa é a razão pela qual a teoria monetária do valor, após as discussões das ambivalências marxianas, não se deixa reduzir às chamadas "teorias da forma-valor", desenvolvidas a partir da tradição de Rubin (SAAD-FILHO, Alfredo. *O valor de Marx*: economia política para o capitalismo contemporâneo. Campinas: Editora da Unicamp, 2011, pp. 49-52).

637 Algo observável nos conceitos de trabalho abstrato e objetividade-valor, examinados no próximo subitem.

638 HEINRICH, Michael. *Die Wissenschaft vom Wert*: Die Marxsche Kritik der politischen Ökonomie zwischen wissenschaftlicher Revolution und klassicher Tradition. Münster: Westfälisches Dampfboot, 2017, p. 310.

639 Antes da década de 1850, Marx já havia rompido com o a-historicismo e o antropologismo. A ruptura com o individualismo e o empirismo só ocorre explicitamente na *Introdução* de 1857 (HEINRICH, Michael. "Entstehungs- und Auflösungsgeschichte des Marxschen 'Kapital'". *In*: BONEFELD, Werner; HEINRICH, Michael (Coord.). *Kapital & Kritik. Nach der "neuen" Marx-Lektüre*. Hamburg: VSA Verlag, 2011, p. 159, n. 3).

as análises da "fase imperialista" têm um pressuposto comum, qual seja, o bloqueio à análise da forma-valor enquanto desdobramento de uma contradição social, uma interpretação fruto da leitura historicista de *O capital*. Por isso mesmo, no segundo capítulo é aventada a possibilidade de que a posição da forma-valor decorrente de sua "correta" reconstrução despontasse como um modo de elucidação dos descaminhos pelos quais seguiram as abordagens marxistas.

Como visto, o caminho trilhado até aqui nega a expectativa de uma "reconstrução formal" solucionar os problemas anteriormente destacados. Ocorre que a negação da mera exegese conceitual abre terreno para a consideração de um aspecto fundamental da crítica da economia política, qual seja, os limites da apresentação dialética das categorias marxianas e sua relação com a construção de uma teoria da sociedade com diferentes níveis de abstração. Por fim, a percepção[640] de que a crítica da economia política é atravessada por ambivalências adiciona elementos importantes para o diagnóstico da configuração atual do capitalismo e de sua reprodução sócio-jurídica.

As análises que denunciam a financeirização pela sua não-produtividade – isto é, pela compreensão de sua existência como um grande aspirador de pó que suga o valor produzido pelo trabalho – pressupõem uma compreensão bastante particular das categorias iniciais de *O capital*. À primeira vista, pode parecer evidente que o cerne da teoria marxiana do valor parta das condições a partir das quais o capital pode se desenvolver, isto é, que a mercadoria é tanto valor de uso como valor, que este é uma objetificação do trabalho humano, e que a magnitude do valor deriva do "tempo de trabalho

640 Segundo Milios, Sotiropoulos e Lapatsioras, "poucos marxistas estão prontos para aceitar a possibilidade de tais contradições nos escritos econômicos maduros de Marx" (SOTIROPOULOS, D.; MILIOS, J.; LAPATSIORAS, S. *A Political Economy of Contemporary Capitalism and its Crisis*: Demystifying Finance. Londres/Nova York: Routledge, 2013, p. 35). Como mencionado, isso está associado aos discursos que apresentam *O capital* como uma obra completa.

socialmente necessário" gasto durante o processo produtivo. Essa é, de fato, a forma como muitos marxistas e críticos de Marx compreendem a crítica da economia política.[641]

Isso significaria que a teoria marxiana do valor não teria ido muito além da economia política clássica.[642] [643] Mas, se assim fosse, qual seria o sentido da tentativa de revolucionar a ciência? Frente a isso, duas questões são destacadas no presente capítulo, ambas fundamentais para a análise da reprodução sócio-jurídica: (i) o conceito de trabalho abstrato e sua conexão com a teoria do valor, momento em que as ambivalências de Marx quanto à definição fisiológica ou social do trabalho abstrato servem como ponte para uma compreensão inicial do fetichismo; e (ii) o imbricamento entre estrutura social e ação dos proprietários de mercadorias no processo de troca, momento no qual as oscilações de Marx quanto à forma-dinheiro dão lugar a uma análise que aprofunda o caráter fetichista da socialização capitalista.

---

641 Em 1987, Belluzzo já destacava: "não muito raramente, os comentadores e críticos da teoria do valor-trabalho acolhem uma continuidade, um desenvolvimento linear de sua problemática, desde os clássicos até Marx. (...) [Eles] não se dão conta da transformação radical operada por Marx na estrutura da teoria clássica" (BELLUZZO, Luiz Gonzaga. *O capital e suas metamorfoses*. São Paulo: Unesp, 2013; BELLUZZO, Luiz Gonzaga. *Valor e capitalismo*. São Paulo: Ed. Bienal, 1987, p. 76).

642 HEINRICH, Michael. *Kritik der politischen Ökonomie. Eine Einführung in "Das Kapital"*. Stuttgart: Schmetterling Verlag, 2018, p. 42.

643 Veja-se a interpretação de Netto e Braz: "a partir das formulações dos 'clássicos', nomeadamente Ricardo, Marx estabeleceu as bases teóricas para a compreensão adequada do valor. Estudando cuidadosamente a produção das mercadorias na sociedade capitalista, ele observou que o valor delas é determinado pelo *tempo de trabalho socialmente necessário para a sua produção*" (NETTO, José Paulo; BRAZ, Marcelo. *Economia Política*: uma introdução crítica. São Paulo: Cortez, 2012, p. 61 – destaques no original).

3.1 Trabalho abstrato e o conceito de valor

A reflexão sobre o estatuto do trabalho abstrato em Marx é fundamental para um diagnóstico das desigualdades e opressões geradas pelo capitalismo. Isso vale inclusive para o século XXI. Ou não. McKenzie Wark, por exemplo, defende a tese de que "o capital está morto; longa vida à classe vetorialista".[644] Diante das profundas alterações decorrentes do excesso de informação produzida, a manutenção de formas de desigualdades de classe, opressão, dominação e exploração só poderia ocorrer com "um novo modo de produção".[645] E um dos argumentos levantados pela autora é que a novidade constituinte da informação "é extraída de uma classe cujos esforços dificilmente são descritos pela categoria de trabalho".[646] Não por acaso, isso atestaria os limites de Marx. Se referindo explicitamente ao O *capital*, Wark sustenta: "Marx tomou um conceito termodinâmico de trabalho como um gasto de energia e uma imagem do capitalismo como uma gigantesca máquina a vapor que, ou iria colapsar, ou exaurir-se".[647]

O desacerto dessa leitura ficará evidente ao longo do capítulo. No entanto, é a sua própria possibilidade – manifestada na associação entre "trabalho" e "energia" – que merece atenção nesse momento. Para tanto, é oportuno iniciar uma aproximação à temática a partir de um trecho das *Notas sobre Wagner* (1879). Nele Marx explicitamente diz que O *capital* parte da "mercadoria", no sentido de que ela é a forma *social* mais simples com a qual se apresentam

---

644 WARK, McKenzie. *O capital está morto*. São Paulo: Funilaria e Sobinfluencia edições, 2022, p. 106.

645 WARK, McKenzie. *O capital está morto*. São Paulo: Funilaria e Sobinfluencia edições, 2022, p. 13.

646 WARK, McKenzie. *O capital está morto*. São Paulo: Funilaria e Sobinfluencia edições, 2022, p. 104.

647 WARK, McKenzie. *O capital está morto*. São Paulo: Funilaria e Sobinfluencia edições, 2022, p. 86.

os produtos do trabalho na sociedade capitalista.[648] Esse aspecto social remete ao "valor", algo enfatizado de modo particularmente claro nos *Manuscritos econômicos de 1861-63*:

> Como valor as mercadorias são medidas sociais, isto é, algo absolutamente distinto de suas "propriedades" como "coisas". Elas se apresentam como valor apenas nas relações entre homens em suas atividades produtivas. Valor implica, de fato, "troca", mas trocas são troca de coisas entre homens; troca que absolutamente não concerne à coisa como tal.[649]

Se a troca de mercadorias "não concerne à coisa como tal", isso significa que Marx a aborda como expressão de uma forma *específica* de trabalho social, e não do "trabalho" de modo geral. Consequentemente, importa compreender como o trabalho social é estruturado na socialização capitalista. Uma vez que os indivíduos devem trocar seus produtos em decorrência do gasto de trabalho individual sob a forma de trabalho privado independente, a troca é o único modo a partir do qual o trabalho privado pode ser *validado* como componente do trabalho social global. Trata-se, assim, de uma validação retroativa, característica de uma "socialidade dissociada".[650] Por isso mesmo, essa socialização dos produtores individuais só é possível "se houver uma conexão social coerente entre seus diversos trabalhos privados".[651]

---

648 (MEW, 19, p. 369).

649 (MEGA, II.3.4, p. 1317).

650 SMITH, Tony. *Beyond Liberal Egalitarianism*: Marx and Normative Social Theory in the Twenty-First Century. Chicago: Haymarket, 2017, p. 80.

651 HEINRICH, Michael. *Die Wissenschaft vom Wert*: Die Marxsche Kritik der politischen Ökonomie zwischen wissenschaftlicher Revolution und klassicher Tradition. Münster: Westfälisches Dampfboot, 2017, p. 207.

A troca de mercadorias aparece como o mecanismo primordial para garantir essa coerência, ainda que esta também dependa da reprodução sócio-jurídica. Mas antes de qualquer consideração a esse respeito, é necessário atentar para algumas questões referentes ao estatuto dessa própria relação. Ainda nos *Manuscritos econômicos de 1861-63*, Marx destaca um efeito decisivo da socialização capitalista:

> As mesmas circunstâncias (independentes da mente, embora a afetem) que forçam os produtores a vender seus produtos como *mercadorias* – circunstâncias que separam uma forma de produção social da outra – dão a seus produtores (também para sua mente) um valor de troca independente do valor de uso. Sua "mente", sua consciência, pode não saber – pois ela pode não existir – como de fato o valor de suas mercadorias ou produtos são determinados como valores. Eles são postos em relações que determinam suas mentes sem a necessidade de saber. Todos podem precisar de dinheiro como dinheiro sem saber o que é dinheiro.[652]

Note-se uma vez mais a ênfase no caráter social do valor. Ele não é apenas uma medida social, conforme citação anterior. Agora ele aparece como decorrente das "circunstâncias que separam uma forma de produção da outra". Além disso, o valor é "posto" nas relações, ludibriando o pensar. Isso significa que mesmo antes de *O capital* já é possível observar o esquadrinhamento de uma crítica dos discursos – liberais ou mesmo marxistas – que simplesmente pressupõem que os produtos "têm" valor. Por isso, chama atenção uma passagem da primeira edição do Livro I, posteriormente suprimida. Após a famosa frase "eles não sabem disso, mas o fazem",[653] referente à equiparação dos diferentes trabalhos no processo de troca, encontra-se no texto de 1867 a ideia de que essa ação:

652 (MEGA, II.3.4, p. 1346 – destaque no original).

653 (MEGA, II.6, p. 105) [MEW, 23, p. 88] {Marx, 2013a, p. 149}.

> Reduz a coisa material à abstração *valor*. É uma operação instintiva natural e, portanto, inconsciente do seu cérebro, que surge do modo especial da sua produção material e das relações em que essa produção a desloca, necessariamente.[654]

Essas breves indicações já demonstram uma das rupturas com o campo científico da economia política clássica. Como visto, o mundo fenomênico não é observado a partir dos interesses dos indivíduos, isto é, por meio de uma antropologia do *homo oeconomicus*. Ao contrário, esses fenômenos são abordados sem que os indivíduos geralmente pensem sobre eles, constituindo uma *socialidade específica* do trabalho na sociedade moderna. O conceito de valor, portanto, tem como objetivo capturar uma "forma de socialização do trabalho".[655]

Por isso não é suficiente dizer que o produto do trabalho deve satisfazer uma necessidade, algo cuja validade se estende a toda e qualquer sociedade fundada na divisão do trabalho. Em se tratando do modo de produção capitalista, o ponto chave está na necessidade da troca desses produtos do trabalho individual. Para tanto, é indispensável alguma equiparação, isto é, "os trabalhos privados individuais devem *valer igualmente* entre si, o que constitui uma outra característica social *específica* do trabalho na produção de mercadorias".[656] E de onde surge essa igual validade entre os trabalhos?

---

654 (MEGA, II.5, p. 46 – destaque no original).

655 BRENTEL, Helmut. *Soziale Form und ökonomisches Objekt*: Studien zum Gegenstands- und Methodenverständnis der Kritik der politischen Ökonomie. Frankfurt am Main: Westdeutscher Verlag, 1989, p. 154.

656 HEINRICH, Michael. *Die Wissenschaft vom Wert*: Die Marxsche Kritik der politischen Ökonomie zwischen wissenschaftlicher Revolution und klassicher Tradition. Münster: Westfälisches Dampfboot, 2017, p. 209 – destaque no original.

Por mais que "trabalho abstrato" apareça imediatamente como uma resposta automática, é de fundamental importância atentar para a seguinte questão colocada por Heinrich:

> esta igualdade se baseia numa qualidade que todos os trabalhos privados têm de forma igual e independente uns dos outros, ou se se trata de uma relação social particular dos trabalhos privados uns com os outros?[657]

Em se tratando das ambivalências de Marx, o ponto central aqui é atentar para os dois aspectos principais a partir dos quais o trabalho abstrato é apresentado, ora fisiologicamente, ora socialmente.

Nos *Grundrisse* o trabalho que se defronta com o capital é apresentado do seguinte modo: "é trabalho por excelência, trabalho abstrato: absolutamente indiferente diante de sua *determinabilidade* particular, mas suscetível de qualquer determinação".[658] Logo após, ele afirma que, quanto mais o trabalho perde todo caráter de arte:

> A sua perícia particular devém cada vez mais algo abstrato, indiferente, e devém mais e mais *atividade puramente abstrata*, puramente mecânica, por conseguinte, indiferente à sua forma particular; atividade simplesmente formal ou, o que dá na mesma, simplesmente física, atividade pura e simples, indiferente à forma.[659]

Isso significa que no final da década de 1850 encontra-se uma definição do trabalho abstrato pautada na generalidade. Este é um entendimento que também está presente em *Para a crítica da*

---

657 HEINRICH, Michael. *Die Wissenschaft vom Wert*: Die Marxsche Kritik der politischen Ökonomie zwischen wissenschaftlicher Revolution und klassicher Tradition. Münster: Westfälisches Dampfboot, 2017, p. 209.

658 (MEGA, II.1.1, p. 217 – destaque no original) [Marx, 2011, p. 230].

659 (MEGA, II.1.1, p. 217 – destaque no original) {Marx, 2011, p. 231}.

economia política. Após dizer que a medida do valor de troca das mercadorias faz necessário que "os diferentes trabalhos sejam reduzidos a trabalho não diferenciado, uniforme, simples; em síntese: trabalho que é idêntico pela qualidade e não se distingue senão pela quantidade", Marx faz o seguinte apontamento:

> Essa abstração de trabalho humano geral *existe* no trabalho médio que cada indivíduo-médio de uma dada sociedade pode realizar, um gasto produtivo determinado de músculos, nervos, cérebro humano etc. É trabalho *simples*, para cuja realização cada indivíduo médio pode ser adestrado.[660]

Inicialmente, essa passagem parece não acrescentar nada efetivamente novo em relação à conceituação do trabalho abstrato tal como desenvolvido nos *Grundrisse*. No entanto, é importante perceber como o trabalho abstrato também aparece em um registro distinto, ainda no texto de 1859. Além de dizer que os diferentes trabalhos foram reduzidos a "trabalho não diferenciado, uniforme, simples", isto é, geral, Marx também destaca que "essa *redução* aparece como uma abstração, *mas é uma abstração que ocorre todos os dias no processo de produção social*".[661] A emersão desse aspecto social – em contraposição ao discurso fisiológico de gasto de músculos, nervos e cérebro humano – é desenvolvida logo na página seguinte:

> As condições de trabalho que determinam o valor de troca, tal como resultam da análise do valor de troca, são *determinações sociais* de trabalho ou *determinações de*

660 (MEGA, II.2, p. 110 – destaque no original) [MEW, 13, p. 18] {Marx, 2008, p. 58}.

661 (MEGA, II.2, p. 110 – destaque do autor) [MEW, 13, p. 18] {Marx, 2008, pp. 57-58}.

> *trabalho social*, mas socialmente não *per se*, mas de uma forma especial. É um tipo específico de socialidade.[662]

Esse "tipo específico de socialidade" está relacionado ao "caráter social de igualdade" subjacente ao trabalho abstrato, algo "que se apresenta somente no valor de troca".[663] A partir dessa perspectiva, o "trabalho homogêneo" não parece ser uma mera atividade simples, indiferenciada, geral, mera atividade física empiricamente observável. Consequentemente, o aspecto social do trabalho abstrato não remete à ausência de qualificação, mas a uma "forma de trabalho especificamente social".[664] E é o próprio Marx quem enfatiza isso:

> O trabalho material do alfaiate, por exemplo, considerado como atividade produtora particular, produz o casaco, mas não o valor de troca do casaco. Este último não produz como alfaiataria, mas como trabalho geral abstrato, e isso pertence a um contexto social que o alfaiate não organizou.[665]

O "contexto social" é analisado um pouco mais adiante:

> O tempo social de trabalho existe, por assim dizer, apenas em estado latente nestas mercadorias, revelando-se apenas no seu processo de troca. Ele não se baseia no trabalho do indivíduo como um trabalho comum, mas no trabalho de indivíduos privados, trabalhos que só se provam como trabalho social geral no processo de troca, abolindo o seu carácter original. O trabalho social geral não é, portanto,

662 (MEGA, II.2, p. 111 – destaque no original) [MEW, 13, p. 19] {Marx, 2008, p. 59}.

663 (MEGA, II.2, p. 111) [MEW, 13, p. 19] {Marx, 2008, p. 59}.

664 (MEGA, II.2, p. 115) [MEW, 13, p. 24] {Marx, 2008, p. 65}.

665 (MEGA, II.2, p. 115) [MEW, 13, p. 24] {Marx, 2008, p. 65}.

> uma condição prévia acabada, mas um resultado emergente.[666]

O trabalho abstrato enquanto "resultado emergente" se afasta da concepção fisiológica anteriormente destacada. Esse raciocínio ganha força na crítica a Adam Smith. Após repreendê-lo pela hipótese do *paradise lost* como ferramenta para determinar o valor das mercadorias, Marx apresenta o seguinte argumento:

> [Smith] vacila em toda parte ao elaborar os detalhes e toma a igualação objetiva que o processo social estabelece violentamente entre os trabalhos distintos pela igualdade de direito subjetivo dos trabalhos individuais.[667]

É possível identificar um avanço na sequência dos argumentos. O trabalho abstrato já não está relacionado apenas ao processo social, o "contexto social" manifestado em um "tipo específico de socialidade". Trata-se, agora, de considerar "a igualação objetiva que o processo social estabelece violentamente". Não por acaso, assim como Smith não alcança esse nível de problematização, também Ricardo é objeto de críticas nos *Manuscritos econômicos de 1861-63*:

> O erro de *Ricardo* é que ele só está preocupado com a *medida do valor.* Portanto, sua atenção é dirigida apenas para a *quantidade relativa de trabalho* que as várias mercadorias representam enquanto valores incorporados em si mesmas. Mas o trabalho nelas contido deve ser retratado como trabalho *social*; (...) esta transformação do trabalho dos indivíduos particulares contido nas mercadorias em *trabalho social igual*... não é desenvolvida em Ricardo.[668]

---

666 (MEGA, II.2, p. 123) [MEW, 13, pp. 31-32] {Marx, 2008, p. 75}.
667 (MEGA, II.2, pp. 136-137) [MEW, 13, p. 45] {Marx, 2008, p. 91}.
668 (MEGA, II.3.4, p. 128 – destaque no original).

O que chama atenção após a retomada dessas referências é a dificuldade em identificar um discurso unitário sobre o conceito de trabalho abstrato nos textos que antecedem *O capital*. E uma análise detalhada do Livro I não parece solucionar a questão. Na primeira edição da obra, Marx faz a seguinte consideração:

> Embora a mercadoria não contenha dois tipos diferentes de trabalho, o *mesmo* trabalho é diferente e pretende ser o contrário, consoante esteja relacionado com o *valor de uso* da mercadoria como seu *produto* ou com o *valor das mercadorias* como mera expressão *objetiva*. Assim como a mercadoria deve, antes de mais nada, ser objeto de uso para ser valor, também o trabalho deve, antes de mais nada, ser um trabalho útil, uma atividade produtiva propositada, a fim de ser considerado como *gasto de trabalho humano* e, portanto, como *trabalho humano* por excelência.[669]

No texto de 1867 não há qualquer recurso à fisiologia para conceituar o trabalho abstrato. A única referência ao dispêndio produtivo de "cérebro, músculos e nervos" ocorre para caracterizar a alfaiataria e a tecelagem como "trabalho humano",[670] caracterização mantida na segunda edição.[671] No entanto, esse cenário já é diferente a partir da segunda edição (1872) de *O capital*, na qual é possível observar uma mescla dos discursos fisiológico e social:

> Todo trabalho é, por um lado, dispêndio de força humana de trabalho em sentido fisiológico, e graças a essa sua propriedade de trabalho humano igual ou abstrato ele forma o valor da mercadoria. Por outro lado, todo trabalho é dispêndio de força humana de trabalho numa forma específica,

669 (MEGA, II.5, pp. 26-27 – destaques no original).

670 (MEGA, II.5, p. 24).

671 (MEGA, II.6, p. 77) [MEW, 23, pp. 58-59] {Marx, 2013a, p. 121}.

> determinada à realização de um fim, e, nessa qualidade de trabalho concreto e útil, ele produz valores de uso.[672] [673]

O "lado" do trabalho abstrato é caracterizado pelo "dispêndio de força humana de trabalho em sentido fisiológico", ainda que, um pouco antes, Marx também diga que a redução a trabalho simples, abstrato, provém de um "*processo social* que ocorre pelas costas dos produtores".[674] [675] Isso significa que, apesar de Marx se orgulhar de ter sido o primeiro a demonstrar criticamente a "natureza dupla do trabalho",[676] [677] a coerência social parece depender de duas possibilidades: a versão *naturalista*, na qual a igualação dos trabalhos

672 (MEGA, II.6, p. 79) [MEW, 23, p. 61] {Marx, 2013a, p. 124}.

673 Trata-se de uma passagem ausente na primeira edição de *O capital*, observação que será particularmente importante mais adiante.

674 (MEGA, II.6, p. 78 – destaque do autor) [MEW, 23, p. 59] {Marx, 2013a, p. 122}.

675 Como se não fosse suficiente, em uma nota de rodapé acrescentada à segunda edição, Marx avalia positivamente os argumentos de um autor anônimo a respeito da determinação do valor do trabalho: "um homem utilizou uma semana para a produção de um objeto útil (...) e outro homem, que em troca desse objeto lhe dá um outro, não tem outro modo de avaliar [*abschätzen*] corretamente a equivalência de valor senão pelo cálculo do *labour* e do tempo que sua produção lhe custou. Isso significa, na verdade, a troca do *labour* empregado por um homem num determinado tempo e num determinado objeto pelo *labour* de outro homem, empregado no mesmo tempo num outro objeto. (MEGA, II.6, p. 80) [MEW, 23, p. 61] {Marx, 2013a, p. 124}. Se a equivalência do valor é decorrente da *avaliação*, isso significa que a própria determinação do valor passa pelo juízo dos proprietários de mercadorias. Aqui aparece a indicação de uma terceira via a partir da qual o trabalho abstrato poderia ser compreendido.

676 (MEGA, II.6, p. 75) [MEW, 23, p. 56] {Marx, 2013a, p. 119}.

677 Veja-se também carta enviada a Engels (24 de agosto de 1867): "o melhor no meu livro é: 1. (sobre este repousa *toda* a compreensão dos fatos) o *duplo caráter do trabalho* posto em evidência desde o *primeiro* capítulo, conforme ele se exprime em valor de uso ou em valor de troca" (MEW, 31, p. 326 – destaques no original).

ocorre via determinação fisiológica; e a versão *social*, que acentua a relação social subjacente à igual validade dos trabalhos.

A partir desse panorama, Heinrich interpreta a falta de clareza não como algo decorrente de um eventual problema de apresentação das categorias, tal como defendido por Rubin,[678] ou da popularização da segunda edição do Livro I, como sustentado por Backhaus e Reichelt. Para ele, "a visão fisiológica do trabalho abstrato pode ser lida sem mais delongas como uma especificação da economia política clássica",[679] isto é, uma demonstração da permanência de Marx no terreno dos clássicos da economia política. Apesar do apelo e ampla aceitação da leitura puramente social do trabalho abstrato, o afastamento de seu "momento" fisiológico atrofia a crítica da economia política, em especial sua atualidade.

Isso pode ser constatado pela retomada das reflexões de Sohn-Rethel, apresentadas em *Trabalho intelectual e trabalho manual*, de 1989, mais especificamente, as categorias "primeira natureza" e "segunda natureza":

> Incluo todo o lado formal da troca de mercadorias sob a expressão *segunda natureza*, que deve ser entendida como uma realidade puramente social, abstrata e funcional em oposição à primeira natureza ou natureza primária, na qual nos encontramos no mesmo nível dos animais. Na

---

678 O advogado e economista russo já oferecia uma crítica ferrenha à leitura fisiológica do trabalho abstrato: "se não permanecermos nas definições preliminares que Marx deu nas primeiras páginas de sua obra [*O capital*, Livro I, no qual aparece a referida definição fisiológica do trabalho abstrato], e nos dedicarmos a traçar o posterior desenvolvimento de seu pensamento, encontraremos na obra de Marx elementos suficientes para uma teoria sociológica do trabalho abstrato" (RUBIN, Isaac Ilyich. *A teoria marxista do valor*. São Paulo: Polis, 1987, p. 151).

679 HEINRICH, Michael. *Die Wissenschaft vom Wert*: Die Marxsche Kritik der politischen Ökonomie zwischen wissenschaftlicher Revolution und klassicher Tradition. Münster: Westfälisches Dampfboot, 2017, p. 212.

> expressão da segunda natureza sob a forma de dinheiro, o que é especificamente humano chega a sua manifestação primeiramente objetiva-real na história. Ela passa a existir devido à necessidade de uma socialização dissociada de quaisquer modos de operação do metabolismo material entre humanos e natureza.[680]

Essa referência à dissociação é sintomática, pois dá a entender que a objetividade do valor não teria qualquer relação com a necessidade trans-histórica do metabolismo humano com a natureza. De um lado, isso só é possível em virtude do equivocado senso comum de que a crítica marxiana não poderia conter quaisquer categorias válidas para tempos anteriores ao modo de produção capitalista.[681] De outro lado, tal postura bloqueia a base teórica para uma análise sistemática da ecologia subjacente à crítica da economia política.

Atualmente, Kohei Saito é um dos autores que defende o imbricamento entre as leituras fisiológicas e sociais do trabalho abstrato.

---

680 SOHN-RETHEL. *Geistige und körperlich Arbeit*: Zur Epistemologie der abendländischen Geschichte. Weinheim: VCH, Acta Humaniora, 1989, p. 58 – destaque no original.

681 Além de Postone, já mencionado, Kurz é outro autor característico dessa interpretação, chegando a recusar a utilização do termo "economia" fora do contexto capitalista (KURZ, Robert. *Geld ohne Wert*: Grundrisse zu einer Transformation der Kritik der politischen Ökonomie. Berlim: Holermann Verlag, 2012, p. 37). Essa avaliação, no entanto, perde de vista o outro lado de toda e qualquer distinção. Como destaca Søren Mau, "a própria ideia de algo sendo historicamente específico pressupõe um conceito daquilo que *não* é historicamente específico" (MAU, Søren. *Mute Compulsion. A Marxist Theory of the Economic Power of Capital*. Londres/Nova York: Verso, 2023, p. 72 – destaque no original). Aqui se manifesta o risco de que a imanência do conceito termine, paradoxalmente, "na representação da situação histórica como algo *eterno*" (MAU, Søren. *Mute Compulsion. A Marxist Theory of the Economic Power of Capital*. Londres/Nova York: Verso, 2023, p. 72).

Por isso ele acusa Sohn-Rethel de "unilateralidade teórica",[682] uma atitude que torna difícil explicar por que a dominação capitalista destrói seus pressupostos naturais: "a oposição estrita entre 'natureza' e 'sociedade' exclui a influência das determinações econômicas sobre as dimensões materiais".[683] [684] Daí a importância de se reconhecer o aspecto fisiológico do trabalho como mediação metabólica com o meio ambiente.

Ainda que Marx não tenha apresentado suas reflexões de modo claro, ainda assim é possível encontrar uma saída consistente para as questões colocadas até agora. Søren Mau dá um passo importante nessa direção ao associar os elementos trans-históricos ao "significado

---

682 SAITO, Kohei. *O ecossocialismo de Karl Marx*. São Paulo: Boitempo, 2021, p. 153.

683 SAITO, Kohei. *O ecossocialismo de Karl Marx*. São Paulo: Boitempo, 2021, p. 154.

684 Apesar dessa importante contribuição, a argumentação de Saito possui ao menos dois problemas: (i) metodologicamente, sua leitura do trabalho abstrato parte da compreensão do início de *O capital* como análise da "produção simples de mercadorias". Saito, no entanto, não segue a interpretação de Engels, criticando-a. Para o marxista japonês, a produção simples de mercadorias seria uma "abstração científica" (SAITO, Kohei. *O ecossocialismo de Karl Marx*. São Paulo: Boitempo, 2021, p. 136, n. 16). Como será destacado no quinto capítulo, os primeiros capítulos de *O capital* tem como objeto de estudo a circulação simples de mercadorias enquanto aparência da socialidade capitalista, e não uma análise histórica (Engels) ou uma mera abstração científica (Saito); (ii) a oposição entre natureza e sociedade realmente impede uma análise teórica do amálgama existente entre ambas. Isso, no entanto, não significa uma "reabilitação consciente da *unidade* entre humanidade e natureza" (SAITO, Kohei. *O ecossocialismo de Karl Marx*. São Paulo: Boitempo, 2021, p. 222). Pelo contrário. Há uma "clivagem original entre humanos e o resto da natureza" (MAU, Søren. *Mute Compulsion*: a Marxist Theory of the Economic Power of Capital. Londres/Nova York: Verso, 2023, p. 102), decorrente da própria condição metabólica subjacente à "organização corpórea" dos indivíduos (MEGA, I.5, p. 10) [Marx; Engels, 2007, p. 87].

social único"[685] que os mesmos adquirem no capitalismo, ainda que tal significado não possa ser explicado com referência os aspectos trans-históricos. Para ilustrar esse raciocínio, o autor apresenta o seguinte exemplo:

> Imagine uma sociedade na qual certo ritual religioso ocorre toda vez que neva. A neve é um fenômeno trans-histórico, mas não seria possível explicar o ritual religioso fazendo referência à neve, considerando-a como um fenômeno puramente natural. Insistir na especificidade história e nas origens sociais de tal ritual religioso não exige negar que a neve é um fenômeno natural e trans-histórico.[686]

Bem compreendida, a possibilidade de efetuar uma leitura "complementar" dos aspectos fisiológico e social está presente em *O capital*. Pense-se, por exemplo, em duas passagens do primeiro capítulo do Livro I:

> Consideremos agora [após a análise da relação entre mercadorias] o resíduo dos produtos do trabalho. Deles não restou mais do que uma mesma objetividade fantasmagórica, uma simples geleia de trabalho humano indiferenciado, i.e., de dispêndio de força de trabalho humana, sem consideração pela forma de seu dispêndio. Essas coisas representam apenas o fato de que em sua produção foi despendida força de trabalho humana, foi acumulado trabalho humano. Como cristais dessa substância social compartilhada [*ihnen*

685 MAU, Søren. *Mute Compulsion*: a Marxist Theory of the Economic Power of Capital. Londres/Nova York: Verso, 2023, p. 184.

686 MAU, Søren. *Mute Compulsion*: a Marxist Theory of the Economic Power of Capital. Londres/Nova York: Verso, 2023, pp. 184/185.

> *gemeinschaftlichen gesellschaftlichen Substanz*], elas são valores – valores de mercadorias.[687] [688]
>
> Somente a expressão de equivalência de diferentes tipos de mercadoria evidencia o caráter específico do trabalho formador de valor, na medida em que ela reduz efetivamente os diversos trabalhos contidos nos diversos tipos de mercadorias ao seu comum [*auf ihr Gemeinsames reduciert*], a trabalho humano em geral.[689] [690]

Segundo Grespan, seria possível realizar uma leitura articulada desses dois parágrafos. Desse modo, a leitura fisiológica seria a "condição efetiva para a constituição do valor, que se dá de fato só com a existência das condições sociais da produção privada de mercadorias".[691] Trata-se de um argumento decorrente dos "esclarecedores comentários de Ruy Fausto de que o trabalho abstrato é

---

687 (MEGA, II.6, p. 72) [MEW, 23, p. 52] {Marx, 2013a, p. 116}.

688 (N.T.) Na edição da Boitempo a última frase aparece da seguinte maneira: "como cristais dessa substância social que lhes é comum, elas são valores – valores de mercadorias". Essa tradução favorece a leitura de que esse "comum" seria algo interno às mercadorias *antes* e *independentemente* da troca. Note-se, no entanto, que *gemeinschaftlichen gesellschaftlichen Substanz* [substância social compartilhada] não é idêntico a *gemeisame gesellschaftlichen Substanz* [substância social comum]. A importância da noção de compartilhamento para o conceito de substância é apresentada logo a seguir.

689 (MEGA, II.6, p. 83) [MEW, 23, p. 64] {Marx, 2013a, p. 128}.

690 (N.T.) Na edição da Boitempo o verbo *bilden* é traduzido como "criador", e não "formador". Apesar de ambas as escolhas serem acertadas, a primeira opção também favorece a interpretação de que o valor tem *origem* no trabalho, e por isso foi descartada. Note-se que também não há qualquer referência à redução como "real", "efetiva", qualificação derivada da utilização do adjetivo *tatsächlich* (presente tanto na MEGA 2 como na *Werk*).

691 GRESPAN, Jorge. *O negativo do capital*: o conceito de crise na crítica de Marx à economia política. São Paulo: Expressão Popular, 2012, pp. 54/55.

uma universalidade que dialeticamente também é singular".[692] A intenção de Fausto no texto em questão – *Lógica e política*, tomo I (1983) – é dar uma resposta às chamadas "leituras vulgares do trabalho abstrato". Estas seriam responsáveis por interpretar "a abstração que constitui o trabalho abstrato e o valor como se se tratasse de uma simples generalização".[693] Fausto então sustenta:

> Não é a realidade biológica da universalidade do trabalho que constitui o trabalho abstrato, mas a posição dessa realidade, e a posição não é mais biológica. A generalidade em sentido fisiológico (...) não constitui o trabalho abstrato: ela é apenas a realidade natural *pressuposta* à (posição) deste.[694]

Essa posição só pode ser *social* e, no âmbito de uma investigação alicerçada na "média ideal" da crítica da economia política, importa considerar como a troca atua como elemento de validação do tempo de trabalho socialmente necessário à produção de mercadorias. Para tanto, é necessário considerar o estatuto de algumas categorias vitais à compreensão do trabalho abstrato, como valor, substância do valor e forma-valor.

Anteriormente foi mencionado que, como "cristais" do trabalho abstrato, as mercadorias são "valor", razão pela qual o trabalho abstrato é a "substância do valor".[695] Mas se em *O capital* este processo de redução abriga os embates acima mencionados entre a concepção fisiológica e a social, em *Complementos e alterações à primeira edição* (1871-72) – publicado pela primeira vez em 1987,

---

692 GRESPAN, Jorge. *O negativo do capital*: o conceito de crise na crítica de Marx à economia política. São Paulo: Expressão Popular, 2012, p. 55.

693 FAUSTO, Ruy. *Sentido da dialética*: (Marx: Lógica e Política). tomo I. Petrópolis: Vozes, 2015, p. 124.

694 FAUSTO, Ruy. *Sentido da dialética*: (Marx: Lógica e Política). tomo I. Petrópolis: Vozes, 2015, p. 130 – destaque no original.

695 (MEGA, II.6, p. 72) [MEW, 23, p. 52] {Marx, 2013a, p. 116}.

como destacado – encontra-se uma autocrítica sobre essa temática. Convém destacar uma vez mais um trecho de suma importância, no qual Marx faz uma crítica à ideia de redução social apresentada por ele mesmo em 1867:

> Nessa redução se esqueceu que nenhuma delas [no exemplo do casaco e do linho] possui *tal objetividade*-valor por si só, mas cada uma delas só a possui enquanto uma *objetividade comum*. Fora da relação entre elas – fora da relação na qual elas valem como iguais – nem o casaco nem o linho possuem *objetividade valor* ou sua *objetividade* como simples geleia de trabalho humano enquanto tal. Eles possuem essa *objetividade social* unicamente como relação social (em relação social).[696]

A objetividade-valor não existe no casaco ou no linho. Este argumento está presente na primeira edição de *O capital*, quando Marx salienta – em passagem excluída na segunda edição – que "como objetos de uso ou bens, as mercadorias são coisas *corporalmente diferentes*. Seu *ser-valor* [*Werthsein*] forma, por outro lado, sua *unidade*. Esta unidade não surge da natureza, mas da sociedade".[697] Mas Marx também enfatiza que o casaco ou o linho só possuem "objetividade-social" em uma situação bastante específica, isto é, em uma "relação social", algo aprofundado um pouco mais adiante em *Complementos e alterações à primeira edição*:

> A produção dos corpos de trabalho como valores os reduz a expressões da mesma unidade (do que é comum a eles, do que é comum neles) ao trabalho humano por excelência como sua substância compartilhada (...). A relação dos produtos de trabalho entre si como expressões dessa mesma unidade é o seu valor. E só através desta relação é

---

696 (MEGA, II.6, p. 30 – destaques no original).

697 (MEGA, II.5, p. 19 – destaques no original).

> que os meros produtos de trabalho se tornam objetos de uso úteis – mercadorias. Um produto do trabalho, observado isoladamente para si, não é, portanto, *valor*, tampouco é mercadoria (...). Torna-se valor apenas na sua unidade com outro produto do trabalho, ou na *relação* em que os vários produtos do trabalho, como cristais da *mesma unidade* do trabalho humano, são equiparados entre si. Segue-se, portanto, que, como o valor das mercadorias não é nada além de sua relação com o trabalho como substância comum, ou sua relação entre si como expressão dessa substância comum, esse valor de uma mercadoria também só pode aparecer em uma relação na qual ele se relaciona com outras mercadorias como valor, ou apenas na *relação de valor* de mercadorias diferentes. Portanto, a expressão valor só pode ser encontrada, as mercadorias só podem possuir forma-valor, *na relação de distintas mercadorias*. Isso nos mostra como a forma de valor se origina da natureza do próprio valor.[698]

Casaco ou linho não possuem a referida "objetividade-valor". Eles sequer podem ser considerados mercadorias por si só, já que "um produto do trabalho, observado isoladamente para si, não é, portanto, valor, tampouco mercadoria". Esse raciocínio também é apresentado na segunda edição de *O capital*: "*somente no interior de sua troca* os produtos do trabalho adquirem uma objetividade de valor socialmente igual, separada de sua objetividade de uso, sensivelmente distinta".[699] O valor é, assim, algo *relacional*. Mas é importante atentar para o significado de "na relação de distintas mercadorias". Longe de sugerir um mero contexto, trata-se de uma delimitação metodológica, isto é, da apreensão do nível de abstração a partir do qual são considerados os dois "fatores da mercadoria" – valor de uso e valor.

---

698 (MEGA, II.6, p. 31 – destaques no original).

699 (MEGA, II.6, p. 104 – destaque do autor) [MEW, 23, p. 87] {Marx, 2013a, p. 148}.

Nos primeiros subitens do primeiro capítulo do Livro I isso ocorre a partir da relação de troca (*Austauschverhältnis*) entre mercadorias,[700] momento no qual são estabelecidos a objetividade-valor e o trabalho abstrato enquanto "substância social compartilhada". Mas o caráter objetivo e a consequente referência à substância adquirem aqui um sentido inovador. Ao se referir ao trabalho abstrato, Marx salienta:

> A redução dos vários trabalhos, que também produzem várias coisas úteis, ao *trabalho humano igualmente válido*, assim como a medição comum deste trabalho pela sua duração necessária, não é aparentemente nada mais que um certo comportamento dos produtores ao seu trabalho total, uma relação social em que as pessoas entram dentro da produção e com referência a ela.[701]

Nessa passagem o trabalho abstrato também não passa por qualquer concepção fisiológica. Pelo contrário, enquanto "relação social", Marx logo após enfatiza: "a *redução* dos vários trabalhos privados concretos a este abstrato de idêntico trabalho humano *só acontece através da troca*, que objetivamente iguala os produtos de vários trabalhos entre si".[702] Enquanto abstração objetiva[703]

---

700 HEINRICH, Michael. *Wie das Marxsche "Kapital" lesen? Teil 1*. Stuttgart: Schmetterling Verlag, 2016, p. 116.

701 (MEGA, II.6, p. 38 – destaque no original).

702 (MEGA, II.6, p. 41 – destaque do autor).

703 Nos termos de Sohn-Rethel, trata-se de uma "abstração real" (SOHN-RETHEL. *Geistige und körperlich Arbeit*: Zur Epistemologie der abendländischen Geschichte. Weinheim: VCH, Acta Humaniora, 1989, p. 12). Ainda assim, o termo chega a aparecer de modo aproximado nos *Grundrisse*: "o valor das mercadorias determinado pelo tempo de trabalho é somente seu *valor médio*. Uma média que aparece como uma abstração externa (...); mas que é uma abstração muito real". (MEGA, II.1.1, p. 72) [Marx, 2011, p. 87]. A importância dessa temática para a teoria social foi captada por Adorno do seguinte modo: "essa abstração é propriamente a forma específica do processo de troca ele mesmo, da

– lembre-se que o "trabalho total" é uma medida social que é violentamente estabelecida[704] – ela independe do conhecimento dos sujeitos envolvidos no processo de troca, impossibilitando a leitura de que a substância do valor – o trabalho abstrato – pudesse ser de algum modo medida em horas de trabalho concreto para fins de comprovação da exploração do trabalhador pelo capitalista.

Um exemplo desse tipo de abordagem pode ser encontrado em uma passagem do ensaio sobre a crise do marxismo, de Alain Lipietz. Nela o autor apresenta um relato particularmente claro desse tipo de interpretação tradicional-substancialista:

> No início dos anos 70, o movimento operário ainda é forte, os intelectuais encurralam a exploração no antro da produção. O "valor-trabalho" está no píncaro, mede-se minuciosamente o cerne do processo de produção a fim de avaliar o trabalho incorporado por hora de trabalho concreto.[705]

Em se tratando da revolução científica esboçada por Marx, o trabalho abstrato tal como apresentado nas passagens anteriores acena

---

situação social fundamental que torna possível a própria geração de algo como a socialização" (ADORNO Theodor W. *Gesammelte Schriften*. Band 6. Frankfurt am Main: Suhrkamp, 2003, p. 58). Daí a importância de se considerar que as "leituras vulgares do trabalho abstrato" como gasto fisiológico, pelo contrário, se constituem enquanto abstração subjetiva, na qual o conceito "constrói-se pelo pensamento através do procedimento clássico da generalização" (FAUSTO, Ruy. *Sentido da dialética*: (Marx: Lógica e Política). tomo I. Petrópolis: Vozes, 2015, p. 125, n. 148), permanecendo no campo científico da economia política clássica. Como será destacado, a construção do "sujeito de direito" em Pachukanis é influenciada por uma leitura fisiológica do trabalho abstrato.

704 (MEGA, II.2, p. 137) [MEW, 13, p. 45] {Marx, 2008, p. 91}.

705 LIPIETZ, Alain. *Audácia*: uma alternativa para o século 21. São Paulo: Nobel, 1991, p. 225.

para um sentido radicalmente distinto. Em sua própria operação, ela qualifica a socialidade capitalista. Trata-se, como estabelecido por Heinrich, de uma "norma de validação social":

> O trabalho abstrato, por outro lado, não pode ser "gasto" em absoluto. O trabalho abstrato é uma *relação de validação social* [*Geltungsverhältnis*] que é constituída na troca. Na troca, os atos concretos de trabalho empregado *valem* como um quantum particular de trabalho abstrato constitutivo de valor, ou são válidos como um quantum específico de trabalho abstrato e, portanto, como um elemento do trabalho total da sociedade.[706]

Essa validação não se relaciona apenas com a já mencionada pergunta acerca da possibilidade da ordem social. Nesse processo de redução, a abstração dá objetividade-valor às mercadorias. Isso significa que o caráter social específico do trabalho é transmitido aos produtos do trabalho, como se as relações sociais fossem encapsuladas enquanto propriedades das coisas. Uma vez que a objetividade-valor só chega ao corpo das mercadorias na troca, então ela "é uma característica social que, no entanto, *aparece como uma propriedade objetiva*, o que constitui o caráter fetichista das mercadorias".[707]

Em outras palavras: aquilo que aparece como propriedade interna das mercadorias – seu valor – é um sintoma de uma relação social. Daí a precisa consideração de Gerstein:

---

706 HEINRICH, Michael. *Kritik der politischen Ökonomie. Eine Einführung in "Das Kapital"*. Stuttgart: Schmetterling Verlag, 2018, p. 49 – destaque no original.

707 HEINRICH, Michael. *Die Wissenschaft vom Wert*: Die Marxsche Kritik der politischen Ökonomie zwischen wissenschaftlicher Revolution und klassicher Tradition. Münster: Westfälisches Dampfboot, 2017, p. 216 – destaque do autor.

> enquanto o trabalho concreto pode ser visto diretamente, o trabalho abstrato aparece apenas em seus efeitos. (...) Não há como reduzir antecipadamente o trabalho concreto observável ao trabalho social abstrato fora do mercado, que de fato efetua a redução.[708]

Este é um raciocínio que o próprio Marx expressou em uma passagem – nos *Complementos e alterações à primeira edição* – já citada no segundo capítulo do presente livro:

> Se eu disser que este produto de trabalho é valor porque trabalho humano é gasto nele, então isso é a mera subsunção do produto do trabalho sob o conceito de valor. É uma expressão abstrata, que inclui mais do que ela diz. (...) Se eu digo, por exemplo, que a pedra é pesada, expresso o peso como uma propriedade que a pedra isolada por si só possui. Na verdade, o seu peso é uma qualidade física, que ela possui apenas em relação com outros corpos. A expressão, embora não diga nada sobre esta relação, a inclui.[709]

A construção desse argumento traz impactos consideráveis para o conceito de substância[710] comumente entendido nas leituras marxistas como uma continuação da concepção filosófica tradicional.[711]

---

708 GERSTEIN, Ira. "Production, circulation and value: the significance of the 'transformation problem' in Marx's Critique of Political Economy". *Economy and Society*, vol. 5, 3, 1976, p. 250.

709 (MEGA, II.6, p. 32).

710 BEHRENS, Diethard (Coord.). *Gesellschaft und Erkenntnis*. Freiburg: Ça Ira, 1993, p. 173.

711 Uma nota de rodapé de *Tempo, trabalho e dominação social* basta como exemplo: "Marx 'deduz' valor no primeiro capítulo d'O *capital*, argumentando que várias mercadorias têm de ter um elemento não material comum. A maneira de sua dedução é descontextualizada e essencializante: valor é deduzido como expressão de uma *substância* comum a todas as mercadorias (*substância* usada no sentido filosófico tradicional)" (POSTONE, Moishe. *Tempo, trabalho e dominação social*:

Por isso, está longe de ser mera coincidência que a objetificação do trabalho abstrato venha acompanhada da adjetivação "fantasmagórica".[712] Trata-se de uma caracterização intimamente relacionada à percepção da mercadoria como uma "coisa sensível-suprassensível".[713] Em função disso, essa substância é apresentada como "uma objetividade puramente fantástica",[714] uma "coisa *social*".[715] A objetividade-valor, então, em que pese constituir uma propriedade existente apenas em uma relação, *parece* ser independente e externa a esta, como se fosse uma propriedade tangível da coisa. Heinrich procura esclarecer essa inversão do seguinte modo:

> A substância de valor não é algo que duas mercadorias têm em comum do modo como, por exemplo, tanto um caminhão de bombeiros quanto uma maçã têm a cor vermelha em comum. Ambas são vermelhas, mesmo isoladas uma da outra, e quando são colocadas uma ao lado da outra, detectamos que têm algo em comum. A substância do valor, e, portanto, a objetividade do valor, é algo que só é obtido pelas coisas quando elas são colocadas em relação uma com a outra em troca. É como se o caminhão de bombeiros e a maçã só fossem vermelhos quando na verdade estão ao lado um do outro, e não tivessem cor quando separados (o caminhão de bombeiros no quartel de bombeiros, a maçã pendurada em uma macieira).[716] [717]

---

uma reinterpretação da teoria crítica de Marx. São Paulo: Boitempo, 2014, p. 167, n. 60 – destaque no original).

712 (MEGA, II.6, p. 72) [MEW, 23, p. 52) {Marx, 2013a, p. 116}.

713 (MEGA, II.6, p. 102) [MEW, 23, p. 85] {Marx, 2013a, p. 146}.

714 (MEGA, II.6, p. 32).

715 (MEGA, II.6, p. 39 – destaque no original).

716 HEINRICH, Michael. *Kritik der politischen Ökonomie. Eine Einführung in "Das Kapital"*. Stuttgart: Schmetterling Verlag, 2018, p. 51.

717 Essa compreensão relacional da substância rompe com a tradição filosófica anterior a Marx, o que pode trazer importantes reflexões para um tema até agora interpretado notadamente pela chave hegeliana.

Uma das principais consequências desse entendimento – e das reflexões acima desenvolvidas – está na crítica à leitura substancialista do valor. Nesta, como destacado, o valor é compreendido como uma propriedade interna da mercadoria antes e independente da troca que, por sua vez, constituiria o momento em que o valor adquire a forma-valor. Trata-se de um entendimento cujo sentido pode ser vislumbrado na seguinte passagem:

> O já bem mapeado percurso de *O capital* sabidamente começa pelo par conceitual clássico dos economistas – "valor de uso" e "valor de troca" –, para então buscar o elemento interno à mercadoria, apenas exteriorizado na troca, o valor. Descoberto e analisado mediante os conceitos fundantes de "trabalho abstrato" e de "tempo de trabalho socialmente necessário", o valor existe desde o momento da produção da mercadoria, definindo o produto como mercadoria por destiná-lo ao mercado e pela possibilidade de trocá-lo. Sendo interno, porém, o valor só aparece no ato de troca por outra mercadoria e, assim, a análise deve voltar ao valor de troca, diferenciação externo do interno e, nesse sentido, "forma".[718]

Não há dúvidas de que seja possível caminhar por essa linha. Do contrário, não se teria enfatizado o sentido ambivalente da crítica

---

Mesmo Postone considera que "como o trabalho medeia a si próprio, ele se fundamenta (socialmente) e, portanto, tem os atributos de 'substância' geral e homogênea que é seu próprio fundamento" (POSTONE, Moishe. *Tempo, trabalho e dominação social*: uma reinterpretação da teoria crítica de Marx. São Paulo: Boitempo, 2014, p. 183). Note-se que na primeira edição de *O capital* Marx qualifica a substância do valor como "substância social comum" [*gemeisame gesellschaftlichen Substanz*] (MEGA, II.5, p. 19), ao passo que na segunda edição aparece o termo "substância social compartilhada" [*gemeinschaftlichen gesellschaftlichen Substanz*] (MEGA, II.6, p. 72), como já destacado.

718 GRESPAN, Jorge. *Marx e o modo de representação capitalista*. São Paulo: Boitempo, 2019, p. 99.

da economia política. No entanto, a análise das variações presentes nos textos marxianos anteriormente destacados permite uma chave de leitura distinta, cujo rastro pode ser identificado nos *Grundrisse*:

> o valor da mercadoria é diferente da própria mercadoria. O valor (valor de troca) é a mercadoria somente na troca (...). O valor é sua relação social [das mercadorias].[719] E esta socialidade – como já destacado – é posta em *O capital* de modo conceitual, e não temporal.[720]

Em se tratando da análise do primeiro capítulo do Livro I, é importante demarcar a diferença entre a sequência lógica da apresentação categorial e a ordem cronológica da troca efetiva. Considere-se, portanto, uma passagem decisiva do terceiro subitem do primeiro capítulo, referente à forma-valor:

> Como valores, as mercadorias não são mais do que geleias de trabalho humano; por isso, nossa análise as reduz à abstração-valor [*Werthabstraktion*], mas não lhes confere qualquer forma de valor distinta de suas formas naturais. Diferente é o que ocorre na relação de valor de uma mercadoria com

719 (MEGA, I.1.1, pp. 75-76) [Marx, 2011, pp. 90-91].

720 Tal como desenvolvido por Heinrich, "no primeiro capítulo, Marx não analisa as mercadorias *antes* de sua troca e, em seguida, no segundo e terceiro capítulos, seu processo de troca. *Em termos de tempo*, as mercadorias (e, portanto, também a magnitude do valor) sempre existem apenas na troca, antes da troca existem apenas valores de uso. Na sequência *lógica*, porém, as mercadorias como tais, ou seja, sua determinação conceitual, substância do valor, magnitude do valor e forma do valor, devem primeiro ser apresentadas" (HEINRICH, Michael. *Die Wissenschaft vom Wert*: Die Marxsche Kritik der politischen Ökonomie zwischen wissenschaftlicher Revolution und klassicher Tradition. Münster: Westfälisches Dampfboot, 2017, p. 242 – destaques no original).

> outra. Seu caráter de valor manifesta-se aqui por meio de sua própria relação com outras mercadorias.[721]

Marx faz uma distinção entre dois níveis de abstração. Antes da posição da forma-valor o objeto de análise passou pelos fatores da mercadoria – valor de uso e valor – e pelo duplo caráter do trabalho. Ambos foram abordados a partir da relação de troca (*Austauschverhältnis*) entre mercadorias, tendo como resultado a "abstração-valor", isto é, a objetividade-valor que não pode ser apreendida a partir das mercadorias individualmente consideradas.

No entanto, Marx salienta que "na relação de valor" (*Wertverhältnis*) entre mercadorias ocorre algo "diferente". Trata-se de um nível de abstração sem dúvida alguma decorrente do anterior, mas ainda assim distinto, já que seu objetivo é apresentar a expressão de valor como "forma tangível" da existência do valor das mercadorias.[722] Em *Complementos e alterações à primeira edição* essa diferença é abordada explicitamente:

> Uma vez que o valor das mercadorias não é mais do que a sua relação de trabalho como substância compartilhada [nível da *Austauschverhältnis*], ou a sua relação entre si como expressão dessa substância compartilhada, o valor de uma mercadoria só pode aparecer numa relação em que se refere a outras mercadorias como valor, ou apenas na relação de valor de mercadorias diferentes. Portanto, a expressão de valor só pode ser encontrada, ou as mercadorias só podem receber a forma-valor na relação de diferentes mercadorias [nível da *Wertverhältnis*].[723]

---

721 (MEGA, II.6, p. 83) [MEW, 23, p. 65] {Marx, 2013a, p. 127}.

722 HEINRICH, Michael. *Wie das Marxsche "Kapital" lesen? Teil 1.* Stuttgart: Schmetterling Verlag, 2016, p. 273.

723 (MEGA, II.6, p. 31).

A passagem de um nível de abstração para o outro é um dos pontos centrais do primeiro capítulo do Livro I. Na "relação de valor" entre mercadorias, Marx discute como "o casaco vale com forma de existência do valor, como coisa-valor", situação na qual "o próprio ser-valor do linho se revela ou alcança uma expressão independente".[724] Esta mesma passagem, no entanto, está desenvolvida de modo mais aprofundado na primeira edição de *O capital*, em uma série de argumentos – também excluídos da segunda edição – que derivam a forma-valor do conceito de valor:

> *Ao equalizar a outra mercadoria como valor, ela se refere a si mesma como valor.* Ao referir-se a si própria *como valor*, também se *distingue de si própria como valor de uso*. Ao expressar no casaco o seu valor – e a magnitude do valor é tanto o valor em geral como o valor quantitativamente medido – ela dá ao seu *ser-valor* [*Wertsein*] uma *forma-valor* diferente da sua existência imediata. Ao apresentar-se assim como uma diferença dentro de si mesma, ela primeiro se apresenta *como uma mercadoria* – uma coisa útil que é ao mesmo tempo valor.[725]

Quando uma mercadoria se iguala à outra como valor, ela mesma passa a se referir não apenas como valor de uso, mas também como valor. Ao expressar no casaco seu valor, o linho faz com que seu "ser-valor" adquira uma "forma-valor" – do casaco – diferente de sua própria existência enquanto valor de uso. Trata-se da expressão do valor de uma mercadoria em outra, isto é, da análise no nível da "relação de valor" entre mercadorias, algo que difere dos argumentos sustentados até então no nível da "relação de troca" entre mercadorias. Na análise da forma-valor, o valor não aparece mais como abstração-valor, como uma objetividade fantasmagórica decorrente da relação de troca entre mercadorias. No nível da "relação

724 (MEGA, II.6, p. 83) [MEW, 23, p. 64] {Marx, 2013a, p. 127}.
725 (MEGA, II.5, p. 29 – destaque no original).

de valor", o linho recebe uma forma-valor diferente da sua forma natural que "não é de modo algum fantasmagórica, mas pode ser apreendida sensualmente".[726] Portanto, além de constituir um valor de uso particular, a mercadoria na forma-equivalente – o casaco – é simultaneamente *encarnação* do valor.

As consequências desse desenvolvimento categorial não param por aqui. Marx é particularmente claro ao salientar que "um caso expressa tão pouco valor quanto a melhor peça de linho".[727] No entanto, logo após ele acrescenta: "isso prova apenas que ele *significa mais* quando se encontra no interior da relação de valor com o linho do que fora dela".[728] Ora, a posição do valor refere-se exatamente a esse momento. Por isso, Marx explicitamente qualifica o casaco como "suporte de valor", ainda que "essa sua qualidade não se deixe entrever nem mesmo no casaco mais puído".[729] E, logo após, sugestivamente destaca que o ser-valor do linho "aparece em sua igualdade com o casaco, assim como a natureza de carneiro do cristão em sua igualdade com o Cordeiro de Deus".[730]

Essas referências reforçam a vinculação da análise da forma-valor à crítica das teorias substancialistas. E é justamente a apresentação da forma de equivalente a responsável por aprofundar a importância dos distintos níveis de abstração – a "relação de troca" e a "relação de valor" entre mercadorias – operantes logo no início de *O capital*:

> Vimos: quando uma mercadoria A (o linho) expressa seu valor no valor de uso de uma mercadoria diferente B (o casaco), ela imprime nesta última uma forma peculiar de valor: a forma de

---

726 HEINRICH, Michael. *Wie das Marxsche "Kapital" lesen? Teil 1*. Stuttgart: Schmetterling Verlag, 2016, p. 117.

727 (MEGA, II.6, p. 84) [MEW, 23, p. 66] {Marx, 2013a, p. 128}.

728 (MEGA, II.6, p. 84 – destaque do autor) [MEW, 23, p. 66] {Marx, 2013a, p. 128}.

729 (MEGA, II.6, p. 84) [MEW, 23, p. 66] {Marx, 2013a, p. 128}.

730 (MEGA, II.6, p. 84) [MEW, 23, p. 66] {Marx, 2013a, p. 129}.

> equivalente. A mercadoria linho expressa seu próprio ser-valor quando o casaco vale o mesmo que ela sem que este último assuma uma forma de valor distinta de sua forma corpórea. Portanto, o linho expressa sua própria qualidade de ser-valor na circunstância de que o casaco é diretamente permutável com ele. Consequentemente, a forma de equivalente de uma mercadoria é a forma de sua permutabilidade direta com outra mercadoria.[731] [732]

Seria possível observar nas questões referentes à expressão do valor uma relação apenas quantitativa, calculável. Mas Marx qualifica essa perspectiva como uma "interpretação superficial", pois "a forma de equivalente de uma mercadoria não contém qualquer determinação quantitativa de valor".[733] Consequentemente, o importante é atentar para as chamadas "peculiaridades" da forma-equivalente. A primeira peculiaridade refere-se a uma inversão importante, na qual "o valor de uso se torna a forma de manifestação de seu contrário, seu valor".[734] Este é o mecanismo responsável por fazer com que o valor apareça como propriedade natural do valor de uso de uma mercadoria.

Na forma-equivalente há uma *naturalização* da relação social, já que nela "um corpo de mercadoria, como o casaco, essa coisa imediatamente dada, expressa valor e, assim, possui, por natureza,

---

731 (MEGA, II.6, pp. 87-88) [MEW, 23, p. 70] {Marx, 2013a, p. 132}.

732 (N.T.) A edição da Boitempo possui algo como um "tom" substancialista nessa passagem. Quando Marx se refere ao *Wertsein* [ser-valor], não se trata de uma qualidade interna da mercadoria, uma propriedade individual. Ainda assim, pode-se ler: "a mercadoria linho expressa *seu próprio valor*" [*Die Leinwandware bringt ihr eignes Wertsein*] (Marx, 2013a, p. 132 – destaque do autor). E logo após: "portanto, o linho expressa sua própria qualidade de *ter valor*" [*Die Leinwand drückt also in der That ihr eignes Werthsein dadurch aus*] (Marx, 2013a, p. 132 – destaque do autor).

733 (MEGA, II.6, p. 88) [MEW, 23, p. 70] {Marx, 2013a, pp. 132-133}.

734 (MEGA, II.6, p. 88) [MEW, 23, p. 70] {Marx, 2013a, p. 133}.

forma-valor".[735] Se "o casaco representa, na expressão de valor do linho [isto é, na "relação de valor"], uma *propriedade supernatural*: seu valor, algo puramente social",[736] no âmbito da forma-equivalente ocorre uma inversão misteriosa:

> Como as propriedades de uma coisa não surgem de sua relação com outras coisas, e sim apenas atuam em tal relação, também o casaco aparenta possuir sua forma de equivalente, sua propriedade de permutabilidade direta como algo tão natural quanto sua propriedade de ser pesado ou de reter calor. Daí o caráter enigmático da forma de equivalente, a qual só salta aos olhos míopes do economista político quando lhe aparece já pronta, no dinheiro.[737]

A própria permutabilidade das mercadorias, expressão da socialidade capitalista, é posta nos termos de uma naturalidade inerente.[738] Essa distorção também está relacionada à segunda peculiaridade da forma-equivalente, na qual o trabalho concreto se torna "forma de manifestação de seu contrário, trabalho humano abstrato".[739] Marx procura esclarecer isso do seguinte modo:

> Se o casaco, por exemplo, vale como mera efetivação, então a alfaiataria, que de fato nele se efetiva, vale como mera

---

735 (MEGA, II.6, p. 89) [MEW, 23, pp. 71-72] {Marx, 2013a, p. 134}.

736 (MEGA, II.6, p. 71 – destaque do autor) [MEW, 23, p. 89] {Marx, 2013a, p. 134}.

737 (MEGA, II.6, pp. 89-90) [MEW, 23, p. 72] {Marx, 2013a, p. 134}.

738 Nas palavras de Heinrich: "o valor é algo puramente social; ele expressa a *igual validade* de dois atos concretos de trabalho completamente diferentes e, portanto, é uma *relação social* específica. Esta relação social adquire, de forma equivalente, a forma de uma coisa" (HEINRICH, Michael. *Kritik der politischen Ökonomie. Eine Einführung in "Das Kapital"*. Stuttgart: Schmetterling Verlag, 2018, pp. 57/58 – destaques no original).

739 (MEGA, II.6, p. 90) [MEW, 23, p. 73] {Marx, 2013a, p. 135}.

> forma de efetivação de trabalho humano abstrato. Na expressão de valor do linho, a utilidade da alfaiataria não consiste em fazer roupas (...), mas sim em fazer um corpo que reconhecemos como valor e, portanto, como geleia de trabalho, que não se diferencia em nada do trabalho objetivado no valor do linho. Para realizar tal espelho de valor, a própria alfaiataria não tem de espelhar senão sua qualidade abstrata de ser trabalho humano.[740]

Daí a importância de compreender o "valor" como expressão das relações sociais e sua subsequente relação de validação. Se o corpo da mercadoria equivalente, que é o produto de um certo trabalho útil, vale diretamente como *figura de valor*, isto é, como a corporificação do trabalho humano abstrato, então o trabalho concreto também vale como uma mera forma de efetivação do trabalho humano abstrato. Há nesse ponto mais uma inversão, desenvolvida por Marx no anexo à primeira edição de *O capital*, em mais uma passagem posteriormente excluída da segunda edição:

> No interior da relação de valor [*Wertverhältnis*] e da expressão de valor que está incluída nela, o universal abstrato [*das abstrakt Allgemeine*] não vale como propriedade do concreto, do sensível-efetivo [*Sinnlich-Wirklichen*], mas, pelo contrário, o sensível-concreto só vale como mera forma fenomenal ou forma de realização efetiva [*Verwirklichungsform*] determinada do abstrato universal. Por exemplo, o trabalho do alfaiate que está contido no equivalente casaco não possui, no interior da expressão de valor da tela, a propriedade geral de ser também trabalho humano. Pelo contrário. Ser trabalho humano vale como sua essência, ser trabalho do alfaiate só vale como forma fenomenal ou forma de realização efetiva determinada desta sua essência.[741]

740 (MEGA, II.6, p. 90) [MEW, 23, p. 72] {Marx, 2013a, p. 134}.
741 (MEGA, II.5, p. 634 – destaques no original).

É a partir dessa linha de raciocínio que Marx aborda a terceira peculiaridade da forma-equivalente, qual seja, a inversão do trabalho privado "na forma de seu contrário, trabalho em forma imediatamente social".[742] Trata-se de algo decorrente das considerações anteriores, mas com uma informação a mais. O que seria esse "trabalho em forma imediatamente social"?

Aqui também é oportuno recorrer ao anexo à primeira edição de *O capital*. Depois de asseverar que "os produtos do trabalho não se tornariam mercadorias se não fossem produtos de trabalho privado independente",[743] Marx salienta que, na sociedade capitalista, "o contexto social material do trabalho privado realizado independentemente um do outro é apenas mediado e, portanto, só é efetivado através da troca dos seus produtos".[744] Consequentemente, "o produto do trabalho privado tem, portanto, apenas forma social, na medida em que tem forma-valor e, portanto, a forma de permutabilidade com outros produtos de trabalho",[745] e então:

> [O produto do trabalho privado] tem uma forma social imediata se o seu próprio corpo ou forma natural for *ao mesmo tempo* a forma da sua permutabilidade com outras mercadorias, ou *se outras mercadorias valem como uma forma de valor*. No entanto, como vimos, isto só acontece para um produto de trabalho se este estiver na forma equivalente através da *relação de valor de outras mercadorias com ele* (...). O *equivalente* tem *forma social direta*, desde que tenha a *forma de permutabilidade direta com outras mercadorias*, e possui esta forma de permutabilidade direta, desde que tenha *validade como um corpo de valor para outras mercadorias*, portanto como *idêntico*. Assim, também o trabalho útil determinado nele contido *vale como*

742 (MEGA, II.6, p. 91) [MEW, 23, p. 73] {Marx, 2013a, p. 135}.
743 (MEGA, II.5, p. 634).
744 (MEGA, II.5, p. 635).
745 (MEGA, II.5, p. 635).

> *trabalho sob forma social direta*, ou seja, como trabalho que possui a *forma da igualdade* com o trabalho contido *noutras* mercadorias.[746]

Como se vê, apesar da variedade de suas exposições, a análise marxiana da forma-valor revela gradativamente aspectos nucleares da socialização capitalista.[747] Ao destrinchar a substância do valor e o trabalho abstrato por meio da análise da relação de troca entre mercadorias, e ao desenvolver esse resultado no âmbito da relação de valor entre mercadorias, Marx esclarece que o valor não pode existir independentemente ou fora de sua forma de manifestação. Trata-se de um raciocínio presente em uma passagem fundamental da primeira edição de O *capital*:

> A análise das mercadorias produz todas as determinações *essenciais* da *forma-valor* e da própria forma-valor em seus momentos opostos... O mais importante, no entanto, foi descobrir a conexão interna necessária entre *forma*-valor, *substância* de valor e *medida* de valor, isto é, provar idealmente que a *forma*-valor se origina do *conceito* de valor.[748]

Não por acaso, ao abordar a forma de valor universal, Marx faz uma série de considerações fundamentais. Ele não só diz que "essa forma é, portanto, a primeira que relaciona efetivamente as

---

746 (MEGA, II.5, p. 635 – destaques no original).

747 Uma análise exaustiva da "forma-valor" ultrapassa os limites do presente trabalho. Ainda que ela seja necessária para uma *teoria da sociedade* – isto é, uma teoria *resultado* da articulação entre a crítica da economia em sua "média ideal" com outros níveis de abstração –, a "forma-valor" é aqui considerada apenas em sua contribuição para uma crítica às teorias substancialistas do valor.

748 (MEGA, II.5, p. 43 – destaques no original).

mercadorias entre si *como valores*",[749] mas também salienta algo que vem sendo destacado ao longo das últimas páginas:

> Com isso, revela-se que a objetividade-valor das mercadorias, por ser a mera "existência social" dessas coisas, também só pode ser expressa por sua relação social universal, e sua forma-valor, por isso, tem de ser uma forma socialmente válida.[750]

A objetividade-valor não é uma propriedade inerente de uma mercadoria individual, ainda que assim ela se apresente na realidade efetiva do modo de produção capitalista. Para a chamada "consciência cotidiana", o valor e a magnitude do valor são calculáveis de imediato, monetariamente, fazendo desaparecer a mediação social. Por isso é importante ter em mente que um valor anterior à troca só pode ser compreendido – em Marx – como um "valor potencial", "valor antecipado" ou "pré-validade".[751] Daí a precisa caracterização de Brentel: o que opera nesses embates é a "positividade do valor e do valor de troca, da substância do valor e da forma do valor, *uns nos outros e como um*, dentro da própria relação de mercadoria".[752] Nesse sentido, a apresentação dialética das categorias é sem dúvida uma crítica imanente, conforme já discutido. Por isso, ao esmiuçar as relações de contrariedade presentes nas inversões que caracterizam a forma-equivalente, a análise marxiana da forma-valor também desnuda a mistificação que atravessa a representação capitalista.

---

749 (MEGA, II.6, p. 97 – destaque do autor) [MEW, 23, p. 80] {Marx, 2013a, p. 142}.

750 (MEGA, II.6, p. 98) [MEW, 23, pp. 80-81] {Marx, 2013a, p. 142}.

751 SMITH, Tony. *Beyond Liberal Egalitarianism*: Marx and Normative Social Theory in the Twenty-First Century. Chicago: Haymarket, 2017, p. 81.

752 BRENTEL, Helmut. *Soziale Form und ökonomisches Objekt*: Studien zum Gegenstands- und Methodenverständnis der Kritik der politischen Ökonomie. Frankfurt am Main: Westdeutscher Verlag, 1989, p. 311 – destaque do autor.

Note-se que, no anexo à primeira edição do Livro I, Marx acrescenta justamente uma quarta peculiaridade à forma-equivalente, significativamente intitulada "fetichismo da forma-valor".[753] Este será transformado em "fetichismo da mercadoria" – em um subitem separado – na segunda edição,[754] cujas palavras iniciais são: "uma mercadoria aparenta ser, à primeira vista, uma coisa óbvia, trivial".[755] É aqui que desaguam as principais consequências da análise da objetividade-valor como algo fantasmagórico, tal como colocado anteriormente. Uma vez que a forma-valor se origina do conceito de valor, com isso se compreende uma famosa passagem: "de onde surge, portanto, o caráter enigmático do produto do trabalho, assim que ele assume a forma-mercadoria? Evidentemente, ele surge dessa própria forma".[756] Este enigma está intimamente associado ao caráter "sensível-suprassensível" da mercadoria:

> A forma da madeira é alterada quando dela se faz uma mesa. No entanto, a mesa continua sendo madeira, uma coisa sensível e banal. Mas tão logo aparece como mercadoria, ela se transforma numa coisa sensível-suprassensível.[757]

Daí a ênfase de que a forma-mercadoria e a relação de valor dos produtos do trabalho não possuem:

---

753 (MEGA, II.5, p. 637).

754 Apesar dessa mudança dar mais destaque ao fetichismo – um tema fundamental –, a perda de vinculação entre forma-valor *e* fetichismo é problemática. Ela alimenta uma espécie de fetichização da forma-valor, como se esta fosse um *critério* de verdade, *a* chave de leitura da crítica da economia política e, assim, dificulta a compreensão de sua exposição e, consequentemente, de suas metamorfoses.

755 (MEGA, II.6, p. 102) [MEW, 23, p. 85] {Marx, 2013a, p. 146}.

756 (MEGA, II.6, p. 103) [MEW, 23, p. 86] {Marx, 2013a, p. 147}.

757 (MEGA, II.6, p. 102) [MEW, 23, p. 85] {Marx, 2013a, p. 146}.

> Absolutamente nada a ver com sua natureza física e com as relações materiais que dela resultam. É apenas uma relação social determinada entre os próprios homens que aqui assume, para eles, a forma fantasmagórica de uma relação entre coisas.[758]

O valor não tem origem *na* produção ou *na* circulação.[759] Essa dicotomia perde de vista justamente o mais importante, qual seja, a compreensão de que o valor não é algo que simplesmente está "ali" depois de ter se originado "lá".[760] Nesse contexto, Arthur sugere que o valor "vem a ser".[761] Mas esta ideia é ampla demais e, consequentemente, conceitualmente débil. Precisamente, o ponto chave está – seguindo Tony Smith – na compreensão do valor como uma "categoria de mediação" que expressa a "unidade-na-diferença"

---

758 (MEGA, II.6, p. 103) [MEW, 23, p. 86] {Marx, 2013a, p. 147}.

759 Como destaca Heinrich: "se Marx enfatiza em vários lugares que as mercadorias não recebem seu valor com base na troca, que elas realizam seu valor na troca (o que implica que elas já possuem um valor antes da troca), esse argumento tem sua justificativa na medida em que é dirigido contra meras teorias circulacionistas do valor (uma mercadoria é o 'valor' que se recebe por ela), insistindo no fato de que o valor é baseado em uma relação determinada do trabalho privado individual com o trabalho social total. No entanto, essa relação não pode ser *fixada* antes da troca. A ideia de que as mercadorias já entrariam no processo de troca com medidas de valor estabelecidas deve sua existência a uma concepção da substância do valor como um *substrato* quase-material que está presente nas mercadorias individuais em uma determinada quantidade. Essa ideia é, no entanto, incompatível com uma concepção da substância do valor como mero *reflexo* objetivo de uma relação social" (HEINRICH, Michael. *Die Wissenschaft vom Wert*: Die Marxsche Kritik der politischen Ökonomie zwischen wissenschaftlicher Revolution und klassicher Tradition. Münster: Westfälisches Dampfboot, 2017, pp. 232/233 – destaques no original).

760 HEINRICH, Michael. *Kritik der politischen Ökonomie. Eine Einführung in "Das Kapital"*. Stuttgart: Schmetterling Verlag, 2018, p. 53.

761 ARTHUR, Christopher. *Engels today*: a Centenary Appreciation. Hampshire: Macmillan Press, 1996, p. 195.

entre produção e circulação.[762] Com isso é possível apreender a objetividade-valor enquanto fruto da análise da relação de troca entre mercadorias, cuja expressão na relação de valor entre mercadorias naturaliza uma propriedade fundamentalmente social.

Tal como enfatizado por Marx, essa análise só pode ser feita

> quando a troca já conquistou um alcance e uma importância suficientes para que se produzam coisas úteis destinadas à troca e, portanto, *o caráter de valor das coisas passou a ser considerado no próprio ato de sua produção.*[763]

Por isso mesmo, a "quantificação" do valor das mercadorias na produção é, também, *expressão* do fetichismo, e não *locus* da crítica à financeirização da economia, tal como alguns debates iniciais do presente livro sugeriam.

No âmbito da análise da crítica da economia política em sua "média ideal", o reflexo das relações sociais como "valor" já se apossou tanto do processo de produção como do processo de circulação. O valor é, assim, "produzido", "armazenado" e "distribuído" sem que as pessoas saibam o sentido daquilo que fazem. Fazemos todos parte do "hieróglifo social"[764] característico da socialização capitalista. No entanto, o caráter fetichista que atravessa o modo de produção capitalista não se deixa reduzir pela compreensão do "misticismo", da "mágica" e da "assombração" que emergem da análise da mercadoria.[765] Uma vez que na forma-equivalente já há uma naturalização das relações sociais, a forma de manifestação

762 SMITH, Tony. *Beyond Liberal Egalitarianism*: Marx and Normative Social Theory in the Twenty-First Century. Chicago: Haymarket, 2017, p. 81.

763 (MEGA, II.6, p. 104 – destaque do autor) [MEW, 23, p. 87] {Marx, 2013a, p. 148}.

764 (MEGA, II.6, p. 105) [MEW, 23, p. 88] {Marx, 2013a, p. 149}.

765 (MEGA, II.6, p. 107) [MEW, 23, p. 90] {Marx, 2013a, p. 151}.

por excelência do valor – o dinheiro – é um elemento fundante não só das "ilusões do sistema monetário",[766] mas da teoria monetária do valor.

3.2 O processo de troca entre dinheiro e forma-dinheiro

O item anterior apresentou dois níveis de abstração que atravessam a análise da mercadoria. Marx inicialmente aborda a relação de troca entre mercadorias, tendo como resultado a objetividade-valor e sua substância social. A fantasmagoria daí resultante é então estudada a partir da relação de valor entre mercadorias, momento em que opera a forma-valor. Como destacado, o principal intuito da apresentação dialética dessas categorias é demonstrar a impossibilidade da existência do valor independentemente ou fora de sua forma de manifestação. Esta, cumpre enfatizar, oculta a relação social originária, fazendo emergir a percepção de que o valor seria uma propriedade natural da mercadoria em si.

O dinheiro é a forma de manifestação necessária dessa relação de valor, o que implica a fundamental tese de sua não-neutralidade. No entanto, antes de abordar essa questão, é importante atentar para outras dificuldades igualmente importantes presentes no texto marxiano. Elas estão intimamente associadas a duas questões: de um lado, a derivação do dinheiro a partir de dois níveis distintos de abstração e, de outro, a limitação da análise categorial do dinheiro por sua manifestação histórica.

3.2.1 A derivação do dinheiro

Uma primeira dificuldade decorre da comparação entre as versões da análise da forma-valor, notadamente no que diz respeito

766 (MEGA, II.6, p. 105) [MEW, 23, p. 88] {Marx, 2013a, p. 149}.

ao dinheiro. Em *Para a crítica da economia política* e na primeira edição de *O capital*, a forma-dinheiro não é desenvolvida a partir da análise da forma-valor. Ela emerge como resultado do processo de troca, um nível de abstração distinto daqueles – a relação de troca e a relação de valor entre mercadorias – tratados no primeiro capítulo do Livro I. Essa alteração ocorre pela primeira vez no anexo à primeira edição. Por isso, no texto da segunda edição – que incorpora inúmeras partes do referido anexo –, Marx acrescenta a seguinte passagem:

> Cabe, aqui, realizar o que jamais foi tentado pela economia burguesa, a saber, provar a gênese da forma-dinheiro, portanto, seguir de perto o desenvolvimento da expressão do valor contida na relação de valor das mercadorias, desde sua forma mais simples e opaca até a ofuscante forma-dinheiro. Com isso, desaparece, ao mesmo tempo, o enigma do dinheiro.[767] [768]

Nesse momento a derivação do dinheiro aparece como objetivo da apresentação da análise da forma-valor.[769] É verdade que na primeira edição de *O capital* há uma nota de rodapé interessante, na qual Marx diz que a forma simples de valor "é, como Hegel

767 (MEGA, II.6, p. 81) [MEW, 23, p. 62] {Marx, 2013a, p. 125}.

768 "Gênese" deve ser compreendida como "formação" [*Entstehung*]: "ele [Marx] não está preocupado com o desenvolvimento histórico do dinheiro (nem mesmo em um sentido completamente abstrato), mas com uma reconstrução conceitual da conexão entre a 'forma simples de valor' (uma mercadoria expressando seu valor através de outra mercadoria) e a 'forma de dinheiro'" (HEINRICH, Michael. *Kritik der politischen Ökonomie. Eine Einführung in "Das Kapital"*. Stuttgart: Schmetterling Verlag, 2018, p. 55).

769 Em 1957, Samezo Kuruma já destacava os problemas decorrentes dessa "presença" do dinheiro no primeiro capítulo de *O capital* (KURUMA, Samezo. *Marx's Theory of the Genesis of Money. How, Why, and Through What Is a Commodity Money?* Leiden/Boston: Brill, 2018, p. 27).

diria, o dinheiro em si mesmo".[770] Mas o que chama atenção na comparação entre as duas edições alemãs é que, na edição de 1867, há uma quarta forma-valor no primeiro capítulo do Livro I, e não a forma-dinheiro. Essa "forma IV" deriva da possibilidade de que cada mercadoria atue como equivalente geral. Marx já havia destacado esse ponto em *Para a crítica da economia política*:

> Como um valor de troca, no entanto, cada mercadoria é tanto a mercadoria exclusiva que serve de medida comum dos valores de troca de todas as outras mercadorias, a qual, por outro lado, é apenas uma das muitas mercadorias no círculo total do qual cada outra mercadoria representa diretamente seu valor de troca.[771]

Tal possibilidade cria uma empasse na apresentação categorial. Por isso mesmo, o primeiro capítulo da primeira edição de O *capital* resolve essa situação paradoxal do seguinte modo:

> Mas se cada mercadoria compara sua própria forma natural com todas as outras mercadorias como forma de equivalente geral, então todas as mercadorias excluem todas da forma de equivalente geral, e assim se excluem da representação socialmente válida de seus valores.[772]

Assim termina a análise da forma-valor no texto de 1867. Consequentemente, tanto o acréscimo – nas edições posteriores – da forma-dinheiro no primeiro capítulo da Seção I como a exclusão da forma IV ensejaram uma ampla discussão a respeito da quebra da apresentação dialética da forma-valor. Na primeira edição, a sucessão das formas de valor decorre exclusivamente da insuficiência conceitual da forma anterior. No entanto, o acréscimo da forma-dinheiro logo

---

770 (MEGA, II.5, p. 28).

771 (MEGA, II.2, p. 118) [MEW, 13, pp. 26-27] {Marx, 2008, p. 68}.

772 (MEGA, II.5, p. 43).

após a forma de equivalente geral manifesta apenas uma relação de continuidade entre essas posições. Como o próprio Marx salienta na segunda edição de *O capital*, a forma-dinheiro (a "nova" forma IV):

> Não se diferencia em nada da forma III (...). O progresso consiste apenas em que agora, por meio do hábito social, a forma da permutabilidade direta e geral ou a forma de equivalente universal amalgamou-se definitivamente à forma natural específica da mercadoria ouro.[773]

Note-se: a forma-dinheiro "não se diferencia em nada da forma III". Esta é a razão pela qual Gerhard Göhler levanta a famosa tese da "redução dialética" em *O capital*, quando comparada à "dialética enfática" que estrutura a análise do dinheiro em *Para a crítica da economia política*.[774] Polêmicas à parte,[775] é importante considerar a explicação marxiana de que a passagem de uma forma para a outra estaria relacionada ao "hábito social". Antes mesmo da análise da forma de valor universal (forma III), Marx já havia destacado a seguinte situação:

> De fato, se alguém troca seu linho por muitas outras mercadorias e, com isso, expressa seu valor numa série de outras mercadorias, os muitos outros possuidores de mercadorias também têm necessariamente de trocar suas mercadorias

---

773 (MEGA, II.6, p. 101) [MEW, 23, p. 84] {Marx, 2013a, p. 145}.

774 GÖHLER, Gerhard. *Die Reduktion der Dialektik durch Marx. Strukturveränderungen der dialektischen Entwicklung in der Kritik der politischen Ökonomie.* Stuttgart: Klett-Cotta, 1980, p. 160.

775 A resposta dada por Kuruma ainda parece ser a melhor saída frente à sugestiva forma IV. Para ele, Marx a apresenta para enfatizar os *limites* da análise da mercadoria no nível da forma-valor, procurando delimitar a fronteira entre este e o nível de análise do processo de troca (KURUMA, Samezo. *Marx's Theory of the Genesis of Money. How, Why, and Through What Is a Commodity Money?* Leiden/Boston: Brill, 2018, pp. 47/48).

> pelo linho e, desse modo, expressar os valores de suas diferentes mercadorias na mesma terceira mercadoria: o linho.[776]

Nessas passagens é possível observar a presença simultânea de *dois* níveis distintos de abstração: um referente à análise formal, outro à ação dos indivíduos que atuam no campo dessas determinações.[777] Mas essa simultaneidade também parece se resolver de um modo específico, uma vez que o "progresso" subjacente à posição da forma-dinheiro – em que pese a análise da forma-valor se desenvolver no âmbito da "relação de valor" – depende do "hábito social".

A passagem acima citada não se encontra no primeiro capítulo da primeira edição, mas apenas no anexo, com a versão popularizada da forma-valor.[778] Mais interessante ainda: no anexo também se encontra outra passagem – posteriormente excluída da segunda edição –, na qual Marx procura esclarecer a polaridade entre forma de valor relativa e forma equivalente com o seguinte raciocínio:

> Consideremos a troca entre o produtor de linho A e o produtor de casacos B. Antes de chegarem a acordo, A diz: 20 jardas de linho valem 2 camadas (20 jardas de linho = 2 camadas). Mas B responde: 1 camada vale 22 metros de linho (1 camada = 22 metros de linho). Finalmente, depois de terem pechinchado durante muito tempo, concordam: A diz: 20 jardas de linho valem 1 casaco, e o B diz: um casaco vale 20 metros de linho. Aqui *ambos*, o linho e o casaco, estão *ao mesmo tempo* na forma de valor relativo e na forma de equivalente. Mas, note-se bem, *para duas pessoas diferentes* e *em duas expressões diferentes de valor*,

---

776 (MEGA, II.6, p. 96) [MEW, 23, p. 79] {Marx, 2013a, p. 140}.

777 HEINRICH, Michael. *Die Wissenschaft vom Wert*: Die Marxsche Kritik der politischen Ökonomie zwischen wissenschaftlicher Revolution und klassicher Tradition. Münster: Westfälisches Dampfboot, 2017, p. 227.

778 (MEGA, II.5, pp. 642-643).

> que simplesmente ocorrem *ao mesmo tempo*. Para A o *seu linho* está na forma de valor relativo – pois para ele a iniciativa procede da *sua mercadoria* – e *a mercadoria da outra pessoa*, o casaco, está na forma equivalente. *Inversamente* do ponto de vista de B. Uma *mesma* mercadoria nunca possui, mesmo neste caso, *as duas formas ao mesmo tempo na mesma expressão de valor.*[779]

Esse exemplo tem como objetivo realçar as dificuldades da análise da forma-valor quando o dinheiro ainda não foi apresentado. Não por acaso, em carta a Engels (27 de junho de 1867), na qual discorre sobre a estrutura do anexo à primeira edição, Marx escreve que "isto, sobre a forma-dinheiro, *ocorre apenas por uma questão de contexto*".[780] Mas na passagem acima se percebe a referida mescla entre diferentes níveis de análise, como se a forma-valor dependesse do "acordo" entre demandas subjetivas. No entanto, a diferença entre esses diferentes níveis de abstração já é indicada em *Para a crítica da economia política* (1859). Após o estudo – ainda que preliminar, quando comparado com *O capital* – da forma-valor das mercadorias, Marx salienta:

> Até agora, as mercadorias têm sido consideradas a partir de um duplo ponto de vista, como valor de uso e como valor de troca, cada vez unilateralmente. Como mercadoria, no entanto, ela é diretamente uma *unidade* de valor de uso e valor de troca; ao mesmo tempo, ela é uma mercadoria apenas em relação às outras mercadorias. A relação *efetiva* das mercadorias entre si é o seu *processo de troca*. É neste processo social que os indivíduos independentes entram, mas entram nele somente como proprietários de mercadorias; a sua existência mútua entre si é a existência das suas

779 (MEGA, II.5, p. 628 – destaque no original).

780 (MEW, 31, p. 316 – destaque do autor).

> mercadorias, e assim, de fato, eles aparecem apenas como portadores conscientes do processo de troca.[781]

Veja-se: "a relação efetiva das mercadorias entre si é o seu processo de troca", caracterizado como um "processo social". Isso significa que essa efetividade não pode ser apresentada no âmbito da relação de valor entre mercadorias.[782] Por isso Marx volta a essa questão logo após, para então dizer:

> Embora as mercadorias individuais originalmente parecessem ser do ponto de vista do valor de uso uma coisa autônoma, por outro lado, elas eram consideradas, desde o início, como valores de troca em relação a todos as outras mercadorias. Essa relação, no entanto, era apenas teórica, pensada. Ela só é ativada em um processo de troca.[783]

Tanto a "relação de troca" como a "relação de valor" entre mercadorias são relações "pensadas", "teóricas". Elas são uma construção categorial cuja apresentação encontrará seu limite na própria efetivação dessa relação. Trata-se de uma demarcação fundamental presente na primeira edição de *O capital*. No último parágrafo do primeiro capítulo – trecho igualmente excluído na segunda edição –, Marx faz uma consideração metodologicamente importante:

> A mercadoria é uma *unidade direta de valor de uso e valor de troca*, ou seja, dois opostos. Trata-se, portanto, de uma *contradição* direta. Esta contradição deve desenvolver-se assim que ela não seja analiticamente considerada, como

---

781 (MEGA, II.2, p. 119 – destaque no original) [MEW, 13, p. 28] {Marx, 2008, p. 70}.

782 Aqui é necessário destacar que em *Para a crítica da economia política* não há uma clara delimitação entre relação de troca [*Austauschverhältnis*] e relação de valor [*Wertverhältnis*] entre mercadorias.

783 (MEGA, II.2, p. 121) [MEW, 13, p. 29] {Marx, 2008, p. 72}.

> era anteriormente o caso, ou do ponto de vista do valor de uso, ou do ponto de vista do valor de troca, mas como um todo que está efetivamente relacionado com outras mercadorias. Mas a *efetiva* relação das mercadorias entre si é o seu *processo de troca*.[784]

Essa é uma clara delimitação do nível de abstração do segundo capítulo do Livro I, de modo a amalgamar a análise do dinheiro ao processo de troca. Consequentemente, a inserção – ainda no primeiro capítulo – da forma-dinheiro logo após a forma de equivalente universal por motivos de "hábito social" não só faz com que Marx mude para um nível de abstração completamente diferente, como implica o atravessamento da apresentação dialética por dois níveis distintos de análise. Como destaca Heinrich, "ao invés de argumentar com o desenvolvimento conceitual das formas, ele argumenta com o 'hábito social', ou seja, em última instância, com as ações dos proprietários de mercadorias".[785] Com isso, o próprio Marx apaga a distinção entre a análise da forma-valor da mercadoria – na qual se articulam tanto a relação de troca como a relação de valor – e a análise do processo de troca.

Essa confusão está longe de ser trivial, e constitui a raiz do embate entre Kuruma e Uno. Se este interpreta a análise da forma-valor como algo subjacente ao processo de troca, sujeito às avaliações subjetivas,[786] [787] aquele problematiza – já na década de 1950,

784 (MEGA, II.5, p. 51 – destaque no original).

785 HEINRICH, Michael. *Die Wissenschaft vom Wert*: Die Marxsche Kritik der politischen Ökonomie zwischen wissenschaftlicher Revolution und klassicher Tradition. Münster: Westfälisches Dampfboot, 2017, p. 227.

786 UNO, Kozo. *Principles of Political Economy*: Theory of a Purely Capitalist Society. Sussex/Nova Jersey: Harvester Press/Humanities Press, 1980, p. 6.

787 Referindo-se à análise da mercadoria no primeiro capítulo de *O capital*, Uno sustenta: "com o surgimento do dinheiro ou o equivalente, os proprietários de mercadorias podem comparar diretamente o valor

em "Teoria da forma-valor e teoria do processo de troca" – a não diferenciação entre os dois níveis de abstração:

> A relação entre a teoria da forma de valor e a teoria do processo de troca é algo com o qual lutei por muito tempo, começando logo após ler *O capital* pela primeira vez há cerca de 35 anos. As duas teorias parecem girar em torno de como o dinheiro é gerado, mas a forma como Marx realiza sua análise em cada uma delas é completamente diferente. Na verdade, é bastante difícil esclarecer a diferença essencial entre as duas teorias. Relacionado à dificuldade está o fato de que a teoria da forma de valor é posicionada como uma seção dentro do capítulo um sobre a mercadoria, enquanto a teoria do processo de troca constitui um capítulo independente.[788] [789]

Após pioneiramente destacar como Marx desenvolvia a temática em *Para a crítica da economia política* e na primeira edição de *O capital*, Kuruma sustenta que a teoria do processo de troca "difere essencialmente da análise anterior, possuindo uma dimensão diferente de observação".[790] Nela, o dinheiro emerge como "solução" momentânea para a contradição da mercadoria como unidade entre valor de uso e valor. Daí o argumento de que, apesar de constituírem

---

da mercadoria uns dos outros em termos de dinheiro" (UNO, Kozo. *Principles of Political Economy*: Theory of a Purely Capitalist Society. Sussex/Nova Jersey: Harvester Press/Humanities Press, 1980, p. 7).

788 KURUMA, Samezo. *Marx's Theory of the Genesis of Money. How, Why, and Through What Is a Commodity Money?* Leiden/Boston: Brill, 2018, pp. 27/28.

789 A ocasião original para o surgimento dessas questões ocorreu em 1947, em uma série de estudos mensais organizados pelo jornal Hyoron, momento em que Kuruma e Uno já debatiam a temática.

790 KURUMA, Samezo. *Marx's Theory of the Genesis of Money. How, Why, and Through What Is a Commodity Money?* Leiden/Boston: Brill, 2018, pp. 33/34.

níveis de abstração distintos, entre forma-valor e processo de troca existe uma "relação orgânica extremamente próxima".[791]

Esses debates são fundamentais para a compreensão do objeto teórico da investigação marxiana no primeiro capítulo de *O capital*. Trata-se da análise da "mercadoria como tal",[792] o que não significa considerar a mercadoria antes do processo de troca. Uma vez mais vale a pena destacar a importância dessa questão:

> O primeiro e segundo capítulos não tratam de uma sequência temporal, mas de diferentes níveis de investigação. Embora a "mercadoria como tal" deva também ser considerada na relação de troca (mercadoria sem troca não é uma mercadoria, mas meramente um produto), ela não está no processo de troca *efetivo*. A este respeito, trata-se inicialmente apenas da mercadoria "pensada". Também na apresentação das várias formas de valor, Marx não se refere à troca efetiva, mas apenas às mercadorias enquanto tais. Marx mostra que o valor da mercadoria não pode aparecer sobre si mesmo, que ele precisa, portanto, de sua *própria forma objetiva* para aparecer. A forma geral de valor é a *forma de aparecimento* adequada ao valor, ou seja, a forma em que o valor da mercadoria só existe realmente como valor. No entanto, aqui ainda se trata das determinações teóricas da mercadoria enquanto tal e não do seu efetivo processo de troca.[793]

---

791 KURUMA, Samezo. *Marx's Theory of the Genesis of Money. How, Why, and Through What Is a Commodity Money?* Leiden/Boston: Brill, 2018, p. 40.

792 HEINRICH, Michael. *Die Wissenschaft vom Wert*: Die Marxsche Kritik der politischen Ökonomie zwischen wissenschaftlicher Revolution und klassischer Tradition. Münster: Westfälisches Dampfboot, 2017, p. 229.

793 HEINRICH, Michael. *Die Wissenschaft vom Wert*: Die Marxsche Kritik der politischen Ökonomie zwischen wissenschaftlicher Revolution und klassischer Tradition. Münster: Westfälisches Dampfboot, 2017, p. 230 – destaque no original.

A análise das mercadorias apresenta as determinações formais de suas relações, algo muito diferente da análise do processo de troca, momento em que a relação efetiva das mercadorias não se dá pela forma-valor, mas pelos proprietários das mercadorias. Por isso, é importante perceber que o segundo capítulo *não* é uma continuação da análise da forma-valor,[794] [795] mas uma apresentação da estrutura lógica do "problema da ação dos possuidores de mercadorias que devem trocar suas mercadorias",[796] isto é, da ação não em termos de racionalidade subjetiva, mas de sua adequação às determinações

---

794 HEINRICH, Michael. *Die Wissenschaft vom Wert*: Die Marxsche Kritik der politischen Ökonomie zwischen wissenschaftlicher Revolution und klassicher Tradition. Münster: Westfälisches Dampfboot, 2017, p. 230.

795 Isso traz consequências significativas para a identidade entre forma--jurídica e forma-mercadoria, tal como apresentado por Pachukanis: "Marx aponta a condição fundamental, arraigada na própria economia, da existência da forma jurídica, a saber, a unificação das condições de trabalho de acordo com o princípio da troca de equivalentes, ou seja, ele desvela *o nexo interno profundo da forma-jurídica e da forma da mercadoria*" (PACHUKANIS, Evgeni. *A Teoria Geral do Direito e o marxismo e ensaios escolhidos (1921-1929)*. São Paulo: Sundermann, 2017, p. 85 – destaque do autor). Como se sabe, um dos principais trunfos da análise pachukaniana é tido justamente pela sua "adequação metodológica": "podemos dizer que a concepção de Pachukanis corresponde inteiramente às reflexões que Marx desenvolve, sobretudo nos *Grundrisse* e em *O capital*, a propósito do *lugar central que ocupa a análise da forma* para compreender as relações sociais capitalistas" (NAVES, Márcio Bilharinho. *Marxismo e Direito*: um estudo sobre Pachukanis. São Paulo: Boitempo, 2008, p. 48 – destaque no original). Ainda que a discussão detalhada sobre essa temática seja apresentada apenas no quinto capítulo, note-se desde já que tanto em Pachukanis como em grande parte da literatura marxista há um déficit considerável em relação aos estudos dos diferentes níveis de abstração – nos termos aqui desenvolvidos, isto é, em que essas questões são amalgamadas à posição do dinheiro – que estruturam a crítica da economia política.

796 HEINRICH, Michael. *Die Wissenschaft vom Wert*: Die Marxsche Kritik der politischen Ökonomie zwischen wissenschaftlicher Revolution und klassicher Tradition. Münster: Westfälisches Dampfboot, 2017, p. 231.

formais postas pela análise da forma-valor no primeiro capítulo do Livro I.[797]

O que está em pauta no segundo capítulo – tal como aparece na primeira edição de *O capital* – é uma espécie de elementos estruturais para uma teoria da ação social que configura como principal consequência a emergência do dinheiro como algo necessário à ação dos indivíduos. Trata-se de uma abordagem na qual se manifesta uma vez mais a ruptura com todo e qualquer individualismo metodológico, base do "igualitarismo liberal".[798]

Ainda que na segunda edição de *O capital* o próprio Marx dificulte a distinção entre "forma" e "ação", a análise desta a partir da crítica da economia política já a concebe pelos condicionamentos sociais postos pela "estrutura social" apresentada na análise da forma-valor. Contrariamente ao anexo da primeira edição e à segunda edição, no texto da primeira edição o dinheiro é apresentado pela primeira vez da ação dos proprietários de mercadorias – em conformidade com as leis do mundo das mercadorias[799] –, e não da forma-valor. Daí a passagem, já no segundo capítulo:

> Em sua perplexidade, nossos possuidores de mercadorias pensam como Fausto. Era no início a *ação*. Por isso, eles já agiram antes mesmo de terem pensado (...). Esse é o resultado da análise da mercadoria. Mas somente o *fato social*

---

797 O melhor e mais abrangente estudo acerca dessa temática ainda é o livro de Alex Callinicos – *Making History*: *Agency, Structure, and Change in Social Theory* (2009), originalmente publicado em 1987.

798 SMITH, Tony. *Beyond Liberal Egalitarianism*: Marx and Normative Social Theory in the Twenty-First Century. Chicago: Haymarket, 2017, pp. 92/93.

799 Ou seja, "as pessoas envolvidas na troca são 'livres' em sua atividade, mas como proprietários de mercadorias devem seguir as 'leis da natureza das mercadorias'" (HEINRICH, Michael. *Kritik der politischen Ökonomie. Eine Einführung in "Das Kapital"*. Stuttgart: Schmetterling Verlag, 2018, p. 61).

> pode fazer de uma mercadoria determinada um equivalente universal. A *ação social* de todas as outras mercadorias exclui uma mercadoria *determinada*, na qual todas elas expressam universalmente seu valor. Assim, a forma natural dessa mercadoria se converte em forma de equivalente socialmente válida. Ser *equivalente universal* torna-se, por meio do processo social, a *função especificamente social* da mercadoria *excluída*. E assim ela se torna – dinheiro.[800] [801]

O dinheiro não é posto pela racionalidade dos indivíduos, já que eles agiram *antes* de terem pensado. Não há, nesse momento, qualquer resquício do campo científico da economia política clássica, no qual o sentido econômico é analisado a partir da ação motivada dos indivíduos. Mas não só, uma vez que aqui também se percebe como o limite da apresentação dialética das categorias abre espaço para análises empíricas acerca do "movimento efetivo" da sociedade capitalista, desta vez sem qualquer confusão entre níveis de abstração.

"Derivar" o dinheiro a partir da ação dos proprietários de mercadorias condicionada pelas determinações formais – a "ação social" apontada por Marx na última citação – é um passo decisivo para a compreensão da socialidade capitalista. Isso é ainda mais importante pois, efetivamente, o dinheiro confronta os proprietários de mercadorias como um *pré-requisito* de suas ações.[802] Isso significa que a forma de manifestação necessária do valor – o dinheiro – não parece ser fruto de qualquer relação social. Mais do

---

800 (MEGA, II.5, p. 53 – destaques no original).

801 A mesma passagem é incorporada na segunda edição (MEGA, II.6, p. 115) [MEW, 23, p. 101] {Marx, 2013a, p. 161}, convivendo com a "primeira" derivação do dinheiro a partir da "forma-dinheiro" presente no primeiro capítulo.

802 Esse argumento é especialmente relevante quando se atenta para o problema da financeirização. Nesta, o crédito aparece como uma validação social monetária *ex ante*. Esta é a tese de Ricardo Bellofiore (2018), para quem seria necessário avançar em direção a uma teoria macro-monetária da produção capitalista.

que isso, este modo de aparecer enseja a representação de que a ação dos indivíduos é "livre" e determinada apenas pela racionalidade subjetiva. Tal como destacado por Marx, "o movimento mediador desaparece em seu próprio resultado e não deixa qualquer rastro".[803] Por isso é importante atentar para as consequências decorrentes do desenvolvimento categorial que caracteriza o início da crítica da economia política.

Se o dinheiro é posto a partir da "relação de valor" entre mercadorias, isto é, no âmbito da forma-valor (conforme o anexo à primeira edição e na segunda edição de *O capital*), corre-se o risco de se perder de vista a própria mediação conceitual entre a estrutura social e a ação dos portadores de mercadorias:[804]

> Se a análise começa por considerar a atividade e a consciência dos proprietários de mercadorias, então o contexto social que precisa ser explicado foi tomado como algo pressuposto. Esta é a razão pela qual foi necessário para Marx distinguir entre as *determinações formais da mercadoria* e a *ação dos proprietários de mercadorias*, e inicialmente descrever as determinações da forma como tal, uma vez que elas são as pré-condições dadas para a ação e reflexão dos proprietários de mercadorias – que então continuamente reproduzem essas condições através de sua própria ação.[805]

803 (MEGA, II.6, p. 121) [MEW, 23, p. 107] {Marx, 2013a, p. 167}.

804 Grespan oferece uma explicação precisa do sentido de "portador": "uma ação que não esteja dentro das formas estabelecidas só pode sobreviver se criar uma nova forma social que preserve, e de preferência amplie, a reprodução do capital e do modo de vida por ele gerado; senão ela é incapaz de gerar respostas recíprocas dentro do sistema, o qual excluirá o agente. É nesse sentido que ele pode ser chamado de ator ou 'portador' das relações e das formas sociais em vigência" (GRESPAN, Jorge. *Marx e o modo de representação capitalista*. São Paulo: Boitempo, 2019, p. 239).

805 HEINRICH, Michael. *Kritik der politischen Ökonomie. Eine Einführung in "Das Kapital"*. Stuttgart: Schmetterling Verlag, 2018, p. 61 – destaque no original.

Essas questões são fundamentais não apenas para uma teoria da sociedade, mas sobretudo para a análise do peculiar encantamento que informa sua reprodução sócio-jurídica.[806] Se a análise da relação de troca entre mercadorias faz emergir o caráter fantasmagórico da objetividade-valor, e uma vez que a análise da relação de valor entre mercadorias permite a compreensão das relações de contrariedade subsequentes, naturalizando-se a forma-equivalente, a posição do dinheiro no âmbito do "processo de troca" revela o aprofundamento desse processo de naturalização. Concentra-se, assim, o caráter fetichista da socialização capitalista e sua representação do dinheiro como um simples meio prático que meramente auxiliaria os indivíduos a alcançarem seus fins.[807]

3.2.2 O dinheiro e sua manifestação histórica

Uma vez destacada a relação entre dinheiro, forma-valor e níveis de abstração, cumpre atentar para uma segunda questão acerca da posição do dinheiro no âmbito da crítica da economia política. Trata-se de uma premissa particularmente importante encontrada

---

806 Como destacado mais adiante, o dinheiro já aparece nesse momento como fator de posição da igualdade das partes. Em sua discussão sobre o "esquematismo capitalista", Christian Lotz sugere que a mercadoria e a forma-dinheiro não seriam apenas os pressupostos da forma jurídica, já que ela "cada vez mais se transforma em e é assumida pela forma--dinheiro" (LOTZ, Christian. *The Capitalist Schema. Time, Money and the Culture of Abstraction*. Lanham/Boulder/Nova York/Londres: Lexington Books, 2014, p. 50).

807 Isso significa que o dinheiro não é apenas um mediador, um meio de pagamento, como geralmente colocado pelas teorias liberais, ainda que essa compreensão também possa ser encontrada em autores marxistas como Sweezy, Mandel e Meek (HEINRICH, Michael. *Die Wissenschaft vom Wert*: Die Marxsche Kritik der politischen Ökonomie zwischen wissenschaftlicher Revolution und klassicher Tradition. Münster: Westfälisches Dampfboot, 2017, p. 242). Assim, não é mera coincidência que esses autores partam da leitura historicista de *O capital*, na qual a forma-valor e seus respectivos níveis de análise são associados à pré-história do capitalismo.

em *O capital*, qual seja, a fundamentação do sistema monetário em uma mercadoria que seria dinheiro (*Geldware*): "a dificuldade não está em compreender o que é mercadoria, mas em descobrir como, por que e por quais meios a mercadoria é dinheiro".[808]

Diante da queda de Bretton Woods, que pôs fim ao ouro como lastro do dólar, fazendo com que o sistema monetário não dependesse mais de uma mercadoria, o que fazer com a premissa acima destacada? Seria possível encontrar outra fundamentação para o sistema monetário que não seja pressupondo uma mercadoria-dinheiro como base de seu desenvolvimento conceitual? Diante dessas questões, é interessante notar como no *Urtext* encontra-se uma delimitação acerca da fundamentação do dinheiro:

> O processo de produção burguesa apreende primeiro a circulação do metal como um órgão tradicional acabado, que se transforma gradualmente, mas que retém sempre a sua construção básica. A questão, portanto, do porquê o ouro e a prata servem como material do dinheiro ao invés de outras mercadorias, vai além dos limites do sistema burguês.[809]

Diferentemente do argumento presente em *O capital*, nesse momento Marx se move pela análise dos "limites" do sistema burguês. Não parece ser trivial que o dinheiro deva ser uma mercadoria X, e não Y, algo que Marx procurou destrinchar ao longo dos anos. Ainda que a partir da segunda edição de *O capital* se encontre a referida identificação entre dinheiro e mercadoria, é importante notar um registro distinto dessa questão tanto em *Para a crítica da economia política* como na primeira edição de *O capital*. A diferença na abordagem está relacionada a uma determinação formal importante para a teoria monetária do valor e posteriormente abandonada por

---

808 (MEGA, II.6, p. 120) [MEW, 23, p. 107] {Marx, 2013a, p. 167}.
809 (MEGA, II.2, p. 39).

Marx, qual seja, a sugestiva "forma genérica" (*Gattungsform*). Em se tratando do texto de 1859, em particular no que se refere à análise do dinheiro, Marx sustenta:

> Contrariamente às mercadorias que apenas representam a existência independente do valor de troca, o trabalho social geral, a riqueza abstrata, o ouro é a *existência material da riqueza abstrata* (...). O ouro é a riqueza universal como indivíduo.[810]

Se o "ouro é a riqueza universal como indivíduo", então o dinheiro não é apenas um termo genérico abstrato, mas também – isto é, ao mesmo tempo – a materialização da riqueza abstrata, um elemento concreto que está no mesmo plano das mercadorias individuais. Trata-se, assim, de um universal que efetivamente também é individual. Marx havia captado isso na primeira edição alemã de *O capital* – em uma passagem igualmente excluída das edições posteriores – com uma sugestiva analogia:

> Na forma III, que é a segunda forma invertida e que está, portanto, contida nela, a tela aparece, pelo contrário, como a *forma genérica* [*Gattungsform*] do equivalente para todas as outras mercadorias. É como se ao lado e além dos leões, tigres, lebres e todos os animais efetivamente reais, que agrupados constituem as diferentes raças, espécies, subespécies, famílias etc. do reino animal, existisse também *o animal*, a encarnação individual de todo o reino

810 (N.T.) Na edição da Expressão Popular é alterado o sentido de que o ouro é a "riqueza universal como indivíduo" [*der allgemeine Reichtum als Individuum*], já que a edição brasileira apresenta a mesma frase como "o ouro é a riqueza universal individualizada" (MARX, 2008, p. 163). Não se trata aqui de um processo de individualização, mas de uma universalidade que é *simultaneamente* singularidade. (MEGA, II.2, p. 188 – destaque no original) [MEW, 13, pp. 102-103] {Marx, 2008, pp. 162-163}.

> animal. Tal indivíduo que compreende em si mesmo todas as espécies efetivamente existentes da mesma coisa é um *universal*, como o *animal*, *Deus* e assim por diante.[811] [812]

Essa forma genérica – "o animal" – é sem dúvida uma abstração real, cujo sentido permite uma compreensão distinta da assertiva de que o dinheiro deve ser uma mercadoria. Note-se que esse "animal" não necessita ser, por exemplo, *o* leão, ou *o* tigre. O que está em jogo não é a identidade entre o gênero e as espécies, mas que aquele exista ao lado destes. Ou seja, há a *possibilidade* de que ambos coincidam, algo que Marx toma como *necessário* em alguns momentos.[813] Por isso o dinheiro *não* está necessariamente

---

811 (MEGA, II.5, p. 37 – destaques no original).

812 É interessante notar o desenvolvimento e aumento de complexidade do pensamento marxiano. Mais de vinte anos antes – em 1844 –, Marx estava muito distante dessa compreensão das abstrações objetivas, como no caso do "animal" enquanto encarnação individual do reino animal. Em *A sagrada família*, ao analisar "o mistério da construção especulativa", Marx disseca como a especulação conceitual parte de maçãs, peras, morangos e amêndoas reais para chegar à representação da "fruta". Esta abstração, no entanto, ainda é compreendida subjetivamente, como uma invenção do "filósofo especulativo": "o que alegra na especulação é, por conseguinte, voltar a encontrar todas as frutas reais, porém na condição de frutas dotadas de uma significação mística mais alta, frutas que brotam do éter do teu próprio cérebro e não do solo material" (Marx; Engels, 2011, p. 74).

813 Tal como destacado por Heinrich, "Marx inicia a análise da forma de valor com o fato de que o valor de uma mercadoria é expresso no valor de outra mercadoria. O que ele demonstra não é que seja necessário que uma segunda *mercadoria* sirva como expressão de valor para a primeira, mas que esta expressão de valor é incompleta e deficiente, se estiver ligada a uma única mercadoria aleatória. *Por meio da expressão de valor de uma mercadoria em outra mercadoria*, Marx demonstra quais requisitos uma forma de valor deve atender para expressar adequadamente seu valor. *No entanto, que o portador desta forma de valor seja ele próprio uma mercadoria não foi evidenciado, mas assumido desde o início*. Embora a análise da forma de valor forneça as *determinações formais* do equivalente geral, ela não fornece um argumento sobre se

vinculado a uma mercadoria: "enquanto exista algo particular que tenha propriedades universais, sua constituição física específica é uma questão secundária".[814] [815]

Mesmo nos *Grundrisse*, sem se referir à "forma genérica", Marx já apresentava reflexões nesse sentido:

> A mercadoria deve ser trocada por uma terceira coisa que, por sua vez, não seja ela mesma uma mercadoria particular, mas o símbolo da mercadoria como mercadoria, o próprio valor de troca da mercadoria; *portanto, que represente, digamos, o tempo de trabalho enquanto tal*, digamos, um pedaço de papel ou de couro que represente uma parte alíquota de tempo de trabalho. (...) Um tal símbolo presume o reconhecimento universal; só pode ser um símbolo universal.[816]

---

o equivalente geral deve ou não ser uma mercadoria" (HEINRICH, Michael. *Die Wissenschaft vom Wert*: Die Marxsche Kritik der politischen Ökonomie zwischen wissenschaftlicher Revolution und klassicher Tradition. Münster: Westfälisches Dampfboot, 2017, p. 233 – destaques no original).

814 SMITH, Tony. *Beyond Liberal Egalitarianism*: Marx and Normative Social Theory in the Twenty-First Century. Chicago: Haymarket, 2017, p. 88.

815 Em uma nota de rodapé, Tony Smith apresenta um argumento importante para a discussão sobre a relação entre mercadoria e dinheiro: "como muitos outros teóricos de sua época, Marx supôs que o dinheiro estava definitivamente vinculado a uma mercadoria, ouro ou prata. No entanto, é importante notar que Marx também afirmou que a forma do dinheiro específica para o capitalismo é o dinheiro de crédito, sugerindo que o dinheiro-mercadoria seria mais um legado de períodos pré-capitalistas do que uma determinação essencial" (SMITH, Tony. *Beyond Liberal Egalitarianism*: Marx and Normative Social Theory in the Twenty-First Century. Chicago: Haymarket, 2017, p. 88, n. 31).

816 (MEGA, II.1.1, p. 79 – destaques no original) [Marx, 2011, p. 94].

A ideia de que o dinheiro existe "ao lado" das mercadorias já era percebida antes da década de 1860: "o valor de troca do produto engendra, por conseguinte, o dinheiro ao lado do produto".[817] Por isso é dito que o valor de troca se apresenta no dinheiro não só como "mercadoria universal ao lado de todas as mercadorias particulares", mas "simultaneamente (...) como mercadoria particular (dado que possui uma existência particular) ao lado de todas as outras mercadorias". Consequentemente, "aqui não se fala ainda, de modo algum, *do dinheiro fixado na substância* de um determinado produto".[818] Por mais que nos *Grundrisse* essa percepção do dinheiro não seja desenvolvida a partir da análise da forma-valor, é importante atentar que

> *qualquer* dinheiro (quer se trate de mercadorias com valor intrínseco ou não) é apenas um *representante* do "valor como tal" e, portanto, um "selo de valor". Apenas neste sentido geral é que a categoria de dinheiro é o resultado do exame do processo de troca.[819] [820]

A ideia de representação está intimamente associada à análise formal. É ela que desenvolve a determinação decisiva do dinheiro, qual

---

817 (MEGA, II.1.1, p. 80) [Marx, 2011, p. 95].

818 (MEGA, II.1.1, p. 84 – destaques no original) [Marx, 2011, p. 99].

819 HEINRICH, Michael. *Die Wissenschaft vom Wert*: Die Marxsche Kritik der politischen Ökonomie zwischen wissenschaftlicher Revolution und klassicher Tradition. Münster: Westfälisches Dampfboot, 2017, p. 236 – destaque no original.

820 Belluzzo apresenta um raciocínio próximo, ao destacar o "passo mercantil" na análise marxiana do dinheiro: "o dinheiro – a forma geral do valor e expressão universal da riqueza –, somente ele, realiza a riqueza individual como riqueza social; é o dinheiro este 'objeto'. Há quem confunda essa objetividade com a corporeidade metálica, mas, na construção de *O capital*, a corporeidade metálica é apenas o passo 'mercantil' para que a objetividade assuma a sua forma apropriada ao regime do capital plenamente constituído" (BELLUZZO, Luiz Gonzaga. *O capital e suas metamorfoses*. São Paulo: Unesp, 2013, p. 9).

seja, a forma de equivalente geral. Por isso a abordagem marxiana se distancia tanto do nominalismo como do metalismo – nestes, a controvérsia gira em torno da pergunta "o que transforma o dinheiro em dinheiro, uma convenção social ou um valor intrínseco da coisa?" Marx, por sua vez, aponta a necessidade de uma expressão independente de valor, *uma manifestação que é tanto exteriorização quanto fetichização*. E é seu desenvolvimento histórico que "materializa" de distintos modos a expressão independente de valor:

> As distintas formas de dinheiro podem corresponder melhor à produção social em diferentes etapas, uma elimina inconvenientes contra os quais a outra não está à altura; mas nenhuma delas, enquanto permanecerem formas do dinheiro e enquanto o dinheiro permanecer uma relação de produção essencial, pode abolir as contradições inerentes à relação do dinheiro, podendo tão somente representá-las em uma outra forma.[821] [822]

No âmbito do presente livro, é importante atentar para a delimitação desse objeto no estudo do dinheiro tal como ele se apresenta na circulação simples de mercadorias, essa "esfera abstrata"[823] da sociedade burguesa.[824] Isso significa que a pergunta acerca da necessidade do dinheiro está localizada em um nível distinto de apresentação quando comparada à pergunta pela natureza

821 (MEGA, II.1.1, p. 58) [Marx, 2011, p. 75].

822 (N.T.) Na edição da Boitempo o termo *ein wesentliches Productionsverhälniß* é traduzido como "relação social essencial", e não como "relação de produção essencial".

823 (MEGA, II.2, p. 68).

824 Conforme assinalado, o significado e a importância da circulação simples de mercadorias – notadamente no âmbito das reflexões que perpassam a "forma jurídica" – são objeto de análise no quinto capítulo.

do objeto que figura como dinheiro.[825] [826] Daí a certeira consideração encontrada nos *Grundrisse*:

> Como é impossível suprimir as complicações e contradições derivadas da existência do dinheiro ao lado das mercadorias particulares por meio da modificação da forma do dinheiro (...), é igualmente impossível suprimir o próprio dinheiro enquanto o valor de troca permanecer a forma social dos produtos.[827]

Aqui entra em cena uma vez mais a importante ressalva de que "a forma dialética de apresentação só é correta *se conhecer seus limites*",[828] ainda que o próprio Marx os ultrapasse em determinados momentos. Ora, é a desatenção a essas fronteiras que faz com que o desenvolvimento categorial do dinheiro fique por vezes refém da determinação histórica, tal como manifestado na análise do "dinheiro mundial" em *O capital*:

> Ao deixar a esfera da circulação interna, o dinheiro se despe de suas formas locais de padrão de medida dos preços, de moeda, de moeda simbólica e de símbolo de valor, e retorna à sua forma original de barra de metal precioso.[829]

Desse modo, o ponto-chave não está na construção de um discurso que apenas questione como os métodos lógico e histórico

---

825 HEINRICH, Michael. *Die Wissenschaft vom Wert*: Die Marxsche Kritik der politischen Ökonomie zwischen wissenschaftlicher Revolution und klassicher Tradition. Münster: Westfälisches Dampfboot, 2017, p. 234.

826 Não só as discussões sobre o ouro e o dólar pós Bretton Woods, como os atuais debates envolvendo criptomoedas encontram aqui seu lugar, ambos dependendo de análises institucionais e tecnológicas.

827 (MEGA, II.1.1, p. 80) [Marx, 2011, p. 95].

828 (MEGA, II.2, p. 91 – destaque do autor).

829 (MEGA, II.6, p. 162) [MEW, 23, p. 156] {Marx, 2013a, p. 215}.

poderiam se combinar, tal como sugerido por Backhaus no capítulo anterior. Essa diferença diz respeito a níveis distintos de abstração e à própria compreensão dos limites da apresentação dialética das categorias. Como resume Tony Smith, "a estrutura metodológica de Marx não implica que uma determinação inicial com prioridade sistemática na ordenação possua prioridade causal em processos históricos concretos".[830] Isso é importante para se compreender como a análise do dinheiro em si mesmo – ou seja, sua determinação abstrata – se relaciona com o fetichismo que lhe é próprio. O objetivo não é caminhar por um estudo acerca da concretização do dinheiro em um sistema monetário específico, mas revelar um aspecto fundamental da crítica marxiana do dinheiro, qual seja, sua não neutralidade.

3.2.3 A não neutralidade do dinheiro

A não neutralidade do dinheiro constitui um dos principais aspectos de uma teoria monetária do valor, algo intimamente relacionado aos resultados da análise desenvolvida até agora. Ainda assim, também nesse caso não deixam de existir alguns ruídos sobre o exato sentido da necessidade do dinheiro na crítica da economia política. Pense-se, por exemplo, na seguinte passagem: "o dinheiro, como medida de valor, é a forma necessária de manifestação *da medida imanente de valor das mercadorias: o tempo de trabalho*".[831] Essa afirmação encaminha o entendimento de que o dinheiro é a necessária, e sobretudo, única manifestação possível do valor das mercadorias.

Mas essa mesma frase também pode sugerir que aquilo que é manifestado existe no dinheiro antes dele mesmo, como se a "medida

---

830 SMITH, Tony. *Beyond Liberal Egalitarianism*: Marx and Normative Social Theory in the Twenty-First Century. Chicago: Haymarket, 2017, p. 77.

831 (MEGA, II.6, p. 121 – destaque do autor) [MEW, 23, p. 109] {Marx, 2013a, p. 169}.

imanente de valor" fosse uma propriedade interna das mercadorias anterior ao processo de troca. Isso não só estaria em desacordo com a teoria monetária do valor – notadamente em virtude das considerações anteriores a respeito dos conceitos de trabalho abstrato e objetividade do valor, ambos articulados à socialização retrospectiva pela troca –, como minaria a própria premissa a partir da qual Marx estabelece a "forma necessária". Se a função de medida dos valores do dinheiro nada mais é do que uma espécie de tradução de uma magnitude *anterior* – o tempo de trabalho gasto na produção – então não se vê como a análise marxiana seria qualitativamente distinta daquela oferecida por alguns representantes da economia política clássica.

Benjamin Franklin, por exemplo, não deixou de afirmar a necessidade de uma medida dos valores distinta dos metais preciosos. Uma vez que o comércio nada mais seria do que a troca de trabalho por trabalho, estaria garantida a possibilidade de avaliar o valor das coisas pelo trabalho. Mas em *Para a crítica da economia política* é dito que, ao se colocar "o trabalho efetivo no lugar da palavra trabalho, se descobre imediatamente a mistura de trabalho em uma forma com o trabalho em outra forma". Além disso, Marx acrescenta:

> Franklin pensava que o valor das botas, dos produtos das minas, da fiação, da pintura etc. é determinado pelo trabalho abstrato, que não possui qualidade especial e pode-se medir, portanto, por meio da simples quantidade.[832]

Consequentemente:

> No entanto, como ele não desenvolve o trabalho contido no valor de troca como abstrato, o trabalho social geral decorrente da alienação geral dos trabalhos individuais, ele necessariamente julga o dinheiro como a forma imediata de

832 (MEGA, II.2, p. 134) [MEW, 13, p. 42] {Marx, 2008, p. 88}.

> existência desse trabalho alienado. O dinheiro e o trabalho criador de valor de troca não possuem, portanto, nenhuma conexão interna para ele. O dinheiro é então um instrumento trazido de fora para a troca por conveniência técnica.[833]

Nessas reflexões já é possível perceber de que modo a análise marxiana não compreende o dinheiro como uma mera precificação de um valor anterior.[834] Este argumento fica ainda mais preciso ao se considerarem as ponderações de John Gray, notadamente no que se refere ao desenvolvimento de um sistema de certificação a partir do qual cada trabalhador receberia um certificado oficial do valor referente à mercadoria por ele produzida. Tal como salientado por Marx, trata-se da primeira sistematização da doutrina do "tempo de trabalho considerado como unidade de medida imediata do dinheiro".[835]

No entanto – e isso é fundamental para mais esta comparação entre *Para a crítica da economia política* e *O capital* –, é o próprio Marx quem apresenta alguns questionamentos: "por que o valor de troca evolui para o preço? Por que todas as mercadorias estimam seu valor em uma mercadoria exclusiva, que é assim transformada na existência adequada do valor de troca, em dinheiro?"[836] Este era o problema que Gray deveria resolver. Mas ele não só não o resolve como "imagina que as mercadorias poderiam se relacionar diretamente umas com as outras como produtos do trabalho social". No entanto:

---

833 (MEGA, II.2, p. 134) [MEW, 13, p. 42] {Marx, 2008, p. 88}.

834 Nos *Grundrisse* já se encontra uma passagem particularmente clara: "o *preço* diferencia-se também do *valor*, não apenas como o nominal se diferencia do real; não apenas pela denominação em ouro e prata, mas pelo fato de que o último aparece como lei dos movimentos por que passa o primeiro" (MEGA, II.1.1, p. 73 – destaques no original) [Marx, 2011, p. 88].

835 (MEGA, II.2, p. 155) [MEW, 13, p. 66] {Marx, 2008, p. 117}.

836 (MEGA, II.2, p. 156) [MEW, 13, p. 67] {Marx, 2008, p. 118}.

> As mercadorias são diretamente produtos de um trabalho privado isolado e independente, que deve ser confirmado como trabalho social geral através da sua alienação no processo de troca privada, isto é, o trabalho como fundamento da produção de mercadorias torna-se trabalho social apenas através da alienação geral dos trabalhos individuais.[837]

Diretamente, o trabalho privado produz produtos, não mercadorias. E assim como o produto torna-se mercadoria primeiramente no processo de troca com outras mercadorias, isto é, *a posteriori*, também o trabalho individual é validado retroativamente, isto é, reconhecido como componente do trabalho social (abstrato) nesse mesmo momento, juntamente com o valor. Desse modo, o dinheiro não pode ser uma mera precificação de uma grandeza de valor interna à mercadoria, tal como ela se encontra antes do processo de troca. Daí a precisa crítica de Marx – nos *Manuscritos econômicos de 1861-63* – à teoria monetária de Ricardo, ao enfatizar que o economista inglês não chega a examinar a forma do trabalho que "cria" valor. E é justamente essa falha que o impede de apreender o seguinte problema:

> A conexão entre *esse trabalho* e o *dinheiro*, ou a circunstância de ele ter de configurar-se em *dinheiro*. Por isso não concebe de maneira alguma o nexo entre a determinação do valor de troca da mercadoria pelo tempo de trabalho e a necessidade do desenvolvimento que leva as mercadorias a formarem o dinheiro. Daí sua falsa teoria monetária.[838]

Disso deriva a observação, feita ainda no Livro I, acerca dos distintos níveis de abstração a partir dos quais são posicionados a grandeza de valor de uma mercadoria e seu preço:

837 (MEGA, II.2, p. 156) [MEW, 13, p. 67] {Marx, 2008, pp. 118-119}.
838 (MEGA, II.3.3, p. 816 – destaque no original).

> A grandeza de valor da mercadoria expressa, portanto, uma relação necessária – e imanente ao seu processo constitutivo – com o tempo de trabalho social. Com a transformação da grandeza de valor em preço, essa relação necessária aparece como relação de troca entre uma mercadoria e a mercadoria-dinheiro existente fora dela (...). A possibilidade de uma incongruência quantitativa entre preço e grandeza de valor, ou o desvio do preço em relação à grandeza de valor, reside, portanto, na própria forma-preço. Isso não é nenhum defeito dessa forma, mas, ao contrário, aquilo que faz dela a forma adequada a um modo de produção em que a regra só se pode impor como a lei média do desregramento que se aplica cegamente.[839]

Com isso se percebem as razões pelas quais o valor só é visível na troca,[840] ainda que ele seja levado em consideração já na produção, o que acaba por destacar uma vez mais a diferença entre teoria substancialista e teoria monetária do valor. Nesta, as mercadorias só podem se relacionar entre si como valores a partir da forma-valor, cabendo à forma-dinheiro expressar o valor. Naquela, o valor está dentro de objetos individuais e, por si mesmo, sem referência ao dinheiro.

Mas ainda é necessário tecer algumas considerações sobre o estatuto do dinheiro. No último subitem do terceiro capítulo de O

---

839 (MEGA, II.6, p. 128) [MEW, 23, p. 117] {Marx, 2013a, pp. 176-177}.

840 Uma vez mais: essa visibilidade não significa que ele seja "criado", "produzido" lá. Não se trata aqui de uma discussão acerca da origem do valor, mas de sua constituição social. Nesse sentido, Heinrich faz uma consideração importante: "mesmo que se diga que o valor (e o mais-valor) é 'produzido', isto é estritamente uma forma abreviada de dizer: o trabalho individual foi gasto e foi produzido um produto que se espera que se transforme em mercadoria e possa ser vendido a um determinado preço" (HEINRICH, Michael. *Die Wissenschaft vom Wert*: Die Marxsche Kritik der politischen Ökonomie zwischen wissenschaftlicher Revolution und klassicher Tradition. Münster: Westfälisches Dampfboot, 2017, p. 241, n. 70).

capital, responsável por fechar a Seção I, Marx aborda o "dinheiro" logo após ter apresentado as funções do dinheiro como "medida dos valores" e como "meio de circulação". Qual o significado dessa duplicação? Se o terceiro capítulo tem como objeto o dinheiro, e se seus dois primeiros subitens tratam de funções do dinheiro, o que Marx quer dizer com o "dinheiro como dinheiro"? Como ele mesmo diz:

> A mercadoria que funciona como medida de valor e, desse modo, também como meio de circulação, seja em seu próprio corpo ou por meio de um representante, é dinheiro. O ouro (ou a prata) é, portanto, dinheiro. Ele funciona como dinheiro, por um lado, quando tem de aparecer em sua própria corporeidade dourada (ou prateada), isto é, como mercadoria-dinheiro, nem de modo meramente ideal, como em sua função de medida de valor, nem como capaz de ser representado, como em sua função de meio de circulação; por outro lado, quando, em virtude de sua função, seja ela realizada em sua própria pessoa ou por um representante, ele se fixa exclusivamente na figura de valor, a única forma adequada de existência do valor de troca, em oposição a todas as outras mercadorias como meros valores de uso.[841]

Entre marxistas e não marxistas prevalece a leitura de que teríamos apenas a enumeração de funções distintas e independentes do dinheiro.[842] Mas Marx explicitamente destaca duas situações diferentes nas quais o dinheiro funciona: primeiramente, como "mercadoria-dinheiro", momento que idealmente expressa o dinheiro em sua função de medida de valor e de meio de circulação; em segundo lugar, quando o dinheiro "fixo" atua como a "única figura de valor" em oposição aos valores de uso, isto é, como manifestação

---

841 (MEGA, II.6, pp. 151-152) [MEW, 23, pp. 143-144] {Marx, 2013a, p. 203}.

842 HEINRICH, Michael. *Die Wissenschaft vom Wert*: Die Marxsche Kritik der politischen Ökonomie zwischen wissenschaftlicher Revolution und klassicher Tradition. Münster: Westfälisches Dampfboot, 2017, p. 248.

independentemente do valor. E é justamente neste contexto em que o dinheiro como fim em si mesmo é posto nas novas funções.

Isso ocorre no entesouramento: "A mercadoria é vendida não para comprar mercadoria, mas para substituir a forma-mercadoria pela forma-dinheiro. De simples meio do metabolismo, essa mudança de forma converte-se em fim de si mesma".[843] Também no meio de pagamento: "A figura de valor da mercadoria, o dinheiro, torna-se, agora, o fim próprio da venda, e isso em virtude de uma necessidade social que deriva do próprio processo de circulação".[844] E, por fim, no âmbito do dinheiro mundial: "O dinheiro mundial funciona como meio universal de pagamento, meio universal de compra e materialidade e absolutamente social da riqueza universal (*universal wealth*)".[845]

Consequentemente, o dinheiro não é algo meramente formal. Isso significa que, no âmbito de uma teoria monetária do valor, é somente por meio dele "que se pode estabelecer um *contexto social coerente* entre os vários trabalhos privados".[846] Com isso se descortina mais um aspecto da não-neutralidade do dinheiro. Se a crítica da economia política teve início – em seu sentido lógico – com as mercadorias e seu processo imediato de troca, M-D-M, a posição do dinheiro engendra a "metamorfose da mercadoria", decompondo esse processo em M-D e D-M. Aqui – no âmbito da crítica em sua "média ideal" – já se manifesta a possibilidade das crises, algo acenado ainda nos *Grundrisse*: "na determinação do dinheiro como mediador, no desdobramento da troca em dois atos, já se encontra o

843 (MEGA, II.6, p. 154) [MEW, 23, p. 144] {Marx, 2013a, p. 204}.

844 (MEGA, II.6, p. 157) [MEW, 23, p. 150] {Marx, 2013a, p. 209}.

845 (MEGA, II.6, pp. 162-163) [MEW, 23, p. 157] {Marx, 2013a, p. 217}.

846 HEINRICH, Michael. *Die Wissenschaft vom Wert*: Die Marxsche Kritik der politischen Ökonomie zwischen wissenschaftlicher Revolution und klassicher Tradition. Münster: Westfälisches Dampfboot, 2017, p. 251 – destaque no original.

germe das crises, pelo menos sua possibilidade".[847] Mais importante ainda, no entanto, é atentar para um registro feito por Marx nos *Manuscritos econômicos de 1861-1863*:

> Se, por exemplo, compra e venda – ou o movimento da metamorfose da mercadoria – apresenta a unidade de dois processos, ou melhor, o percurso de um processo através de duas fases opostas, constituindo essencialmente, portanto, a unidade de ambas as fases, então igualmente é a separação das mesmas e sua autonomização uma diante da outra. Como elas pertencem uma à outra, a autonomização desses momentos só pode *aparecer* violentamente, como processo destrutivo. É a *crise*, precisamente, na qual a unidade se efetua, a unidade dos diferentes. A autonomia, que os momentos pertencentes um ao outro e complementares adotam reciprocamente, é anulada violentamente. A crise manifesta, assim, a unidade dos momentos reciprocamente autonomizados.[848]

O dinheiro é, assim, feitor tanto da possibilidade de construção da ordem social como sua destruição.[849] Mas não só. O que se deriva da crítica categorial do dinheiro não é apenas a compreensão de que o "dinheiro como dinheiro" aparece como um fim em si mesmo. Para

---

847 (MEGA, II.1.1, p. 127) [Marx, 2011, p. 145].

848 (MEGA, II.3.3, p. 1123 – destaques no original).

849 Tendo como parâmetro uma análise *histórica*, o estudo "da compra de tempo com ajuda de dinheiro" (STREECK, Wolfgang. *Tempo comprado*: a crise adiada do capitalismo democrático. São Paulo: Boitempo, 2018, p. 45) como estratégia para apaziguar os conflitos sociais após a década de 1970 é sintomático, já que seus três mecanismos de manutenção provisória da ordem social – (i) inflação; (ii) endividamento público; e (iii) endividamento privado – constituem *saídas monetárias*. Daí o argumento de que a "dupla natureza" do dinheiro como propriedade privada e como instituição pública "está na base da natureza enigmática do capitalismo" (STREECK, Wolfgang. *Tempo comprado*: a crise adiada do capitalismo democrático. São Paulo: Boitempo, 2018, p. 87).

além de sua não neutralidade, aqui já se deixa entrever a própria autonomização do valor. Note-se, no entanto, que também neste caso não se trata de uma ilusão. Marx capta esse desdobramento de modo particularmente preciso em sua análise crítica da escola ricardiana, ainda nos *Manuscritos econômicos de 1861-1963*:

> Isso mostra, portanto, que o *verbal observer* [autor anônimo vinculado à corrente nominalista] compreendeu tão pouco quanto Bailey alguma coisa do valor ou da essência do dinheiro quando trata a autonomização do valor como uma invenção escolástica dos economistas. Essa autonomização aparece ainda mais no capital que, por um lado, enquanto *valor em processo* – e como o valor existe autonomamente apenas no dinheiro –, pode ser chamado *dinheiro em processo* que percorre uma série de processos nos quais ele se conserva, sai de si e volta a si aumentado. Que o paradoxo da realidade se expresse também em paradoxos de linguagem que contrariam o senso comum e aquilo que os economistas vulgares entendem e acreditam estar dizendo é algo que se entende por si só. As contradições que derivam da circunstância do trabalho privado na base da produção de mercadorias apresentar-se como trabalho social geral, e do fato de as relações entre as pessoas se apresentarem como relações entre coisas e como coisas – essas contradições residem na própria matéria e não em sua expressão verbal.[850]

A autonomização do valor, longe ser uma "invenção escolástica", ativa uma série de movimentos: o "valor em processo" e o "dinheiro em processo", momentos que abrem caminho para a posição do capital. Daí a afirmação de que o "produto final da circulação [simples] de mercadorias é a primeira forma de manifestação do capital".[851] Para os propósitos do presente livro, importa

850 (MEGA, II.3.4, p. 1323 – destaques no original).

851 (MEGA, II.6, p. 165) [MEW, 23, p. 161] {Marx, 2013a, p. 223}.

destacar o *jogo de posições e inversões* subjacentes às considerações desenvolvidas até aqui. Em que pesem suas ambivalências, a teoria marxiana do valor pode ser compreendida como uma *exposição categorial dialética da validação social do trabalho individual no capitalismo*, cuja manifestação se dá pela permutabilidade geral de mercadorias pelo dinheiro. Trata-se, como já destacado desde Backhaus, de uma ruptura em relação à economia política clássica e, nesse sentido, ela é uma teoria monetária do valor que procura compreender criticamente tanto a objetividade do valor como as teorias pré-monetárias, sejam elas clássicas, neoclássicas, ou mesmo marxistas.

Mas a análise marxiana do dinheiro, ainda que dependente das determinações formais que estruturam a crítica da economia política, nem por isso se limita ao aspecto da formalidade, como destacado. Entre a passagem da relação de troca para a relação de valor entre mercadorias, passando pela consideração do processo de troca e seu encaminhamento para a não-neutralidade do dinheiro, emergem aspectos decisivos da socialização capitalista que atestam o sentido crítico de uma teoria social imanente. O aspecto fantasmagórico do valor se dilui gradativamente até sua naturalização fetichizada, primeiramente pela forma-equivalente, e, depois – sempre no sentido lógico –, pela posição do dinheiro. Tal como sugerido por Adorno em sua análise da fantasmagoria nas composições de Wagner, "na ausência de qualquer vislumbre das forças ou condições subjacentes de sua produção, esta aparência externa pode reivindicar o status de ser".[852] No âmbito de uma abordagem pela forma-valor, a autonomização do valor aprofunda o encantamento da sociedade moderna, notadamente na "ossificação" do capital portador de juros.[853]

---

852 ADORNO, Theodor, W. *In Search of Wagner*. Londres/Nova York: Verso, 2005, p. 74.

853 (MEGA, II.4.2, p. 851) [MEW, 25, p. 836] {Marx, 2017, p. 891}.

Como se vê, o processo de autonomização social está longe de constituir um erro, uma ilusão da sociedade moderna. Mas ele também não é algo desencantado. Trata-se de compreendê-lo como manifestação necessária – realidade efetiva (*Wirklichkeit*) – do modo de produção capitalista, um resultado da análise da crítica da economia política. Esta é a chave de leitura a partir da qual uma leitura alternativa da "financeirização da economia" desponta, com consequências significativas para a compreensão da reprodução sócio-jurídica da sociedade moderna.

CAPÍTULO IV

A DOMINAÇÃO FINANCEIRA E A ACUMULAÇÃO DE DIREITOS

O capítulo anterior apresentou os principais aspectos da teoria monetária do valor. Passando pelas categorias fundamentais de trabalho abstrato, valor, forma-valor e dinheiro, a análise das ambivalências de Marx e de sua nem sempre restrição aos limites da crítica da economia política teve na apresentação dos sucessivos níveis de abstração da Seção I um dos seus pontos principais. Em se tratando da naturalização das relações sociais, a compreensão da objetividade-valor é particularmente importante para as reflexões desenvolvidas neste capítulo, já que sua discussão no âmbito da relação de troca e de valor entre mercadorias manifesta por si só a inversão característica da socialização moderna.

Ainda assim, tanto o fetichismo da mercadoria como o fetichismo do dinheiro constituem apenas aproximações iniciais ao encantamento do mundo. No Livro II, ao discutir as teorias sobre o capital fixo e o circulante, Marx destaca como o modo de produção capitalista se transforma num "mistério absoluto", consumando o "fetichismo peculiar da economia burguesa, que transforma o aspecto econômico e social presente nas coisas no processo social de produção em algo natural, que provém da natureza material dessas coisas".[854]

O aprofundamento dessa temática ocorre com a posição do capital portador de juros, no Livro III. E é justamente a partir dessa perspectiva que a financeirização da economia retorna ao centro das atenções. Se na introdução e no primeiro capítulo do presente livro foi apresentada a crítica heterodoxa ao capitalismo especulativo de Wall Street, momento em que o "assalto rentista" era visto como a cooptação das instituições e da arquitetura jurídica nacional e internacional, trata-se agora de retomar a problemática da dominação financeira tendo como fundamento a análise categorial desenvolvida nos capítulos anteriores.

O objetivo é construir um diagnóstico das finanças a partir da "média ideal" da crítica da economia política, notadamente pela abordagem da forma-valor. Isso significa que o capitalismo contemporâneo não é visto como um

> desvio parasitário de uma hipotética versão "produtiva" ideal que se deveria desejar; as finanças não são disfuncionais, supérfluas e irritantes (embora possam tornar-se assim dado o desenvolvimento da luta de classes).[855]

Essa releitura da financeirização não minimiza a instabilidade e a desigualdade que necessariamente acompanham os novos desenvolvimentos. O que ela busca é dar às finanças "um papel crucial a desempenhar na organização das relações de poder capitalistas".[856]

---

854 (MEGA, II.11, pp. 176-177) [MEW, 24, p. 228] {Marx, 2014, p. 315}.

855 SOTIROPOULOS, D.; MILIOS, J.; LAPATSIORAS, S. *A Political Economy of Contemporary Capitalism and its Crisis*: Demystifying Finance. Londres/Nova York: Routledge, 2013, p. 107.

856 SOTIROPOULOS, D.; MILIOS, J.; LAPATSIORAS, S. *A Political Economy of Contemporary Capitalism and its Crisis*: Demystifying Finance. Londres/Nova York: Routledge, 2013, p. 134.

Trata-se de compreender não só os diferentes níveis de abstração a partir dos quais o capitalismo especulativo de Wall Street pode ser apreendido, mas sobretudo seu significado no âmbito da crítica da economia política em sua "média ideal".

Com isso também não se nega o sentido político das análises apresentadas anteriormente. O ponto chave está na percepção de que a posição das classes não é por si só suficiente. Ainda que o destaque ao crescimento das dívidas e às oscilações na taxa de lucro revelem aspectos importantes das últimas décadas, estes, além de dependerem da mediação do Estado e, assim, constituírem um plano distinto de análise, reduzem a financeirização a uma abordagem quantitativa, como se seu significado pudesse ser compreendido pela mera ideia de deslocamento espacial e temporal do capital e seus impactos.

Ao se movimentar pelos efeitos perceptíveis do "parasitismo financeiro", a crítica aos especuladores frequentemente perde de vista uma das características mais importantes da socialização capitalista derivada da análise da forma-valor, qual seja, sua *não transparência*. Note-se, no entanto, que o conteúdo social desse modo de produção não se deixa resumir apenas pela translucidez das relações sociais. Aquilo que aparece não só vela algo diferente. Sua própria expressão também *inverte* o sentido do que é expressado. Por isso é importante atentar para o preciso significado dado por Marx à palavra fetichismo: "A isso eu chamo de fetichismo, que adere [*anklebt*] aos produtos do trabalho tão logo eles são produzidos como mercadorias e que, por isso, é inseparável da produção de mercadorias".[857]

Há aqui algo que vai muito além da "falsa consciência", manifestado pelo verbo "aderir" (*ankleben*). Os produtos do trabalho adquirem "vida própria como figuras independentes" simultaneamente à sua produção como mercadorias. No modo de produção capitalista, as pessoas não entram em contato socialmente de modo direto, mas apenas por uma mediação bastante específica: "como

857 (MEGA, II.6, p. 103) [MEW, 23, p. 87] {Marx, 2013a, p. 148}.

os produtores só travam contato social mediante a troca de seus produtos do trabalho, os caracteres especificamente sociais de seus trabalhos privados aparecem apenas no âmbito dessa troca".[858] Logo:

> Os trabalhos privados só atuam efetivamente como elos do trabalho social total por meio das relações que a troca estabelece entre os produtos do trabalho e, por meio destes, também entre os produtores. A estes últimos, as relações sociais entre seus trabalhos privados aparecem como aquilo que elas são, isto é, não como relações diretamente sociais entre pessoas em seus próprios trabalhos, mas como relações reificadas entre pessoas e relações sociais entre coisas.[859]

Esse modo de aparecimento não é uma ilusão (*Täuschung*). Isso significa que o caráter fetichista da sociedade moderna expressa uma relação factual. Esta, no entanto, não está fundada na associatividade entre sujeitos, mas na *dominação objetiva* destes. Tal como sustentado por Postone, essa dominação não pode ser plenamente compreendida "como dominação e controle dos muitos e de seu trabalho por poucos". Há algo que vai além dessa caracterização, na medida em que no capitalismo o trabalho social constitui um "terreno de dominação", e não apenas o "objeto de dominação".[860] [861]

---

858 MEGA, II.6, p. 104) [MEW, 23, p. 87] {Marx, 2013a, p. 148}.

859 (MEGA, II.6, p. 104) [MEW, 23, p. 87] {Marx, 2013a, p. 148}.

860 POSTONE, Moishe. *Tempo, trabalho e dominação social*: uma reinterpretação da teoria crítica de Marx. São Paulo: Boitempo, 2014.

861 Aqui deve-se atentar para a questão acerca do plano a partir do qual se estabelece essa dominação objetiva. Em Postone isso aparece como uma qualificação do capitalismo. No entanto, a crítica categorial não analisa *o capitalismo* – termo que, cumpre destacar, Marx não utiliza –, mas a economia política. Mas não só, já que isso é feito em um nível de abstração particular, qual seja, a crítica em sua "média ideal". Consequentemente, não se trata de negar a dominação de classe pela dominação objetiva, ou o contrário (tal como defendido pelos críticos de Postone). Há aqui uma distinção quanto ao nível de abstração a partir do qual são analisadas as relações sociais que, por sua vez, depende do

Se "uma humanidade livre do trabalho seria uma humanidade livre da dominação",[862] a dinâmica social hodierna pode ser compreendida cada vez mais pela ideia de "ateologia negativa do capital".[863]

Por isso Marx compreende o caráter de valor dos produtos do trabalho como um "movimento social", cujo aparecimento para os possuidores de mercadorias assume "a forma de um movimento de coisas, *sob cujo controle se encontram, em vezes de eles a controlarem*".[864] Tal como desenvolvido em *Resultados do processo imediato de produção*, "a autovalorização do capital, (...) um conteúdo absolutamente pobre e abstrato que faz (...) os capitalistas aparecerem tanto sob a escravidão das relações de capital quanto, (...) no polo contraposto, o trabalhador".[865] É justamente por se expressar pelas

---

desenvolvimento efetivo da luta de classes, um *insight* que o próprio Marx manifesta no posfácio à segunda edição de *O capital*. O problema no argumento de Postone está em sua interpretação temporal dessas questões: "embora desempenhe um papel importante na extensão e na dinâmica do capitalismo, *a luta de classes, no entanto, não cria a totalidade nem dá origem à sua trajetória* (...). Essas lutas [entre produtores e apropriadores] só têm o papel que têm por causa de formas de mediação específicas desta sociedade. Ou seja, *a luta de classes só é uma força propulsora do desenvolvimento histórico do capitalismo porque está estruturada e incorporada nas formas sociais da mercadoria e do capital* [que a antecedem]" (POSTONE, Moishe. *Tempo, trabalho e dominação social*: uma reinterpretação da teoria crítica de Marx. São Paulo: Boitempo, 2014, pp. 369/370, destaque do autor).

862 ADORNO, Theodor W. *Gesammelte Schriften*. Band 5. Frankfurt am Main: Suhrkamp, 1990, p. 272.

863 Fisher utiliza esse conceito a partir da leitura de *O castelo*, de Franz Kafka: "o gênio supremo de Kafka foi ter explorado a *ateologia negativa* própria do capital: falta o centro, mas não podemos deixar de buscá-lo ou postulá-lo. Não é que não haja nada lá – é que, o que *há* não é capaz de exercer responsabilidade" (FISHER, Mark. *Realismo capitalista*: é mais fácil imaginar o fim do mundo do que o fim do capitalismo? São Paulo: Autonomia Literária, 2020, p. 111).

864 (MEGA, II.6, p. 105 – destaque do autor) [MEW, 23, p. 89] {Marx, 2013a, p. 150}.

865 (MEGA, II.4.1, p. 65).

coisas, isto é, impessoalmente, que essa dominação se apresenta à representação dos sujeitos como algo natural: "Trata-se de formas de pensamento socialmente válidas e, portanto, dotadas de objetividade para as relações de produção desse modo social de produção historicamente determinado, a produção de mercadorias".[866]

Disso deriva a consideração de Postone acerca do caráter distintivo da socialização capitalista, "em que suas relações sociais características não são evidentes, mas sim 'objetivamente' constituídas e, portanto, não parecem de forma alguma socialmente específicas".[867] Essas "formas de pensamento socialmente válidas" se apresentam como uma "necessidade natural",[868] também constituindo "as categorias da economia burguesa".[869]

Se essa é a razão pela qual a esperada revolução científica de Marx se apresenta como uma crítica da economia política, então se compreende a repreensão aos autores clássicos por não terem considerado as formas sociais, na famosa nota de rodapé 32 do primeiro capítulo do Livro I:[870]

> Uma das insuficiências fundamentais da economia política clássica está no fato de ela nunca ter conseguido descobrir, a partir da análise da mercadoria e, mais especificamente, do valor das mercadorias, a forma-valor que o converte precisamente em valor de troca. Se tal forma é tomada pela forma natural eterna da produção social, também se perde de vista necessariamente a especificidade da forma-valor,

866 (MEGA, II.6, pp. 106-107) [MEW, 23, p. 90] {Marx, 2013a, p. 151}.

867 POSTONE, Moishe. *Tempo, trabalho e dominação social*: uma reinterpretação da teoria crítica de Marx. São Paulo: Boitempo, 2014, p. 313.

868 (MEGA, II.6, p. 111) [MEW, 23, pp. 95-96] {Marx, 2013a, p. 156}.

869 (MEGA, II.6, p. 106) [MEW, 23, p. 90] {Marx, 2013a, p. 151}.

870 Na primeira edição essa nota aparece logo após a passagem – excluída na segunda edição – que esclarece que a forma-valor se origina do conceito de valor (MEGA, II.5, p. 43).

> e assim também da forma-mercadoria e, num estágio mais desenvolvido, da forma-dinheiro, da forma-capital e assim por diante.[871]

A análise da forma-valor – e aqui se manifesta sua importância fundamental, salientada desde o início deste livro – e a consequente apresentação da relação de valor demonstram como uma propriedade social se apresenta como algo interno às mercadorias, tal como anteriormente destacado. O desvelamento desse processo de naturalização também aponta seu caráter fetichista como corolário da análise das determinações formais que informam a crítica da economia política. Esta é a razão pela qual Adorno enfatiza que uma teoria crítica da sociedade tem como um de seus aspectos essenciais "apreender em seu vir-a-ser coisas que se apresentam como existentes e por isso como dados de natureza".[872] Ao não abordar as determinações formais, a economia burguesa fica presas às questões de conteúdo, perdendo de vista a especificidade da forma-valor, "da forma-dinheiro, da forma-capital e assim por diante". Mas é justamente no "e assim por diante" que está o "estágio mais desenvolvido" do fetichismo, notadamente a forma do capital portador de juros, aspecto nuclear do processo de financeirização da economia.

Sem atentar para essas questões, a discussão do capitalismo contemporâneo só pode caminhar pelas discussões conteudísticas. Daí não ser mera coincidência que as análises heterodoxas do capitalismo especulativo de Wall Street, e mesmo aquelas ditas progressistas, enfatizem seu aspecto "predatório", "especulativo", desencadeador da desigualdade social. Como já destacado, essa preocupação não constitui um erro. Mas, a partir da crítica em sua "média ideal", essas questões devem ser analisadas no âmbito

---

871 (MEGA, II.6, p. 111, n. 32) [MEW, 23, p. 95, n. 32] {Marx, 2013a, p. 155, n. 32}.

872 ADORNO, Theodor W. *Einleitung in die Soziologie*. Frankfurt am Main: Suhrkamp, 2003, p. 245.

de sua própria possibilidade, isto é, das formas sociais a partir das quais esse conteúdo é posto. Tendo em vista a delimitação do objeto da crítica da economia política, as finanças serão compreendidas como uma "tecnologia de poder que organiza as relações de poder capitalistas".[873] Qual seria o significado disso?

4.1 O capital portador de juros e sua dimensão jurídica

Já foi enfatizado que a objetividade fantasmagórica do valor decorrente da relação de troca entre mercadorias só pode se expressar por uma forma-valor que, por sua vez, faz com que uma propriedade social pareça ser uma propriedade interna da mercadoria individualmente considerada. Naquele contexto, a forma-equivalente aparecia como um elemento que naturalizava as relações sociais, instituindo um caráter fetichista que desaguaria no fetichismo do dinheiro.

No entanto, se no Livro I o dinheiro constitui a manifestação independentemente do valor, "coisa-valor", nos manuscritos do Livro III há um aprofundamento desse processo. E é exatamente isso que a "fórmula trinitária" procura revelar. Capital, terra e trabalho são fontes de rendimento por serem meios de apropriação, isto é, eles permitem que uma pessoa se aproprie de uma porção do produto anual. No entanto, no âmbito da socialização capitalista isso aparece invertido para os agentes da produção (capitalistas, proprietários de terra e donos da força de trabalho). Grespan capta esse processo com a sugestiva referência a um "teatro místico", no qual "a ação repõe e confirma a forma social, que só existe mediante

873 SOTIROPOULOS, D.; MILIOS, J.; LAPATSIORAS, S. *A Political Economy of Contemporary Capitalism and its Crisis*: Demystifying Finance. Londres/Nova York: Routledge, 2013, p. 54.

essa confirmação, alimentando a fé na liberdade do agente".[874] Tal como destacado por Heinrich:

> Para eles, o capital, a renda da terra e o trabalho aparecem como *três fontes* distintas e independentes do *valor produzido anualmente*, e é apenas porque eles são *fontes de valor* – tal é a conclusão a que chegam tanto o senso comum quanto os economistas profissionais – que eles podem agir como *meios de apropriação* desse valor. Para os agentes de produção, parece que os proprietários de capital, terra e trabalho geralmente recebem como renda precisamente aquela parcela do valor que seu "fator de produção" contribui para o produto.[875]

Marx, por sua vez, salienta: "O processo real de produção, como unidade do processo imediato de produção e o processo de circulação, engendra novas configurações, nas quais se torna cada vez mais difícil identificar a conexão interna".[876]

Qual seria, então, o sentido exato dessas novas configurações? Elas certamente atestam um "caráter mistificador",[877] em que o próprio mundo aparece invertido. Nessa inversão revela-se, também, o aludido processo de naturalização implacável da socialização capitalista em sua máxima potência. Por isso Marx destaca que, para aquele "preso nas relações de produção capitalistas":

> É claro que o capital pressupõe o trabalho como trabalho assalariado. Mas é igualmente claro que, quando se assume

874 GRESPAN, Jorge. *Marx e o modo de representação capitalista*. São Paulo: Boitempo, 2019, p. 239.

875 HEINRICH, Michael. *Kritik der politischen Ökonomie. Eine Einführung in "Das Kapital"*. Stuttgart: Schmetterling Verlag, 2018, p. 183 – destaque no original.

876 (MEGA, II.4.2, p. 850) [MEW, 25, p. 836] {Marx, 2017, pp. 890-891}.

877 (MEGA, II.4.2, p. 849) [MEW, 25, p. 835] {Marx, 2017, p. 889}.

> que o trabalho é trabalho assalariado – e, portanto, a coincidência do trabalho com trabalho assalariado parece [*scheint*] evidente –, o *capital* e a *terra monopolizada* terão de aparecer [*erscheinen*] como forma *natural* das condições de trabalho frente ao trabalho em geral. Ser capital aparece agora como forma natural dos meios de trabalho e, por conseguinte, como dotado de um caráter *puramente coisal* e proveniente de sua função no processo de trabalho em geral. Portando, capital e meios de produção passam a ser expressões idênticas. Do mesmo modo, solo e solo *monopolizado* mediante propriedade privada se tornam expressões idênticas.[878]

O capital pressupõe o trabalho assalariado. Ainda assim, o movimento do capital não se deixa agarrar somente pela distinção posição e pressuposição. Ele mesmo, na metamorfose de suas próprias formas, apaga sua expressão formal e, assim, suas pressuposições, naturalizando-as. Esta é a razão pela qual Marx retoma o argumento acerca da coincidência entre trabalho e trabalho assalariado, enfatizando o sentido da autonomização formal subjacente à naturalização das relações sociais. Uma vez que os meios de trabalho aparecem como capital e a terra como propriedade fundiária:

> A autonomização formal dessas condições de trabalho em relação ao trabalho, a forma específica da autonomização que tais condições apresentam diante do trabalho assalariado é, pois, uma propriedade inseparável (determinação) delas como coisas, como condições de produção materiais, um caráter imanente e intrínseco que lhes corresponde necessariamente como elementos de produção. Seu caráter social no processo de produção capitalista, definido por uma época histórica determinada, é um caráter material,

878 (MEGA, II.4.2, p. 847 – destaques no original) [MEW, 25, p. 833] {Marx, 2017, p. 887}.

> congênito, que lhes é natural e, por assim dizer, eterno, como elementos do processo de produção.[879]

Essa autonomização não se restringe aos meios de trabalho. Como destaca Marx, "*todas as formas sociais*, na medida em que conduzem à produção de mercadorias e à circulação de dinheiro, participam dessa inversão".[880] Consequentemente, as relações apresentadas no Livro I são "ainda muito simples",[881] como já destacado. Daí a apresentação do capital como um "ente altamente místico",[882] momento em que "*as relações de produção tornam-se independentes umas das outras e os componentes do valor se ossificam em formas autônomas*".[883]

Tais caracterizações qualificam a análise da forma-trinitária como a consumação da mistificação do modo de produção capitalista, a "metáfora do apagamento de todo o processo pelo qual a socialidade inteira é subordinada ao capital e rebaixada a meio para sua constante autorreprodução".[884] Assim:

> A coisificação das relações sociais, o amálgama imediato das relações materiais de produção com sua determinação histórico-social: o mundo encantado, invertido e de ponta-cabeça, no qual monsieur Le Capital e madame La Terre vagueiam suas fantasmagorias como caracteres sociais e, ao mesmo tempo, como meras coisas.[885]

---

879 (MEGA, II.4.2, p. 847) [MEW, 25, p. 833] {Marx, 2013a, p. 888}.

880 (MEGA, II.4.2, p. 849 – destaque do autor) [MEW, 25, p. 835] {Marx, 2017, p. 889}.

881 (MEGA, II.4.2, p. 849) [MEW, 25, p. 835] {Marx, 2017, p. 889}.

882 (MEGA, II.4.2, p. 849) [MEW, 25, p. 835] {Marx, 2017, p. 890}.

883 (MEGA, II.4.2, p. 850 – destaque do autor) [MEW, 25, p. 836] {Marx, 2017, p. 891}.

884 GRESPAN, Jorge. *Marx e o modo de representação capitalista*. São Paulo: Boitempo, 2019, p. 266.

885 (MEGA, II.4.2, p. 852) [MEW, 25, p. 838] {Marx, 2013a, p. 892}.

Mas se o caráter fantasmagórico da objetividade-valor é determinado pela análise do modo de produção capitalista no nível das relações de troca entre mercadorias, sendo por sua vez negado pela posição da forma-valor no nível da relação de valor, a partir de qual nível de abstração são posicionados monsieur *Le Capital* e madame *La Terre*? Nesse momento é importante considerar a resposta dada por Marx logo no início dos manuscritos do Livro III:

> As formas do capital, tal como as desenvolvemos neste livro, aproximam-se assim gradualmente da forma em que aparecem na superfície da sociedade, na consciência comum dos próprios agentes de produção e, finalmente, na ação dos vários capitais uns sobre os outros, a concorrência.[886]

Conforme enfatizado, essa "superfície da sociedade" na qual opera o "mundo encantado, distorcido e de ponta cabeça" das autonomizações e ossificações dos componentes do valor não é em hipótese alguma uma mera ilusão. Ela enseja uma "representação superficial", na qual os agentes "têm de se contentar com 'fórmulas' descritivas do fenômeno observável, acessível à sua 'experiência' cotidiana e ligado a outros fenômenos de forma direta, como à sua 'causa'".[887] Trata-se, assim, da *realidade efetiva subjacente à socialização capitalista*, algo que Marx expressou com particular clareza nos *Manuscritos econômicos de 1861-1863*:

> Nesta forma de lucro completamente alienada – e na mesma medida em que a forma do lucro esconde seu núcleo interno – o capital adquire cada vez mais uma figuração objetiva, a relação se torna cada vez mais coisificada, mas uma coisa que tem a relação social em seu corpo, a engoliu em si mesmo. Coisa com vida fictícia e autonomia que se

886 (MEGA, II.4.2, p. 07) [MEW, 25, p. 33] {Marx, 2017, p. 53}.

887 GRESPAN, Jorge. *Marx e o modo de representação capitalista*. São Paulo: Boitempo, 2019, pp. 255/256.

> relaciona com si mesma – ser sensível-supersensível. Nesta forma de *capital* e *lucro* ele aparece na superfície como um pressuposto definitivo. É a forma da sua realidade efetiva, ou melhor, a sua efetiva forma de existência.[888]

Ela é uma superfície que se apresenta como um "pressuposto definitivo", algo intimamente relacionado com os processos analisados anteriormente. Daí a importância de novamente realçar o desenvolvimento conceitual que atravessa a crítica da economia política. O fetichismo da mercadoria e do dinheiro não diz respeito a um período anterior, uma sociedade na qual ainda não existe o capital. O que está em jogo na apresentação dialética categorial é a própria alteração dos níveis de abstração[889] a partir dos quais são analisadas as categorias da economia política, como já destacado em mais de uma oportunidade.

No Livro I de *O capital* tanto a mercadoria como o dinheiro emergem em uma relação contextual que *abstrai* das relações capitalistas, as quais, no entanto, abarcam as relações de produção e circulação desse modo de produção. Isso significa que a mercadoria e o dinheiro são inicialmente apresentados como pressupostos categoriais do desenvolvimento do conceito de capital. Mas mercadorias não são apenas condições, mas também resultados do capital, recebendo com isso novas determinações. Esse movimento está amalgamado ao dinheiro. Além de ser necessário à socialização capitalista e caracterizado pela sua não-neutralidade, algo distinto acontece quando o dinheiro é vendido como mercadoria. São justamente as determinações que emergem nesse momento que fundamentam o fetichismo do capital e a aparência de que as forças de produção lhe

888 (MEGA, II.3.4, pp. 1482-1483 – destaque no original).

889 Há uma diferença importante entre esses planos conceituais. Os distintos níveis de abstração a partir dos quais são analisadas as categorias da economia política (por exemplo, a relação de troca e a relação de valor entre mercadorias) não se confundem com o nível de abstração da crítica da economia política (a "média ideal").

são imanentes, ao melhor estilo de um sujeito universal que tudo domina.

Nessa condição apagam-se as determinações que o possibilitam como tal, isto é, que permitem compreender o mundo encantado das autonomizações formas justamente como resultado da crítica da economia política, e não apenas como pré-requisito naturalizado da ação social. Por esse motivo, Marx não hesita em destacar como "a separação do lucro entre lucro empresarial e juros (...) completa a autonomização da forma do mais-valor, sua ossificação em relação a sua substância, sua essência".[890]

Assim se compreende de que modo o automatismo do valor que se autovaloriza está imbricado na posição do capital portador de juros, algo antecipado no Livro I.[891] Apesar do quinto capítulo dos manuscritos do Livro III – no qual ocorre a análise dos juros e do crédito – ser um dos mais fragmentados e inacabados, ali se encontram reflexões importantes que dão continuidade às questões acima destacadas. Pense-se, por exemplo, em afirmações como "no *capital portador de juros* as *relações capitalistas* alcançam sua forma mais *exterior* e *fetichista*",[892] ou, então, "o capital portador de juros é em geral a mãe de todas as formas enlouquecidas".[893]

O misticismo do capital portador de juros está relacionado à forma de empréstimo a ele subjacente. Marx destaca que na "qualidade de capital *possível* (capital portador de juros), de meio para a produção do lucro, ele se torna mercadoria, mas uma mercadoria

---

890 (MEGA, II.4.2, p. 851) [MEW, 23, p. 837] {Marx, 2017, p. 890}.

891 "Por fim, no capital portador de juros, a circulação D-M-D' se apresenta resumidamente no seu resultado sem mediação, em estilo lapidar, por assim dizer, como D-D', dinheiro que é logo mais dinheiro, valor maior do que ele próprio" (MEGA, II.6, p. 173) [MEW, 23, p. 170] {Marx, 2013a, p. 231}.

892 (MEGA, II.4.2, p. 461 – destaques no original) [MEW, 25, p. 404] {Marx, 2017, p. 441}.

893 (MEGA, II.4.2, p. 522) [MEW, 25, p. 483] {Marx, 2017, p. 523}.

sui generis. Em outras palavras, *o capital como tal* torna-se *mercadoria*".[894] Consequentemente:

> A forma de *empréstimo*, que é peculiar a esta mercadoria, o *capital como mercadoria* (que também ocorre em outras transações), ao invés da forma da *venda*, resulta da própria determinação de que *o capital* aparece aqui como *mercadoria*, ou que o *dinheiro como capital* torna-se mercadoria.[895]

Daí a necessidade de se estabelecer uma distinção, tal como defendido pelo próprio Marx: "Vimos que o capital, no processo de circulação, funciona como *capitalmercadoria* e *capital monetário*. Mas em nenhuma dessas duas formas *o capital como tal* se converte em mercadoria".[896]

O dinheiro derivado no início de *O capital* aparece como "a primeira manifestação do capital", já que este ainda está pressuposto na apresentação categorial. Nos manuscritos do Livro III, no entanto, o ponto central é atentar para a alteração conceitual decorrente da posição do capital. A "mercadoria *sui generis*" acima retratada é justamente o dinheiro vendido como capital, isto é, capital portador de juros, que por sua vez se distingue – ou seja, possui novas determinações – do capital-mercadoria e do capital monetário.[897] Ocorre

894 (MEGA, II.4.2, p. 412 – destaques no original) [MEW, 25, p. 351] {Marx, 2017, pp. 385-386}.

895 (MEGA, II.4.2, pp. 414-415 – destaques no original) [MEW, 25, p. 354] {Marx, 2013a, p. 388}.

896 (MEGA, II.4.2, p. 415 – destaques no original) [MEW, 25, p. 354] {Marx, 2017, p. 389}.

897 Tal como presente no Livro II (Manuscrito VII), o "capital monetário" é o capital "em condição monetária ou em forma-dinheiro". (MEGA, II.11, p. 689) [MEW, 24, p. 34] {Marx, 2014, p. 110}. O "capital-mercadoria", por sua vez, é a "forma de existência funcional do valor de capital já valorizado e surgida diretamente do próprio processo de produção" (MEGA, II.11, p. 676) [MEW, 24, p. 43] {Marx, 2014, p. 120}. Note-se que "capital monetário, capital-mercadoria não designam,

que a venda desse "capital possível" só pode ocorrer no tempo, isto é, mediante o empréstimo do dinheiro, de tal modo que o capital portador de juros recebe uma forma peculiar de circulação.

Reduzida aos extremos D-D', dinheiro que gera mais dinheiro, aqui encontra-se a "forma encurtada do capital", no qual ele mesmo, capital, aparece misteriosamente como uma coisa que gera seu próprio incremento. É importante atentar para algumas peculiaridades desse movimento. Diferentemente de D-M-D', quando operam as chamadas metamorfoses da mercadoria, em D-D' "a primeira troca de lugar de D não é um momento da metamorfose da mercadoria ou da reprodução do capital".[898] Assim: "A primeira *troca de lugar* de D não expressa aqui mais que a transferência ou cessão de A para B (uma transferência que tem lugar sob certas formas e cautelas jurídicas".[899]

O movimento mais fetichizado do capital aparece *mediado* por "formas jurídicas". Longe de ser algo secundário, trata-se de um ponto particularmente importante destacado por Marx. É verdade que os argumentos desenvolvidos nos manuscritos do Livro III priorizam as consequências mistificadoras dessa forma do capital, razão pela qual é enfatizado que "no capital portador de juros, portanto, este *fetiche automático* é completado, o valor que se autovaloriza, o dinheiro que gera dinheiro, e que não carrega nesta forma qualquer cicatriz de seu nascimento".[900]

---

portanto, tipos autônomos de capital, cujas funções constituam o conteúdo de ramos de negócio igualmente autônomos e separados entre si. Designam, nesse caso, apenas formas funcionais específicas do capital industrial, formas que este assume uma após a outra" (MEGA, II.11, p. 587) [MEW, 24, p. 56] {Marx, 2014, p. 131}.

898 (MEGA, II.4.2, p. 414) [MEW, 25, p. 353] {Marx, 2017, p. 388}.

899 (MEGA, II.4.2, p. 414 – destaque no original) [MEW, 25, p. 353] {Marx, 2017, p. 388}.

900 (MEGA, II.4.2, p. 462 – destaque no original) [MEW, 25, p. 405] {Marx, 2017, p. 442}.

Mas essa ausência de rastro não significa que não exista qualquer *marca* a respeito da processualidade da autovalorização do valor. Marx faz uma consideração extremamente importante a esse respeito:

> O capital emprestado retorna de dois modos: no processo efetivo, ele retorna ao capitalista em atividade; então, o retorno se repete uma vez mais como transferência ao prestamista, ao capitalista monetário, como *devolução* do capital a seu proprietário efetivo, seu ponto de partida jurídico.[901] [902]

O "ponto de partida jurídico" denota um processo de *gênese*, termo destacado anteriormente. Mas aqui, novamente, não devem ser confundidos os desenvolvimentos lógico e temporal. Em que pese Marx flanar por esses distintos níveis, como já demonstrado, é o primeiro deles que merece especial atenção para os propósitos do presente livro. Daí a importância de se atentar para o seguinte raciocínio: a negação do "nascimento" do "dinheiro que gera dinheiro" é apresentada por Marx em um nível de análise que considera o processo efetivo do modo de produção capitalista – unidade entre produção e circulação.

Ao considerar o "processo total", Marx destaca que "se partimos do dinheiro (...), uma soma de dinheiro é desembolsada e retorna depois de certo período, tanto a mesma soma de dinheiro como um excesso sobre o mesmo, um incremento do mesmo".[903] E um pouco adiante considera:

901 (MEGA, II.4.2, p. 417 – destaque no original) [MEW, 25, p. 356] {Marx, 2017, p. 391}.

902 (N.T.) Em seu processo de edição, Engels substitui "processo efetivo" [*wirklichen Proceß*] por "processo de reprodução" [*Reproduktionsprozeß*].

903 (MEGA, II.4.2, p. 417) [MEW, 25, p. 357] {Marx, 2017, p. 392}.

> O *retorno do capital* a seu ponto de partida é, em geral, o movimento característico do capital em seu processo total. Isso, portanto, de modo algum caracteriza o capital portador de juros. O que o caracteriza é a forma *externa* do retorno, separada da mediação.[904]

Por isso Marx não só diz que "o capitalista pretor que cede o empréstimo aparta-se de seu capital, transfere-o ao capitalista produtivo,[905] *sem receber um equivalente*",[906] como salienta que "a propriedade não é cedida, porque não se realiza nenhuma troca nem se recebe equivalente nenhum".[907] E, uma vez mais, é o sentido jurídico dessas questões que vêm à tona:

> O primeiro desembolso, que transfere o capital das mãos do prestamista às mãos do prestatário, é uma transação jurídica, que não tem relação nenhuma com o processo real de reprodução do capital e apenas lhe serve de *introdução*. O reembolso, pelo qual o capital retorna das mãos do prestatário às mãos do prestamista, é uma segunda transação jurídica, complementar à primeira; a primeira introduz o processo efetivo, a segunda é um ato complementar desse processo. Ponto de partida e ponto de retorno, cessão e restituição do capital emprestado, aparecem, pois, como movimentos arbitrários, mediados por transações jurídicas efetuadas antes e depois do movimento efetivo do capital e que com ele não têm relação nenhuma.[908]

---

904 (MEGA, II.4.2, p. 420 – destaques no original) [MEW, 25, p. 359] {Marx, 2017, p. 394}.

905 (N.T.) Engels substitui "capitalista produtivo" [*capitalist productif* – em francês, pois trata-se de um diálogo com Proudhon] por "capitalista industrial" [*industriellen Kapitalisten*].

906 (MEGA, II.4.2, p. 420 – destaque no original) [MEW, 25, p. 359] {Marx, 2017, p. 394}.

907 (MEGA, II.4.2, p. 420) [MEW, 25, p. 359] {Marx, 2017, p. 394}.

908 (MEGA, II.4.2, p. 420 – destaque no original) [MEW, 25, p. 360] {Marx, 2017, p. 395}.

Consequentemente, o fetiche do capital na sua forma de capital portador de juros não é apenas mediado por formas jurídicas, como anteriormente destacado. Essa mediação efetivamente engendra um "ponto de partida" jurídico. Além disso, Marx destaca como duas transações jurídicas sustentam a aparência de que a cessão e restituição do capital emprestado não possuem qualquer relação com o processo subjacente de produção. Uma vez que esses dois atos jurídicos abarcam a totalidade desse movimento, Marx chama a atenção para as seguintes consequências:

> Nessas transações [jurídicas], a *mediação é obliterada*, não é visível, não está diretamente incluída. Como mercadoria *sui generis*, [o capital] possui também *uma forma peculiar de alienação*. Por isso, tampouco aqui o retorno se expressa como consequência e resultado de uma série determinada de fenômenos econômicos, mas como consequência de uma convenção jurídica especial entre compradores e vendedores. O tempo do retorno depende do curso do processo de produção efetivo; no capital portador de juros, seu retorno como capital *parece* depender da mera convenção [jurídica] entre prestamista e prestatário. Assim, o retorno do capital, com relação a essa transação [jurídica], não aparece mais como resultado determinado pelo processo de produção, mas como se em nenhum momento o capital emprestado se despojasse da forma de dinheiro. No entanto, essas transações [jurídicas] são determinadas pelos retornos reais. Mas isso não *aparece* na própria transação (isso também não ocorre de modo algum *empiricamente*. Se o retorno real não ocorre em tempo hábil, o prestatário tem de buscar outros recursos para cumprir suas obrigações para com o prestamista).[909] [910]

---

909 (MEGA, II.4.2, p. 421 – destaques no original) [MEW, 25, p. 361] {Marx, 2017, p. 396}.

910 (N.T.) Nessa passagem também se encontram algumas alterações de Engels: o "processo de produção efetivo" [*wirklichen Produktionsproceß*] é novamente substituído por "processo de

O capital adquire "uma forma peculiar de alienação", na qual sua própria existência aparece como fruto de uma *convenção jurídica*. Ainda que esta seja "determinada pelos processos reais", isso não aparece nem no negócio jurídico nem na realidade efetiva da socialização capitalista. Pode-se dizer, com razão, que no capital portador de juros "tanto a devolução como a cessão do capital são *mero resultado de uma transação jurídica* (...). *Tudo o que se encontra entre esses dois polos se apaga*".[911] Mas este *apagamento* corresponde somente ao fetichismo do capital, o que não significa que essa mesma relação social não seja reposta pelo próprio caráter cogente das normas jurídicas. Se "empiricamente" o prestatário tem de arranjar um meio para cumprir suas obrigações, aqui se expressa não só a normatividade jurídica, mas sua existência enquanto elemento do fetichismo jurídico que acompanha o fetichismo do capital.[912]

Essa dimensão jurídica subjacente ao capital portador de juros é enfatizada uma vez mais por Marx ao analisar a separação entre juros e lucro do empresário. Conforme destacado, este é um elemento fundante do encantamento do mundo capitalista. Apesar de os juros terem como "ponto de partida efetivo"[913] os papéis diferentes ocupados pelas pessoas no processo de reprodução do capital, na condição

---

reprodução" [*Reproduktionsprozesses*], ao passo que a referência à "empiria" aparece como "prática" [*Praxis*].

911 (MEGA, II.4.2, p. 422 – destaque do autor) [MEW, 25, pp. 361-362] {Marx, 2017, p. 396}.

912 A crítica marxiana ao mundo encantado que caracteriza a forma mais mistificante do capital tem como objetivo trazer à luz as relações sociais subjacentes à autonomização das formas sociais. Mas é necessário considerar que o apagamento dessas relações pelo capital portador de juros *constitui uma negação que chama ela mesma por uma posição*. Como destacado no sexto capítulo, as relações sociais não ficam simplesmente escondidas, elas aparecem necessariamente como manifestação de direitos subjetivos, sejam eles considerados como algo dado pela natureza ou dependente de processos de reconhecimento validados por uma norma superior.

913 (MEGA, II.4.2, p. 444) [MEW, 25, p. 385] {Marx, 2017, p. 421}.

de pessoas jurídicas celebrando contratos, a diferença entre juros e ganho empresarial aparece como algo derivado da propriedade do capital. Assim:

> Suponhamos, por exemplo, que alguns capitalistas produtivos formam parcerias para a execução de um negócio e depois distribuem entre si os lucros de acordo com convenções juridicamente estabelecidas. E suponhamos que outros conduzem seus negócios individualmente, sem um parceiro. Estes últimos não calculam seus lucros em duas categorias, uma parte como lucro individual e outra como lucro da empresa para a *sociedade inexistente* (...). Aqui a divisão quantitativa não se inverte em qualitativa. Isso só ocorre quando o proprietário é casualmente constituído por diversas pessoas jurídicas; isso não ocorre quando não é esse o caso.[914]

No âmbito da representação dos sujeitos tal como ocorre na socialização capitalista, a inversão qualitativa não só se esconde, mas aparece como diferença posta por um contrato jurídico e suas respectivas cláusulas, isto é, como algo dependente da propriedade privada. Note-se, no entanto, que não se trata de um erro de percepção, uma ilusão ou uma narrativa conscientemente criada pela classe capitalista para ludibriar a classe trabalhadora:

> Para ele [capitalista produtivo], pois, os *juros* aparecem como mero fruto da *propriedade do capital*, do *capital em si mesmo*, abstraído do *processo de reprodução*; o capital, na medida em que este não "trabalha", não funciona; ao passo que o *lucro do empresário* aparece para ele como fruto não do *capital em si mesmo*, da *propriedade do capital*, mas como fruto das *funções* que desempenha com ele, como fruto do *processamento* do capital, um processamento que

914 (MEGA, II.4.2, pp. 443-444 – destaques no original) [MEW, 25, p. 385] {Marx, 2017, p. 421}.

> se lhe apresenta como *sua própria atividade*, em oposição à *inatividade*, à não participação do capitalista monetário no processo de produção. Essa separação *qualitativa* entre as duas partes do lucro bruto, que faz com que os *juros sejam fruto do capital em si mesmo, da propriedade do capital*, sem levar em conta o processo de produção, e o *ganho empresarial* seja fruto do capital em processamento, do papel ativo que o usuário do capital desempenha no processo de reprodução – essa separação *qualitativa* não constitui de modo nenhum um entendimento puramente subjetivo do capitalista monetário, de um lado, e do capitalista produtivo, de outro. Ela está fundada num *fato objetivo*, uma vez que os *juros* fluem para o capitalista monetário, o prestamista, que é mero *proprietário do capital* e que, portanto, apenas representa a propriedade do capital diante do processo de produção e fora desse processo, ao passo que o *ganho empresarial* flui para o *mero capitalista funcional*, que *não é proprietário do capital*.[915]

Apesar de o sentido jurídico que encapa e movimenta a relação social não ganhar efetividade pela norma, que apenas registra um fato objetivo em sua linguagem particular, a posse de "títulos jurídicos distintos sobre o mesmo capital"[916] entre duas pessoas nutre a inversão da divisão meramente quantitativa do lucro em algo qualitativo. Como salienta Grespan, a "independência" dos juros – em virtude de seu ajuste no "terreno jurídico" – "lhe confere o aspecto de pressuposto, de 'limite regulador', e não de parcela do valor distribuída depois do valor formado".[917] Mais importante ainda, Marx não deixa de captar a expansão dessa mistificação, ao

---

915 (MEGA, II.4.2, pp. 445-446 – destaques no original) [MEW, 25, pp. 387-388] {Marx, 2017, p. 423}.

916 (MEGA, II.4.2, p. 446) [MEW, 25, p. 388] {Marx, 2017, p. 424}.

917 GRESPAN, Jorge. *Marx e o modo de representação capitalista*. São Paulo: Boitempo, 2019, p. 257.

salientar que tanto a ossificação como a autonomização "têm agora de fixar-se para toda a classe capitalista e para o capital total".[918]

Essa fixação é a responsável por estabelecer os parâmetros para a racionalidade subjetiva. Ainda que isso esteja "correto, do ponto de vista prático, para o capitalista individual",[919] a classe trabalhadora não sai em hipótese alguma imune dessas inversões. Isso ocorre porque na forma dos juros apaga-se a antítese em relação à força de trabalho:

> O capital portador de juros *como tal* não tem como termo antagônico o trabalho assalariado, mas o capital *enquanto ele funciona*; o capitalista prestamista confronta-se como tal diretamente com o *capitalista funcionante* que atua de fato no processo de reprodução, mas não com o trabalhador assalariado, que não tem relação com os meios de produção justamente com base na produção capitalista (ele é expropriado por este). O capital portador de *juros* é o capital como *propriedade* diante do capital como *função*. Enquanto o capital não funciona, ele não explora os trabalhadores nem assume uma posição antitética em relação ao trabalho.[920]

Nesse ponto opera uma *ocultação* das relações sociais que é, simultaneamente, uma *ressignificação*. No âmbito do capital portador de juros – "*a forma mais geral e desenvolvida do capital*"[921] – a negação da exploração serve à apropriação da riqueza como fator do

918 (MEGA, II.4.2, p. 446) [MEW, 25, p. 388] {Marx, 2017, p. 414}.

919 (MEGA, II.4.2, p. 448) [MEW, 25, p. 390] {Marx, 2017, p. 426}.

920 (MEGA, II.4.2, p. 450 – destaques no original) [MEW, 25, p. 392] {Marx, 2017, p. 428}.

921 SOTIROPOULOS, D.; MILIOS, J.; LAPATSIORAS, S. *A Political Economy of Contemporary Capitalism and its Crisis*: Demystifying Finance. Londres/Nova York: Routledge, 2013, p. 51 – destaque no original.

direito de propriedade e do trabalho próprio.[922] Consequentemente, o ganho empresarial se apresenta para o capitalista "como resultado de suas funções de não proprietário, como... *trabalhador*".[923] Trata-se de algo que:

> Se desenvolve necessariamente em seu cérebro como representação de que seu ganho empresarial, longe de achar-se em qualquer oposição com o trabalho assalariado e de ser apenas trabalho alheio não pago, representa, antes, seu próprio *salário*, *wages of superintendence of labour.*[924]

Se anteriormente foi destacado como na forma-salário repousam todas as "representações jurídicas", todas as "ilusões de liberdade" tanto do trabalhador como do capitalista,[925] aqui se percebe uma vez mais de que modo a posição do capital portador de juros aprofunda consideravelmente esse encantamento. Essas representações jurídicas e suas ilusões se acoplam na representação de todos aqueles que vivenciam a socialização capitalista, naturalizando a própria condição de expropriação dos meios de produção.

É como se a existência social não fosse movimentada pela lógica das expropriações, mas pela *falta de acesso* e *reconhecimento* às condições jurídicas que possibilitariam a plena manifestação do trabalho como fonte de riqueza.[926] Essa distorção, como diz Marx, é

---

922 Como destacado no próximo capítulo, na forma dos juros encontra-se uma reposição e um aprofundamento da "lei da apropriação" da circulação simples de mercadorias, tema cujas análises marxianas mais interessantes remontam ao final da década de 1850, e não ao *O capital*.

923 (MEGA, II.4.2, p. 451 – destaque no original) [MEW, 25, p. 393] {Marx, 2017, p. 429}.

924 (MEGA, II.4.2, p. 451 – destaque no original) [MEW, 25, p. 393] {Marx, 2017, p. 429}.

925 (MEGA, II.6, p. 502) [MEW, 23, p. 562] {Marx, 2013a, p. 610}.

926 Antecipando a própria ideia do "capital humano", Marx afirma: "a loucura do modo de representação capitalista atinge aqui o seu ponto

um elemento da consciência dos indivíduos, e aparece como fundamento do surgimento e justificação do lucro.[927] Consequentemente:

> Estão prontas a *figura de fetiche do capital* e a *representação do fetiche do capital*. Em D-D' temos a forma mais sem conceito do capital, a inversão e a coisificação das relações de produção elevadas à máxima potência.[928]

Aqui opera a "mistificação do capital em sua forma mais flagrante".[929] Nesse contexto, "é tão característico do dinheiro criar valor, gerar juros, como o de uma pereira para produzir peras".[930] Por isso Marx chega mesmo a dizer – em diálogo com Goethe – que "o dinheiro tem agora amor no corpo",[931] fundamento da representação popular do capital portador de juros como "a forma do capital [por excelência]", momento em que "o caráter *self-reproducing* do capital se apresenta de modo puro, valor que se valoriza, produção do mais-valor como qualidade oculta".[932]

Mas ainda é importante atentar para o seguinte: tal como ressaltado logo acima, a ossificação e autonomização dos juros e do lucro empresarial "têm agora de fixar-se para toda a classe capitalista e para o capital total".[933] Diante das considerações feitas até aqui, isso sem dúvida depende da produção contínua das referidas

máximo, pois em vez de explicar a valorização do capital pela exploração da força de trabalho, a produtividade da força de trabalho é esclarecida, ao contrário, por ela também ser essa coisa mística, o capital portador de juros" (MEGA, II.4.2, p. 522) [MEW, 25, p. 483] {Marx, 2017, p. 523}.

927 (MEGA, II.4.2, p. 454) [MEW, 25, p. 396] {Marx, 2017, p. 432}.

928 (MEGA, II.4.2, p. 462 – destaques no original) [MEW, 25, p. 405] {Marx, 2017, p. 442}.

929 (MEGA, II.4.2, p. 462) [MEW, 25, p. 405] {Marx, 2017, p. 442}.

930 (MEGA, II.4.2, p. 462) [MEW, 25, p. 405] {Marx, 2017, p. 442}.

931 (MEGA, II.4.2, p. 463) [MEW, 25, p. 406] {Marx, 2017, p. 443}.

932 (MEGA, II.4.2, p. 663) [MEW, 25, p. 622] {Marx, 2017, pp. 668-669}.

933 (MEGA, II.4.2, p. 446) [MEW, 25, p. 388] {Marx, 2017, p. 414}.

"transações jurídicas", o que aponta para o processo de autonomização inscrito na reprodução sócio-jurídica moderna. No entanto, constituiria isso por si só um modo expansivo de fixação da referida "inversão qualitativa"? A produção contínua de acordos jurídicos que opõem o capital como propriedade e o capital como função seria um mecanismo de socialização suficiente para vincular toda a classe capitalista e o capital total?

4.2 O controle das relações sociais

A crítica da economia política em sua "média ideal" revela a conexão interna subjacente às determinações formais que caracterizam o modo de produção capitalista. E é exatamente a partir dessa compreensão que a tematização do sistema de crédito se relaciona com as perguntas imediatamente anteriores. Por isso é importante atentar para um comentário feito por Marx ainda no âmbito da separação entre juros e ganho empresarial. Após reafirmar que o capitalista funcional confronta o capitalista monetário, Marx salienta que "com o sistema de crédito o *capital monetário* assume um caráter *social*".[934] Tal como sustentado por Milios, aqui se encontra uma chave de leitura para compreender como as inversões realizadas pelo capital portador de juros são socialmente efetivadas e validadas pelo crédito, possibilitando uma concepção do sistema financeiro que vai além da denúncia de seu parasitismo.[935]

Mas essa delimitação não é evidente nos manuscritos do Livro III, algo dificultado pelas alterações feitas por Engels em seu processo de edição. Apesar de Marx explicitamente advertir que "a análise do sistema de crédito e dos instrumentos que ele cria,

---

934 (MEGA, II.4.2, p. 459 – destaques no original) [MEW, 25, p. 401] {Marx, 2017, p. 437}.

935 MILIOS, John. *The origins of capitalism as a social system*. Londres/Nova York: Routledge, 2018, p. 15.

como o dinheiro creditício etc., *está fora do nosso plano*",[936] Engels altera o sentido da primeira frase, caracterizando essa análise como "aprofundada".[937] A questão principal nesse ponto não é meramente quantitativa, mas sistemática: em qual lugar da estrutura categorial da crítica da economia política o crédito deve ser abordado?

Uma resposta satisfatória a essa pergunta poderia mencionar uma delimitação feita pelo próprio Marx: "aqui devemos ressaltar apenas alguns aspectos necessários para a caracterização do modo de produção capitalista em geral".[938] No entanto, outra passagem também poderia ser destacada, na qual a referida generalidade dá lugar a um registro distinto:

> Não se deve esquecer, no entanto, que, em primeiro lugar, o *dinheiro* – na forma de metais preciosos – permanece a base da qual o sistema de crédito, pela própria natureza da coisa, *jamais* se pode desprender. Em segundo lugar, que o sistema de crédito detém o *monopólio* dos meios sociais de produção (na forma de *capital* e *propriedade fundiária*) nas mãos de particulares e que ele mesmo é, por um lado, uma forma imanente do *modo de produção capitalista* e, por outro, uma força motriz de seu desenvolvimento para sua forma mais elevada e última possível.[939]

Neste caso o crédito aparece determinado pela mencionada premissa de que o dinheiro deve ser uma mercadoria.[940] Mas não só, já que nessa citação se manifesta uma narrativa histórica, na

---

936 (MEGA, II.4.2, p. 469 – destaque do autor).

937 (MEW, 25, p. 413) {Marx, 2017, p. 451}.

938 (MEGA, II.4.2, p. 469) (MEW, 25, p. 413) {Marx, 2017, p. 451}.

939 (MEGA, II.4.2, p. 661 – destaques no original) [MEW, 25, p. 620] {Marx, 2017, p. 666}.

940 Apesar dessa determinação histórica, Marx já percebia que "com o desenvolvimento do sistema de crédito, a produção capitalista se esforça por suprassumir continuamente essa barreira metálica, esse limite a um

qual o crédito aparece tanto como uma "forma imanente do modo de produção capitalista" quanto sua forma "mais elevada e última possível". Esta é uma abordagem que Marx já havia apresentado. Ao discutir "o papel do crédito no modo de produção capitalista", o sistema de crédito é caracterizado: (i) pela mediação da equalização da taxa de lucro; (ii) pela redução dos custos de circulação; e (iii) pela criação das sociedades por ações. Neste último caso, Marx explicitamente considera a forma de capital social como "a suprassunção do capital como propriedade privada *dentro* dos limites do próprio modo de produção capitalista".[941] Essas questões são retomadas um pouco mais adiante:

> O crédito, portanto, acelera o desenvolvimento material das forças produtivas e a instauração do mercado mundial, que, até certo ponto – como bases materiais do novo modo de produção – é a *tarefa histórica* do modo de produção capitalista. Ele [o crédito] acelera ao mesmo tempo as erupções violentas dessa contradição, as crises e, com elas, os elementos da dissolução do antigo modo de produção.[942]

Enquanto "tarefa histórica", o crédito aparece com determinações distintas da referência anterior acerca de seu "caráter social". No entanto, em Marx ainda é possível verificar uma terceira alternativa acerca do crédito, cujo enredamento não parte nem da delimitação do plano de estudo, nem de seu sentido histórico. Ao mesmo tempo em que o crédito é apresentado como "ponto de passagem necessário"[943]

---

só tempo material e fantástico da riqueza e de seu movimento". (MEGA, II.4.2, p. 626) [MEW, 25, p. 589] {Marx, 2017, p. 634}.

941 (MEGA, II.4.2, p. 502 – destaque no original) [MEW, 25, p. 452] {Marx, 2017, p. 494}.

942 (MEGA, II.4.2, p. 505 – destaque no original) [MEW, 25, p. 457] {Marx, 2017, p. 499}.

943 (MEGA, II.4.2, p. 502) [MEW, 25, p. 453] {Marx, 2017, p. 495}. (N.T.) Na edição da Boitempo "ponto de passagem necessário" [*notwendiger Durchgangspunkt*] aparece como "fase de transição necessária".

para a sociedade futura, ele também aparece nos termos de uma contradição que suprime a si mesma, manifestando-se na socialização capitalista de um modo particular:

> Ela estabelece o *monopólio* em certas esferas e, portanto, solicita [*sollicitirt*] a *interferência do Estado*. Ela reproduz [*reproduziert*] uma *nova aristocracia financeira*, um novo bando de parasitas [*neues Parasitenpack*] na figura [*Gestalt*] de projetores e diretores corporativos (meros gerentes *nominais*); todo um sistema de embuste [*Schwindels*] e fraude com relação à negociação de ações, sua emissão etc.[944]

Aqui o argumento aponta para uma denúncia moral do crédito, distinta não só de sua "tarefa histórica", mas também de sua conexão categorial com o capital portador de juros. Daí a ênfase de que o crédito contribui para o desenvolvimento do mais "puro e colossal sistema de jogo e embuste",[945] uma caracterização que também se encontra em outro contexto. Em carta enviada a Engels (14 de novembro de 1868) alguns anos depois, Marx confidencia: "uma vez que o segundo volume [isto é, os Livros II e III] é em

944 (MEGA, II.4.2, p. 503 – destaques no original) [MEW, 25, p. 454] {Marx, 2017, p. 496}. (N.T.) Existem algumas diferenças entre o manuscrito de Marx, a edição feita por Engels e a tradução para o português: (i) Engels substituiu o verbo solicitar [*sollicitirt*] pelo verbo provocar [*herausforden*], alteração que também é seguida por Rubens Enderle na edição da Boitempo; (ii) apesar de Engels manter a utilização do verbo reproduzir [*reproduziert*], Enderle o substitui por *produzir*; e (iii) no manuscrito, Marx diz que a referida contradição reproduz um novo "bando de parasitas", o que Engels substitui por "um novo tipo de parasitas" [*eine neue Sorte Parasiten*]. Enderle, por sua vez, insere a noção de classe, de modo que "(a contradição produz) uma nova classe de parasitas". Sabe-se que "classe" sugere uma aproximação à taxonomia dos seres vivos, assim como "*Sorte*", termo utilizado por Engels, também significa gênero/espécie. Ainda assim, a escolha é problemática pois pode sugerir que esses parasitas constituem uma (nova) classe *social*.

945 (MEGA, II.4.2, p. 505) [MEW, 25, p. 457] {Marx, 2017, p. 500}.

grande parte demasiado teórico, *utilizarei o capítulo sobre o crédito para um desmascaramento eficaz deste embuste e da moral comercial*".[946] Outra carta – enviada a Nikolai Danielson (10 de abril de 1879) – também contém considerações similares: Marx volta a abordar o mercado financeiro como "a atividade cosmopolita do capital emprestado (...) que abrange o mundo inteiro numa rede de burla financeira e de endividamento mútuo, a forma capitalista da fraternidade 'internacional'".[947]

As passagens destacadas retratam diferentes aspectos do crédito. Contudo, não se trata apenas da percepção de seu "caráter misto",[948] mas da pergunta acerca da possibilidade de se articularem distintos níveis de abstração a partir dos quais o crédito pode ser analisado. Pode-se dizer que, em virtude do caráter incompleto e fragmentado dos textos originais, não chega a ser surpreendente que o próprio Marx não respeite os limites da apresentação dialética das categorias. No âmbito da crítica da economia política em sua "média ideal", interessa atentar para o imbricamento entre o capital portador de juros e o caráter social de suas relações subjacentes, este sim associado à posição do crédito, e não para as questões – sem dúvida alguma importantes, mas pertencentes a outro patamar conceitual – referentes a certas formas institucionais do sistema de crédito em determinadas fases históricas do desenvolvimento do capitalismo.

Nesse sentido, é oportuna a consideração de Heinrich, segundo a qual podem-se vislumbrar dois tipos de contradições no capitalismo: de um lado, existem aquelas que têm como fundamento o próprio modo de produção capitalista e, de outro, contradições derivadas de um modo específico de institucionalização. Pense-se, no primeiro caso, no dinheiro como forma independente de valor das mercadorias, o que inclui não só a possibilidade de interrupção

946 (MEW, 32, p. 204 – destaque do autor).

947 (MEW, 34, p. 373).

948 (MEGA, II.4.2, p. 505) [MEW, 25, p. 457] {Marx, 2017, p. 500}.

da circulação, mas a própria crise e, no segundo caso, num sistema monetário vinculado a um dinheiro que é mercadoria. Ainda que o capitalismo possa sempre resolver o segundo tipo de contradições, as contradições do primeiro tipo só podem desaparecer com o capitalismo. Tal como destacado por Heinrich:

> Marx confundiu estas duas categorias de contradições ao implicar que o sistema monetário e de crédito estava necessariamente ligado a uma mercadoria de dinheiro e ao considerar os problemas daí resultantes no capitalismo como inultrapassáveis em princípio. No entanto, esta confusão não é uma consequência inevitável da teoria de Marx. Pelo contrário, contém todos os elementos para a análise do atual sistema monetário e de crédito.[949]

Essa atualidade pode ser observada quando Marx explicitamente destaca o nexo conceitual entre o capital portador de juros e o crédito, notadamente ao salientar que "o sistema de crédito não significa nada além da *subordinação* do capital portador de juros às condições e às necessidades do *modo de produção capitalista*".[950] Essas condições e necessidades não se reduzem à ideia de que o crédito seria um mero mediador.[951]

Esta é a razão pela qual é necessário atentar para uma das particularidades da forma do capital portador de juros, qual seja, fazer com que cada rendimento determinado e regular em dinheiro "*apareça* como juros de algum capital, seja ele derivado de algum

---

949 HEINRICH, Michael. *Die Wissenschaft vom Wert*: Die Marxsche Kritik der politischen Ökonomie zwischen wissenschaftlicher Revolution und klassicher Tradition. Münster: Westfälisches Dampfboot, 2017, p. 305.

950 (MEGA, II.4.2, p. 652 – destaques no original) [MEW, 25, p. 613] {Marx, 2017, pp. 659-660}.

951 (MEGA, II.4.2, p. 501) [MEW, 25, p. 451] {Marx, 2017, p. 493}.

capital ou não".[952] Tal inversão não somente atribui um significado novo às relações sociais, como anteriormente destacado. Há algo além disso, salientado pelo próprio Marx:

> Ao desenvolverem-se o capital portador de juros e o sistema de crédito, todo capital parece *duplicar* e às vezes *triplicar* pelos diversos modos em que o mesmo capital ou o mesmo título de dívida aparece sob diferentes formas em diferentes mãos. Esse "capital monetário" é, em sua maior parte, puramente fictício.[953]

O capital parece "duplicar" ou mesmo "triplicar", sendo em sua maior parte um "capital fictício". Marx explicitamente diz que "a formação do *capital fictício* chama *capitalização*".[954] Qual seria o sentido preciso dessa denominação?

Os papéis de valor aparentemente nada mais são do que títulos jurídicos de propriedade que representam esse capital. Excluindo-se os casos de fraude, as ações de uma companhia aérea, por exemplo, representam um capital real, isto é, o capital investido e em funcionamento na empresa. No entanto:

> Esse capital não existe duas vezes: a primeira, como *capital-valor* dos títulos de propriedade, das *ações*, e a segunda, como *capital* realmente investido ou que tem de ser investido naquelas empresas. Ele só existe nesta última forma, e a ação não é mais que um *título de propriedade* acerca do maisvalor que aquele capital vier a realizar. A pode vender esse título a B, e B, a C. Essas transações [jurídicas] não

952 (MEGA, II.4.2, p. 520 – destaque do autor) [MEW, 25, p. 482] {Marx, 2017, p. 522}.

953 (MEGA, II.4.2, p. 526 – destaques no original) [MEW, 25, p. 488] {Marx, 2017, p. 527}.

954 (MEGA, II.4.2, p. 522 – destaque no original) [MEW, 25, p. 484] {Marx, 2017, p. 524}.

> alteram em nada a natureza do problema. Com isso, A ou B converteram seu título em capital, mas C converteu seu capital em mero título de propriedade sobre o maisvalor que se espera do capital acionário.[955]

Não é por acaso que a posição do crédito esteja intimamente associada ao fetichismo do capital. Com a capitalização, "toda a conexão com o processo real de valorização do capital é perdida até o último rastro e se reforça a concepção do capital como um autômato que se valoriza por si mesmo".[956] Com isso, o referido processo de autonomização das formas sociais passa a estar amalgamado ao sistema de crédito:

> O movimento *autônomo* do *valor* desses *títulos de propriedade*, sejam ações ou letras do Estado, confirma a *aparência* [*Schein*] de que eles constituiriam capital efetivo paralelamente ao capital ou ao direito do qual são um título. Eles se tornam, mais exatamente, *mercadorias*, cujo preço possui um movimento e uma determinação próprios.[957]

Aqui deve-se atentar para um ponto precioso para os propósitos deste livro. A partir das considerações anteriores seria possível destacar como o processo de autonomização do sistema de crédito se relaciona com a acumulação do capital, cuja compreensão não pode

---

955 (MEGA, II.4.2, p. 523 – destaques no original) [MEW, 25, pp. 484-485] {Marx, 2017, p. 534}.

956 (MEGA, II.4.2, p. 522) [MEW, 25, p. 484] {Marx, 2017, p. 524}.

957 (MEGA, II.4.2, p. 523 – destaques no original) [MEW, 25, p. 485] {Marx, 2017, p. 524}. (N.T.) Na edição da Boitempo lê-se: "o movimento autônomo do valor (...) confirma a aparência [*bestätigt den Schein*]" como "reforça a ilusão". Como já destacado, o processo descrito por Marx não é uma ilusão, mas uma "abstração real" (SOHN-RETHEL. *Geistige und körperlich Arbeit*: Zur Epistemologie der abendländischen Geschichte. Weinheim: VCH, Acta Humaniora, 1989, p. 12). O que é ilusória é a pretensão de autonomia dessa aparência [*Schein*] derivada do modo de aparecimento [*Erscheinung*] das relações sociais.

estar restrita às considerações apresentadas na sétima seção do Livro I, na qual a "lei geral da acumulação capitalista" exige uma espécie de aumento contínuo do capital produtivo. Essa determinação está associada a um nível de abstração específico, qual seja, o processo imediato de produção. Mas já no Livro II, no qual opera outro nível de abstração – o processo de circulação –, a acumulação do capital é enriquecida pela posição de novas determinações, notadamente no âmbito da reprodução ampliada e seus seis setores.[958] Por fim, ao considerar o nível da unidade entre produção e circulação, os manuscritos do Livro III revelam a possibilidade categorial da acumulação de capital se bifurcar entre uma acumulação "real" ou "fictícia". Por mais que esta constitua o exemplo mais notório do fetichismo do capital, o sistema de crédito efetivamente *se apresenta* como uma esfera independente, dotada de instrumentos e leis próprias.

O ponto nevrálgico da questão, no entanto, encontra-se em outro lugar. Diante do movimento autônomo do valor dos títulos de posse, não faltam discursos que apontam a externalidade destes e sua consequente disfunção para a acumulação capitalista, abrindo as portas para que o processo de financeirização seja compreendido como uma distorção meramente quantitativa da "economia real",[959]

---

958 Marx escreveu oito manuscritos para o Livro II. Em seu processo de edição da Seção III do Livro II – "a reprodução e circulação do capital social total" –, Engels utilizou apenas os manuscritos II e VIII (MEGA, II.12/ Apparat, p. 529). Consequentemente, a leitura consagrada do capítulo 21 sempre discutiu os conhecidos dois setores de acumulação – pense-se, por exemplo, nas teses de Rosa Luxemburgo acerca da insuficiência dos modelos marxianos de reprodução. Ocorre que Engels ignorou grande parte do Manuscrito II que dava outro tratamento à temática (MEGA, II.11, pp. 443-522). Nesta parte omitida, Marx apresenta um modelo de produção de seis setores: 1) meios de consumo dos trabalhadores (Setor "Ia"); 2) meios de produção para Ia (Setor "IIαα"); 3) meios de produção para IIαα (Setor "IIα"); 4) meios de consumo dos capitalistas (Setor "Ib"); 5) meios de produção para Ib (Setor "IIββ"); e 6) meios de produção para IIββ (Setor "IIβ").

959 SOTIROPOULOS, D.; MILIOS, J.; LAPATSIORAS, S. *A Political Economy of Contemporary Capitalism and its Crisis*: Demystifying Finance. Londres/Nova York: Routledge, 2013, p. 137.

tal como exemplificado nas análises heterodoxas do capitalismo especulativo de Wall Street apresentadas no primeiro capítulo.[960] Mas o próprio Marx destaca que a relação social que envolve o capital como propriedade e o capital como função não se deixa resumir pela externalidade. Pelo contrário, o que se desenha é tanto o *controle* como a *vigilância* que os unifica:

> O valor de mercado desses papéis é, em parte, *especulativo*, pois não depende somente dos ganhos reais, mas também dos ganhos esperados, calculados por antecipação. Se pressupomos como *constante* a *valorização* do capital real ou, onde não existe capital, como no caso da dívida pública, se pressupomos a renda anual como *fixada por lei* e também antecipada com suficiente segurança, temos que o *preço* dessas *securities* aumenta ou diminui na razão *inversa* da taxa de juros.[961]

O valor de mercado desses papéis é somente em parte especulativo. E isso porque ele depende daquilo que ocorre no campo da efetividade da socialização capitalista, isto é, não apenas dos ganhos reais, mas também das expectativas *jurídicas* de ganho.[962] Daí a

---

960 Por mais que algumas dessas abordagens se apresentem como "marxistas", essas análises seguem a abordagem austríaca do capital fictício, na qual este aparece – notadamente a partir de Friedrich Hayek – como uma "ilusão", um "erro", isto é, um termo pejorativo. Trata-se de um discurso que tem suas origens em Charles Jenkinson (1805), em que o capital fictício é sinônimo de *instabilidade*, de capital *inautêntico* (DURAND, Cédric. *Fictitious Capital*: How Finance is Appropriating Our Future. Londres/Nova York: Verso, 2017, pp. 42-46).

961 (MEGA, II.4.2, p. 523 – destaques no original) [MEW, 25, p. 485] {Marx, 2017, p. 525}.

962 A vinculação entre expectativas jurídicas e direito passa necessariamente pela sociologia luhmanniana. Mas aqui seria interessante notar que antes da incorporação do conceito de autopoiese em sua teoria, em 1984, Luhmann não só observava a economia como um sistema social exercendo um primado social (LUHMANN, Niklas. *Soziologische Aufklärung 1*: Aufsätze zur Theorie sozialer Systeme. Wiesbaden:

importância, no caso da dívida pública, que a renda anual não só coincida com sua *fixação jurídica*, como seja possível determiná-la com "suficiente segurança".

Marx já havia tateado essa temática no início da década de 1850. Ao analisar o processo a partir do qual a aristocracia financeira se tornara bonapartista, *O 18 de brumário de Luís Bonaparte* prontamente revela o amálgama entre estabilidade – compreendida como adequação à ordem – e finanças. Após citar um trecho da revista *Economist* (número 1º de fevereiro de 1851) acerca da "sensibilidade dos títulos públicos diante da menor perspectiva de perturbação e pela estabilidade deles", Marx apresenta a seguinte questão:

> Todo o moderno negócio com dinheiro, toda a economia bancária está intimamente entrelaçada com o crédito público. Uma parte do capital ativo necessariamente é investido em títulos públicos facilmente resgatáveis e emprestado a juros. Seus depósitos, o capital colocado à sua disposição e distribuído por eles entre comerciantes e industriais, provêm em parte dos dividendos dos pensionistas do Estado. Se em todas as épocas a estabilidade do poder estatal equivalia a algo como Moisés e os profetas para todo o mercado do dinheiro e para os oficiantes desse mercado, como deixaria de sê-lo nos dias de hoje, em que todo dilúvio ameaça

---

VS Verlag, 1970, p. 285; LUHMANN, Niklas. *Politische Theorie im Wohlfahrsstaat*. München/Wien: Günther Olzog Verlag, 1981, p. 149) como expressamente salientava que a diferenciação funcional da economia tornava necessária a diferenciação funcional dos demais sistemas sociais (LUHMANN, Niklas. *Soziologische Aufklärung 2*: Aufsätze zur Theorie der Gesellschaft. Wiesbaden: VS Verlag, 1975, p. 193). Mais interessante ainda, a publicação recente de um manuscrito inédito – *Teoria sistêmica da sociedade* (1973-1975) – contém uma passagem na qual Luhmann apresenta suas reflexões como "um desenvolvimento da teoria de Marx" (LUHMANN, Niklas. *Systemtheorie der Gesellschaft*. Frankfurt am Main: Suhrkamp, 2017, p. 86).

> arrastar embora as velhas dívidas públicas junto com os velhos Estados?[963]

Esse raciocínio delineia relações muito mais profundas do que a mera atribuição de um caráter predatório às atividades financeiras, notadamente quando se atenta para a mediação jurídica necessária à referida estabilidade. E é exatamente isso que Marx salienta nos manuscritos do Livro III:

> Todos esses títulos [jurídicos] não representam mais do que *accumulated clains upon production* [direitos acumulados sobre a produção] (...), por *acumulação de capital monetário* devemos entender fundamentalmente uma acumulação desses *clains upon production* (direitos sobre a produção).[964]

Trata-se, na verdade, de um argumento relativamente próximo de algo mencionado no Livro II. Ao discutir o tesouro enquanto forma de acumulação de dinheiro distinta da acumulação efetiva – a transformação do mais-valor em capital –, Marx faz um comentário importante. Abstraindo-se do dinheiro creditício, o capital monetário latente pode existir na forma de:

> Meros direitos (títulos jurídicos) legalmente confirmados que os capitalistas ostentam em relação a terceiros. Em todos esses casos, seja qual for a forma de existência desse capital monetário adicional, ele próprio não representa, na medida em que é *capital in spe*, nada mais do que *títulos jurídicos* adicionais – e mantidos em reserva – dos capitalistas sobre a *produção anual adicional futura da sociedade*.[965]

---

963 (MEGA, I.11, p. 164) [Marx, 2011b, pp. 121-122].

964 (MEGA, II.4.2, p. 524 – destaques no original) [MEW, 25, p. 486] {Marx, 2017, p. 526}.

965 (MEGA, II.11, p. 313 – destaques no original) [MEW, 24, pp. 323-324] {Marx, 2014, p. 418}.

Uma vez que a acumulação de capital monetário é fundamentalmente uma *acumulação de direitos sobre a produção*,[966] o que há nessas passagens – e isto é fundamental – é a própria *acumulação de direitos e por direitos como condição para a relação de controle existente entre capital monetário e processo produtivo*, um entendimento que conceitualmente antecipa consideráveis discussões acerca da "inflação legislativa" característica das últimas décadas.[967]

Como se vê, a conexão categorial que vai do capital portador de juros ao crédito, desaguando no capital bancário e no sistema de crédito, não só aponta para a mistificação das relações sociais capitalistas, como também revela elementos adicionais acerca das condições de possibilidade da sociedade moderna. Essas condições não admitem toda e qualquer contingência social, esquematizando a forma da continuidade e do aprofundamento de um modo de produção essencialmente contraditório. Isso significa que o "preenchimento" formal não ocorre no vácuo, mas já se apresenta carregando uma dimensão significativa própria. A existência dos juros na sociedade capitalista se estabelece em uma forma particular de representação das relações sociais. E é precisamente esse raciocínio que permite

---

966 As consequências desse raciocínio – que avoca a autonomização do direito como produto (fetichizado) do capital – para a crítica marxista do direito são abordadas no próximo capítulo. De todo modo, Pachukanis já destacava que "por meio do processo judicial, o jurídico abstrai-se do econômico e surge como um elemento autônomo" (PACHUKANIS, Evgeni. *A Teoria Geral do Direito e o marxismo e ensaios escolhidos (1921-1929)*. São Paulo: Sundermann, 2017, p. 120).

967 Um dos sintomas das chamadas "mudanças do direito entre duas eras econômicas" – a keynesiana e a decorrente da globalização – é a chamada "inflação jurídica" ou "explosão legal", termos que procuram descrever os desafios do direito positivo do Estado-nação a partir da dissolução do paradigma keynesiano. Nesse contexto, "o resultado inevitável da 'inflação jurídica', em síntese, é a desvalorização progressiva do próprio direito positivo, impedindo-o assim de exercer suas funções reguladoras e controladoras básicas por meio de suas normas, suas leis e seus códigos" (FARIA, José Eduardo. *O direito na economia globalizada*. São Paulo: Malheiros, 1999, p. 133).

compreender não só o nível de abstração a partir do qual a "financeirização da economia" pode ser abordada na crítica da economia política, mas sobretudo o imbricamento entre finanças e fetichismo:

> Marx é muito claro em associar a mercantilização da relação de capital [o capital portador de juros] ao fetichismo. Em outras palavras, a valorização do capital é baseada em uma representação específica da economia capitalista e essa representação é efetiva na organização do circuito do capital. Este resultado da problemática de Marx passou totalmente despercebido nas discussões marxistas. E, no entanto, é crucial para a compreensão das finanças.[968]

O foco na "representação específica da economia capitalista" é um aspecto decisivo para se compreender o argumento de que "*o fetichismo está no coração das finanças*".[969] De acordo com essa interpretação, *os ativos financeiros são formas reificadas* a partir das quais o capital aparece na realidade efetiva. Este vir-a-ser já é ele mesmo uma representação da realidade capitalista, o que traz impactos significativos para as abordagens heterodoxas e marxistas que insistem em apreender as relações sociais como algo transparente.[970]

968 SOTIROPOULOS, D.; MILIOS, J.; LAPATSIORAS, S. *A Political Economy of Contemporary Capitalism and its Crisis*: Demystifying Finance. Londres/Nova York: Routledge, 2013, p. 53.

969 SOTIROPOULOS, D.; MILIOS, J.; LAPATSIORAS, S. *A Political Economy of Contemporary Capitalism and its Crisis*: Demystifying Finance. Londres/Nova York: Routledge, 2013, p. 134 – destaque no original.

970 Essa compreensão é uma conquista da crítica da economia política desenvolvida a partir da década de 1860. Nesse sentindo, note-se que o *Manifesto comunista* (1848) pressupõe uma percepção *imediata* da "realidade". Em uma famosa passagem, Marx e Engels destacam: "tudo o que é sólido e estável se desmancha no ar, tudo o que era sagrado é profanado e os homens são finalmente obrigados a encarar sua posição social e as suas relações com os outros homens com os olhos sóbrios" (MEW, 4, p. 464) [Marx; Engels, 2010, p. 43].

Por mais opostas que essas abordagens pareçam ser, o diagnóstico heterodoxo da financeirização observa as finanças a partir de uma chave de leitura meramente instrumental frente à "economia real": de um lado, aqueles que sustentam existir uma relação "predatória", como já destacado; do outro, as abordagens neoclássicas que apresentam as finanças nos termos de um sistema "informativo".[971] Em ambos os casos sobressai uma análise mecanicista da "financeirização da economia", na qual as finanças aparecem como uma mera ferramenta "que distorce o espírito ideal do capitalismo em benefício das elites financeiras. A única diferença diz respeito à natureza da ferramenta: se ela é neutra ou indissociavelmente ligada a essas elites financeiras".[972]

Mas em uma abordagem atenta à forma-valor e sua relação com o fetichismo do capital, os parâmetros da abordagem mudam consideravelmente:

> No universo de Marx, a noção de informação é vaga. *A realidade capitalista não é transparente*. Ela é formada como um cenário complexo de relações sociais de poder, que não são reveladas na experiência cotidiana como tal.

---

971 O processo social de legitimação da especulação dependeu em grande medida de sua diferenciação frente à aposta, o que exigiu a construção de discursos acerca da função econômica da especulação. Segundo Stäheli, aqui confluem algumas narrativas: (i) a especulação seria a responsável por produzir preços (dimensão fática); (ii) a especulação seria capaz de tornar visíveis possibilidades de investimentos até então não reconhecidas, trazendo dinamismo à economia e atuando como um mecanismo de correção das expectativas econômicas (dimensão temporal); e (iii) a especulação atuaria como um "lubrificante do mercado", aperfeiçoando internamente a lei da oferta e demanda, ao contrário das medidas políticas e jurídicas que interviriam externamente (dimensão social) (STÄHELI, Urs. *Spektakuläre Spekulation*: Das Populäre der Ökonomie. Frankfurt am Main: Suhrkamp Verlag, 2007, pp. 76-89).

972 SOTIROPOULOS, D.; MILIOS, J.; LAPATSIORAS, S. *A Political Economy of Contemporary Capitalism and its Crisis*: Demystifying Finance. Londres/Nova York: Routledge, 2013, p. 179.

> *Essas relações de poder existem na forma de uma representação particular.* Esta última mistifica sua natureza social, suscitando normas próprias de comportamento individual que são aceitas (vividas) pelos agentes econômicos como a verdade de sua realidade.[973]

É a partir desse entendimento que as finanças são compreendidas como "a máscara cotidiana do capital: *é a forma de existência do capital*".[974] O caráter translúcido da realidade capitalista traz como consequência a não externalidade de suas representações orgânicas à existência dos indivíduos,[975] o que permite aprofundar o amálgama existente entre capitalização e fetichismo. Uma vez que o caráter fictício do capital remete à reificação das relações capitalistas de produção, "*a capitalização tem a ver com a valorização como resultado de uma determinada representação com base no risco e na forma como esta valorização reforça e fortalece a implementação das 'leis' do capital*".[976]

Daí a impossibilidade de se compreender o processo de valorização de ativos financeiros sem o fetichismo do capital. No entanto, há um elemento adicional nesse raciocínio. Essa valorização "*traduz*

---

973 SOTIROPOULOS, D.; MILIOS, J.; LAPATSIORAS, S. *A Political Economy of Contemporary Capitalism and its Crisis*: Demystifying Finance. Londres/Nova York: Routledge, 2013, p. 148 – destaque no original.

974 SOTIROPOULOS, D.; MILIOS, J.; LAPATSIORAS, S. *A Political Economy of Contemporary Capitalism and its Crisis*: Demystifying Finance. Londres/Nova York: Routledge, 2013, p. 139 – destaque no original.

975 SOTIROPOULOS, D.; MILIOS, J.; LAPATSIORAS, S. *A Political Economy of Contemporary Capitalism and its Crisis*: Demystifying Finance. Londres/Nova York: Routledge, 2013, p. 149.

976 SOTIROPOULOS, D.; MILIOS, J.; LAPATSIORAS, S. *A Political Economy of Contemporary Capitalism and its Crisis*: Demystifying Finance. Londres/Nova York: Routledge, 2013, p. 149 – destaque no original.

em dados quantitativos (...) as dinâmicas das relações sociais de poder":[977]

> Se o título S como mercadoria *sui generis* é uma reificação da relação de capital, sua valorização (isto é, sua própria existência como valor de troca) necessariamente depende de uma representação particular e de uma quantificação das condições sócio-políticas e econômicas da produção capitalista. Independentemente da eficiência dos mercados na disseminação de informação sobre os fundamentos, estes já foram moldados sob as condições das normas ideológicas capitalistas. Os múltiplos "eventos" econômico-técnico-políticos (isto é, todos os eventos de valorização do capital e resistência a ele) que podem emergir dentro da empresa capitalista ou preocupá-la são, desta forma, convertidos em "percepções objetivas" e sinais quantitativos dentro dos mercados de capitais (...). O sistema financeiro proporciona uma representação e quantificação das diferentes relações de poder e sociais em geral.[978] [979]

---

977 SOTIROPOULOS, D.; MILIOS, J.; LAPATSIORAS, S. *A Political Economy of Contemporary Capitalism and its Crisis*: Demystifying Finance. Londres/Nova York: Routledge, 2013, p. 141 – destaque no original.

978 SOTIROPOULOS, D.; MILIOS, J.; LAPATSIORAS, S. *A Political Economy of Contemporary Capitalism and its Crisis*: Demystifying Finance. Londres/Nova York: Routledge, 2013, p. 151.

979 Aqui se manifesta uma vez mais a ruptura em Marx com toda e qualquer tentativa de fundamentação empírica do conhecimento, principalmente no âmbito da financeirização da economia e seus agentes. Assim, "o sujeito observador já é sempre *capturado dentro* e *dominado* pelas formas 'supersensíveis', mas *objetivas*, de aparecimento do complexo existente de relações de poder capitalistas, bastante irrelevantes da qualidade da informação disponível. Independentemente do estatuto das suas observações, independentemente do estatuto da informação recolhida, independentemente do modo como a acessamos, é assim que os agentes observadores *se constituem e se motivam*, tornando-se assim parte da objetividade capitalista ao lado das relações sociais observadas e numa relação específica com elas" (SOTIROPOULOS, D.; MILIOS, J.;

A valorização subjacente à posição do capital portador de juros implica a compreensão da financeirização como uma *tradução* específica das relações sociais. E este traduzir já se apresenta como elemento para a valorização. Isso depende não só da referida "representação particular", mas de uma "quantificação das condições sociopolíticas", referentes à garantia das expectativas jurídicas de ganho destacadas anteriormente. Esse processo está associado tanto à arquitetura institucional e legal, como ao uso financeiro destas. Neste sentido, "democracia", "Estado de Direito" e "legislação trabalhista", por exemplo, aparecem como *dados* – a representação de um evento no espaço e no tempo – cuja sistematização enquanto riscos faz emergir uma informação acerca do potencial de valorização de títulos.[980]

A financeirização da economia constitui, assim, "um tipo de supervisão do circuito do capital",[981] isto é, um mecanismo de controle e vigilância do mundo invertido da socialização capitalista. Trata-se de um processo que não se deixa compreender plenamente pelas análises que veem a dominação financeira como algo decorrente da "hegemonia dos rentistas", da "guinada neoliberal", ou da já referida "nova lógica de acumulação".[982] Tal como destacado

---

LAPATSIORAS, S. *A Political Economy of Contemporary Capitalism and its Crisis*: Demystifying Finance. Londres/Nova York: Routledge, 2013, pp. 151-152 – destaques no original).

980 Ainda que não seja possível desenvolver essa temática neste momento, é sintomático que o MIT tenha recentemente apresentado um relatório – *The rise of data capital* – cujas primeiras palavras são: "os dados são agora uma forma de capital, no mesmo nível do capital financeiro em termos de geração de novos produtos e serviços digitais" (MIT, 2016, p. 2).

981 SOTIROPOULOS, D.; MILIOS, J.; LAPATSIORAS, S. *A Political Economy of Contemporary Capitalism and its Crisis*: Demystifying Finance. Londres/Nova York: Routledge, 2013, p. 152.

982 ZUBOFF, Shoshana. "*Big Other*: Capitalismo de vigilância e perspectivas para uma civilização de informação". *In*: BRUNO, F.; CARDOSO, B.; KANASHIRO, M.; GUILHON, L.; MELGAÇO, L. (Coord.).

pelos autores gregos: "a ascensão das finanças não é um subproduto econômico de uma única razão, mas uma tendência [categorial] que já estava em movimento muito antes da chegada ao poder de Reagan e Thatcher".[983]

Pautada e desenvolvida por uma abordagem derivada da forma-valor, essa é uma leitura capaz de observar o fortalecimento do capitalismo financeirizado como algo que se espraia sobre a sociedade, uma teia de aranha.[984] Assim:

> Nós acreditamos que o "segredo" da financeirização está no aspecto da avaliação de risco das finanças modernas, um aspecto que está profundamente enraizado no circuito do capital. Deste ponto de vista, as finanças também podem ser entendidas como uma tecnologia de poder que organiza as relações de poder capitalistas. As técnicas de gestão de risco, associadas ao funcionamento do mercado monetário "desregulamentado", são de fato um ponto crítico na gestão da resistência do trabalho.[985]

Esse diagnóstico acentua não a redistribuição de renda e a instabilidade econômica, aspectos pertencentes a outro nível de abstração. Em se tratando da crítica da economia política em sua "média ideal", o foco está na *organização* das relações de poder

---

Tecnopolíticas da vigilância: perspectivas da margem. São Paulo: Boitempo, 2018, p. 18.

983 SOTIROPOULOS, D.; MILIOS, J.; LAPATSIORAS, S. *A Political Economy of Contemporary Capitalism and its Crisis*: Demystifying Finance. Londres/Nova York: Routledge, 2013, p. 158.

984 VOLLGRAF, Carl-Erich. "Marx's Further Work on Capital after Publishing Volume i: On the Completion of Part II of the MEGA 2". *In*: VAN DER LINDEN, M.; HUBMANN, G. (Coord.). *Marx's Capital*: An Unfinishable Project? Leiden/Boston: Brill, 2018, p. 65.

985 SOTIROPOULOS, D.; MILIOS, J.; LAPATSIORAS, S. *A Political Economy of Contemporary Capitalism and its Crisis*: Demystifying Finance. Londres/Nova York: Routledge, 2013, p. 54.

capitalistas em linha com um "protótipo particular".[986] Consequentemente, além de proporcionar uma forma específica de financiamento, como geralmente enfatizado, a predominância dos mercados financeiros não é vista como sinal de um capitalismo moribundo, terminal, conforme destacado. Pelo contrário, eles atuam na referida organização das relações capitalistas, assegurando e reforçando sua reprodução social:

> O capitalismo contemporâneo (o termo "neoliberalismo" é demasiado restritivo para capturar todos os seus aspectos) equivale a uma recomposição ou reformulação das relações entre Estados capitalistas (como elos desiguais no contexto da cadeia imperialista global), capitais individuais (que são constituídos como tal apenas em relação a um determinado capital social nacional) e mercados financeiros "liberalizados". Esta recomposição pressupõe uma reforma adequada de todos os componentes envolvidos, de modo a assegurar a reprodução do paradigma capitalista dominante (neoliberal). Deste ponto de vista, o capitalismo contemporâneo compreende uma forma histórica específica de organização do poder capitalista em uma escala social, em que a governamentalidade através dos mercados financeiros adquire um papel crucial.[987]

Enquanto "supervisão do circuito do capital", "protótipo particular" que instaura uma governamentalidade da socialização capitalista, as finanças são compreendidas como um mecanismo de *normalização* das relações sociais a partir do risco. Trata-se, assim, de compreender os mecanismos financeiros como "componentes

986 SOTIROPOULOS, D.; MILIOS, J.; LAPATSIORAS, S. *A Political Economy of Contemporary Capitalism and its Crisis*: Demystifying Finance. Londres/Nova York: Routledge, 2013, p. 110.

987 SOTIROPOULOS, D.; MILIOS, J.; LAPATSIORAS, S. *A Political Economy of Contemporary Capitalism and its Crisis*: Demystifying Finance. Londres/Nova York: Routledge, 2013, p. 154.

ativos da organização do poder capitalista".[988] No âmbito de uma leitura da financeirização a partir da forma-valor, a "sociedade do risco" é compreendida justamente como o reflexo financeiro da realidade efetiva, sua representação mais fetichizada possível.[989] Por isso mesmo é enfatizado que "*a dimensão do risco é criada por representações fetichistas particulares dos acontecimentos-resultados da luta de classes*".[990]

Essa dimensão quantitativa não só antecipa reificadamente o futuro, acelerando-o – conforme discussão apresentada ainda no primeiro capítulo do presente livro –, como o traduz na possibilidade de ocorrência de eventos sociais, cujos sentidos são fornecidos pela representação fetichizada do mundo invertido característica da "forma trinitária":

> *O risco é a forma como os agentes capitalistas percebem o futuro do ponto de vista ideológico. Risco é a antecipação de tendências futuras (geralmente expressas em termos probabilísticos) com base na mistificação fetichista da realidade capitalista.* Podemos compreender que, sem esta intermediação do risco, é absolutamente impossível que a capitalização ocorra. De fato, a capitalização como um

---

988 SOTIROPOULOS, D.; MILIOS, J.; LAPATSIORAS, S. *A Political Economy of Contemporary Capitalism and its Crisis*: Demystifying Finance. Londres/Nova York: Routledge, 2013, p. 13.

989 Assim como em momentos anteriores, aqui se manifesta o suporte que a crítica da economia política em sua "média ideal" pode oferecer para a retomada de uma teoria da sociedade que vá muito além da mera descrição da socialização moderna. Na verdade, a descrição da autonomização das formas sociais e de sua consequente sistematização aparece como um resultado do fetichismo do modo de produção capitalista, algo cuja realidade não constitui um real em si [*Realität*], mas realidade afetada pelas determinações do capital, isto é, realidade efetiva [*Wirklichkeit*].

990 SOTIROPOULOS, D.; MILIOS, J.; LAPATSIORAS, S. *A Political Economy of Contemporary Capitalism and its Crisis*: Demystifying Finance. Londres/Nova York: Routledge, 2013, p. 156 – destaque no original.

> processo de precificação pressupõe um modo de representar, identificar, organizar e ordenar certos eventos sociais da realidade percebida, que são primeiro "distinguidos" e depois objetivados como riscos.[991]

Isso, no entanto, não é tudo. A antecipação do futuro pressupõe a formação de perfis de risco, o que está longe de ser algo secundário. Enquanto dimensão decorrente do modo de representação capitalista, o risco constitui um modo de organização financeira das relações sociais. Esta é apenas sua dimensão geral que, por sua vez, deve ser expressa na forma de uma propriedade interna dos indivíduos. Entretanto, não se trata aqui de uma propriedade comum, mas de uma normalização dos possíveis conflitos sociais pela individualização específica:

> Ao atribuir perfis de risco aos participantes do mercado, os mercados financeiros distinguem um participante do outro, individualizando-os em termos de risco. Mas a individualidade conferida não se correlaciona mais com uma "norma abstrata, invariante"; muito pelo contrário, é uma individualidade relativa à de outros membros da população do mercado.[992]

Há um movimento nesse percurso, uma passagem da identidade para a diferença, que acrescenta novas determinações na socialidade capitalista. É aqui que se encontra a chave de leitura específica para compreender o sentido da financeirização como "*uma forma de perceber-representar a realidade do ponto de vista do risco, moldando*

---

991 SOTIROPOULOS, D.; MILIOS, J.; LAPATSIORAS, S. *A Political Economy of Contemporary Capitalism and its Crisis*: Demystifying Finance. Londres/Nova York: Routledge, 2013, p. 161 – destaque no original.

992 SOTIROPOULOS, D.; MILIOS, J.; LAPATSIORAS, S. *A Political Economy of Contemporary Capitalism and its Crisis*: Demystifying Finance. Londres/Nova York: Routledge, 2013, pp. 161/162.

um tipo de ser particular que facilita a reprodução ampliada do capital social".[993] Trata-se, assim, de uma "tecnologia de poder"[994] sobreposta às outras relações sociais "com a finalidade de organizá-las e reforçá-las em força e eficácia".[995]

Ainda assim, a expressão do risco não se identifica com sua organização para fins de manutenção e aprofundamento do modo de produção capitalista. Neste momento ainda falta um aspecto fundamental: a *comensurabilidade* entre os diferentes riscos concretos. É exatamente nesse nível de abstração que entram em cena os conhecidos derivativos, tradicionalmente vistos como um mecanismo de usurpação da "economia real", isto é, "um novo meio de lucro em benefício do proprietário ausente ['*absentee owner*', conforme a tradição de Veblen e Keynes] e das instituições que asseguram a sua posição dominante (intermediários financeiros)".[996] A partir das considerações anteriores, os derivativos aparecem a partir de uma perspectiva radicalmente distinta. Eles não são compreendidos nos termos de sua instrumentalidade, mas pela forma-mercadoria, isto

---

993 SOTIROPOULOS, D.; MILIOS, J.; LAPATSIORAS, S. *A Political Economy of Contemporary Capitalism and its Crisis*: Demystifying Finance. Londres/Nova York: Routledge, 2013, p. 167 – destaque no original.

994 A matriz desse conceito, como se sabe, é foucaultiana. Como destacam os autores: "a fim de descrever o funcionamento das finanças contemporâneas, tomamos emprestado um conceito dos escritos de Foucault: o de governamentalidade como normalização regulatória. É claro que não se trata apenas de emprestar uma palavra. Nossa intenção é 'expropriar' completamente o conceito e utilizá-lo adequadamente no quadro da análise marxiana da economia política". (SOTIROPOULOS, D.; MILIOS, J.; LAPATSIORAS, S. *A Political Economy of Contemporary Capitalism and its Crisis*: Demystifying Finance. Londres/Nova York: Routledge, 2013, p. 168).

995 SOTIROPOULOS, D.; MILIOS, J.; LAPATSIORAS, S. *A Political Economy of Contemporary Capitalism and its Crisis*: Demystifying Finance. Londres/Nova York: Routledge, 2013, p. 168.

996 SOTIROPOULOS, D.; MILIOS, J.; LAPATSIORAS, S. *A Political Economy of Contemporary Capitalism and its Crisis*: Demystifying Finance. Londres/Nova York: Routledge, 2013, p. 173.

é, como contratos financeiros que moldam o risco abstrato pela mercadorização dos riscos concretos dispersos na representação financeira.

Uma vez que "o risco abstrato é a dimensão mediadora de qualquer risco concreto, permitindo assim que todos os diferentes riscos concretos se tornem sociais",[997] então os derivativos impõem a comensurabilidade entre esses diferentes riscos concretos, estabelecendo uma medida objetiva para eles: "eles não são, portanto, a 'besta selvagem' da especulação, mas o pré-requisito fundamental para a organização contemporânea das relações sociais de poder".[998] [999] Os derivativos permitem que os riscos sejam mensurados em dinheiro de um modo autônomo, trazendo consequências importantes para os argumentos que vêm sendo desenvolvidos neste livro.

Tendo adquirido uma expressão monetária, os riscos também passam a "ter" valor. Mas não só. Como suportes da imputação de risco, as próprias pessoas "têm" valor na medida em que se apresentam como "partes" do referido contrato financeiro. Na verdade, tudo que passa a ser mediado pelas finanças (direta ou indiretamente) – o que significa ser atravessado pela representação jurídica – passa

---

997 SOTIROPOULOS, D.; MILIOS, J.; LAPATSIORAS, S. *A Political Economy of Contemporary Capitalism and its Crisis*: Demystifying Finance. Londres/Nova York: Routledge, 2013, p. 177.

998 SOTIROPOULOS, D.; MILIOS, J.; LAPATSIORAS, S. *A Political Economy of Contemporary Capitalism and its Crisis*: Demystifying Finance. Londres/Nova York: Routledge, 2013, p. 175.

999 Sotiropoulos e Lapatsioras também salientam essa questão: "os cálculos e estimativas financeiras cotidianos (resultado das complexas práticas dos agentes de mercado e instituições imersas no mundo das mercadorias financeiras) deformam e distorcem a realidade de classe capitalista, impondo aos participantes do mercado um tipo particular de consciência e um certo comportamento estratégico específico" (SOTIROPOULOS; Lapatsioras. "Financialization and Marx: Some Reflections on Bryans's Martin's and Rafferty's Argumentation". *Economics Discussion Paper* (Kingston University), 2012, p. 13).

a "ter" valor,[1000] seja isso a "saúde", a "natureza" ou o "comum", uma consequência derivada de "*um modo universal* de interpretar e entender a realidade a partir do ponto de vista do risco":[1001]

> Os mercados de derivativos estão (...) organizados de tal forma que uma quantidade líquida de valor emerge junto com o isolamento e a embalagem de um risco concreto conhecido.[1002]

Que o "valor" seja resultado de uma relação social que, no entanto, aparece como propriedade interna das coisas já foi aqui destacado inúmeras vezes, ainda que o fetichismo da mercadoria adquira enquanto fetichismo do capital uma profundidade muito maior. A emersão dessa "quantidade líquida de valor" depende da existência e expansão dos derivativos, isto é, dos contratos futuros. Isso indica que a "tecnologia de poder" acima retratada não apenas pressupõe a expansão e sistematização da "acumulação de direitos" que caracteriza a acumulação de capital monetário, mas também necessita de uma mediação social capaz de organizar os meios que garantam a eficácia do controle das relações capitalistas.

Não se trata aqui de questionar de que modo a generalização dos derivativos repercute no direito, como se este constituísse algo externo àquele, mas de perceber o nexo categorial que conecta a

---

1000 Isso não significa que esses "bens" entrem imediatamente na lógica da mercadorização, algo que depende de configurações institucionais, isto é, uma situação cuja análise encontra-se em outro nível de abstração. No entanto, o que a crítica da economia política em sua "média ideal" demonstra é o desenvolvimento formal subjacente às contradições do capitalismo que objetivam garantir sua reprodução.

1001 SOTIROPOULOS, D.; MILIOS, J.; LAPATSIORAS, S. *A Political Economy of Contemporary Capitalism and its Crisis*: Demystifying Finance. Londres: Routledge, 2013, p. 177 – destaque no original.

1002 SOTIROPOULOS, D.; MILIOS, J.; LAPATSIORAS, S. *A Political Economy of Contemporary Capitalism and its Crisis*: Demystifying Finance. Londres: Routledge, 2013, p. 178.

reprodução sócio-jurídica às formas enlouquecidas do capital. No âmbito de uma pesquisa circunscrita à análise do capitalismo em sua "média ideal", essa "composição" é particularmente importante para uma crítica marxista do Direito e tem relação com algo que Marx destacou em diversas oportunidades, ainda que dispersamente.[1003] Isso é importante pois, no palco da socialização capitalista, o sentido jurídico das relações sociais é captado de distintas maneiras. É possível encontrar expressões como "*fictio juris* do contrato",[1004] "ilusão jurídica",[1005] ou mesmo "ficção jurídica",[1006] dentre tantas outras.

Por isso mesmo, não deixa de ser interessante notar a menção às *formas jurídicas*, no sentido de que suas metamorfoses expressam

---

1003 Esse recorte não conduz à desconsideração das críticas ao direito formuladas por Marx em períodos anteriores, como se essas não fossem "científicas". Pelo contrário. Ainda que circunscritas a problematizações enraizadas em outros níveis analíticos, elas igualmente apontam para uma fulminante desconstrução do direito burguês. Tome-se como exemplo, uma vez mais, o texto de 1842 sobre o furto de madeira. Sua crítica à igualdade é movimentada pela discussão do *conteúdo* dos direitos consuetudinários da nobreza e sua adequação e incorporação na "forma da lei universal". Por isso Marx diz: "na era das leis universais, o direito consuetudinário racional nada mais é que o *costume do direito legal*, pois o direito não deixou de ser costume por ter se constituído como lei, ainda que tenha deixado de ser *apenas* costume" (MEGA, I.1, p. 206 – destaque no original) [Marx, 2017a, p. 86]. O que está em pauta aqui é a acusação de que o direito positivo orquestrado pelas legislações liberais, *quando analisado historicamente pela anterioridade do direito consuetudinário* (e não pela forma-valor), revela tanto sua intencionalidade – isto é, o reconhecimento no plano universal dos costumes da nobreza, ou seja, a transformação legal de privilégios em direitos – e, consequentemente, também sua unilateralidade – qual seja, a desconsideração dos direitos consuetudinários da pobreza. Estes constituem uma estratégia de crítica diante dos acontecimentos da década de 1840, sem qualquer relação com o esboço de uma crítica imanente das categorias da economia política.

1004 (MEGA, II.6, p. 530) [MEW, 23, p. 599] {Marx, 2013a, p. 648}.

1005 (MEGA, II.6, p. 563, n. 74) [MEW, 23, p. 643, n. 73] {Marx, 2013a, p. 692, n. 73}.

1006 (MEGA, II.4.2, p. 686) [MEW, 25, p. 646] {Marx, 2017, p. 696}.

conteúdos econômicos que elas mesmas, enquanto "meras formas", não podem determinar. Daí a ênfase de Marx, por exemplo, ao criticar a noção de justiça natural: "quando corresponde ao modo de produção, quando lhe é adequado, esse conteúdo é justo; quando o contradiz, é injusto".[1007] Isso está relacionado a uma passagem presente no anexo à primeira edição de O *capital*, na qual Marx faz a seguinte consideração:

> se eu disser que o direito romano e o direito alemão são ambos direitos, isto é evidente. Mas se, pelo contrário, eu disser: *o* direito, este abstrato, *se realiza* efetivamente no direito romano e no direito alemão, o contexto torna-se então místico.[1008]

Essa perda de referência ao caráter social é problemática justamente por bloquear a compreensão da especificidade da reprodução sócio-jurídica moderna. Em uma nota de rodapé dos manuscritos do Livro III, na qual discute o conceito de propriedade privada em Hegel, Marx já antecipava o sentido dinâmico do Direito Positivo, notadamente ao apontar que "com a evolução das necessidades de desenvolvimento econômico e social, o 'direito positivo' pode e deve alternar suas determinações".[1009] A partir das reflexões até aqui desenvolvidas, todas essas referências atestam não só a profunda mutabilidade das formas da legalidade, como permitem "localizá-las" junto ao desenvolvimento categorial em sua "média ideal", especialmente na conexão conceitual entre capital portador de juros, crédito e finanças. Mas, afinal, o que se transforma? O Direito? A forma-jurídica? Seriam forma-jurídica e Direito sinônimos? Estaria o aparato conceitual desenvolvido por Pachukanis apto a abarcar essas relações?

1007 (MEGA, II.4.2, p. 413) [MEW, 25, p. 352] {Marx, 2017, pp. 386-387}.

1008 (MEGA, II.5, p. 634 – destaque no original).

1009 (MEGA, II.4.2, p. 669, n. 1) [MEW, 25, p. 629, n. 26] {Marx, 2017, p. 677, n. 26}.

CAPÍTULO V

PACHUKANIS *RELOADED?*

A delimitação dos níveis de abstração a partir dos quais se estruturam a crítica da economia política e a reconsideração da teoria do valor apresentadas nos capítulos anteriores constitui a base a partir da qual são desenvolvidas as reflexões acerca da reprodução sócio-jurídica capitalista no próximo capítulo. Antes disso, no entanto, é necessário indagar até que ponto as reflexões apresentadas por Pachukanis em *A Teoria Geral do Direito e o marxismo* podem servir como ponte para isso.

Esse questionamento é importante devido ao impacto da leitura histórica no arcabouço teórico pachukaniano. Ainda que o jurista russo estivesse orientado pela preocupação de "oferecer uma interpretação sociológica da forma jurídica e das categorias específicas que a expressam",[1010] a ênfase no argumento de que o desenvolvimento conceitual *corresponde* ao desenvolvimento histórico bloqueia a percepção de que a crítica da economia política é construída a partir de distintos planos conceituais.

1010 PACHUKANIS, Evgeni. *A Teoria Geral do Direito e o marxismo e ensaios escolhidos (1921-1929)*. São Paulo: Sundermann, 2017, p. 135.

A atenção a esse aspecto fundamental caracteriza grande parte das reflexões apresentadas nos capítulos anteriores. Tal como enfatizado em diversas oportunidades, a crítica da economia política – isto é, a sucessão dos Livros I, II e III como um "todo artístico", "articulações dialéticas"[1011] – opera na "média ideal", ou seja, em um plano de abstração que não corresponde ao desenvolvimento efetivo do modo de produção capitalista. Essa demarcação, no entanto, não significa que outros níveis de abstração não atravessem o desenvolvimento categorial subjacente a *O capital*. Por isso foi enfatizada a importância dos limites da apresentação dialética das categorias. Eles atestam uma insuficiência conceitual, no preciso sentido de que seu desenvolvimento não constitui uma espécie de modelo de determinação abstrata *a priori* das relações sociais, mas um dos momentos da "revolução científica" mencionada por Marx.

Desse modo, o percurso investigativo da crítica da economia política é atravessado por momentos que efetivamente sustentam a necessidade de outros momentos, não só em outro nível de abstração – sem o qual o primeiro não pode avançar –, mas frequentemente em outro campo de estudo. Cumpre novamente enfatizar: não se trata de uma diferenciação hierárquica, muito menos de uma espécie de rebaixamento dos estudos históricos e empíricos, já que essas zonas fronteiriças não dizem respeito a fenômenos marginais, mas a pontos nodais da apresentação sistemática.

No que se refere à forma-valor, já se destacou como o vínculo entre forma e conceito[1012] remete a dois níveis distintos de abstração. Se o valor aparece como uma objetividade espectral no âmbito da relação de troca entre mercadorias, tal fantasmagoria é então analisada a partir da relação de valor entre mercadorias, momento no qual opera a forma-valor. Conforme análises anteriores, o objetivo por trás dessa sucessão de níveis de abstração é demonstrar que o

---

1011 (MEW, 31, p. 132).

1012 (MEGA, II.5, p. 43).

valor não só não pode existir independentemente ou fora de sua forma de manifestação, como esta mesma – no caso, por exemplo, da forma-equivalente – oculta a relação social subjacente, fazendo emergir a percepção de que uma configuração social, o valor, cuja existência se dá somente dentro de uma relação – a troca de mercadorias –, seria uma propriedade natural da mercadoria em si.

Tendo como ponto de partida a teoria monetária do valor, o estudo da posição do dinheiro como manifestação do valor no segundo capítulo do Livro I demarca a introdução de um novo nível de abstração, o processo de troca, ocasião na qual é abordada a ação social propriamente dita. Neste patamar, distinto do plano da forma-valor, encontra-se uma passagem particularmente famosa para a literatura que se debruça sobre a relação entre direito e crítica da economia política:

> Para relacionar essas coisas umas com as outras como mercadorias, seus guardiões têm de estabelecer relações uns com os outros como pessoas cuja vontade reside nessas coisas e que agir de modo tal que um só pode se apropriar da mercadoria alheia e alienar a sua própria mercadoria em concordância com a vontade do outro, portanto, por meio de um ato de vontade comum a ambos. Eles têm, portanto, de se reconhecer mutuamente como proprietários privados. Essa relação jurídica, cuja forma é o contrato, seja ela legalmente desenvolvida ou não, é uma relação volitiva, na qual se reflete a relação econômica. O conteúdo dessa relação jurídica ou volitiva é dado pela própria relação econômica.[1013]

Esse raciocínio permite a Pachukanis salientar como Marx oferece "para a compreensão do elemento jurídico nas relações dos homens, muito mais que tratados de muitos volumes sobre a Teoria

1013 (MEGA, II.6, pp. 113-114) [MEW, 23, p. 99] {Marx, 2013a, p. 159}.

Geral do Direito".[1014] [1015] De fato, o percurso traçado até o capital portador de juros e seu sentido para uma leitura da dominação financeira pautada na forma-valor revela inúmeros registros da reprodução sócio-jurídica. Ainda assim, o fundamental é atentar não só para a diferença subjacente às referências entre, por exemplo, a relação jurídica "cuja forma é o contrato, seja ela legalmente desenvolvida ou não"[1016] e a posição da "acumulação de direitos sobre a produção".[1017] Em se tratando do registro jurídico presente em *O capital*, não só a diferença, mas também a passagem entre diferentes planos conceituais e seus respectivos sentidos são particularmente importantes.

É exatamente nesse ponto que se encontra a principal deficiência de *A Teoria Geral do Direito e o marxismo*. Apesar da importante aproximação entre forma jurídica e a circulação de mercadorias, esta não é compreendida nos termos da circulação simples, isto é, enquanto *superfície* do modo de produção capitalista – tal como proposto por Marx –, mas como um desenvolvimento que culmina na "forma jurídica pura". Em razão dessa abordagem, o jurista russo perde de vista não só o significado da "lei de apropriação pelo trabalho próprio" – lei que será lida por Pachukanis em termos históricos –, mas também as consequências que a apresentação categorial traz

---

1014 PACHUKANIS, Evgeni. *A Teoria Geral do Direito e o marxismo e ensaios escolhidos (1921-1929)*. São Paulo: Sundermann, 2017, p. 140.

1015 Na mesma linha, mas de modo mais enfático, Oswaldo Akamine Jr. destaca: "é impressionante como o velho mouro, em um parágrafo, fala mais sobre o direito do que toda a literatura jurídica deste início de século faz em toneladas de papel" (AKAMINE JR., Oswaldo. "O significado 'jurídico' de crise". *Cadernos de pesquisa marxista do direito*, nº 1, 2011, p. 94). Celso Kashiura, por sua vez, sustenta que essa passagem é "caríssima a todo o desenvolvimento posterior da teoria marxista do direito" (KASHIURA Jr., Celso Naoto. *Sujeito de direito e capitalismo*. Outras expressões. São Paulo: Dobra Universitário, 2014, p. 161).

1016 (MEGA, II.6, p. 114) [MEW, 23, p. 99] {Marx, 2013a, p. 159}.

1017 (MEGA, II.4.2, p. 524) [MEW, 25, p. 486] {Marx, 2017, p. 526}.

para a troca de equivalentes e, consequentemente, para o sentido inicial da forma jurídica.[1018]

No entanto, a percepção desse déficit é bloqueada por interpretações que veem no caráter metodológico de *A Teoria Geral do Direito e o marxismo* sua principal virtude. Veja-se, por exemplo, o seguinte comentário feito por Márcio Bilharinho Naves acerca dessa relação:

> *A Teoria Geral do Direito e o marxismo* teve o efeito de uma pequena revolução teórica na jurisprudência. Pachukanis, rigorosamente, *retorna a Marx*, isto é, não apenas às referências ao direito encontradas em *O capital* – e não seria exagero dizer que ele é o primeiro que *verdadeiramente as lê* – mas, principalmente, ele retorna à inspiração original de Marx, ao recuperar o método marxiano.[1019]

A preocupação em recuperar o método marxiano é sem dúvida alguma um traço distintivo da abordagem pachukaniana, eixo a partir do qual é construída uma crítica à leitura – também marxista – de que o direito seria um mero instrumento utilizado pela classe capitalista para impor sua vontade, aspecto destacado já no primeiro capítulo deste livro. Daí a ressalva feita por Pachukanis, em uma passagem bastante conhecida da introdução de sua principal obra: "a muitos camaradas marxistas pareceu suficiente introduzir nas

---

1018 Ainda que isso só seja demonstrado no próximo capítulo, é importante atentar desde já para o seguinte raciocínio: a troca de equivalentes posta na circulação simples (Seção I do Livro I) não será apenas negada na análise da reprodução ampliada do processo de acumulação do capital (Seção VII do Livro I), mas reposta e aprofundada pela posição do capital portador de juros (Seção V do Livro III). Uma vez que o movimento de concreção categorial põe em marcha um desenvolvimento conceitual das categorias em distintos níveis de abstração, seus elementos jurídicos passarão pelo mesmo processo.

1019 NAVES, Márcio Bilharinho. *Marxismo e Direito*: um estudo sobre Pachukanis. São Paulo: Boitempo, 2008, p. 16 – destaque no original.

teorias enumeradas acima o elemento da luta de classes para obter uma autêntica teoria materialista e marxista do direito".[1020] [1021]

Como se sabe, este é o argumento mobilizado contra as teses de Piotr Stutchka acerca do caráter de classe do direito, algo enfatizado por Pachukanis ao término de sua discussão sobre a ideologia: "essa definição [de Stutchka] revela o conteúdo de classe encerrado nas formas jurídicas, mas ela não nos explica por que esse conteúdo toma tal forma".[1022] [1023] No entanto, deve-se lembrar que esse "retorno a Marx" está inserido naquilo que o próprio Pachukanis caracteriza como um esboço: "em meu curto ensaio, pude apenas esboçar os traços fundamentais do desenvolvimento histórico e dialético da forma jurídica, utilizando, principalmente, a ideia que encontrei em Marx".[1024]

1020 PACHUKANIS, Evgeni. *A Teoria Geral do Direito e o marxismo e ensaios escolhidos (1921-1929)*. São Paulo: Sundermann, 2017, pp. 74/75.

1021 Trata-se de um contexto importante que ajuda a compreender a polêmica gerada pela reflexão pachukaniana. Tal como expresso por Arthur, "a importância de Pachukanis, no que diz respeito à política marxista, é que ele lança dúvidas sobre a visão, comum para stalinistas e social-democratas, de que a forma jurídica é essencialmente neutra e pode ser preenchida com um determinado conteúdo de classe de acordo com o desejo da classe dominante" (ARTHUR, Christopher. *The Circulation of Capital*: Essays on Volume Two of Marx's Capital. Londres/Nova York: Macmillan Press; St. Martin's Press, 1998, p. 47).

1022 PACHUKANIS, Evgeni. *A Teoria Geral do Direito e o marxismo e ensaios escolhidos (1921-1929)*. São Paulo: Sundermann, 2017, p. 109.

1023 Apesar da ampla aceitação – acadêmica – das críticas de Pachukanis a Stuchka, uma análise detida de *O papel revolucionário do Direito e do Estado*: *Teoria Geral do Direito* deve ser capaz de demonstrar as distintas problematizações que orientavam esses autores e, consequentemente, os distintos *níveis de abstração* a partir dos quais a "Teoria Geral do Direito" é estudada.

1024 PACHUKANIS, Evgeni. *A Teoria Geral do Direito e o marxismo e ensaios escolhidos (1921-1929)*. São Paulo: Sundermann, 2017, p. 64.

Essa "ideia" pode certamente servir como critério para a percepção de que as explicações de Stutchka e outros marxistas não eram satisfatórias. Mas isso não significa, necessariamente, que a elaboração pachukaniana seja suficiente.[1025] Pelo contrário, que ela seja fundamentalmente incompleta é algo admitido pelo próprio Pachukanis. Apesar do grande sucesso de seu livro, no prefácio à segunda edição ele mesmo considera sua obra como um trabalho "que na melhor das hipóteses deveria servir de estímulo e de material para uma discussão posterior", já que ele "foi escrito em grande parte a título de esclarecimento pessoal, daí seu caráter abstrato e sua forma de exposição compacta, em alguns pontos quase sumária; daí também sua unilateralidade".[1026]

Essa "discussão posterior" é, hoje, um imperativo, notadamente em virtude da publicação de textos importantes – além do *Urtext*, os *Grundrisse*, as *Notas sobre Wagner* e os *Resultados do processo imediato de produção* merecem destaque, todos inacessíveis a Pachukanis – para a compreensão da crítica da economia política.[1027] Se é justamente no início desta que se encontram tanto as bases

---

1025 É por isso mesmo sintomática a crítica feita por Casalino ao "paradoxo" que circunda grande parte da leitura marxista que se debruça sobre a contribuição do jurista russo. Após salientar que "os apontamentos elaborados pelo autor russo foram tomados como corretos, adequados e, sobretudo, *suficientes*, e parou-se neles", Casalino realça o aceite até certo ponto acrítico das categorias centrais da reflexão pachukaniana, sem que isso passasse por uma "necessária e inafastável *avaliação crítico-metodológica da própria teoria de Pachukanis*" (CASALINO, Vinícius. "A dialética de Karl Marx e a crítica marxista do direito". *Revista Direito & Práxis*, Rio de Janeiro, vol. 9, nº 4, 2018, p. 2270 – destaques no original).

1026 PACHUKANIS, Evgeni. *A Teoria Geral do Direito e o marxismo e ensaios escolhidos (1921-1929)*. São Paulo: Sundermann, 2017, p. 55.

1027 O esforço para "ir além de Pachukanis" pode ser observado no Dossiê "Marxismo e Direito: 90 anos de *Teoria Geral do Direito e marxismo*, de E. B. Pachukanis". 2015, *Verinotio – Revista on-line de Filosofia e Ciências Humanas*. Disponível em: http://www.verinotio.org/sistema/index.php/verinotio/issue/view/17. Acessado em: 06.06.2023.

para a abordagem da forma jurídica como o momento da análise da circulação simples – cuja exposição detalhada só é encontrada nos *Grundrisse* e, sobretudo, no *Urtext* –, então se compreende o sentido que norteia as próximas páginas: ao invés de uma revisão crítica do principal legado de Pachukanis, encaminha-se uma discussão de sua contribuição e alcance para a compreensão da reprodução sócio-jurídica a partir da teoria monetária do valor, notadamente a partir dos debates alemães subjacentes ao trabalho editorial da MEGA 2.

O capítulo é estruturado da seguinte forma. Diante da problemática apresentada, pode-se verificar uma redução do alcance explicativo de *A Teoria Geral do Direito e o marxismo* ocasionada por dois momentos conexos: (i) a (ambivalente) leitura lógico-histórica de Pachukanis das categorias iniciais do Livro I, responsável por uma primeira redução, qual seja, a interpretação histórica da "lei da apropriação pelo trabalho próprio"; e (ii) a identidade atribuída entre a *Introdução* de 1857 e *O capital* tanto em Pachukanis como na literatura especializada, responsável por uma segunda redução que, por sua vez, dificulta a percepção de que aquilo que aparece como condição do capital é, também, seu resultado.

Como será destacado, o saldo agregado dessas reduções bloqueia a compreensão do significado da circulação simples de mercadorias e sua lei de apropriação em *O capital*. A reconstrução desta vinculação a partir de textos como os *Grundrisse* e o *Urtext* – cumpre enfatizar uma vez mais, ambos inacessíveis a Pachukanis – demonstra o sentido da Seção I do Livro I para a crítica da economia, salientando com isso os distintos níveis de abstração que a atravessam e sua contribuição para o posterior estudo da plasticidade da reprodução sócio-jurídica da sociedade moderna.

5.1 O arcabouço metodológico em questão

A tese de que a leitura pachukaniana de Marx possa de algum modo corresponder às reflexões do fundador da crítica da economia política é bastante recorrente. Não por acaso, Celso Kashiura Jr.

destaca: "ter desenvolvido no direito as referências metodológicas de Marx é considerado um grande mérito de Pachukanis – com isso concordam inclusive muitos de seus críticos".[1028] De modo ainda mais enfático, Naves sugere que

> a concepção de Pachukanis corresponde inteiramente às reflexões que Marx desenvolve, sobretudo nos *Grundrisse* e em *O capital*, a propósito do *lugar central que ocupa a análise da forma* para compreender as relações capitalistas.[1029]

No entanto, a ideia de que essa retomada de Marx tenha o significado de destrinchar o desenvolvimento histórico e dialético da forma jurídica – uma das premissas da formulação pachukaniana[1030] – não constitui algo assim tão simples, apesar de evidente em grande parte da literatura marxista. Pois aqui se manifesta uma profunda influência do já referido método lógico-histórico, amplamente difundido pela interpretação de Engels do sentido da crítica da economia política. E é o próprio Pachukanis quem explicitamente destaca isso. Após sustentar que "Marx, como se sabe, começa sua investigação não por uma reflexão sobre a economia em geral, mas pela análise da mercadoria e do valor",[1031] o jurista cita uma passagem da resenha

---

1028 KASHIURA Jr., Celso Naoto. *Crítica da igualdade jurídica*: contribuição ao pensamento jurídico marxista. São Paulo: Quartier Latin, 2009, p. 55.

1029 NAVES, Márcio Bilharinho. *Marxismo e Direito*: um estudo sobre Pachukanis. São Paulo: Boitempo, 2008, p. 48 – destaque no original.

1030 Lembre-se de um trecho do último parágrafo do prefácio à segunda edição já citado: "em meu curto ensaio, pude apenas esboçar os traços fundamentais do desenvolvimento histórico e dialético da forma jurídica, utilizando, principalmente, *a ideia que encontrei em Marx*" (PACHUKANIS, Evgeni. *A Teoria Geral do Direito e o marxismo e ensaios escolhidos (1921-1929)*. São Paulo: Sundermann, 2017, p. 64 – destaque do autor).

1031 PACHUKANIS, Evgeni. *A Teoria Geral do Direito e o marxismo e ensaios escolhidos (1921-1929)*. São Paulo: Sundermann, 2017, p. 78.

feita por Engels a *Para à crítica da economia política* – "a economia política começa com a mercadoria no momento em que *surge* a troca de produtos entre indivíduos separados ou entre comunidades primitivas"[1032] – para logo após arrematar: "considerações análogas podem ser inteiramente aplicadas à Teoria Geral do Direito".[1033] Daí a referência à unidade entre o plano lógico e histórico já na introdução de *A Teoria Geral do Direito e do marxismo*:

> O desenvolvimento dialético dos conceitos jurídicos fundamentais não só nos dá a forma jurídica em seu aspecto mais desenvolvido e articulado, *mas também reflete o processo histórico real de desenvolvimento*, que nada mais é que o processo de desenvolvimento da sociedade burguesa.[1034]

Essa *identidade* entre o lógico e o histórico também influencia a interpretação pachukaniana de conceitos nucleares da crítica da economia política. Pachukanis afirma que "o valor, também um fenômeno social, é imputado à coisa, um produto do trabalho", de tal forma que "ao lado da propriedade mística do valor, surge uma coisa não menos misteriosa: o direito".[1035] Mas ele também sustenta, logo no início do primeiro capítulo – sugestivamente intitulado "Os métodos de construção do concreto nas ciências abstratas" –, que o valor não seria apenas um conceito histórico, mas algo que constitui a "história real do valor", ou seja, "o desenvolvimento das relações humanas que, gradualmente, transformam esse conceito

---

1032 Destaque do autor.

1033 PACHUKANIS, Evgeni. *A Teoria Geral do Direito e o marxismo e ensaios escolhidos (1921-1929)*. São Paulo: Sundermann, 2017, p. 79.

1034 PACHUKANIS, Evgeni. *A Teoria Geral do Direito e o marxismo e ensaios escolhidos (1921-1929)*. São Paulo: Sundermann, 2017, p. 81 – destaque do autor.

1035 PACHUKANIS, Evgeni. *A Teoria Geral do Direito e o marxismo e ensaios escolhidos (1921-1929)*. São Paulo: Sundermann, 2017, p. 146.

numa realidade histórica".[1036] Aqui merece destaque a seguinte nota de rodapé, adicionada à terceira edição:

> Não se deve pensar, evidentemente, que o desenvolvimento das formas do valor e o desenvolvimento da teoria do valor aconteceram simultaneamente. Pelo contrário, cronologicamente esses dois processos estão longe de coincidir. As formas mais ou menos desenvolvidas da troca e as formas de valor que lhe são correspondentes já eram encontradas na antiguidade mais remota, ao passo que a economia política é, como se sabe, uma das ciências mais jovens.[1037]

Com isso se manifesta de modo particularmente claro a influência da leitura engelsiana "milenar" do valor como algo existente desde a antiguidade.[1038] Além disso, ao aprofundar o argumento do "substrato histórico real das abstrações cognitivas que utilizamos", Pachukanis sustenta que "outro exemplo dado por Marx demonstra isso de modo especialmente patente":[1039] o conceito de trabalho abstrato. Após destacar que o trabalho, enquanto relação mais simples entre o homem e a natureza, é encontrado em todos os "estágios de desenvolvimento", o jurista russo salienta que, nos termos de uma "abstração econômica", o "trabalho em geral" corresponde a um "desenvolvimento real das relações econômicas", no qual a

1036 PACHUKANIS, Evgeni. *A Teoria Geral do Direito e o marxismo e ensaios escolhidos (1921-1929)*. São Paulo: Sundermann, 2017, p. 91.

1037 PACHUKANIS, Evgeni. *A Teoria Geral do Direito e o marxismo e ensaios escolhidos (1921-1929)*. São Paulo: Sundermann, 2017, p. 91.

1038 (MEGA, II.14, p. 333) [MEW, 25, p. 909] {Engels, 2017, pp. 960-961}.

1039 PACHUKANIS, Evgeni. *A Teoria Geral do Direito e o marxismo e ensaios escolhidos (1921-1929)*. São Paulo: Sundermann, 2017, pp. 91/92.

distinção entre os diferentes tipos de trabalho foi relegada para o segundo plano.[1040] [1041]

Essas referências permitem a Pachukanis dizer que "também o direito, tomado em suas definições gerais, o direito como forma não existe apenas nas mentes e nas teorias dos juristas cultos. Ele possui paralelamente uma história real".[1042] Se a universalidade ilusória das categorias jurídicas "expressa, na realidade, um aspecto isolado da existência de um determinado sujeito histórico: a sociedade burguesa produtora de mercadorias",[1043] então se compreende o argumento de que seria necessário "aplicar" as considerações metodológicas de Marx na Teoria do Direito, no sentido de "começar pela análise da forma jurídica em seu aspecto mais abstrato e puro, passando gradualmente, por meio de complexificação, ao historicamente concreto".[1044] Assim:

> A evolução histórica traz consigo não apenas uma mudança do conteúdo das normas e uma mudança dos institutos do direito, mas também o desenvolvimento da forma jurídica como tal. Esta última, tendo surgido em certo grau da civilização, passa um longo tempo em estado embrionário, com fraca diferenciação interna e sem se distinguir das esferas contíguas (costumes, religião). Depois, desenvolvendo-se gradualmente, ela alcança seu florescimento máximo, sua diferenciação e definição máximas. Esse estágio elevado de desenvolvimento corresponde a relações econômicas

---

1040 PACHUKANIS, Evgeni. *A Teoria Geral do Direito e o marxismo e ensaios escolhidos (1921-1929)*. São Paulo: Sundermann, 2017, p. 92.

1041 Note-se desde já a leitura aparentemente fisiológica do trabalho abstrato, concebido em sua *generalidade*.

1042 PACHUKANIS, Evgeni. *A Teoria Geral do Direito e o marxismo e ensaios escolhidos (1921-1929)*. São Paulo: Sundermann, 2017, p. 92.

1043 PACHUKANIS, Evgeni. *A Teoria Geral do Direito e o marxismo e ensaios escolhidos (1921-1929)*. São Paulo: Sundermann, 2017, p. 95.

1044 PACHUKANIS, Evgeni. *A Teoria Geral do Direito e o marxismo e ensaios escolhidos (1921-1929)*. São Paulo: Sundermann, 2017, p. 95.

> e sociais determinadas. Ao mesmo tempo, esse estágio caracteriza-se pelo surgimento de um sistema de conceitos gerais, que refletem teoricamente o sistema jurídico como um todo completo.[1045]

Essas passagens suscitam algumas questões importantes. Ainda que Pachukanis esteja acertadamente preocupado com o sentido historicamente específico da forma jurídica, chama atenção o argumento *trans-histórico* presente em suas reflexões. De modo análogo à já referida interpretação histórica do valor, o jurista russo vê o "florescimento máximo" da forma jurídica no direito burguês, sendo este caracterizado pela sistematização conceitual daquela. Daí a caracterização feita por Naves: "o critério que orienta a *démarche* de Pachukanis é a possibilidade de a teoria ser capaz de *analisar a forma jurídica como forma histórica*, permitindo compreender o direito como fenômeno real".[1046] [1047]

É a partir dessa "forma jurídica burguesa", inclusive, que seria possível compreender a "contenção" do direito – no sentido de não plenamente desenvolvido – nas sociedades pré-capitalista.[1048] Nesse sentido, Kashiura também destaca que a forma jurídica só "atinge

1045 PACHUKANIS, Evgeni. *A Teoria Geral do Direito e o marxismo e ensaios escolhidos (1921-1929)*. São Paulo: Sundermann, 2017, p. 96.

1046 NAVES, Márcio Bilharinho. *Marxismo e Direito*: um estudo sobre Pachukanis. São Paulo: Boitempo, 2008, p. 40 – destaque no original.

1047 Por isso Naves diz: "a partir dessas considerações podemos estabelecer uma relação entre as formas do direito e o modo de produção capitalista, precisamente porque só na sociedade burguesa a forma jurídica alcança o seu mais alto grau de abstração, o que permite que ela torne-se realmente verdadeira apenas no interior desse modo de produção, da mesma maneira que o trabalho só se torna trabalho *realmente abstrato* na sociedade capitalista" (NAVES, Márcio Bilharinho. *Marxismo e Direito*: um estudo sobre Pachukanis. São Paulo: Boitempo, 2008, p. 50).

1048 NAVES, Márcio Bilharinho. *Marxismo e Direito*: um estudo sobre Pachukanis. São Paulo: Boitempo, 2008, p. 47.

seu pleno desenvolvimento" a partir da generalização das relações de troca, de tal modo que "o que ficou para trás foi a pré-história, na qual aparecem estágios 'embrionários', *estágios não completamente desenvolvidos da forma jurídica*".[1049] [1050]

Não é mera coincidência a manifestação de uma leitura da "forma" como historicização de espécies de um gênero, conforme discussão apresentada ainda no primeiro capítulo do presente livro. É certo que o aspecto histórico é de fundamental importância para a compreensão da sociedade capitalista, tal como geralmente estipulado pela constante menção a uma passagem da *Introdução* de 1857: "a anatomia do ser humano é uma chave para a anatomia do macaco".[1051] Mas também é necessário considerar a frase imediatamente seguinte, na qual Marx faz o seguinte comentário: "por outro lado, os indícios de formas superiores nas espécies animais inferiores só podem ser compreendidos *quando a própria forma superior já é conhecida*".[1052]

1049 KASHIURA Jr., Celso Naoto. "Dialética e forma jurídica – considerações acerca do método de Pachukanis". *In*: NAVES, Márcio Bilharinho (Coord.). *O discreto charme do direito burguês*: ensaios sobre Pachukanis. Campinas: UNICAMP, 2009, p. 60 – destaque do autor.

1050 Kashiura retoma esses argumentos em outro texto: "o que se entende por direito, na visão de Pachukanis, *é a forma jurídica correspondente à sociedade burguesa*. As manifestações anteriores não apresentaram o completo desenvolvimento verificado no capitalismo: foram, portanto, manifestações ainda incompletas, indistintas, parciais, enfim, embriões de algo que viria a aparecer em sua plenitude apenas numa formação social futura". (KASHIURA Jr., Celso Naoto. "Dialética e forma jurídica – considerações acerca do método de Pachukanis". *In*: NAVES, Márcio Bilharinho (Coord.). *O discreto charme do direito burguês*: ensaios sobre Pachukanis. Campinas: UNICAMP, 2009, p. 121 – destaque do autor).

1051 (MEGA, II.1.1, p. 40) [Marx, 2011, p. 58].

1052 (MEGA, II.1.1, p. 40 – destaque do autor) [Marx, 2011, p. 58].

Há aqui um pressuposto, qual seja, o conhecimento adquirido pela investigação da forma superior. Por isso, nos *Grundrisse* aparecem dois objetos muito bem delimitados:

> as condições e os pressupostos do devir, da gênese do capital, supõem precisamente que ele ainda não é, mas só devém; logo, desaparecem com o capital efetivo, com o próprio capital que, partindo de sua efetividade, põe as condições de sua efetivação.[1053]

Isso significa que as condições que levam ao desenvolvimento histórico do capital dão lugar às condições do capital que são por ele mesmo produzidas. Como já destacado, o valor é justamente a expressão da riqueza na sociedade capitalista, algo explicitado por Marx em uma carta para Engels no final da década de 1850 (02 de abril de 1858): "esta determinação do valor (...) já pressupõe em si mesma (1) a abolição do comunismo natural (Índia etc.); (2) de todos os modos de produção não desenvolvidos, pré-burgueses".[1054]

Essas considerações "históricas" sugerem uma diferença entre o Marx descoberto ao longo do século XX e o "Marx de Pachukanis", mediado pela historicização do método. Isso pode ser observado em outros momentos de *A Teoria Geral do Direito e o marxismo*. Pense-se, por exemplo, em uma passagem bastante conhecida:

> Marx aponta a condição fundamental, arraigada na própria economia, da existência da forma jurídica, a saber, a unificação das condições de trabalho de acordo com o princípio da troca de equivalentes, ou seja, ele desvela o

1053(MEGA, II.1.2, p. 368) [Marx, 2011, p. 377].

1054(MEW, 29, p. 315).

> nexo interno profundo da forma jurídica e da forma da mercadoria.[1055]

Parece ser Marx quem assinala e desvela a forma jurídica e seu amálgama com a análise da troca de mercadorias a partir do "princípio da troca de equivalentes".[1056] Do mesmo modo, ao criticar o conceito de sujeito das teorias idealistas do Direito, Pachukanis volta a enfatizar a matriz marxiana de suas reflexões:

> As premissas materiais da mediação jurídica, ou a mediação dos sujeitos jurídicos, são esclarecidas por ninguém menos que o próprio Marx no primeiro volume d'*O capital* (...). A análise da forma do sujeito decorre imediatamente, em Marx, da análise da forma da mercadoria.[1057]

Por isso se encontra no prefácio à segunda edição a "crítica *de* Marx *do* sujeito de direito".[1058] Mas, apesar dessas "referências", aqui poderia ser destacado que na Seção I do Livro I não há qualquer menção explícita ao "sujeito de direito". Tem-se, ao contrário, uma discussão sobre as "pessoas" que se reconhecem como "proprietários

---

1055 PACHUKANIS, Evgeni. *A Teoria Geral do Direito e o marxismo e ensaios escolhidos (1921-1929)*. São Paulo: Sundermann, 2017, p. 85.

1056 Marx explicitamente associa a "forma jurídica" à circulação no *Urtext* (MEGA, II.2, p. 57), texto que era inacessível a Pachukanis. No entanto, como será destacado, o objeto de estudo, ali, é a circulação simples de mercadorias e sua lei de apropriação pelo trabalho próprio.

1057 PACHUKANIS, Evgeni. *A Teoria Geral do Direito e o marxismo e ensaios escolhidos (1921-1929)*. São Paulo: Sundermann, 2017, pp. 139/140.

1058 PACHUKANIS, Evgeni. *A Teoria Geral do Direito e o marxismo e ensaios escolhidos (1921-1929)*. São Paulo: Sundermann, 2017, p. 58, destaque do autor.

privados", no segundo capítulo,[1059] e as "pessoas juridicamente iguais", no quarto capítulo, já na Seção II.[1060] [1061]

1059 (MEGA, II.6, p. 114) [MEW, 23, p. 99] {Marx, 2013a, p. 159}.

1060 (MEGA, II.6, p. 184) [MEW, 23, p. 182] {Marx, 2013a, p. 242}.

1061 A discussão específica sobre a importância – e os problemas – da categoria pachukaniana de "sujeito de direito" ultrapassa os limites do presente no livro, cujo *leitmotiv* é a formulação das bases necessárias à compreensão da reprodução sócio-jurídica a partir da teoria monetária do valor. Ainda assim, seria importante atentar para o seguinte: não parece acertado reduzir a "pessoa" a que se refere Marx no início do segundo capítulo do Livro I ao "sujeito de direito" pachukaniano. Em *O capital*, tal referência é uma crítica ao conceito hegeliano de "pessoa" exposto na *Filosofia do Direito*. Ao se diferenciar de si e se relacionar com outra pessoa como proprietário (TW, 7, p. 98, §40), a "pessoa" que assim manifesta o "direito de apropriação absoluto do homem sobre todas as coisas" (TW, 7, p. 106, §44) é posta por Marx como personalização de uma relação econômica. Diferentemente de Hegel, que aborda o conceito de "pessoa" como algo decorrente da vontade livre (TW, 7, p. 93, §35), Marx o considera como expressão da relação de troca entre mercadorias subjacente à socialização do modo de produção capitalista. Essa chave de leitura é fortalecida por uma nota de rodapé (não tematizada por Pachukanis) particularmente importante dos manuscritos do Livro III, na qual Marx discute a transformação do lucro extra em renda fundiária. Após salientar que a propriedade fundiária tem como base o monopólio de algumas pessoas sobre a terra "como esferas exclusivas de sua vontade privada, com exclusão de todas as outras ["esfera" também é o termo utilizado por Hegel logo no início de suas considerações sobre a propriedade – "a pessoa precisa se dar uma esfera externa de sua liberdade, a fim de ser enquanto ideia" (TW, 7, p. 102, §41)], Marx comenta: "nada pode ser mais cômico que a argumentação da propriedade privada em *Hegel*. O ser humano, como pessoa, precisa dar *realidade* a sua vontade como a alma da natureza exterior e, assim, tomar posse dessa natureza como *sua* propriedade privada. Se essa é a determinação '*da*' pessoa, do homem como pessoa, é lógico que todo homem tem de ser proprietário fundiário para poder realizar-se. A livre propriedade da terra – um produto muito *moderno* – não é, segundo Hegel, uma relação *social* determinada, mas uma relação *do homem como pessoa com a 'natureza'*, um 'direito de apropriação absoluto do homem sobre todas as coisas' [trecho do §44 da *Filosofia do Direito* acima citado]" (MEGA, II.4.2, pp. 668-669 – destaques no original) [MEW, 25, pp. 628-629] {Marx, 2017, pp. 676-677}.

No que se refere à presença da "forma jurídica" em Marx, é importante notar que ela só aparece em três momentos dos manuscritos do Livro III. As duas primeiras encontram-se no capítulo do capital portador de juros. Ao criticar a noção de "justiça natural", Marx faz o seguinte comentário acerca da "justiça das transações":

> As formas jurídicas, nas quais essas transações econômicas aparecem como atos de *vontade dos envolvidos*, como exteriorizações de sua *vontade comum* e como contratos cuja execução pode ser imposta às partes contratantes pelo Estado, não podem determinar, como meras formas que são, esse conteúdo.[1062]

Logo após encontra-se uma reflexão sobre o caráter peculiar do capital portador de juros. Marx chama atenção para o fato de que, quando comparado a D-M-D', a primeira troca de D no capital portador de juros não ocasiona qualquer metamorfose da mercadoria. Trata-se, isso sim, de uma "transferência que costuma se realizar sob certas *formas jurídicas* e reservas".[1063] Por fim, ao iniciar suas considerações a respeito da transformação do lucro extra em renda fundiária, Marx salienta a inadequação da forma de propriedade fundiária diante do incipiente modo de produção capitalista:

> Apenas ele cria a forma correspondente a si mesmo mediante a subordinação da agricultura ao capital; com isso, também a propriedade feudal da terra, a propriedade do clã ou a pequena propriedade camponesa vinculada às terras comunais se transformam na forma *econômica* correspondente

---

1062 (MEGA, II.4.2, p. 413 – destaques no original) [MEW, 25, p. 352] {Marx, 2017, p. 386}.

1063 (MEGA, II.4.2, p. 414 – destaque do autor) [MEW, 25, p. 353] {Marx, 2017, p. 388}. (N.T.) Na edição da Boitempo "*juristischen Formen und Vorbehalten*" é traduzido como "formas e cautelas legais".

a esse modo de produção, não importando o quão diversas sejam suas formas jurídicas.[1064]

Diante dessas breves referências, a vinculação entre forma-jurídica e forma-mercadoria também aparece mais como uma inovação pachukaniana do que uma derivação explicitamente marxiana. Mas isso não significa um demérito. Pelo contrário, um dos méritos de Pachukanis está em sua crítica à tradicional concepção de que a norma gera a relação jurídica.

Este é o raciocínio que orienta seu preciso diagnóstico de que a ordem coercitiva – a "ordem objetivamente existente" – pode materialmente apenas assegurar ou mesmo garantir a relação, mas não a gerar.[1065] Na verdade, não é impossível verificar a criação da relação pela norma, mas, neste caso, estaríamos no âmbito da fetichização da norma jurídica,[1066] [1067] isto é, o inverso da compreensão de que

---

1064 (MEGA, II.4.2, pp. 669-670 – destaque no original) [MEW, 25, p. 630] {Marx, 2017, p. 678}. Em *O 18 de brumário de Luís Bonaparte* (1852) Marx não só capta essa dinâmica ao destrinchar a relação entre os "camponeses parceleiros" e Bonaparte, como já salienta seu significado contraditório: "a forma de propriedade 'napoleônica' que, no início do século XIX, era a condição para a libertação e o enriquecimento da população camponesa da França, desenvolveu-se [*sich entwickelt*], no decorrer desse mesmo século, como a lei da sua escravidão e do seu pauperismo" (MEGA, I.11, p. 182) [Marx, 2011b, pp. 145-146].

1065 PACHUKANIS, Evgeni. *A Teoria Geral do Direito e o marxismo e ensaios escolhidos (1921-1929)*. São Paulo: Sundermann, 2017, p. 115.

1066 PACHUKANIS, Evgeni. *A Teoria Geral do Direito e o marxismo e ensaios escolhidos (1921-1929)*. São Paulo: Sundermann, 2017, p. 113.

1067 Note-se, no entanto, que é exatamente essa a representação jurídica decorrente do fetichismo jurídico, tema também aprofundado no próximo capítulo.

"a relação jurídica é gerada, de maneira imediata, pelas relações materiais de produção existentes entre os homens".[1068] [1069]

Uma vez sugerido um certo distanciamento entre Marx e Pachukanis, aqui poderia ter lugar a mesma estratégia argumentativa de se utilizar um texto marxiano posterior à *A Teoria Geral do Direito e o marxismo* para avaliar se as reflexões de Pachukanis encontram respaldo em Marx. Pense-se, por exemplo, em *Notas sobre Wagner*, no qual Marx comenta os contratos de aquisição comercial de bens:

> Para ele [Wagner], primeiro está o direito e apenas então vem o comércio; na realidade sucede o contrário: primeiro há o *comércio*, e depois se desenvolve, a partir dele, uma *ordem jurídica*. Na análise da circulação de mercadorias, mostrei que, no comércio de trocas desenvolvido, as partes se reconhecem tacitamente como pessoas iguais e proprietários das mercadorias a serem por eles trocadas; eles já o *fazem* enquanto oferecem uns aos outros suas mercadorias e ao entrar em acordo uns com os outros sobre o negócio. Esta relação *fática*, que se origina primeiro na e através da própria troca adquire mais tarde *forma jurídica* no contrato etc.; mas essa forma não cria nem o seu conteúdo, a troca, nem *a relação nela existente das pessoas entre si*, mas *vice-versa*.[1070]

A partir dessa perspectiva é indiscutível o acerto de Pachukanis ao salientar que a forma jurídica é o "inevitável reflexo" da relação

---

1068 PACHUKANIS, Evgeni. *A Teoria Geral do Direito e o marxismo e ensaios escolhidos (1921-1929)*. São Paulo: Sundermann, 2017, p. 123.

1069 Em uma nota de rodapé da Seção VII do Livro I há uma passagem quase idêntica, na qual Marx afirma que sob o ângulo da "ilusão jurídica", F. M. Eden "não enxerga a lei como produto das relações materiais de produção" (MEGA, II.6, p. 563, n. 74) [MEW, 23, p. 643, n. 73] {Marx, 2013a, p. 692, n. 73}.

1070 (MEW, 19, p. 377 – destaques no original).

de possuidores de mercadorias.[1071] Consequentemente, se a influência da leitura lógico-histórica tem o significado de uma redução que limita o alcance das reflexões de Pachukanis, ela deve ser buscada em outro lugar.

5.1.1 Primeira redução: a leitura histórica da lei da apropriação pelo trabalho próprio

Uma das principais contribuições da reflexão pachukaniana está na análise do "princípio da troca de equivalentes". É nele que se encontra a "condição fundamental" da existência da forma jurídica.[1072] Esta é a vinculação que embasa um argumento bastante característico a esse respeito:

> A forma jurídica, com seu aspecto de patrimônio subjetivo de direitos, surge numa sociedade composta de portadores isolados de interesses privados e egoístas. Quando toda a vida econômica é construída de acordo com o princípio da concórdia entre vontades independentes, então toda função social, por uma via mais ou menos refletida, assume uma caracterização jurídica.[1073]

Esse "princípio da concórdia" está intimamente associado à "ideia do equivalente, esta primeira ideia *puramente* jurídica"[1074] que, naturalmente, possui um contexto bastante delimitado. E Pachukanis enfatiza uma vez mais que isso só ocorre de modo nítido

1071 PACHUKANIS, Evgeni. *A Teoria Geral do Direito e o marxismo e ensaios escolhidos (1921-1929)*. São Paulo: Sundermann, 2017, p. 107.

1072 PACHUKANIS, Evgeni. *A Teoria Geral do Direito e o marxismo e ensaios escolhidos (1921-1929)*. São Paulo: Sundermann, 2017, p. 85.

1073 PACHUKANIS, Evgeni. *A Teoria Geral do Direito e o marxismo e ensaios escolhidos (1921-1929)*. São Paulo: Sundermann, 2017, p. 131.

1074 PACHUKANIS, Evgeni. *A Teoria Geral do Direito e o marxismo e ensaios escolhidos (1921-1929)*. São Paulo: Sundermann, 2017, p. 232 – destaque do autor.

"no grau de desenvolvimento econômico em que essa forma torna-se costumeira como equiparação na troca, ou seja, em todo caso, não no mundo dos animais, mas na sociedade humana".[1075]

Essas referências consagraram na literatura especializada uma relação bastante particular entre direto e troca de equivalentes, na qual aquele é apresentado como o agente reprodutor desta.[1076] Disso deriva o seguinte discurso: "o direito está indissociavelmente ligado à existência de uma sociedade que exige a mediação de um equivalente geral",[1077] de tal modo que "a relação de equivalência permite que se compreenda a especificidade do próprio direito".[1078]

A vinculação da crítica da forma jurídica à troca de equivalentes faz necessário retomar um momento da exposição categorial do Livro I. Trata-se do primeiro subitem do vigésimo segundo capítulo, na Seção VII, sugestivamente intitulado "inversão das leis de apropriação que regem a produção de mercadorias em leis da apropriação capitalista". Em uma passagem cujo significado ainda será aprofundado, Marx faz a seguinte consideração:

> É evidente que a lei da apropriação ou lei da propriedade privada, fundada na produção e na circulação de mercadorias, inverte-se, obedecendo a sua dialética própria, interna e inevitável, em seu direto oposto. A troca de equivalentes, que aparecia como a operação original, torceu-se ao ponto de que agora a troca se efetiva apenas na aparência (...). A relação de troca entre o capitalista e o trabalhador se converte, assim, em mera aparência pertencente ao processo

---

1075 PACHUKANIS, Evgeni. *A Teoria Geral do Direito e o marxismo e ensaios escolhidos (1921-1929)*. São Paulo: Sundermann, 2017, p. 203.

1076 NAVES, Márcio Bilharinho. *Marxismo e Direito*: um estudo sobre Pachukanis. São Paulo: Boitempo, 2008, p. 57.

1077 NAVES, Márcio Bilharinho. *Marxismo e Direito*: um estudo sobre Pachukanis. São Paulo: Boitempo, 2008, p. 58.

1078 NAVES, Márcio Bilharinho. *Marxismo e Direito*: um estudo sobre Pachukanis. São Paulo: Boitempo, 2008, p. 58.

> de circulação, numa mera forma, estranha ao próprio conteúdo que apenas o mistifica (...). Originalmente, o direito de propriedade apareceu diante de nós como fundado no próprio trabalho. No mínimo esse pressuposto tinha de ser admitido, uma vez que apenas possuidores de mercadorias com iguais direitos se confrontavam uns com os outros, mas o meio de apropriação da mercadoria alheia era apenas a alienação de sua mercadoria própria, e esta só se podia produzir mediante o trabalho. Agora, ao contrário, a propriedade aparece do lado do capitalista, como direito a apropriar-se de trabalho alheio não pago ou de seu produto.[1079] [1080]

Algumas informações devem ser aqui destacadas. Marx diz que algo sofreu uma inversão (*umschlagen*) obedecendo sua "dialética própria, interna e inevitável". E o que seria isso? A "operação original" – a troca de equivalentes da "lei da apropriação" exposta no "início" do Livro I – já que é ela que se torceu ao ponto de ser "mera aparência". Esse aspecto originário, a tal "lei da apropriação", é apresentado como o direito de propriedade "fundado no próprio

1079 (MEGA, II.6, p. 538) [MEW, 23, pp. 609-610] {Marx, 2013a, p. 659}.

1080 (N.T.) A mesma passagem já estava presente na primeira edição alemã (MEGA, 5, p. 472). No entanto, todo o parágrafo é excluído da edição francesa (MEGA, II.7, p. 506), mas reincorporado por Engels na terceira (MEGA, II.8, pp. 549-550) e quarta (MEGA, II.10, pp. 522-523) edições alemãs. Lembre-se, também, que a tradução russa para a segunda edição de *O capital* é, na verdade, uma tradução híbrida. Como destacado, Marx aconselhou Danielson a traduzir os primeiros capítulos direto da edição alemã – uma vez que os mesmos foram popularizados na edição francesa –, e os restantes por meio de uma comparação com a edição francesa. Isso poderia levantar a dúvida acerca do efetivo acesso de Pachukanis ao parágrafo citado, a depender de qual edição de *O capital* fosse utilizada. Agradeço ao Prof. Márcio Bilharinho Naves pela informação de que Pachukanis utilizou a tradução russa da quarta edição alemã de *O capital* como base para a sua *A Teoria Geral do Direito e o marxismo*.

trabalho", um "suposto que tinha de ser admitido", mas que, agora, seria "mera forma".

Mas se a troca de equivalentes é "negada"[1081] no âmbito da acumulação do capital, quais as consequências desse raciocínio para a leitura pachukaniana de que a "condição fundamental" da existência da forma jurídica residiria no "princípio da troca de equivalentes"? Pense-se, por exemplo, na seguinte passagem:

> A sociedade que, pelo estado de suas forças produtivas, é obrigada a manter a relação de equivalentes entre o gasto de trabalho e a remuneração numa forma ainda que remotamente semelhante à troca de mercadorias-valores *será obrigada* a manter também a forma jurídica.[1082]

Em que sentido a sociedade é "obrigada" a manter a relação de equivalentes? O que a sustenta e, se ela é negada – tal como exposto por Marx –, como lidar com essa inversão a partir do aparato conceitual pachukaniano? É justamente na resposta a esta última pergunta que se revela a primeira redução do alcance explicativo de *A Teoria Geral do Direito e o marxismo*.

1081 A "negação" deve ser entendida sempre em seu sentido dialético enquanto *negação-conservação*, e não como deixar de existir (FAUSTO, Ruy. *Marx*: Lógica e Política. *tomo III*. São Paulo: Editora 34, 2002, p. 284). Como será destacado, a troca de equivalentes não desaparece e, nesse sentido, a ideia pachukaniana de que uma sociedade que é obrigada a manter a relação de equivalentes será obrigada a manter a forma jurídica parece ser suficiente. No entanto, essa negação não só acrescenta determinações à reprodução sócio-jurídica, como ela mesma será reposta pela posição do capital portador de juros, um processo ulterior de ressignificação que acompanha o incremento categorial subjacente à crítica da economia política.

1082 PACHUKANIS, Evgeni. *A Teoria Geral do Direito e o marxismo e ensaios escolhidos (1921-1929)*. São Paulo: Sundermann, 2017, pp. 85/86 – destaque no original.

Por isso é importante atentar desde já para a seguinte reflexão: Pachukanis sabe muito bem que "*a forma jurídica da propriedade* não se encontra em contradição alguma com o fato da expropriação da propriedade de um número significativo de cidadãos".[1083] Ainda assim, se Marx diferencia a "lei da propriedade privada" – referente à "lei da apropriação" fundada no próprio trabalho – da "lei da apropriação capitalista", qual a relação entre a "forma jurídica da propriedade" mencionada por Pachukanis e essas "leis" tematizadas por Marx? Seria a "forma jurídica da propriedade" idêntica à "lei da apropriação capitalista"?

Uma primeira aproximação a essas questões pode ter início atentando-se para o sentido que a "apropriação" adquire em *A Teoria Geral do Direito e o marxismo*. Pachukanis não deixa de considerar a existência de uma "lei da apropriação", mas o sentido atribuído a ela é bastante particular, já que o autor russo não a associa à forma jurídica propriamente dita. Após salientar a correspondência desta às relações sociais burguesas-capitalistas, encontra-se a seguinte reflexão:

> Está claro que as formas específicas das relações sociais não abolem essas próprias relações e as leis sobre as quais elas se baseiam. Assim, a apropriação do produto gerado dentro de dada formação social e por suas forças é o fato fundamental, ou, caso se prefira, a lei fundamental. Mas essa relação assume a forma jurídica da propriedade privada somente em um determinado grau de desenvolvimento das forças produtivas e da divisão de trabalho correspondentes a ela.[1084]

1083 PACHUKANIS, Evgeni. *A Teoria Geral do Direito e o marxismo e ensaios escolhidos (1921-1929)*. São Paulo: Sundermann, 2017, p. 157 – destaque do autor.

1084 PACHUKANIS, Evgeni. *A Teoria Geral do Direito e o marxismo e ensaios escolhidos (1921-1929)*. São Paulo: Sundermann, 2017, p. 138.

O que "está claro"? Que uma "lei fundamental" passa a assumir uma "forma jurídica" em determinado momento histórico. Consequentemente, há uma "apropriação do produto" que ainda não se reveste da armadura jurídica característica do "grau de desenvolvimento" da sociedade burguesa. Pachukanis volta a enfatizar:

> Antes de os possuidores de mercadorias se "reconhecerem" um ao outro como proprietários, eles evidentemente já o eram, mas em outro sentido, orgânico, extrajurídico. O "reconhecimento mútuo" não significa nada mais que a tentativa de interpretar, com o auxílio da fórmula abstrata do contrato, as formas orgânicas de apropriação baseadas no trabalho, conquista etc. e que a sociedade de produtores de mercadoria encontra já prontas quando de seu surgimento. Por si só, a relação do homem com a coisa é privada de qualquer significado jurídico.[1085]

Aqui se manifesta um "outro sentido" de reconhecimento, caracterizado como "orgânico", "extrajurídico", atribuído a um período histórico anterior. É nesse momento que Pachukanis vê "as formas orgânicas de apropriação baseadas no trabalho", ou seja, como manifestação da referida "lei fundamental". Por isso ele não hesita em dizer que a relação natural do homem com a coisa – isto é, sua apropriação – constitui geneticamente o ponto de partida do desenvolvimento: "a transformação dessa relação em relação jurídica se deu sob a influência das necessidades que foram trazidas à vida pela circulação dos bens, ou seja, essencialmente pela compra e venda".[1086]

1085 PACHUKANIS, Evgeni. *A Teoria Geral do Direito e o marxismo e ensaios escolhidos (1921-1929)*. São Paulo: Sundermann, 2017, pp. 150/151.

1086 PACHUKANIS, Evgeni. *A Teoria Geral do Direito e o marxismo e ensaios escolhidos (1921-1929)*. São Paulo: Sundermann, 2017, p. 151.

A "apropriação" está temporalmente separada de sua transformação em relação jurídica que, por sua vez, só ganha vida "essencialmente pela compra e venda". É nesse sentido que se pode dizer que "as formas orgânicas ou naturais de apropriação adquirem uma 'razão jurídica'"[1087] somente em um momento histórico específico. Daí o argumento de que apenas o desenvolvimento do mercado "cria, pela primeira vez, a possibilidade e a necessidade de transformação do homem que se apropria das coisas por meio do trabalho (ou da pilhagem) em proprietário jurídico", de tal modo que "o 'natural' imperceptivelmente passa para o jurídico".[1088]

Diante da apropriação privada que caracterizará o "estágio mais desenvolvido", Pachukanis se esforça para diferenciar esses dois momentos. Se a propriedade privada apenas alcança um "caráter acabado e universal ao passar à economia mercantil",[1089] então a "ligação do homem com a coisa que ele mesmo produziu" é considerada a "forma originária" do instituto da propriedade privada.[1090] Isso leva o autor a esclarecer seu argumento:

> Nessa forma jurídica pura, a propriedade possui logicamente pouco em comum com o princípio orgânico ou vital da apropriação privada como resultado de esforços pessoais ou como condições de consumo e utilização pessoal. Na medida em que a ligação do homem com o produto de seu trabalho ou, por exemplo, com uma porção de terra que ele lavrou com seu trabalho pessoal possui em si algo elementar, acessível ao pensamento mais primitivo, igualmente

---

1087 PACHUKANIS, Evgeni. *A Teoria Geral do Direito e o marxismo e ensaios escolhidos (1921-1929)*. São Paulo: Sundermann, 2017, p. 152.

1088 PACHUKANIS, Evgeni. *A Teoria Geral do Direito e o marxismo e ensaios escolhidos (1921-1929)*. São Paulo: Sundermann, 2017, p. 154.

1089 PACHUKANIS, Evgeni. *A Teoria Geral do Direito e o marxismo e ensaios escolhidos (1921-1929)*. São Paulo: Sundermann, 2017, p. 155.

1090 PACHUKANIS, Evgeni. *A Teoria Geral do Direito e o marxismo e ensaios escolhidos (1921-1929)*. São Paulo: Sundermann, 2017, p. 155.

> é abstrata, formal, condicional e racionalista a relação do proprietário com a propriedade a partir do momento em que toda atividade econômica começa a refletir-se na esfera do mercado. Se morfologicamente esses dois institutos – a apropriação privada como condição de utilização pessoal sem obstáculos e a apropriação privada como condição da posterior alienação nos atos de troca – possuem entre si uma ligação imediata, logicamente são duas categorias diferentes, e a palavra "propriedade", que abarca ambas, traz mais confusão que clareza.[1091]

Há um movimento na argumentação pachukaniana: de um desenvolvimento histórico entre duas formas de apropriação, a primeira como condição para a utilização pessoal, a segunda como condição para a alienação no mercado. Trata-se – e esta é uma referência importante – da "dialética da propriedade capitalista".[1092] Note-se, no entanto, que essa reconstrução do argumento pachukaniano revela uma diferença fundamental frente à passagem de Marx anteriormente citada. Nesta, o "início" que foi negado – a troca de equivalentes que aparecia como a "operação original" – refere-se a uma lei da apropriação fundada no trabalho próprio que, no entanto, *não* é vista como algo existente antes do capitalismo.[1093] Não há qualquer associação entre esta lei e um período histórico anterior ao modo de produção capitalista, momento no qual teria existido uma "relação orgânica" do homem com as coisas.

Pelo contrário, a relação ali considerada é entre o capitalista e o trabalhador – os "possuidores de mercadorias com iguais direitos"

1091 PACHUKANIS, Evgeni. *A Teoria Geral do Direito e o marxismo e ensaios escolhidos (1921-1929)*. São Paulo: Sundermann, 2017, p. 156.

1092 PACHUKANIS, Evgeni. *A Teoria Geral do Direito e o marxismo e ensaios escolhidos (1921-1929)*. São Paulo: Sundermann, 2017, p. 157.

1093 Como se vê, a possibilidade de se sustentar isso pressupõe a compreensão da Seção I do Livro I como a descrição da referida "produção simples de mercadorias".

–, uma relação invertida em "mera aparência pertencente ao processo de circulação".[1094] Por isso, quando Marx sustenta – na nota de rodapé referente a essa passagem – que Cherbuliez não desenvolveu corretamente essa "inversão dialética", a referência é justamente a relação entre a propriedade do capitalista e o produto do trabalho alheio no capitalismo.[1095] Essa clivagem – entre o *argumento marxiano* desenvolvido no parágrafo supracitado e a *interpretação pachukaniana* da lei da apropriação fundada no próprio trabalho como um momento histórico – é aprofundada quando se considera que a "mera aparência" da relação de troca convertida está relacionada a algo destacado por Marx na Seção II do Livro I:

> A esfera da circulação ou da troca de mercadorias, em cujos limites se move a compra e a venda da força de trabalho, é, de fato, um verdadeiro Éden dos direitos inatos do homem. Ela é o reino exclusivo da liberdade, da igualdade, da propriedade e de Bentham. Liberdade! Pois os compradores e vendedores de uma mercadoria, por exemplo, da força de trabalho, são movidos apenas por seu livre-arbítrio. Eles contratam como pessoas livres, dotadas dos mesmos direitos. O contrato é o resultado, em que suas vontades recebem uma expressão jurídica comum a ambas as partes. Igualdade! Pois eles se relacionam um com o outro apenas como possuidores de mercadorias e trocam equivalente por equivalente. Propriedade! Pois cada um dispõe apenas do que é seu. Bentham! Pois cada um olha somente para si mesmo.[1096]

Como o próprio Marx salienta no parágrafo seguinte – e isso é fundamental –, esse "Éden dos direitos inatos do homem" é

1094 (MEGA, II.6, p. 538) [MEW, 23, pp. 609-610] {Marx, 2013a, p. 659}.

1095 (MEGA, II.6, p. 538, n. 24) [MEW, 23, p. 610, n. 23] {Marx, 2013a, p. 659, n. 23}.

1096 (MEGA, II.6, p. 191) [MEW, 23, pp. 189-190] {Marx, 2013a, pp. 250-251}.

manifestação da "esfera da *circulação simples*".[1097] Não por acaso, ao discutir a transformação do valor da força de trabalho em salário na Seção VI, Marx retoma a categoria da circulação simples:

> Inicialmente, o intercâmbio entre capital e trabalho apresenta-se à percepção exatamente do mesmo modo como a compra e a venda de todas as outras mercadorias. O comprador dá certa soma de dinheiro, e o vendedor, um artigo diferente do dinheiro. Nesse fato, a consciência jurídica reconhece, quando muito, uma diferença material, expressa em fórmulas juridicamente equivalentes.[1098]

Essas passagens permitem aprofundar o sentido da inversão da lei de apropriação fundada no trabalho próprio. Ela não se refere apenas a um momento do capitalismo, mas à "torção" ou "inversão dialética"[1099] da lei subjacente à *circulação simples*. Esta é, na verdade, a explícita demarcação feita por Marx na quarta seção do *Urtext*, sugestivamente intitulada "manifestação da lei de apropriação na circulação simples".[1100]

Ainda que Pachukanis não tivesse acesso aos *Grundrisse* – momento no qual a troca de equivalentes constitui não só uma "mera aparência" de uma esfera abstrata do modo de produção capitalista, mas uma "aparência necessária"[1101] –, sua leitura lógico-histórica das categorias iniciais da crítica da economia política reduz o alcance de suas reflexões sobre a reprodução sócio-jurídica moderna. Em Pachukanis há uma *descapitalização* de um sentido eminentemente

1097 (MEGA, II.6, p. 534 – destaque do autor) [MEW, 23, p. 190] {Marx, 2013a, p. 251}.

1098 (MEGA, II.6, p 503) [MEW, 23, p. 563] {Marx, 2013a, p. 611}.

1099 (MEGA, II.6, p. 538, n. 24) [MEW, 23, p. 610, n. 23] {Marx, 2013a, p. 659, n. 23}.

1100 (MEGA, II.2, p. 47).

1101 (MEGA, II.1.2, p. 412) [Marx, 2011, p. 419].

capitalista da socialização moderna, a saber, a lei de apropriação fundada no trabalho próprio.

Mas ainda é necessário enfrentar um problema adicional. Apesar dos argumentos acima colocados, a possibilidade de defender a existência de um discurso histórico no que tange à "localização" da lei de apropriação pelo trabalho próprio não se deixa vencer tão facilmente pelas passagens do Livro I citadas anteriormente. E isso porque Marx apresenta um argumento histórico no mesmíssimo subitem do capítulo 22 da Seção VII:

> Por mais longa que seja a sequência das reproduções periódicas e das acumulações precedentes percorridas pelo capital atualmente em funcionamento, este conserva sempre sua virgindade original. Enquanto em cada ato de troca – tomado isoladamente – são conservadas as leis da troca, o modo de apropriação pode sofrer um revolucionamento total sem que o direito de propriedade adequado à produção de mercadorias se veja afetado de alguma forma. Esse mesmo direito segue em vigor tanto no início, quando o produto pertencia ao produtor, e este, trocando equivalente por equivalente, só podia enriquecer mediante seu próprio trabalho, como também no período capitalista, quando a riqueza social se torna, em proporção cada vez maior, a propriedade daqueles em condições de se apropriar sempre de novo do trabalho não pago de outrem.[1102]

O que essa passagem diz? Que a revolução passada pelo modo de apropriação – isto é, a passagem da lei da apropriação fundada no trabalho próprio para a lei da apropriação capitalista – não altera o direito de propriedade. Trata-se de um raciocínio bastante próximo do já citado argumento de que "a forma jurídica *da propriedade* não

1102 (MEW, 23, p. 613) [Marx, 2013a, p. 662}.

se encontra em contradição alguma com o fato da expropriação da propriedade de um número significativo de cidadãos".[1103]

Mas o parágrafo que acaba de ser citado acrescenta informações adicionais e inéditas. Marx diz que esse direito de propriedade tem uma vigência "inicial", em um momento passado, quando o produto pertencia ao produtor. Mas esse direito também está vigente em um momento "posterior", no período capitalista. Assim, o que igualmente atravessa os dois períodos é o direito de propriedade – ou, a "forma jurídica da propriedade" pachukaniana – e não o modo de apropriação original fundado no trabalho próprio. Consequentemente, ao menos a partir desse parágrafo não parece ser de todo equivocada a interpretação de que a lei da apropriação "original" se manifesta em um período pré-capitalista.

Como, então, proceder? Aqui poderia ser destacado que, três parágrafos antes da última citação de O *capital*, há uma referência importante para atestar o sentido capitalista da "lei da troca". Neste momento Marx faz uma distinção entre a consideração da produção capitalista "no fluxo ininterrupto de sua renovação" a partir do "capitalista individual e o trabalhador individual", hipótese na qual se vê apenas a troca de equivalentes, ou a partir da "totalidade, a classe capitalista e, diante dela, a classe trabalhadora",[1104] situação que estabelece a inversão da lei de apropriação pelo trabalho próprio. Ainda assim, o foco do argumento a ser desenvolvido não diz respeito à mera possibilidade de apresentar citações que expressem outro entendimento. Tal como colocado nos capítulos anteriores, em Marx podem ser encontradas não só ambivalências – algo atribuível, não por acaso, também a Pachukanis –, mas manifestações nas quais ele mesmo não respeita os referidos "limites da apresentação

---

1103 PACHUKANIS, Evgeni. *A Teoria Geral do Direito e o marxismo e ensaios escolhidos (1921-1929)*. São Paulo: Sundermann, 2017, p. 157 – destaque do autor.

1104 (MEW, 23, p. 612) [Marx, 2013a, p. 661].

dialética".[1105] Que a historicização da lei de apropriação na circulação simples constitua um caso desses depende, no entanto, da própria percepção de que a crítica da economia política é atravessada por esses limites.

Já foi visto que a principal referência para essa constatação – o *Urtext* – sequer era acessível para Pachukanis. Existe, porém, uma questão contextual ainda mais importante. Como se sabe, o texto do Livro I de *O capital* presente no vigésimo terceiro volume da *Werke* tem como base a quarta edição da obra, publicada em 1890 e presente na MEGA 2 em seu décimo volume, texto-base tanto para a tradução da Boitempo como para a tradução russa utilizada por Pachukanis. Mas diferentemente do que fizera na terceira e quarta edição, Engels decide incorporar no primeiro subitem do vigésimo segundo capítulo as alterações feitas por Marx na edição francesa.[1106] O resultado é um acréscimo de mais de quinze parágrafos, dentre eles aquele no qual se manifesta a leitura histórica da lei de apropriação pelo trabalho próprio anteriormente citada. Consequentemente, no que se refere ao objeto ora analisado – o início da Seção VII –, a quarta edição do Livro I aparece como um *híbrido* entre a segunda edição alemã e a edição francesa.

Isso gera impactos importantes. Daí a necessidade de se retomarem as indicações feitas por Marx a Danielson quando questionado sobre qual edição utilizar para a tradução russa da segunda edição do Livro I. Como destacado, Marx salientou, em um primeiro momento (15 de novembro de 1878), que foi "obrigado – especialmente no primeiro capítulo – a simplificar a apresentação na formulação da edição francesa".[1107] E, pouco tempo depois (28 de novembro

1105 (MEGA, II.2, p. 91).

1106 (MEGA, II.7, pp. 506-509). (N.T.) Na edição da Boitempo esses parágrafos encontram-se entre as pp. 659-662. Eles iniciam com "portanto, por mais que o modo capitalista de apropriação" e terminam com "esse resultado se torna inevitável".

1107 (MEW, 34, p. 358).

de 1878), ele enfatiza que "as duas primeiras seções – ['Mercadoria e dinheiro' e 'A transformação do dinheiro em capital'] *devem ser traduzidas exclusivamente de acordo com o texto alemão*".[1108] Apesar de Marx não fazer qualquer referência explícita à Seção VII nessa troca de cartas, a determinação da tradução do alemão dos capítulos iniciais do Livro I – e não da edição francesa – é significativa. Se o objeto da Seção I, a circulação simples, é justamente a "esfera abstrata do processo global de produção burguês",[1109] então a localização temporal de sua lei de apropriação antes do período capitalista deve ser afastada.

Toda essa questão contextual, no entanto, só pode ser verificada retrospectivamente, notadamente a partir das publicações da MEGA 2. Em se tratando da época de Pachukanis – cuja reflexão partia da quarta edição do Livro I –, sequer existia o conhecimento das diferenças existentes entre as edições de *O capital* até então publicadas. Assim, à primeira vista parece ser esse o principal motivo para que uma categoria tão importante como a "circulação simples" e seu significado conceitual para a apresentação categorial da crítica da economia política tenham sido tão pouco debatidos na teoria marxista do Direito.[1110] Ocorre que ainda é necessário atentar para

---

1108 (MEW, 34, p. 362 – destaque do autor).

1109 (MEGA, II.2, p. 64).

1110 De modo geral, o debate sobre a "circulação" em Pachukanis ainda fica refém da tese do "circulacionismo", originalmente posta por Karl Korsch na década de 1930, como se o autor russo relegasse para um segundo plano a produção de mercadorias e sua determinação da forma jurídica (BUCKEL, Sonja. *Subjektivierung und Kohäsion*: Zur Rekonstruktion einer materialistischen Theorie des Rechts. Weilerswist: Velbrück Wissenschaft, 2007, p. 101). Apesar da importante crítica feita por Naves acerca dos equívocos dessa leitura (NAVES, Márcio Bilharinho. *Marxismo e Direito*: um estudo sobre Pachukanis. São Paulo: Boitempo, 2008, p. 72), e de ser um dos primeiros autores a efetivamente expressar a "circulação simples" (NAVES, Márcio Bilharinho. *Marxismo e Direito*: um estudo sobre Pachukanis. São Paulo: Boitempo, 2008, p. 77), também ele a lê em termos históricos. Neste contexto, são

mais um aspecto, uma espécie de ponte para a segunda redução do alcance explicativo de *A Teoria Geral do Direito e o marxismo* apresentada no início deste capítulo.

A totalidade da discussão anterior gira em torno do significado das seções que estruturam *O capital*, o que necessariamente remete aos diferentes níveis de abstração a partir dos quais se constrói a crítica da economia política. Esta compreensão, no entanto, não se deixa facilmente identificar pelo discurso comumente difundido acerca da "passagem do abstrato para o concreto" e do "simples para o complexo", ainda mais quando se considera que a circulação simples é exposta, justamente, no início do Livro I. Disso deriva a contribuição de textos como o *Urtext*, os *Grundrisse*, mas também os *Resultados do processo imediato de produção* e as *Notas sobre Wagner*. Se eles são importantes para a compreensão da estrutura de *O capital*, isso significa que oferecem uma chave de leitura metodológica para a crítica da economia política e, consequentemente, também para as discussões acerca da reprodução sócio-jurídica.

---

importantes as reflexões de Casalino acerca da necessidade da diferenciação qualitativa entre M-D-M e D-M-D' e suas consequências para a o direito e para uma recepção crítica de Pachukanis (CASALINO, Vinícius. *O Direito e a mercadoria*: para uma crítica marxista da teoria de Pachukanis. São Paulo: Dobra, 2011, p. 45). Ainda assim, Casalino também lê os primeiros capítulos de *O capital* como uma exposição das "diferentes formas possíveis assumidas pelas relações sociais caracterizadas pela troca de mercadorias" (CASALINO, Vinícius. *O Direito e a mercadoria*: para uma crítica marxista da teoria de Pachukanis. São Paulo: Dobra, 2011, p. 124), isto é, dos "diversos modos de produção dentro dos quais ela [a troca de mercadorias] pode estar inserida" (CASALINO, Vinícius. *O Direito e a mercadoria*: para uma crítica marxista da teoria de Pachukanis. São Paulo: Dobra, 2011, p. 120), abrindo espaço para a compreensão histórica da circulação simples *no interior* da crítica da economia política. É sem dúvida alguma possível empreender um estudo histórico acerca das formas sociais anteriores ao capitalismo. No entanto, como será destacado, a circulação simples possui um significado conceitual cuja precisa compreensão é bloqueada precisamente por sua eventual "localização" pré-capitalista.

No entanto, a possibilidade dessa contribuição é bloqueada pela corriqueira interpretação de que Pachukanis teria "recuperado" o método de Marx. Afinal, se uma das principais virtudes de *A Teoria Geral do Direito e o marxismo* está no caráter metodológico, este apareceria, então, como algo certo, definitivo. Bastaria ler *O capital* a partir das reflexões presentes na *Introdução* de 1857 e tudo estaria resolvido – uma suposição que, como demonstrado no próximo subitem, não se sustenta.

5.1.2 Segunda redução: a desconsideração do movimento da condição ao resultado na crítica da economia política

A leitura histórica da "lei de apropriação pelo trabalho próprio" constituiu a primeira redução do alcance explicativo de *A Teoria Geral do Direito e marxismo*. Uma vez localizada na pré-história do capitalismo, a "lei fundamental" ou "lei originária" faz com que a categoria da circulação simples também seja "descapitalizada", invisibilizando seu sentido no interior da crítica da economia política e, consequentemente, comprometendo a compreensão dos diferentes níveis que atravessam *O capital*. Como será demonstrado, esse resultado é fortalecido pela tentativa de compreender os capítulos iniciais do Livro I a partir das indicações metodológicas presentes na *Introdução* de 1857. Isso ocorre não só devido à simples ausência da categoria da circulação simples neste texto, mas sobretudo pela ocultação do desenvolvimento posterior pelo qual passou a compreensão metodológica de Marx.

É por isso sintomático que a associação entre a *Introdução* de 1857 e *O capital* apareça como um grande trunfo em Pachukanis. Umberto Cerroni, por exemplo, aponta essa relação. Após salientar algumas diferenças existentes no âmbito do pensamento jurídico soviético, Pachukanis é apresentado como um autor com "maior agudeza metodológica", notadamente por ser "talvez o primeiro estudioso marxista que trabalha na base da *Introdução* de 1857, um texto de Marx que por muito tempo ficou de lado na tradição da exegese marxista".[1111] Trata-se de um aspecto igualmente destacado por Naves:

> Pachukanis introduz, por esta via, no campo da análise do direito, o princípio metodológico desenvolvido por Karl Marx na *Introdução à crítica da economia política*, que se exprime em dois "movimentos": o que vai do abstrato ao concreto, e o que vai do simples ao complexo.[1112]

Essas referências permitem observar como o mérito de Pachukanis pressupõe uma interpretação bastante específica – apesar de dominante – do percurso metodológico marxiano. Ao que parece, não só *O capital* poderia ser lido a partir do texto de 1857, como a própria crítica do Direito encontraria nele sua sustentação. Não por acaso, no prefácio à edição brasileira da nova tradução de *A Teoria Geral do Direito e o marxismo* – diretamente do russo –, Naves salienta que, na época da publicação de sua primeira edição (1924):

> A elaboração de uma crítica materialista do direito que partisse dos resultados obtidos por Marx em *O capital* ainda estava por ser feita. Coube a Pachukanis realizar essa tarefa, para a qual estava extraordinariamente habilitado por uma rigorosa leitura da "Introdução de 57", que o aparelhou, como a nenhum outro jurista marxista de sua época, para apreender o método empregado por Marx na crítica da economia política, permitindo-lhe, assim, fazer, por sua vez, a crítica das categorias jurídicas fundamentais.[1113]

1111 CERRONI, Umberto. *O pensamento jurídico soviético*. Europa-América: Póvoa do Varzim, 1976, p. 75.

1112 NAVES, Márcio Bilharinho. *Marxismo e Direito*: um estudo sobre Pachukanis. São Paulo: Boitempo, 2008, p. 40.

1113 PACHUKANIS, Evgeni. *A Teoria Geral do Direito e o marxismo e ensaios escolhidos (1921-1929)*. São Paulo: Sundermann, 2017, pp. 8/9.

O mesmo raciocínio pode ser encontrado em Kashiura. Se "o pensamento de Pachukanis está claramente construído sobre o mesmo método dialético a partir do qual Marx elaborou *O capital*",[1114] então é compreensível o argumento de que "Pachukanis pretende, inspirado no caminho trilhado na economia política, elaborar uma teoria que reconstrua o fenômeno jurídico como totalidade concreta".[1115] Após salientar que "nos *Grundrisse*, Marx ressalta a impotência explicativa da totalidade despida da dinâmica de suas partes", e imediatamente depois de citar uma passagem do texto do final da década de 1850 como exemplo, Kashiura sugere a necessidade de mediar as abstrações mais abrangentes pelas mais simples: "é preciso considerar antes as partes, isto é, as categorias jurídicas mais elementares, para então ascender à totalidade. Esta é precisamente a proposta de Pachukanis".[1116]

A estreita vinculação entre a *Introdução* de 1857 e *O capital* também é facilmente encontrada nos mais variados autores marxistas. Pense-se, por exemplo, em Roman Rosdolsky, autor do influente *Gênese e estrutura de "O capital" de Karl Marx* (1968). Além de ver na *Introdução* "o sentido metodológico" dos *Grundrisse*, Rosdolsky salienta, após citar a famosa passagem do "simples ao complexo", que esse trecho da *Introdução* "nos esclarece sobre o plano estrutural de Marx em 1857; porque ele revela que já esse plano (como

---

1114 KASHIURA Jr., Celso Naoto. *Crítica da igualdade jurídica*: contribuição ao pensamento jurídico marxista. São Paulo: Quartier Latin, 2009, p. 54.

1115 KASHIURA Jr., Celso Naoto. *Crítica da igualdade jurídica*: contribuição ao pensamento jurídico marxista. São Paulo: Quartier Latin, 2009, p. 63.

1116 KASHIURA Jr., Celso Naoto. *Crítica da igualdade jurídica*: contribuição ao pensamento jurídico marxista. São Paulo: Quartier Latin, 2009, p. 63.

ocorreria depois com *O capital*) 'segue o caminho que parte das determinações abstratas na direção do concreto'".[1117] [1118]

Em que pese a ampla aceitabilidade dessas interpretações, é importante considerar uma série de argumentos – tanto contextuais como conceituais – que não só problematizam a tese da identidade entre os referidos textos como ressaltam o aprofundamento da compreensão metodológica em Marx. No que se refere ao primeiro ponto, a *Introdução* não era, para Marx, a *Introdução da crítica da economia política*. Este foi o título editorial atribuído ao texto que se encontrava em um caderno marcado com a letra M, redigido em agosto de 1857.[1119] Da mesma forma, os *Grundrisse* – "esboços da crítica da economia política", como ficou conhecido – também só receberam essa denominação posteriormente, já que o manuscrito original sequer tinha título.

Além disso, o período de escrita tanto da *Introdução* como dos *Grundrisse* (1857-1858) ocorre em um momento de término dos estudos anteriores feitos por Marx. Por isso ele escreve a Engels (18 de dezembro de 1857), esclarecendo que "trabalha como um louco durante as noites na *síntese* dos meus estudos econômicos".[1120] Ora, uma síntese do material acumulado não pode ser ela mesma o esboço da crítica deste material. Como destacado, os *Grundrisse* são estruturados a partir da distinção entre "capital em geral" e "capital particular", abandonada posteriormente e, por isso, ausente em *O capital*.

1117 ROSDOLSKY, Roman. *Gênese e estrutura de O capital de Karl Marx*. Rio de Janeiro: EDUERJ: Contraponto, 2001, p. 40.

1118 As referências desse tipo de leitura são inúmeras e incluem autores das mais variadas linhas interpretativas, como Wygodski, Großmann, Sweezy, Backhaus, Brentel e Kurz (RAKOWITZ, Nadja. *Einfache Warenproduktion*. Freiburg: Ça ira – Verlag, 2000, p. 283).

1119 (MEGA, II.2, p. 764).

1120 (MEW, 29, p. 225 – destaque do autor).

Isso explica por que em carta a Lassalle (11 de março de 1858) Marx ainda considera correta a determinação do valor encontrada em Ricardo.[1121] Cabe aqui, no entanto, uma pergunta: seria isso algo realmente estranho? Lembre-se que o terceiro item da *Introdução* é significativamente intitulado "o método da economia política",[1122] sem qualquer referência à *crítica* da economia política. Trata-se de uma diferença bastante explorada por Nadja Rakowitz em sua análise do discurso que compreende o desenvolvimento categorial de *O capital* a partir "do abstrato ao concreto":

> Este é o modelo inicial [do abstrato ao concreto] a partir do qual *Adam Smith concebe a sua economia política*. Ele começa com as determinações abstratas de uma sociedade muito concreta, que, no entanto, lhe são consideradas como determinações naturais de uma sociedade em geral. Das determinações do salário, do mercado, do dinheiro, dos preços, ele passa às determinações do capital, do aluguel e da terra, juros sobre os diferentes aumentos da riqueza em países individuais e, depois de uma excursão nos sistemas de economia política, para as determinações do Estado e da distribuição de impostos. David Ricardo tem uma estrutura semelhante. Primeiro, são desenvolvidas as determinações do valor, da pensão, do salário e do lucro, depois são tratados vários impostos, questões de política comercial e problemas monetários.[1123]

Mas há uma questão ainda mais intrigante do que a efetiva comparação com os autores clássicos e sua metodologia de construção do conhecimento. Se *O capital* é estruturado pelo duplo movimento – do abstrato ao concreto e do simples ao complexo –, como explicar que o texto que (supostamente) propõe esse deslocamento – a

1121(MEW, 29, p. 554).

1122(MEGA, II.1.1, p. 35) [Marx, 2011, p. 54].

1123RAKOWITZ, Nadja. *Einfache Warenproduktion*. Freiburg: Ça ira – Verlag, 2000, p. 90 – destaque do autor.

Introdução – não tenha nenhuma referência à mercadoria, justamente a categoria inicial do Livro I?

É verdade que Pachukanis diz exatamente o contrário, salientando que, segundo Marx, a análise dos elementos concretos "presume as categorias mais simples de preço, de valor e, finalmente, de mercadoria".[1124] No entanto, o primeiro parágrafo de "o método da economia política" – único momento no qual a palavra "mercadoria" aparece em todo o texto da *Introdução* – apresenta justamente o "real" e o "concreto", fazendo referência aos "preços das mercadorias" e não à "mercadoria", muito menos à eventual consideração desta como uma categoria simples. Trata-se de um erro percebido pelo editor da tradução para o inglês de *A Teoria Geral do Direito e o marxismo*, razão pela qual foi acrescentada a seguinte nota:

> Onde Pachukanis cita "salários, lucro, renda", Marx de fato coloca "trabalho assalariado, capital", e onde Pashukanis tem "preço, valor e mercadoria", Marx coloca "troca, divisão do trabalho, preços"; isto é, Pashukanis tende, neste parágrafo, a mudar as categorias das relações de produção para os rendimentos.[1125]

Poder-se-ia dizer que Pachukanis talvez estivesse citando a passagem de cabeça, sem conferi-la com o texto original. Mas isso não altera em nada o problema mais profundo subjacente à ausência da mercadoria na *Introdução* de 1857. Afinal, se esta estabelece o método de compreensão de *O capital*, tal como geralmente se afirma, essa situação permanece perturbadora. No entanto, a resposta a essa questão é particularmente simples: a mercadoria como elemento

1124 PACHUKANIS, Evgeni. *A Teoria Geral do Direito e o marxismo e ensaios escolhidos (1921-1929)*. São Paulo: Sundermann, 2017, p. 90.

1125 PASHUKANIS, Evgeny. *The General Theory of Law & Marxism*. New Brunswick/Londres: Transaction Publishers, 2002, p. 66, n. 1.

inicial da exposição da crítica da economia política simplesmente *ainda não existia.*

Isso é verificável quando se atenta para duas cartas escritas por Marx em novembro de 1858.[1126] A primeira, destinada a Lassalle (12 de novembro de 1858), tinha como objetivo apresentar as razões pelas quais Marx ainda não enviara o manuscrito de *Para a crítica da economia política.* Após destacar sua precária saúde naquele momento, ele diz:

> Porém, a verdadeira razão é a seguinte: a matéria estava à minha frente, era apenas a forma. Mas em tudo que escrevia se manifestava em meu estilo a doença hepática. E tenho duas razões para não permitir que razões médicas arruínem esta obra: 1. Ela é o resultado de quinze anos de trabalho e, consequentemente, o fruto do melhor período de minha vida; 2. Ela apresenta, pela primeira vez, uma importante visão científica das relações sociais. Portanto, devo ao partido que o assunto não seja desfigurado por um modo de escrever monótono e desajeitado como um fígado doente. Eu não aspiro a uma apresentação elegante, mas apenas a escrever em meu estilo habitual, o que tem sido impossível para mim durante os meses de sofrimento, ao menos sobre este assunto.[1127]

Aqui já se revela um Marx preocupado com o "estilo", a "forma" a partir da qual iniciaria a exposição de sua descoberta científica. Pouco tempo depois – em carta a Engels (29 de novembro de 1858) –, a mercadoria finalmente aparece como a categoria inicial de seus estudos. Referindo-se ao aguardado livro, Marx apresenta uma vez

---

1126 A importância fundamental dessas cartas é apresentada por José Antonio de Paula em seu sugestivo artigo "O outubro de Marx" (DE PAULA, João Antonio. "O 'Outubro' de Marx". *Nova Economia*, 18 (2). Belo Horizonte, 2008, p. 188).

1127 (MEW, 29, pp. 566-567).

mais as razões do atraso. Desta vez, no entanto, uma informação adicional particularmente importante é acrescentada:

> Minha esposa está copiando o manuscrito [*Para a crítica da economia política*], que não poderá sair antes do fim do mês. As razões para este atraso: grandes períodos de indisposição física, que agora parou no frio inverno. Demasiados problemas domésticos e financeiros. Finalmente: a primeira seção tornou-se mais extensa na medida em que dos dois primeiros capítulos, o primeiro (*A mercadoria*) não estava escrito em absoluto no rascunho, e o segundo (*O dinheiro ou circulação simples*) apenas em contornos muito breves, posteriormente tratados mais extensivamente do que eu pretendia inicialmente.[1128]

Essa preocupação formal e a descoberta da mercadoria estão relacionadas ao argumento de que a exposição só pode ser organizada *após* o término da investigação. Daí a distinção apresentada por Marx – somente no posfácio da segunda edição (1872) de *O capital* – entre o "modo de apresentação segundo sua forma" e o "modo de investigação".[1129]

Como se vê, o percurso trilhado até aqui levanta sérias dúvidas sobre a construção conceitual de Pachukanis. O jurista russo sustenta que Marx inicia suas considerações com uma *investigação* da mercadoria e do valor.[1130] Mas qual o estatuto dessa investigação? Em *O capital* ela aparece como um recurso de um processo *expositivo*, isto é, posterior à investigação propriamente dita. No entanto, em Pachukanis encontra-se algo diferente. Uma vez que ele mesmo salienta no prefácio à segunda edição de *A Teoria Geral do Direito e o marxismo* o caráter incompleto de sua obra, suas reflexões só podem

---

1128(MEW, 29, p. 372).

1129(MEGA, II.6, p. 709) [MEW, 23, p. 27] {Marx, 2013a, p. 90}.

1130 PACHUKANIS, Evgeni. *A Teoria Geral do Direito e o marxismo e ensaios escolhidos (1921-1929)*. São Paulo: Sundermann, 2017, p. 78.

atestar um processo investigativo ainda em construção, o que traz dificuldades adicionais para a tese de que o "sujeito de direito" seria o ponto de partida para a *exposição* da crítica marxista do Direito.

E ainda é necessário atentar para uma segunda questão: se *O capital* tem início pelo duplo movimento do "abstrato ao concreto e do simples ao complexo", por que Marx não reafirma isso posteriormente? E, o que é ainda mais importante – já que aqui não se trata apenas de uma negação dessa posição, mas da afirmação de uma diferença –, por que Marx associa a mercadoria ao "particular",[1131] tal como sustentado em *Para a crítica da economia política*, e à "figura social concreta",[1132] caracterização escolhida nas *Notas sobre Wagner*? No primeiro caso – o famoso prefácio de 1859 –, Marx afirma ter suprimido uma introdução geral, pois "Refletindo melhor, me pareceu perturbador qualquer antecipação de resultados a serem demonstrados (...). O leitor que de todo modo quiser me seguir deve decidir avançar do particular para o geral".[1133]

Consequentemente, se a mercadoria aparece logo no início de sua exposição, então ela mesma é esse elemento particular. Note-se, no entanto, que algo diferente é encontrado nas notas escritas entre 1879 e 1881. Criticando a interpretação de O *capital* feita por Wagner, Marx enfatiza que em hipótese alguma parte de "conceitos", tampouco de um "conceito de valor" que seria "dividido" entre valor de uso e valor de troca: "Eu parto da forma mais simples em que o produto do trabalho se apresenta na sociedade atual, e essa é a mercadoria. Eu a analiso antes de tudo na *forma em que ela aparece*".[1134]

A mercadoria é aqui apresentada como a "forma mais simples", sendo esta "a forma em que ela aparece". Mas não só, pois logo após

---

1131(MEGA, II.2, p. 99) [MEW, 13, p. 07] {Marx, 2008, p. 48}.

1132(MEW, 19, p. 369).

1133(MEGA, II.2, p. 99) [MEW, 13, p. 07] {Marx, 2008, p. 48}.

1134(MEW, 19, p. 369 – destaque no original).

ela é caracterizada como a "figura social concreta do produto do trabalho" e, finalmente, como "o elemento concreto econômico mais simples".[1135] Se assim for, como relacionar esse "elemento concreto" com o movimento do abstrato ao concreto? Estariam "a figura social concreta do produto do trabalho" e "o elemento concreto econômico mais simples" em contraposição ao argumento de 1857 de que as categorias mais simples seriam as mais abstratas?

Não é possível responder a essa pergunta sem considerar outros textos como ferramentas para a compreensão do desenvolvimento metodológico subjacente à crítica da economia política. Neste sentido, os *Resultados do processo imediato de produção* aparecem uma vez mais como uma chave de leitura indispensável para a compreensão das perguntas acima colocadas. Nele Marx retoma a ideia de que a mercadoria como "forma elementar da riqueza burguesa" foi o ponto de partida de *O capital*. Mas ele também diz que a mercadoria é "o pressuposto para a emergência do capital".[1136] E logo após afirma:

> Se (...) olharmos para as *sociedades de produção capitalista desenvolvida*, nelas as mercadorias aparecem tanto como o constante pressuposto elementar do capital como, por outro lado, como resultado imediato do processo de produção capitalista (...). Se a *mercadoria* aparece, por um lado, como um pressuposto para a formação do capital, por outro lado, as mercadorias, na medida em que são a *forma elementar universal do produto*, aparecem essencialmente como o produto e resultado do processo de produção capitalista.[1137]

Se nas *Notas sobre Wagner* é dito que a mercadoria tal como aparece no início de *O capital* é o "elemento concreto econômico mais simples", nos *Resultados do processo imediato de produção* – que

1135(MEW, 19, p. 369).
1136(MEGA, II.4.1, p. 24).
1137(MEGA, II.4.1, p. 27 – destaque no original).

originalmente deveria ser a "passagem para o Livro II",[1138] como já destacado – Marx a apresenta como "o pressuposto elementar", "forma elementar universal do produto" que, no entanto, também é o "resultado" do modo de produção capitalista. Neste momento se delineia um movimento bastante preciso que orienta o modo de exposição da crítica da economia política:

> Tratamos as mercadorias como um pressuposto, considerando-as como o elemento mais simples da produção capitalista. Por outro lado, a *mercadoria* é produto, o resultado da produção capitalista. O que primeiro se apresenta como seu elemento, depois se apresenta como seu próprio produto.[1139]

Já se sabe que em *Resultados do processo imediato de produção* Marx caracteriza a apresentação categorial da crítica da economia política como "circular".[1140] Consequentemente, a categoria inicial da Seção I do Livro I não manifesta apenas o movimento do concreto ao abstrato. A mercadoria sem dúvida é o resultado de um processo de abstração,[1141] o elemento mais simples a partir do qual se avança às determinações mais complexas. Mas esse movimento é ele mesmo afetado por um segundo movimento, aquele que vai *da condição ao resultado*. No entanto, não é a mercadoria em si mesma que dá o sentido a essa passagem. A mercadoria como condição do capital tem sua camada de sentido constituída por algo que ela mesma não determina:

> Como *mercadoria*, o produto do capital deve entrar no processo de troca de mercadorias e, portanto, não apenas no metabolismo real, mas, ao mesmo tempo, sofrer as

---

1138(MEGA, II.4.1, p. 24).

1139(MEGA, II.4.1, p. 30 – destaque no original).

1140(MEGA, II.4.1, p. 24).

1141HEINRICH, Michael. *Wie das Marxsche "Kapital" lesen? Teil 2.* Stuttgart: Schmetterling Verlag, 2013, p. 191.

> transformações de forma que apresentamos como metamorfose das mercadorias. No que diz respeito apenas às transformações formais – a transformação destas mercadorias em dinheiro e a sua re-transformação em mercadorias – o processo já está representado naquilo a que chamamos "circulação simples" – a circulação das mercadorias como tais. Mas essas mercadorias são agora, ao mesmo tempo, portadoras de capital (...). E, a este respeito, a sua circulação, que é agora ao mesmo tempo o processo de reprodução do capital, inclui outras determinações que eram alheias à visão abstrata da circulação de mercadorias. Temos, portanto, de considerar a circulação de mercadorias como o processo de *circulação do capital*. Isto acontece no próximo livro.[1142]

A mercadoria tal como apresentada no início da crítica da economia política, "o elemento concreto econômico mais simples", diz respeito às "mercadorias como tais". Tal como sustentado por Karel Kosik, tem-se aqui "o mundo da *pseudoconcreticidade*", isto é, "o mundo dos *objetos fixados*, que dão a impressão de ser condições naturais e não são imediatamente reconhecíveis como resultados da atividade social dos homens".[1143]

Enquanto tal, a mercadoria está posta em sua específica circulação que, por sua vez, corresponde à "visão abstrata da circulação de mercadorias". O "simples" e o "abstrato" são aqui repostos, mas no plano da "transformação destas mercadorias em dinheiro e sua re-transformação em mercadorias", isto é, no âmbito da circulação simples. Daí a precisa colocação de Diethard Behrens, salientando que "a apresentação marxiana não começa incondicionalmente":

> Concebida como uma representação lógica, não só se assume uma consciência dos problemas metodológicos, mas

---

1142 (MEGA, II.4.1, p. 50 – destaques no original).

1143 KOSIK, Karel. *Dialética do concreto*. São Paulo: Paz e Terra, 1976, p. 15 – destaque do autor.

> também um estado de discussão da economia política. Dois elementos teóricos são aqui particularmente importantes na tradição anglo-saxônica: por um lado, a noção de simples circulação como forma econômica e de simples produção como sua implicação e, por outro, a noção específica de propriedade e dinheiro.[1144]

Todas essas referências permitem compreender como *O capital* não se deixa reduzir metodologicamente às reflexões apresentadas na *Introdução* de 1857. Naturalmente, isso não significa que ela não seja importante, já que ali se manifesta pela primeira vez a ruptura com o empirismo e o desenvolvimento de uma nova concepção da realidade social.[1145] Ainda assim, naquele momento Marx não tinha claro para si como expor a "totalidade concreta como totalidade do pensamento"[1146] em distintos níveis de abstração, já que sua própria categoria inicial – a mercadoria – sequer havia sido concebida como o início da crítica da economia política.

Assim, compreende-se que o modo como deve aparecer o avanço do concreto ao abstrato e quais ligações intermediárias são necessárias constituem um objeto de pesquisa que ainda não existia.[1147] Somente então entrariam em cena as variadas seções que atravessam o "todo artístico"[1148] que caracteriza *O capital*. Este, no entanto, não é em hipótese alguma mera "reconstrução" dialética de seu objeto, mas

---

1144 BEHRENS, Diethard (Coord.). *Gesellschaft und Erkenntnis*. Freiburg: Ça Ira, 1993, p. 167.

1145 HEINRICH, Michael. *Die Wissenschaft vom Wert*: Die Marxsche Kritik der politischen Ökonomie zwischen wissenschaftlicher Revolution und klassicher Tradition. Münster: Westfälisches Dampfboot, 2017, p. 155.

1146 (MEGA, II.1.1, p. 37) [Marx, 2011, p. 55].

1147 HEINRICH, Michael. *Die Wissenschaft vom Wert*: Die Marxsche Kritik der politischen Ökonomie zwischen wissenschaftlicher Revolution und klassicher Tradition. Münster: Westfälisches Dampfboot, 2017, p. 156.

1148 (MEW, 31, p. 132).

uma apresentação que é simultaneamente uma crítica imanente,[1149] no preciso sentido de que ela gradativamente revela que aquilo que aparece como condição do capital – muitas vezes interpretada como sua pré-história, como destacado – é, na verdade, seu resultado. E com isso se vê, consequentemente, como a desconsideração deste movimento constitui a segunda redução do alcance analítico de *A Teoria Geral do Direito e o marxismo.*

Diante da historização da "lei originária" da apropriação pelo trabalho próprio e da impossibilidade de acesso aos textos que a analisam, Pachukanis não alcança a percepção de que seu conteúdo é expressão da lei de apropriação da circulação simples de mercadorias,[1150] e não condição do desenvolvimento histórico do capitalismo.

1149 Daí a importante caracterização da dialética feita por Fausto: "a dialética foi, e é (também, pelo menos), a filosofia e o discurso da prática que conhecem a medida das coisas; que sabem que, a partir de certo ponto, qualquer projeto se interverte no seu contrário" (FAUSTO, Ruy. *Outro dia. Intervenções, entrevistas, outros tempos*. São Paulo: Perspectiva, 2009, p. 31).

1150 Casalino desenvolve uma reflexão similar, destacando como a reflexão pachukaniana acaba restrita ao campo da "pseudoconcreticidade" referida por Kosik (CASALINO, Vinícius. *O Direito e a mercadoria*: para uma crítica marxista da teoria de Pachukanis. São Paulo: Dobra, 2011, p. 41). Assim, "devemos admitir que Pachukanis complica as coisas ao referir-se expressamente à circulação simples de mercadorias (M-D-M). Isso porque ele aprisiona a forma jurídica em uma espécie de troca que, como momento da circulação, não caracteriza o *fundamento* da sociedade capitalista" (CASALINO, Vinícius. *O Direito e a mercadoria*: para uma crítica marxista da teoria de Pachukanis. São Paulo: Dobra, 2011, p. 139 – destaque no original). Note-se, no entanto, que apesar de Pachukanis explicitamente destacar a fórmula M-D-M em duas oportunidades (PACHUKANIS, Evgeni. *A Teoria Geral do Direito e o marxismo e ensaios escolhidos (1921-1929)*. São Paulo: Sundermann, 2017, pp. 60 e 63), ambas aparecem como mera "esfera da circulação" e não como "circulação simples". A rigor, esta categoria está ausente de *A Teoria Geral do Direito e marxismo*, notadamente em virtude da leitura historicista da lei de apropriação pelo trabalho próprio. Consequentemente, o problema da reflexão pachukaniana não está somente em seu aprisionamento à "pseudoconcreticidade", mas à

Consequentemente, ao não refletir sobre a aparência dessa "esfera abstrata" do modo de produção capitalista – isto é, sua manifestação *como se* pressuposto do capital fosse –, a argumentação pachukaniana perde potência ao não considerar o movimento da condição ao resultado, algo intimamente relacionado ao "conceito de direito em seu movimento real".[1151]

Isso não significa que Pachukanis não tenha consciência que algo se esconda nesse movimento:

> A relação econômica em seu movimento real torna-se a fonte da relação jurídica, que nasce pela primeira vez no momento do litígio. É precisamente o litígio, o choque de interesses, que traz à vida a forma jurídica, a superestrutura jurídica (...). Por meio do processo judicial, o jurídico abstrai-se do econômico e surge como um elemento autônomo. Historicamente, o direito começou com o litígio, ou seja, com a ação, e apenas depois abarcou as relações precedentes, puramente econômicas e de fato que, dessa forma, já desde o início adquiriram um aspecto dual: econômico-jurídico. A jurisprudência dogmática se esquece dessa sucessão e começa logo do resultado pronto, das normas abstratas com que o Estado, por assim dizer, preenche todo o espaço, dota de qualidades jurídicas todos os atos que nele acontecem.[1152]

Essa passagem expressa mais do que diz. Há um primeiro movimento que vai da "relação econômica" à "relação jurídica",

própria desconsideração da existência dessa esfera e suas consequências para a crítica marxista do Direito.

1151 PACHUKANIS, Evgeni. *A Teoria Geral do Direito e o marxismo e ensaios escolhidos (1921-1929)*. São Paulo: Sundermann, 2017, p. 78.

1152 PACHUKANIS, Evgeni. *A Teoria Geral do Direito e o marxismo e ensaios escolhidos (1921-1929)*. São Paulo: Sundermann, 2017, pp. 120/121.

responsável por dar "vida à forma jurídica".[1153] Esta, no entanto, se abstrai do econômico por meio do processo judicial – um segundo movimento – e, enquanto "jurídico", aparece agora como "um elemento autônomo". Ainda que Pachukanis leia esse processo em termos também históricos, isso não o impede de criticar a jurisprudência dogmática por começar "do resultado pronto", isto é, "das normas abstratas" postas pelo Estado.

Mas se a crítica da economia política é compreendida como um movimento de concreção categorial – e não histórico –, então essa diferença entre a "forma jurídica" e a "norma jurídica" constitui um movimento conceitual do pressuposto ao posto.[1154] Uma vez que este não pode ser identificado àquele, então se vê como a distinção entre a forma jurídica e o direito – a "volta" fetichizada daquela – já se anuncia como uma diferenciação particularmente importante para a análise da reprodução sócio-jurídica moderna.

5.2 A circulação simples e seu significado

As reduções apresentadas nas páginas anteriores culminam em um déficit analítico considerável acerca do significado da circulação simples de mercadorias e de sua conexão com a crítica da economia política. Como será demonstrado mais adiante, isso também abala a compreensão dos sentidos da legalidade capitalista. De modo geral, esse é o resultado agregado a que chegamos. E a melhor exemplificação encontra-se nas reflexões apresentadas por Pachukanis em *A teoria marxista do direito e a construção do socialismo* (1927). Após salientar que "a clareza formal da transação jurídica nada diz

---

1153 Como destacado mais adiante, é questionável que a "relação econômica" seja a fonte da relação jurídica. Se aquela é expressão da circulação simples enquanto aparência do modo de produção capitalista, o ponto chave aqui é atentar para a acumulação de capital e sua produção de legalidades.

1154 FAUSTO, Ruy. *Marx*: Lógica e Política. tomo II. São Paulo: Brasiliense, 1987, p. 107.

sobre o seu conteúdo de classe econômico e social", o jurista russo faz a seguinte consideração:

> O camarada Stutchka assinala esse lado da questão, conclamando-nos fundamentalmente a "*só permanecer na abstrata sociedade de simples produtores de mercadorias o tempo necessário para revelar os mistérios das abstrações do direito burguês. Feito isso, retornemos à realidade, à sociedade de classes*". É pouco provável que se possa objetar algo contra tal apelo.[1155]

Transfigurada em "sociedade de simples produtores de mercadorias" – um conceito estranho a Marx, cumpre enfatizar uma vez mais –, é sintomático que Pachukanis concorde com a afirmação de Stutchka de que "as abstrações do direito burguês" ali manifestadas não teriam qualquer relação com a "realidade". Por isso, não chega a ser surpreendente a reflexão apresentada pelo jurista russo no parágrafo seguinte:

> É indiscutível a assertiva de P. I. Stutchka de que a vontade do possuidor de mercadorias numa simples sociedade de produtores de mercadorias, e a vontade do possuidor de mercadorias capitalista são qualitativamente vontades distintas, apesar de elas manterem uma idêntica aparência formal nas transações de compra e venda. O sentido da vontade se expressa, em um caso, na fórmula M-D-M, e, no outro, na fórmula D-M-D'. Toda a importância dessa distinção se revelou claramente a nós devido à última discussão no interior do Partido, quando fomos obrigados a lutar contra a aplicação não-crítica do termo "economia privada", e a demonstrar a necessidade de uma rigorosa

---

1155PACHUKANIS, Evgeni. "A teoria marxista do direito e a construção do socialismo". *In*: NAVES, Márcio Bilharinho (Coord.). *O discreto charme do direito burguês*: ensaios sobre Pachukanis. Campinas: UNICAMP, 2009, p. 147 – destaque no original.

> distinção entre a produção capitalista privada, por um lado, e a produção simples de mercadoria, isto é, a economia camponesa, por outro.[1156]

Aqui se manifestam de modo particularmente claro as insuficiências de Pachukanis, cujo efeito primordial, como destacado, termina por transformar a circulação simples de mercadorias em uma mera "economia camponesa". A "produção simples de mercadoria", cuja fórmula seria M-D-M, constituiria um plano de análise "abstrato" distinto daquele em que opera a "economia privada". No primeiro existiriam "os mistérios das abstrações do direito burguês" e, no segundo, a "realidade", isto é, "a sociedade de classes". Daí a possibilidade de considerar o aparato conceitual de Pachukanis a partir de dois níveis ou planos de elaboração conceitual:

> O primeiro plano é aquele do direito da produção mercantil simples, que é uma esfera indiferente ao estatuto da força de trabalho. Na circulação simples de mercadorias, o direito não penetra a esfera da produção, limitando-se a "ser superficial, a aderir à superfície ou aos lugares mercantis da sociedade" [citação de J. Michel]. A circulação opera a troca de mercadorias existentes pela mediação do direito, mas sem que o elemento jurídico possa jogar, aqui, qualquer papel quanto à determinação da mercadoria. Ora, com a emergência das relações de produção capitalistas, nós ingressamos em outro plano de análise, que analisa o direito como elemento constituinte dessas mesmas relações. De fato, para que surja no mercado o homem livre, objeto do comércio, é necessário que ele seja revestido de uma forma jurídica, a forma sujeito, sem a qual não é possível a expressão de sua vontade livre. Ocorre, porém, que só se

1156 PACHUKANIS, Evgeni. "A teoria marxista do direito e a construção do socialismo". *In*: NAVES, Márcio Bilharinho (Coord.). *O discreto charme do direito burguês*: ensaios sobre Pachukanis. Campinas: UNICAMP, 2009, p. 147.

> constituem as formas jurídicas necessárias ao surgimento das relações de produção capitalistas porque as categorias do direito já existem na esfera da circulação pré-burguesa.[1157]

Chama atenção que mesmo Naves endosse o discurso de que a circulação simples constituiria uma espécie de "esfera da circulação pré-burguesa". Note-se, no entanto, que essa leitura historicista é particularmente influente nas mais variadas correntes marxistas,[1158] como já destacado. Em um livro de introdução a O *capital* bastante influente, Ben Fine e Alfredo Saad-Filho chegam a abordar a circulação simples como um caso de escambo, qualificando-a como uma "*troca* simples de mercadorias".[1159] Netto e Braz, por sua vez, ao analisarem como o desenvolvimento do comércio a partir do século XII contribuiu "para alterar significativamente a produção mercantil simples",[1160] salientam:

> Antes dessa crescente intervenção, o produtor levava ao mercado a sua mercadoria para vendê-la a fim de obter as outras mercadorias de que carecia para o seu consumo pessoal ou as matérias-primas e instrumentos necessários à

1157 NAVES, Márcio Bilharinho. *Marxismo e Direito*: um estudo sobre Pachukanis. São Paulo: Boitempo, 2008, pp. 77/78.

1158 Isso não significa que não existam leituras normativas (WILDT, Andreas. "Gerechtigkeit in Marx' Kapital". *In*: ANGEHRN, E.; Lohmann, G. (Coord.). *Ethik und Marx. Moralkritik und normative Grundlagen der Marxschen Theorie*. Königsten, 1986, p. 170), que veem a "lei de apropriação pelo trabalho próprio" da circulação simples como um autêntico *dever-ser*, notadamente diante da referida "inversão" dessa lei na Seção VII do Livro I. Para uma discussão aprofundada sobre a relação entre teorias sociais normativas e Marx, ver (SMITH, Tony. *Beyond Liberal Egalitarianism*: Marx and Normative Social Theory in the Twenty-First Century. Chicago: Haymarket, 2017).

1159 FINE, Ben; SAAD-FILHO, Alfredo. *Marx's Capital*. Sixth Edition. Londres: Pluto Press, 2016, pp. 28/29 – destaque do autor.

1160 NETTO, José Paulo; BRAZ, Marcelo. *Economia Política*: uma introdução crítica. São Paulo: Cortez, 2012, p. 94.

> continuação do seu trabalho. Pode-se simbolizar o *processo de circulação* característico da produção mercantil simples com a seguinte expressão: M → D → M (Mercadoria → Dinheiro → Outra Mercadoria).[1161]

Se esse for o caso, então parece ser natural o aparecimento de alterações em M-D-M após a ampliação das atividades comerciais. E assim o argumento continua: "a circulação mercantil *se modifica com a entrada em cena dos comerciantes*; com eles, o esquema original se torna distinto: D → M → D' (Dinheiro → Mercadoria → Dinheiro acrescido)".[1162] Observe-se que são os comerciantes que alteram o conteúdo da circulação de mercadorias, de tal modo que "já no século XVIII, a produção mercantil simples viu-se deslocada pela produção mercantil capitalista",[1163] ainda que, conforme importante nota de rodapé:

> Isso não significa, em absoluto, o desaparecimento da produção mercantil simples – ao longo do desenvolvimento da sociedade burguesa, ela se conservou (como ainda hoje se pode constatar) e não há indicações de sua inteira supressão. Desde o século XVIII, porém, ela não dispõe de gravitação na dinâmica econômica do capitalismo.[1164]

Tais interpretações passam longe de considerar a circulação simples como uma chave analítica de teoria social cujo objetivo é investigar a característica distintiva do modo de produção capitalista.

1161 NETTO, José Paulo; BRAZ, Marcelo. *Economia Política*: uma introdução crítica. São Paulo: Cortez, 2012, p. 94.

1162 NETTO, José Paulo; BRAZ, Marcelo. *Economia Política*: uma introdução crítica. São Paulo: Cortez, 2012, p. 95.

1163 NETTO, José Paulo; BRAZ, Marcelo. *Economia Política*: uma introdução crítica. São Paulo: Cortez, 2012, p. 96.

1164 NETTO, José Paulo; BRAZ, Marcelo. *Economia Política*: uma introdução crítica. São Paulo: Cortez, 2012, p. 96.

qual seja, a mediação do metabolismo social pela troca em sua pretensa totalidade. Isso é particularmente importante para indagar não só o significado da circulação simples de mercadorias, mas sua conexão com o capital, principalmente em virtude de uma passagem particularmente famosa, já citada no presente livro:

> A esfera da circulação ou da troca de mercadorias, em cujos limites se move a compra e a venda da força de trabalho, é, de fato, um verdadeiro Éden dos direitos inatos do homem. Ela é o reino exclusivo da liberdade, da igualdade, da propriedade e de Bentham. Liberdade! Pois os compradores e vendedores de uma mercadoria, por exemplo, da força de trabalho, são movidos apenas por seu livre-arbítrio. Eles contratam como pessoas livres, dotadas dos mesmos direitos. O contrato é o resultado, em que suas vontades recebem uma expressão jurídica comum a ambas as partes. Igualdade! Pois eles se relacionam um com o outro apenas como possuidores de mercadorias e trocam equivalente por equivalente. Propriedade! Pois cada um dispõe apenas do que é seu. Bentham! Pois cada um olha somente para si mesmo.[1165]

"Liberdade! Igualdade! Propriedade!" são as demandas[1166] que emanam desse Éden dos direitos – a circulação simples de mercadorias –, no qual o contrato aparece como um resultado de

---

1165(MEGA, II.6, p. 191) [MEW, 23, pp. 189-190] {Marx, 2013a, pp. 250-251}.

1166(N.T.) A edição da Boitempo não traz os pontos de exclamação imediatamente posteriores à liberdade, igualdade e propriedade. Longe de ser uma mera questão estilística, aqui se enfraquece a percepção de que *O capital* também possui uma "dimensão teatral" caracterizada pelo sarcasmo e pela ironia. Tal como destacado por Nicole Pepperell: "os textos de Marx não podem ser lidos como monovocais [*monovocal*], mas devem ser interpretados como dando voz a múltiplas perspectivas contraditórias" (PEPPERELL, Nicole. "Disassembling Capital". *Philosophy Tesis*. RMIT University, 2010, p. 61).

subjetividades livres e iguais. Nesta esfera impera o princípio *do ut des*,[1167] de tal modo que a existência de um Estado de Direito seria algo meramente externo, o conteúdo político que aflora da circulação simples.[1168] Todas essas questões apontam para o fundamental vínculo entre as determinações dessa esfera abstrata do modo de produção capitalista.

Ainda assim, a não tematização explícita no Livro I da circulação simples e sua lei é em grande parte um fator bastante influente para as leituras acima mencionadas. Tal como afirmado por Rosdolsky em seu estudo dos *Grundrisse*:

> O "Capítulo sobre o dinheiro" [nos *Grundrisse*], que se segue ao "Capítulo sobre o capital" [nos *Grundrisse*], inicia-se com uma lúcida investigação sobre a "lei da apropriação, tal como ela se apresenta na circulação simples". Essa investigação constitui um complemento feliz ao primeiro tomo de *O capital*, que só trata do tema esporadicamente.[1169]

Qual seria, então, o conteúdo desse "complemento feliz"?

5.2.1 A circulação simples como a totalidade da socialização capitalista

É sabido que o estudo da circulação simples de mercadorias tem como corolário sua diferenciação da circulação do capital. De modo geral, no Livro I Marx se concentra em apresentar as diferenças entre uma e outra, mas não a *relação* existente entre elas. Pense-se, por exemplo, na seguinte passagem:

1167 Literalmente, "dou para que tu (me) dês".

1168 RAKOWITZ, Nadja. *Einfache Warenproduktion*. Freiburg: Ca ira – Verlag, 2000, p. 153.

1169 RAKOWITZ, Nadja. *Einfache Warenproduktion*. Freiburg: Ca ira – Verlag, 2000, p. 157.

> A circulação simples de mercadorias – a venda para a compra – serve de meio para uma finalidade que se encontra fora da circulação, a apropriação de valores de uso, a satisfação de necessidades. A circulação do dinheiro como capital é, ao contrário, um fim em si mesmo, pois a valorização do valor existe apenas no interior desse movimento sempre renovado. O movimento do capital é, por isso, desmedido.[1170]

A diferenciação entre essas distintas situações é importante: na circulação simples de mercadorias observa-se uma finalidade externa à própria circulação, ao passo que na circulação do capital encontra-se um fim em si mesmo. Mas nada é dito sobre a *conexão* entre as duas circulações, a não ser a referência à contrariedade, dificultando-se a compreensão do estatuto da primeira. Por isso é importante atentar para a única manifestação encontrada no Livro I – na Seção II – sobre o modo a partir do qual elas se conectam:

> A forma imediata da circulação de mercadorias é M-D-M, conversão de mercadoria em dinheiro e reconversão de dinheiro em mercadoria, vender para comprar. Mas ao lado dessa forma encontramos uma segunda, especificamente diferente: a forma D-M-D, conversão de dinheiro em mercadoria e reconversão de mercadoria em dinheiro, comprar para vender. O dinheiro que circula deste último modo transforma-se, torna-se capital e, segundo sua determinação, já é capital.[1171]

Duas questões merecem atenção ao se analisar essa referência à passagem entre M-D-M e D-M-D': (i) a ideia de que a circulação de capital é "encontrada" favorece a leitura empírica das categorias iniciais do Livro I, como se elas tivessem um significado histórico,

---

1170(MEGA, II.6, p. 170) [MEW, 23, p. 167] {Marx, 2013a, p. 228}.

1171(MEGA, II.6, pp. 165-166) [MEW, 23, p. 162] {Marx, 2013a, pp. 223-224}.

isto é, a apresentação de duas formas de socialização, uma pré-capitalista e outra capitalista;[1172] e (ii) a referência "ao lado" sugere uma segunda linha interpretativa, na qual a demarcação espacial é vista como se a circulação do capital fosse algo externo à circulação simples. Neste caso, as determinações desta não seriam diretamente "aplicáveis" à circulação do capital, compondo, assim, uma espécie de "modelo geral" a partir do qual procurar-se-ia concretizar seus elementos. Esta é a interpretação de Suzanne Brunhoff:

> Uma teoria do dinheiro aplicável ao sistema capitalista deve ser subsumida sob uma teoria do dinheiro em geral, válida para todas as economias monetárias; por outras palavras, uma teoria geral do dinheiro. E o exame de Marx sobre esta questão dá frutos na teoria marxista do dinheiro exposta na primeira secção da Parte 1 de *O capital.* Assim, Marx considera necessário começar com um estudo do dinheiro em seu aspecto geral, independente da forma capitalista de produção para, entre outras coisas, determinar seu papel na forma capitalista de produção.[1173]

Nessa passagem a circulação simples aparece como uma "teoria geral do dinheiro", na qual não só o dinheiro é estudado "em seu aspecto geral", mas independentemente da forma capitalista de produção. Consequentemente, entre as duas circulações existiria uma relação de especificação, algo que Brunhoff também destaca: "as leis gerais da circulação monetária continuam a funcionar na forma capitalista de produção onde há uma circulação monetária *especial*, a do crédito".[1174]

1172 Por isso mesmo, como já sugerido, as ambivalências de Marx constituem o solo no qual as ambiguidades de Pachukanis se enraízam.

1173 BRUNHOFF, Suzanne. *Marx on Money*. Nova York: Urizen Books, 1976, p. 19.

1174 BRUNHOFF, Suzanne. *Marx on Money*. Nova York: Urizen Books, 1976, p. 20 – destaque do autor.

É verdade que esse tipo de leitura tem como ponto de partida as palavras do próprio Marx, sendo favorecida pelo fato de que, nos três primeiros capítulos do Livro I, a única menção ao modo de produção capitalista ocorre logo na primeira frase. Isso, no entanto, está longe de constituir um problema. Tal como colocado no capítulo anterior, é importante afastar a tese de que *O capital* constituiria algo como "o" sistema conceitual marxiano, sua "última palavra", como se existisse uma linha ascendente entre os textos "preparatórios" que culminasse na melhor e definitiva versão.

Para analisar a "passagem" da circulação simples para o capital torna-se indispensável considerar textos como o *Urtext* e os *Grundrisse*, ocasiões nas quais a relação entre a circulação simples de mercadorias e a circulação de capital não aparece nem como um desenvolvimento histórico, nem nos termos de um modelo geral que seria "concretizado" por meio de aproximações sucessivas. Uma passagem dos *Grundrisse* parece ser particularmente sugestiva para iniciar essas reflexões:

> No decorrer da nossa exposição ficou evidenciado como o valor, que apareceu como uma abstração, só se torna possível enquanto tal abstração quando é posto o dinheiro; a circulação do dinheiro, por outro lado, leva ao capital, ou seja, só pode estar plenamente desenvolvida sobre a base do capital (...). O conceito de valor pertence completamente à economia mais moderna, porque é a expressão mais abstrata do próprio capital e da produção baseada nele.[1175]

Atente-se para a fundamental importância da teoria monetária do valor. Contrariamente aos discursos substancialistas, ela é capaz de compreender o valor como algo que só aparece na troca ou, tal como argumentado por Marx, a "expressão mais abstrata do próprio capital". Ainda que nessa passagem nada seja efetivamente dito acerca

---

1175(MEGA, II.1.2, p. 646) [Marx, 2011, p. 651].

da relação entre a circulação do dinheiro e a circulação do capital, a referência ao movimento subjacente ao verbo "levar" sugere um sentido importante. Esse deslocamento entre as circulações não é temporal, mas conceitual. Isso não significa que a concreção categorial ponha a suficiência de sua própria abordagem como parâmetro. Os limites da forma dialética de apresentação[1176] não sinalizam apenas a localização do estudo histórico – "o nosso método indica os pontos onde a análise histórica tem de ser introduzida"[1177] – como pressupõem a efetiva dominação do capital.

Essa precisa delimitação é fundamental para compreender tanto o estatuto da circulação simples de mercadorias, isto é, não apenas o que ela é, mas sua relação com a circulação de capital. Daí a colocação feita por Reichelt:

> Esta constelação, o capitalismo (...) não é imediatamente perceptível *como tal*. Pelo contrário, os seres humanos – livres e iguais por natureza – parecem circular na esfera da circulação [simples] apenas como trocadores. Mas isto só pode ser decifrado *como aparência* quando esta esfera de circulação [simples] é conhecida como o momento do capitalismo, como uma esfera em que todos os membros da sociedade só aparecem como trocadores quando estão todos integrados neste sistema específico de trabalho privado, ou seja, quando a divisão de classes tiver sido consumada (...), essa dualidade singular constitui, por assim dizer, o centro nervoso não só da teoria econômica, mas de toda a teoria social burguesa em seu sentido mais amplo, teoria essa criticada por Marx. As debilidades decisivas das formulações teóricas de Adam Smith e David Ricardo devem-se, em última análise, ao fato de ambos nunca terem

1176(MEGA, II.2, p. 91).

1177(MEGA, II.1.2, p. 369) [Marx, 2011, p. 378].

> conseguido obter plena clareza sobre essa articulação do sistema global.[1178]

Nessa breve referência encontram-se determinações da circulação simples até então desconsideradas pela literatura marxista exposta anteriormente. Ela aparece como uma "esfera", uma "aparência". Mas não só. Uma vez que o capitalismo não é "imediatamente perceptível como tal", essa aparência não é um simples modo de aparecimento, mas a forma de manifestação daquilo que não é visível. Além disso, esse aparecer também constitui um "momento do capitalismo",[1179] engendrando uma relação na qual aquilo que está posto na circulação – a liberdade e a igualdade – pressupõe a divisão de classes – a desigualdade. Trata-se de uma "dualidade", mais precisamente, uma "articulação do sistema global" que se afasta das interpretações historicistas e idealistas.

O próprio Marx observava com particular clareza o caráter mistificador da circulação simples. Não por acaso, ele destaca no *Urtext* como as categorias da economia política clássica representam "um processo muito vulgar de abstração", no qual a relação específica:

> É reduzida às determinações abstratas da circulação simples e assim se dá como *provado* que as relações econômicas em que os indivíduos se encontram nas esferas

---

1178 REICHELT, Helmut. *Zur logischen Struktur des Kapitalbegriffs bei Karl Marx*. Frankfurt am Main: Europäische Verlaganstalt, 1973, pp. 228/229 – destaque no original).

1179 Momento não deve ser compreendido como uma expressão temporal, como se o desenvolvimento das categorias reproduzisse o desenvolvimento histórico dos objetos a elas correspondentes, e sim como um "operador dialético" (OLIVEIRA, Hélio Ázara de. *A circulação simples como epiderme da experiência capitalista*. Curitiba: Prismas, 2016, p. 102), "como equivalente do 'ser-suprimido'" (FAUSTO, Ruy. *Dialética marxista, dialética hegeliana*: a produção capitalista como circulação simples. Rio de Janeiro: Paz e Terra; São Paulo: Brasiliense, 1997, p. 26).

> mais desenvolvidas do processo de produção são apenas as relações da circulação simples.[1180]

A referência às "esferas mais desenvolvidas do processo de produção" é importante. Se no capítulo que abre a Seção II do Livro I as duas circulações são localizadas uma "ao lado" da outra, como demonstrado anteriormente, essa mesma relação aparece aqui fazendo-se uso da noção de "esferas". Estas, no entanto, não se relacionam de modo qualquer, mas nos termos de uma *redução*, no sentido de que aquilo que constitui as relações sociais capitalistas é reduzido às determinações formais da circulação simples. Assim, é sintomático que no *Urtext* seja utilizada uma noção bastante sugestiva para destrinchar essa relação:

> Na própria circulação, no processo de troca, tal como ele aflora na superfície da sociedade burguesa, cada qual só dá na medida em que toma e só toma na medida em que dá. Para fazer uma ou outra coisa, ele precisa *ter*. O procedimento mediante o qual ele se colocou na condição de ter não constitui nenhum dos momentos da própria circulação.[1181]

Essa importante categoria é agora apresentada como a "superfície" da sociedade burguesa, a esfera observável em que não se explica como aqueles que têm algo – dinheiro, por exemplo – chegaram à condição de tê-lo. Daí a ideia de que:

> O *processo de surgimento das mercadorias, e, portanto, também o seu processo original de apropriação, situa-se, por conseguinte, além da circulação* (...). *Como eles* [os proprietários] *se tornaram proprietários desses bens* é um

1180 (MEGA, II.2, p. 61 – destaque no original).

1181 (MEGA, II.2, p. 48 – destaque no original).

> processo que ocorre nas costas da circulação simples e que se extingue antes dela começar.[1182]

Com essa referência às "costas" a exposição das determinações da circulação simples chega a um ponto decisivo. Enquanto "redução", "momento", "esfera" e "superfície", ela indica que suas propriedades constituintes não podem ser explicadas por elas próprias. Daí a necessidade de se atentar para a sugestiva indicação de que um processo distinto da circulação simples corre pelas suas costas, pois é exatamente nesse ponto em que o capital aparece. Mesmo pressuposto, ele põe as determinações constituintes da circulação simples:

> A circulação considerada em si mesma é a mediação de extremos pressupostos. Mas ela não define esses extremos. Como um todo da mediação, como um processo total em si, deve, portanto, ser mediada. Seu ser imediato é, portanto, aparência pura. É o fenômeno de um processo que ocorre por suas costas (...). A circulação [simples] não porta com ela mesma o princípio da auto-renovação. Os momentos dela lhe são pressupostos, não são postos por ela mesma.[1183]

É a partir dessas reflexões que se percebe a importância do movimento das pressuposições para a compreensão da crítica da economia política: a circulação simples é ela mesma uma "mediação" que, no entanto, só pode existir como *mediação mediada*. Com isso, a "superfície" da sociedade burguesa é agora caracterizada como "fenômeno", "aparência pura", cujos momentos "lhe são pressupostos". Um pouco mais adiante – ainda no *Urtext* – Marx oferece mais uma definição dessa categoria, desta vez nomeando o processo pressuposto e refutando qualquer possibilidade de sua leitura histórica:

1182(MEGA, II.2, p. 48 – destaques no original).

1183(MEGA, II.2, p. 64).

> Não se trata aqui de uma transação histórica da circulação para o capital. A circulação simples é, antes, uma esfera abstrata do processo global de produção burguês, que, por meio de suas próprias determinações, se identifica enquanto momento, mera forma de aparecimento de um processo mais profundo subjacente a ela, bem como dela resultante e dela produtor – o capital industrial.[1184]

Enquanto "forma de aparecimento" do capital industrial, a circulação simples é a "esfera abstrata do processo global de produção burguês", ou seja, em hipótese alguma ela é ou contém uma dimensão histórica pré-capitalista. Como Marx salienta de uma vez por todas, ela é um momento abstrato da existência do capital:

> O dinheiro e a mercadoria enquanto tais, bem como a circulação simples em si, existem para o capital apenas como momentos abstratos especiais de sua existência, nos quais ele tanto aparece constantemente, de um para o outro, como desaparece constantemente.[1185]

Todas essas referências atestam o estatuto da circulação simples de mercadorias e sua relação com a circulação de capital. Ela é uma "aparência pura", uma "esfera abstrata do processo global de produção burguês", "momento", "mera forma de aparecimento" de um processo que não está simplesmente "ao lado" dela, como sugere o Livro I de *O capital*, mas que lhe é subjacente. Tal como desenvolvido por Grespan, a circulação simples existe "dentro" da esfera capitalista, notadamente nos momentos em que aquilo que circula não são capital-mercadoria e capital-dinheiro, isto é, investimentos, mas dinheiro e a simples compra e venda de mercadorias por

1184 (MEGA, II.2, pp. 68-69).

1185 (MEGA, II.2, p. 82).

assalariados e capitalistas.[1186] Mas não só, já que "na troca com o capital o trabalhador está em uma relação da circulação simples".[1187]

A busca por uma compreensão precisa da circulação simples também está presente nos *Grundrisse*, redigidos na mesma época.[1188] Lá também se encontra a ideia de que "na circulação simples, a própria circulação *aparece* como sujeito".[1189] Acerca de seu particular modo de funcionamento, Marx faz a seguinte consideração:

> Esse sistema da troca tem o *capital* como seu fundamento, e quando é considerado separadamente dele, tal como ele próprio se apresenta na superfície, a saber, como sistema *autônomo*, é mera *aparência*, mas uma *aparência necessária*.[1190]

A autonomização da circulação simples está longe de ser uma ilusão (*Täuschung*), constituindo a realidade efetiva (*Wirklichkeit*) do modo de produção capitalista. Mas aqui já não se trata de "aparência pura", como anteriormente citado, mas de "aparência necessária". O ponto de Marx não é simplesmente negar a liberdade e a igualdade que caracterizam a circulação simples, mas compreender como elas emergem da própria sociedade capitalista, isto é, como resultado do modo de produção capitalista. Daí a crítica ao utopismo que alimenta socialistas e burgueses, incapazes de:

> Compreender a diferença necessária entre a figura real e a ideal da sociedade burguesa e, consequentemente, pretender assumir o inútil empreendimento de querer realizar

---

1186 GRESPAN, Jorge. "A dialética do avesso". *Crítica Marxista*. São Paulo: Boitempo, 2002, p. 45.

1187 (MEGA, II.1.1, p. 210) [Marx, 2011, p. 225].

1188 Os *Grundrisse* datam de 1857-1858. O *Urtext* é de 1858.

1189 (MEGA, II.1.2, p. 507 – destaque do autor) [Marx, 2011, p. 518].

1190 (MEGA, II.1.2, p. 412 – destaques no original) [Marx, 2011, p. 419].

> novamente a própria expressão ideal, expressão que de fato nada mais é do que a fotografia dessa realidade.[1191] [1192]

Nesse sentido, é bastante elucidativo que uma das últimas caracterizações da circulação simples nos *Grundrisse* faça menção à nebulosidade:

> Mas essa circulação [simples] é uma névoa sob a qual se oculta todo um mundo, o mundo das interconexões do capital, que fixam na circulação [do capital] a propriedade originada da circulação – do intercâmbio social –, roubando-lhe a independência da propriedade autossuficiente, bem como seu caráter social.[1193]

Essas passagens deixam claro que a Seção I de *O capital* significa muito mais do que "alcançar uma reconstrução sistemática e consistente da realidade no pensamento",[1194] tal como geralmente apresentado quando se considera apenas a *Introdução* de 1857. Ela também não pode ser confundida com uma análise histórica, como se a intenção de Marx fosse

> examinar as sociedades pré-capitalistas, para ressaltar que as categorias estão inseridas em processos históricos reais, não sendo derivadas de narrativas ficcionais (...),

1191 (MEGA, II.1.1, p. 172) [Marx, 2011, p. 191].

1192 De maneira semelhante, Marx compreende a utilização da justiça como ideal de crítica da sociedade como uma "tarefa supérflua de querer efetivar ainda mais a própria expressão ideal, a fotografia transfigurada e refletida pela própria realidade da luz projetada por ela mesma". (MEGA, II.2, p. 60).

1193 (MEGA, II.1.2, p. 524) [Marx, 2011, p. 534].

1194 SAAD-FILHO, Alfredo. "Concrete and Abstract Labour in Marx's Theory of Value". *Review of Political Economy*, vol. 9 (4), 1997, p. 461.

imaginando como seriam essas categorias no capitalismo transcendido.[1195] [1196]

Em resumo, a circulação simples (M-D-M) não designa nem um período pré-capitalista – a tal produção simples de mercadorias – nem um ideal a ser realizado, mas um momento de algo maior (D-M-D').

Tal como destacado por Brentel, ela é "simples" apenas como "*abstração* da *totalidade* de um processo geral de circulação, produção

---

1195 HARVEY, David. *A loucura da razão econômica*: Marx e o capital no século XXI. São Paulo: Boitempo, 2018, p. 61.

1196 A leitura histórica também pode servir para colocar a circulação simples como eixo de gravitação da defesa da democracia, um argumento encontrado mesmo em Fausto. Em "O Zero e o Infinito" – texto escrito a propósito do livro *Zero à Esquerda*, de Paulo Arantes –, Fausto afirma ser necessário "questionar a tese marxista de que a circulação simples, *a economia de mercado*, ou mesmo a simples existência da propriedade privada deve levar inevitavelmente, mesmo se por um processo contraditório, ao desenvolvimento, e ao desenvolvimento máximo, de relações capitalistas" (FAUSTO, Ruy. *A esquerda difícil*: em torno do paradigma e do destino das revoluções do século XX e alguns outros temas. São Paulo: Perspectiva, 2007, p. 159 – destaque do autor). O mesmo argumento aparece em "Democracia, Capitalismo, Totalitarismo", momento em que Fausto salienta a "defesa da circulação simples nos críticos pré-marxistas da economia política" (FAUSTO, Ruy. *Outro dia. Intervenções, entrevistas, outros tempos*. São Paulo: Perspectiva, 2009, p. 08). Consequentemente, seria necessário ter um projeto de sociedade que tenha como objetivo "uma sociedade em que subsistam trocas de mercadorias e mercado, mas em que o poder do capital seja controlado e neutralizado dentro de limites que só o futuro poderá determinar" (FAUSTO, Ruy. *Outro dia. Intervenções, entrevistas, outros tempos*. São Paulo: Perspectiva, 2009, p. 13). Esses argumentos podem ser vistos como uma espécie de prolegômenos de uma "nova crítica da economia política", de uma "reelaboração da crítica marxiana da economia política" (FAUSTO, Ruy. *Caminhos da esquerda*: elementos para uma reconstrução. São Paulo: Companhia das Letras, 2017, pp. 102-104).

e reprodução da sociedade burguesa".[1197] Trata-se, assim, de uma abstração da sociedade capitalista, uma "aparência necessária". A dialética da essência e aparência não pode ser reduzida à interpretação de que esta seria mera superfície enganadora daquela, como se ambas constituíssem duas realidades distintas. Uma vez que a essência é "uma categoria de mediação sem a qual os chamados fatos não seriam eles mesmos o que são",[1198] é necessário considerar que "quanto mais completo o mundo como aparência, mais impenetrável a aparência como ideologia".[1199]

Nesse sentido, a aparência é a manifestação essencial de uma única realidade, "uma realidade de desunião, contradição, fissuras e antagonismo".[1200] A circulação simples enquanto abstração real do modo de produção capitalista não é uma "mera hipótese irrealista, portanto mero pressuposto lógico para desenvolver o conceito de capital". Ela efetivamente existe, executando "fases do movimento mais amplo"[1201] e garantindo uma "camada de sentido" que tanto vela o "sentido profundo do organismo capitalista" como atua enquanto "camada essencial à sobrevivência da essência que esta protege".[1202]

Seguindo a sugestiva definição de Fausto, ela é "o capitalismo com os sinais invertidos". Enquanto momento no qual o que será negado aparece como algo "positivo", a circulação simples expressa

---

1197 BRENTEL, Helmut. *Soziale Form und ökonomisches Objekt*: Studien zum Gegenstands- und Methodenverständnis der Kritik der politischen Ökonomie. Frankfurt am Main: Westdeutscher Verlag, 1989, pp. 188/189 – destaque no original.

1198 ADORNO, Theodor W. *Einleitung in die Soziologie*. Frankfurt am Main: Suhrkamp, 2003, p. 82.

1199 AGS, 10.2, p. 508.

1200 BONEFELD, Werner. *Critical Theory and the Critique of Political Economy*. Nova York/Londres: Bloomsbury, 2014, p. 64.

1201 GRESPAN, Jorge. "A dialética do avesso". *Crítica Marxista*. São Paulo: Boitempo, 2002, p. 45.

1202 OLIVEIRA, Hélio Ázara de. *A circulação simples como epiderme da experiência capitalista*. Curitiba: Prismas, 2016, p. 32.

o significado aparente de todos os atos de compra e venda quando considerados neles mesmos, isto é, "fazendo abstração da cadeia dos atos em que eles se inserem e da finalidade dessa cadeia".[1203] Por isso mesmo, a circulação simples *aparece* como a totalidade da socialização capitalista, como se ela mesma fosse "a" sociedade. Se nela a "alienação universal aparece como apropriação universal e a apropriação universal, como alienação universal",[1204] então:

> Embora a totalidade desse movimento apareça agora como processo social, e ainda que os momentos singulares desse movimento partam dos desejos conscientes e dos fins particulares dos indivíduos, a totalidade desses processos aparece como uma conexão objetiva que emerge de maneira natural e espontânea; totalidade que, sem dúvida, resulta da interação dos indivíduos conscientes, mas que não está em sua consciência nem lhes está subsumida como totalidade. O seu próprio entrechoque produz um poder social *estranho* acima deles; sua própria interação [aparece] como processo e poder independentes deles. A circulação, porque é uma totalidade do processo social, é também a primeira forma em que a relação social não só aparece como algo independente dos indivíduos, por exemplo, em uma peça de dinheiro ou no valor de troca, mas também como a totalidade do próprio movimento social. A relação social dos indivíduos entre si como poder autonomizado sobre os indivíduos, seja representado agora como poder natural, como acaso ou como qualquer outra forma, é o resultado necessário do fato de que o ponto de partida não é o indivíduo social livre. A circulação, como primeira totalidade dentre as categorias econômicas, serve bem para ilustrar esse fato.[1205]

1203 FAUSTO Ruy. *Marx*: Lógica e Política. tomo III. São Paulo: Editora 34, 2002, p. 287.

1204 (MEGA, II.1.1, p. 126) [Marx, 2011, p. 143].

1205 (MEGA, II.1.1, p. 126 – destaque no original) [Marx, 2011, p. 144].

Na circulação simples, a ação dos indivíduos faz emergir um "poder social estranho acima deles", um "poder autonomizado sobre os indivíduos" que pode ser representado por qualquer forma – como, por exemplo, o "Direito", o "Estado". Isso significa que a dimensão social é deslocada para uma instância superior, como se as relações de compra e venda entre os indivíduos fossem essencialmente naturais. Consequentemente, há aqui a redução da socialidade capitalista aos preceitos da teoria liberal, apresentada por Rakowitz como "a contraparte jurídico-política da circulação simples".[1206] [1207] Mais importante ainda, a própria plausibilidade desse deslocamento é posta pela lei de apropriação pelo trabalho próprio e sua troca de equivalentes. Qual seria, finalmente, seu significado?

5.2.2 A lei de apropriação pelo trabalho próprio

Uma vez consideradas as reduções que limitam o alcance explicativo do aparato conceitual de Pachukanis e, por conseguinte, o significado da circulação simples, faz-se necessário compreender a

1206 RAKOWITZ, Nadja. *Einfache Warenproduktion*. Freiburg: Ca ira – Verlag, 2000, p. 158.

1207 Em especial, é o jusnaturalismo quem aparece como padrão do pensamento jurídico nesse momento, algo que pode ser constatado mesmo nas observações de Bobbio acerca do sentido da doutrina dos direitos do homem como fundamento do Estado liberal. Tal como destacado pelo filósofo de Turim, a justificativa racional do Estado liberal é *inversa* de sua compreensão histórica. Apesar de efetivamente surgir de relações sociais conflituosas – derivadas da progressiva erosão do poder absoluto do rei –, "racionalmente o Estado liberal é justificado como o resultado de um acordo entre indivíduos essencialmente livres que convencionam estabelecer os vínculos estreitamente necessários a uma convivência pacífica e duradoura. (...) a doutrina, especialmente a doutrina dos direitos naturais, inverte o andamento do curso histórico, colocando no início, como fundamento e portanto como *prius*, aquilo que historicamente é o resultado, o *posterius*" (BOBBIO, Norberto. *Liberalismo e Democracia*. São Paulo: Edipro, 2017, p. 44). Daí a permanência do "espírito jusnaturalista" mesmo na reprodução sócio-jurídica hodierna, tema a ser retomado no sexto capítulo.

lei de apropriação pelo trabalho próprio e sua troca de equivalentes. Mas antes disso é necessário aprofundar brevemente o sentido de alguns argumentos já apresentados, cujo preciso entendimento ainda dependia do esclarecimento da circulação simples de mercadorias.

Foi destacado como o valor e sua substância – o "trabalho abstrato" – emergiam em um momento bastante específico: a troca entre mercadorias. No primeiro capítulo do Livro I, esses conceitos foram analisados a partir de dois níveis de abstração, quais sejam, a relação de troca e a relação de valor entre mercadorias. Mas naquele momento nada havia sido dito acerca da localização sistemática dessas colocações, isto é, sua relação com a Seção I. Se esta tem como objeto a circulação simples – a "esfera abstrata" do modo de produção capitalista –, então a troca de mercadorias analisada logo no início da crítica da economia política é a manifestação da referida "primeira totalidade".

Isso significa que "valor" e "trabalho abstrato" *são expressões da aparência essencial* da socialização capitalista, os "fundamentos dessa aparência".[1208] Isso permite compreender uma das questões mais discutidas na literatura marxista: qual o estatuto da oposição existente logo nos parágrafos iniciais do Livro I? Marx começa suas reflexões dizendo:

> a riqueza das sociedades onde reina o modo de produção capitalista aparece como uma "monstruosa coleção de mercadorias", e a mercadoria individual como sua forma elementar. Nossa investigação começa, por isso, com a análise da mercadoria.[1209]

1208 FAUSTO, Ruy. *Sentido da dialética*: (Marx: Lógica e Política). tomo I. Petrópolis: Vozes, 2015, p. 261 – destaque no original.

1209 (MEGA, II.6, p. 69) [MEW, 23, p. 49] {Marx, 2013, p. 113}.

No entanto, o próprio capital está ausente da Seção I e, em consequência, a finalidade das interações sociais presente é o valor de uso. Pergunta-se: "como seria possível ter por objeto o capitalismo quando se põe o valor de uso como finalidade?"[1210]

Uma vez que as duas perspectivas se negam mutuamente, estamos diante de uma antinomia. Ela pode ser lida a partir de uma filosofia da identidade, hipótese na qual se afirma existir uma contradição – em sentido negativo, um erro – que precisa ser corrigida. Nestes termos, uma solução desse impasse seria historicizar a Seção I do Livro I, isto é, compreender seu conteúdo nos termos da chamada "produção simples de mercadorias", a já referida leitura historicista da circulação simples. Uma vez afastada esta possibilidade, a referida antinomia pode agora ser resolvida "pela redução da tese e da antítese a 'momentos' em sentido dialético rigoroso".[1211]

Isso impõe a necessidade de dar um encaminhamento à pergunta "a teoria da circulação simples que se encontra na Seção I de *O capital* tem por objeto o capitalismo?" É correto responder afirmativamente, conforme os argumentos desenvolvidos nas páginas anteriores. Ainda assim, é importante atentar para a resposta dada por Fausto a essa questão: "a resposta é sim e não ou antes sim-não: trata-se do capitalismo (tese), mas na forma – *que é dele*, entretanto – do não capitalismo (antítese)".[1212] Trata-se do capitalismo, mas o "não" deve-se à forma de seu aparecimento.

1210 FAUSTO, Ruy. *Dialética marxista, dialética hegeliana*: a produção capitalista como circulação simples. Rio de Janeiro: Paz e Terra; São Paulo: Brasiliense, 1997, p. 25.

1211 FAUSTO, Ruy. *Dialética marxista, dialética hegeliana*: a produção capitalista como circulação simples. Rio de Janeiro: Paz e Terra; São Paulo: Brasiliense, 1997, p. 26.

1212 FAUSTO, Ruy. *Dialética marxista, dialética hegeliana*: a produção capitalista como circulação simples. Rio de Janeiro: Paz e Terra; São Paulo: Brasiliense, 1997, p. 26 – destaque do autor.

A totalidade dos processos que ocorrem na circulação simples – a mera circulação de dinheiro, a compra e venda de mercadorias e a relação entre trabalhador e capitalista – aparece como uma "conexão objetiva" que emerge da interação social. Tal como apresentado por Marx, já nessa esfera abstrata a relação de uns com os outros é posta pelas determinações econômicas.[1213] Este processo, no entanto, cristaliza na consciência dos atores sociais uma lei de apropriação pelo trabalho próprio que, por sua vez, emerge como pressuposto da sociedade. Como e por quais motivos o trabalho aparece como fator de apropriação? Segundo Marx:

> Os sujeitos da troca aparecem primeiramente como *proprietários* de mercadorias. Uma vez que sobre o fundamento da circulação simples existe apenas um método pelo qual alguém se torna proprietário de uma mercadoria, nomeadamente por um novo equivalente, a propriedade da mercadoria, propriedade que *antecede* a troca, isto é, a propriedade da mercadoria que não foi apropriada pela circulação, a propriedade da mercadoria que, pelo contrário, deve primeiramente entrar na circulação, aparece como derivada imediatamente do trabalho de seu proprietário e o trabalho como o modo original de apropriação.[1214]

Uma vez que na circulação simples não há qualquer consideração acerca do processo social de produção de mercadorias, seu surgimento aparece como um *pressuposto*. Daí a sugestiva indicação de que o modo a partir do qual alguém se torna proprietário é algo que ocorre pelas costas da circulação simples. Por isso, "a propriedade fundada no trabalho próprio constitui, no marco da circulação [simples], a base da apropriação do trabalho alheio".[1215]

1213(MEGA, II.2, p. 47).

1214 (MEGA, II.2, p. 47 – destaques no original).

1215(MEGA, II.2, p. 48).

Nessa superfície da sociedade burguesa "só toma aquele que dá, e só dá aquele que toma". No entanto, "para fazer uma coisa ou outra, deve-se ter".[1216] Desse modo, do ponto de vista da circulação simples, a propriedade privada valida não só o trabalho próprio, mas também o trabalho social. Isso é particularmente importante, pois faz emergir uma modulação da ordem social bastante específica:

> *Uma vez pressuposta a lei de apropriação pelo trabalho próprio*, e este é um pressuposto que surge da análise mesmo da circulação, de modo algum um pressuposto arbitrário, se deduz de si mesma a vigência na circulação [simples] de um reino da liberdade e igualdade burguesas fundado nesta lei.[1217]

O reino da liberdade e da igualdade não é apenas uma manifestação da circulação simples, tal como presente no Livro I de *O capital*.[1218] Ele tem seu fundamento na lei de apropriação pelo trabalho próprio. Mesmo aparecendo como condição para a troca, liberdade e igualdade são efetivamente seu resultado, formando o "processo metabólico simples" dessa esfera do modo de produção capitalista. Por mais que este deva estar completamente desenvolvido para que o valor de troca apareça como ponto de partida da socialização, "*do ponto de vista da circulação, porém, essas relações se extinguiram*".[1219]

Isso significa que aquilo que aparece, que *vem-a-ser*, são as próprias determinações da respectiva "esfera abstrata", quais sejam: que (i) o produto é mercadoria e deve ser vendido; que (ii) o produto do trabalho particular é validado como objetivação do trabalho social geral; e que (iii) o dinheiro é a expressão desse processo. Tais

---

1216(MEGA, II.2, p. 48).

1217(MEGA, II.2, pp. 49-50 – destaques no original).

1218(MEGA, II.6, p. 191) [MEW, 23, p. 189] {Marx, 2013a, p. 250}.

1219(MEGA, II.2, p. 52 – destaque no original).

determinações são sugestivamente caracterizadas por Marx como a "mola", a "pulsação da circulação simples".[1220] Pense-se aqui na já discutida relação entre estrutura social e ação. Ainda que a segunda ocorra a partir das determinações formais da primeira, no âmbito da circulação simples a própria sociedade emerge nos termos de uma "existência objetiva" entre os indivíduos. Devendo trocar para satisfazer suas necessidades, o vínculo social aparece como algo externo à própria individualidade, tida como independente e ele mesmo externo à existência social.[1221]

Daí a percepção de que o Estado e o Direito não só se diferenciam da experiência individual,[1222] como se apresentam à representação subjetiva imersa na circulação simples enquanto externalidades que interferem na conduta humana. O *Urtext* retrata bem esse processo:

> Como não estão subsumidos a uma comunidade civil de origem natural, nem se subsumem como seres conscientemente coletivos, [na circulação simples] a comunidade civil deve existir frente aos sujeitos independentes como uma coisa independente, extrínseca, fortuita. Esta é precisamente a condição para que essas pessoas privadas e independentes estejam em uma conexão social.[1223]

Uma vez que a comunidade civil aparece como algo exterior – apesar de estar pressuposta –, o discurso de que a norma jurídica cria a relação jurídica não é apenas um erro do "jurista dogmático".[1224] Trata-se de uma *camada de sentido* derivada da lei de apropriação

---

1220 (MEGA, II.2, p. 53).

1221 (MEGA, II.2, p. 54).

1222 RAKOWITZ, Nadja. *Einfache Warenproduktion*. Freiburg: Ca ira – Verlag, 2000, p. 167.

1223 (MEGA, II.2, p. 54).

1224 PACHUKANIS, Evgeni. *A Teoria Geral do Direito e o marxismo e ensaios escolhidos (1921-1929)*. São Paulo: Sundermann, 2017, p. 113.

da circulação simples de mercadorias. A já referida possiblidade de "fetichizar a norma" não é meramente um problema das Teorias do Direito que se dedicam a isso.[1225] O foco aqui não deve estar na "análise deficiente de certos juristas",[1226] mas nas *pressuposições sociais da descrição que a teoria do direito faz da circulação simples*. Ainda que esta tenha pressupostos, sua experiência os faz emergir como algo independente dela mesma.

Por essa razão, Marx caracteriza a divisão do trabalho social da maneira que ela aparece na circulação simples, isto é, enquanto "reprodução social da individualidade particular",[1227] como a afirmação da diversidade natural dos indivíduos e de suas necessidades enquanto motivo de sua integração social. Este é o contexto a partir do qual as pessoas se reconhecem mutuamente como proprietárias, manifestando a vontade comum entre as partes pelo contrato: "se introduz aqui o *momento jurídico da pessoa* e a liberdade a ela inerente".[1228] [1229]

As consequências desse reconhecimento são particularmente importantes. Na consciência dos sujeitos germinam uma série de representações: (i) cada um dos indivíduos é um fim em si mesmo; (ii) cada um deles é meio para o outro; (iii) a reciprocidade a partir

1225 PACHUKANIS, Evgeni. *A Teoria Geral do Direito e o marxismo e ensaios escolhidos (1921-1929)*. São Paulo: Sundermann, 2017, p. 113.

1226 PACHUKANIS, Evgeni. *A Teoria Geral do Direito e o marxismo e ensaios escolhidos (1921-1929)*. São Paulo: Sundermann, 2017, p. 111.

1227 (MEGA, II.2, p. 56).

1228 (MEGA, II.2, p. 56 – destaque do autor).

1229 Note-se que o "momento jurídico" está mais para a personalidade jurídica – que aparece faticamente como aptidão genérica, isto é, simples – do que para o sujeito de direito que – lido a partir de uma concepção não-fisiológica do trabalho abstrato – se constitui enquanto norma de validação social (BARREIRA, César Mortari. "A sujeição ao direito: elementos para uma releitura do 'sujeito de direito' em Pachukanis". *In*: CUNHA, José Ricardo (Coord.). *Teorias Críticas e Crítica do Direito*. vol. I. Rio de Janeiro: Lumen Juris, 2020).

da qual cada um se apresenta simultaneamente como meio e fim é uma reciprocidade pressuposta como condição natural da troca; (iv) a satisfação do interesse individual é a realização do interesse comum; e, assim, (v) o interesse comum, conteúdo do ato global da troca, é um reflexo dos interesses individuais. Segundo Marx:

> Com isso, por fim, se realiza a liberdade plena do sujeito. Transação voluntária; violência em nenhuma parte; inversão em meio para o outro somente como meio para si mesmo ou fim em si mesmo; por último, a consciência de que o interesse geral ou comum é, precisamente, a universalidade do interesse egoísta.[1230]

A análise da lei de apropriação pelo trabalho próprio da circulação simples é, ao mesmo tempo, uma descrição das condições de possibilidade da teoria política de Locke e da crítica da razão prática de Kant.[1231] O objetivo de Marx é, assim, demonstrar de que modo o interesse privado – e sua correspondente ação – possui uma dimensão social específica cuja existência só se dá no interior de uma sociedade historicamente determinada. Trata-se, sem dúvidas, da liberdade do interesse privado, "mas o seu conteúdo, tal como a forma e meios de realização, são dados por condições independentes de todos".[1232]

A elaboração conceitual marxiana não se restringe à liberdade. Uma vez que a circulação constitui a realização da liberdade individual – e que seus processos têm como parâmetro a "forma jurídica"[1233] –, ela também realiza a igualdade social: "como sujeitos

---

1230 (MEGA, II.2, pp. 56-57).

1231 RAKOWITZ, Nadja. *Einfache Warenproduktion*. Freiburg: Ca ira – Verlag, 2000, p. 156.

1232 RAKOWITZ, Nadja. *Einfache Warenproduktion*. Freiburg: Ca ira – Verlag, 2000, p. 159.

1233 (MEGA, II.2, p. 57).

da circulação são acima de tudo *sujeitos que trocam* (...). Enquanto tais não são somente iguais: entre eles nem sequer existe uma diferença".[1234] [1235] É a partir desse raciocínio que a liberdade e a igualdade estão amalgamadas à circulação simples. Mas não se trata apenas de uma junção, já que uma questão particularmente importante para os propósitos deste livro é enfatizada:

> O processo de troca de valor desenvolvido na circulação, portanto, não só respeita a liberdade e a igualdade; mas elas são seus produtos; ele é a base real delas. Como ideias puras, [a liberdade e a igualdade] são expressões idealizadas de seus vários momentos; como desenvolvidas nas relações

1234 (MEGA, II.2, p. 57 – destaque no original).

1235 Essa igualdade plena é posta na condição de sujeitos da circulação. Na verdade, a igualdade – mesmo a jurídica – só pode se desenvolver após a *posição* do dinheiro. É este quem efetivamente iguala as pessoas. Daí a importância de se atentar para o dinheiro como *matéria universal dos contratos*: "no próprio dinheiro como dinheiro circulante, dinheiro que ora aparece em uma mão, ora em outra, e que é indiferente frente a essa manifestação, a igualdade se põe inclusive de maneira objetiva. (...). Como o dinheiro aparece aqui como material, como mercadoria universal dos contratos, toda diferença entre os contratantes é, ao contrário, apagada" (MEGA, II.1.1, p. 168) [Marx, 2011, p. 189]. Esta é uma delimitação bastante importante para afastar o discurso de que qualquer pessoa seria automaticamente "sujeito de direito", e que este estaria prioritariamente vinculado à forma-mercadoria, e não ao dinheiro: "somente com o pleno desenvolvimento das relações burguesas o direito adquire um caráter abstrato. *Cada homem torna-se um homem em geral, cada trabalho resume-se a trabalho socialmente útil em geral, cada sujeito torna-se um sujeito jurídico abstrato*" (PACHUKANIS, Evgeni. *A Teoria Geral do Direito e o marxismo e ensaios escolhidos (1921-1929)*. São Paulo: Sundermann, 2017, pp. 149-150 – destaque do autor). Assim como nem todo trabalho é validado como trabalho abstrato – compreensão que exige a ruptura com sua leitura fisiológica –, a validação de uma pessoa como sujeito de direito é o resultado de um processo social no qual atuam opressões de raça, gênero, sexualidade, cidadania etc.

> jurídicas, políticas e sociais, elas são apenas reproduzidas em outras potências.[1236]

É sintomática a caracterização do desenvolvimento dessa "potência", isto é, o desenvolvimento das relações jurídicas, como o "Direito da sociedade burguesa", "Direito da sociedade industrial".[1237] Deve-se observar, no entanto, que no plano da circulação simples – isto é, no momento da posição da forma jurídica –, essas relações ainda não estão desenvolvidas, já que aqui os atos de compra e venda são considerados em si mesmos, "fazendo abstração da cadeia dos atos em que eles se inserem e da finalidade dessa cadeia",[1238] isto é, como se a gênese das relações sociais tivesse como ponto de partida a troca de equivalentes ocorrida no mercado.

A circulação simples e sua lei de apropriação pelo trabalho próprio fazem emergir uma camada de sentido para toda e qualquer pessoa: ao simplesmente circular dinheiro para a compra e venda de mercadorias ou estabelecer um contrato entre trabalhador e capitalista, essa "esfera abstrata" do modo de produção capitalista enseja três fundamentos sucessivos: (i) a apropriação e, com ela, o acesso ao dinheiro se dá pelo trabalho próprio; (ii) a troca de equivalentes constitui a mediação social genuína; e (iii) a satisfação das necessidades ocorre em função do imbricamento entre interesse individual e comum.

Esta "ofuscante epiderme da experiência capitalista"[1239] expressa um mundo particularmente afeito ao bloqueio de toda e qualquer contradição. Por isso, no *Urtext* já é possível encontrar a seguinte advertência:

1236 (MEGA, II.2, p. 60).

1237 (MEGA, II.2, p. 60).

1238 FAUSTO Ruy. *Marx*: Lógica e Política. tomo III. São Paulo: Editora 34, 2002, p. 287.

1239 OLIVEIRA, Hélio Ázara de. *A circulação simples como epiderme da experiência capitalista*. Curitiba: Prismas, 2016, p. 53.

> O sistema do valor de troca, e ainda mais o sistema monetário, são na realidade o sistema da liberdade e da igualdade. No entanto, as contradições que aparecem em um desenvolvimento mais profundo são contradições imanentes, implicações dessa mesma propriedade, liberdade e igualdade, que ocasionalmente se convertem em seu contrário.[1240]

Na circulação simples a conexão social aparece nos termos de uma *objetividade externa*, como se a própria dimensão social fosse necessária apenas na medida em que atua como mediação da satisfação mútua das necessidades existenciais. A forma jurídica – explicitamente destacada por Marx – é, aqui, *expressão* da lei de apropriação pelo trabalho próprio. Assim como o desenvolvimento das relações jurídicas reproduz a liberdade e a igualdade em outra potência, o desenvolvimento "mais profundo" das determinações subjacentes ao "valor de troca" traz contradições que "ocasionalmente" fazem com que as mesmas liberdade e igualdade se invertam em seus contrários. Apesar de no *Urtext* isso aparecer nos termos de uma possibilidade, nos *Grundrisse* o teor do argumento já é diferente:

> Na circulação simples enquanto tal (no valor de troca em seu movimento), a ação recíproca dos indivíduos é, quanto ao conteúdo, somente satisfação mútua e interessada de suas necessidades e, quanto à forma, trocar, pôr como igual (equivalentes), de modo que a propriedade também é posta aqui somente como apropriação do produto do trabalho mediante o trabalho e o produto do trabalho alheio mediante o trabalho próprio, na medida em que o produto do próprio trabalho é comprado mediante o trabalho alheio. A propriedade do trabalho alheio é mediada pelo equivalente do trabalho próprio. Essa forma da propriedade – assim como a igualdade e a liberdade – está posta nessa relação simples. Isso se modifica no ulterior desenvolvimento do valor de troca e revelará, enfim, que a propriedade privada

1240(MEGA, II.2, p. 61).

> do produto do próprio trabalho é idêntica à separação entre trabalho e propriedade.[1241]

Em resumo: uma vez exposto o significado da circulação simples como a aparência necessária do modo de produção capitalista – a "esfera abstrata" na qual tanto circula dinheiro para a compra e venda de mercadorias como se relacionam capitalista e trabalhador –, as reflexões apresentadas nas últimas páginas destrincharam o significado de sua lei de apropriação. Longe de exprimir qualquer "lei fundamental" pré-capitalista, tal como encontrado em Pachukanis, as determinações que emergem da apropriação pelo trabalho próprio cristalizam uma camada de sentido da experiência capitalista de vital importância para a compreensão da crítica da economia política.

Nesse momento já é possível notar como a lei de apropriação pelo trabalho próprio possui ela mesma uma "zona de sombra"[1242] que, no entanto, não se manifesta na circulação simples. A apresentação dialética categorial é a responsável por colocar como posto aquilo que estava pressuposto e, neste movimento, revelar que a significação completa da lei de apropriação pelo trabalho próprio não esclarece seu sentido, mas o nega para, posteriormente, repô-lo e aprofundá-lo, um processo com consequências profundas para a reprodução sócio-jurídica capitalista.

1241 (MEGA, II.1.1, p. 160) [Marx, 2011, p. 181].

1242 FAUSTO, Ruy. *Marx*: Lógica e Política. tomo II. São Paulo: Brasiliense, 1987, p. 149.

CAPÍTULO VI

DINÂMICAS DA REPRODUÇÃO SÓCIO-JURÍDICA CAPITALISTA

O capítulo anterior destacou alguns limites da abordagem desenvolvida por Pachukanis em *A Teoria Geral do Direito e o marxismo*. Uma vez expostas duas reduções de seu alcance explicativo – a influência da leitura histórica das categorias marxianas e a tentativa de "dedução" de *O capital* levando-se em conta apenas a *Introdução* de 1857 –, as reflexões apresentadas aprofundaram o significado da circulação simples e sua lei de apropriação para a compreensão da crítica da economia política. Desse modo, não só se estabeleceu o sentido da "esfera abstrata" do modo de produção capitalista e sua lei de apropriação, como o próprio sentido da crítica da economia política mostrou-se atravessado por uma conexão bastante particular.

Além de expressar um desenvolvimento conceitual, a apresentação categorial em sua totalidade revela que os elementos tidos como condições do capital – tais como aparecem no início da exposição do Livro I – são, também, seu produto. Uma vez mais, é o texto *Resultados do processo imediato de produção* que merece destaque. A partir dele é possível dizer, por exemplo, que a relação originária da venda da força de trabalho entre o trabalhador e o capitalista é a "condição necessária" do processo de produção. Mas "essa primeira relação, na qual cada um confronta o outro aparentemente em condições de igualdade como proprietário de uma mercadoria, (...) é também o seu resultado e produto".[1243] Por isso, ao retomar a análise do trabalho abstrato nesse mesmo texto, Marx diz que a distinção entre trabalho concreto e abstrato agora "nos confronta *ativamente*. Não somos nós que a fazemos, mas ela é feita no próprio processo de produção".[1244]

Se não há dúvidas de que essa compreensão é particularmente importante para o entendimento da Seção I do Livro I, também é certo que ela traz consequências para o arcabouço teórico pachukaniano. Pense-se, por exemplo, no já mencionado argumento de que "a *gênese* da forma jurídica deve ser buscada nas relações de troca".[1245] Ainda que esta interpretação possa ter validade em uma análise das origens do capitalismo,[1246] a investigação do movimento que atravessa a exposição da crítica da economia política demonstra que ela não é satisfatória.

O argumento de Pachukanis de que a norma não gera a relação jurídica não está equivocado, como destacado. Mas há no jurista

---

1243 (MEGA, II.4.1, p. 65).

1244 (MEGA, II.4.1, p. 67 – destaque no original).

1245 PACHUKANIS, Evgeni. *A Teoria Geral do Direito e o marxismo e ensaios escolhidos (1921-1929)*. São Paulo: Sundermann, 2017, p. 62 — destaque do autor.

1246 Como aponta Milios, o estudo histórico – ainda que formulado em um nível de abstração distinto da crítica da economia política em sua "média ideal" – é particularmente importante para a própria compreensão do capitalismo (MILIOS, John. *The origins of capitalism as a social system*. Londres/Nova York: Routledge, 2018, p. 12). Note-se, no entanto, que não há em Pachukanis um estudo aprofundado dessa temática e sua possível contribuição para a crítica marxista do direito. Pelo contrário, o que se encontra em *A Teoria Geral do Direito e o marxismo* é a repetição do argumento de que os "conceitos fundamentais" *refletem* o "processo histórico real" (PACHUKANIS, Evgeni. *A Teoria Geral do Direito e o marxismo e ensaios escolhidos (1921-1929)*. São Paulo: Sundermann, 2017, pp. 81, 91/92 e 95/96).

russo uma *confusão* entre distintos níveis de abstração, tal como encontrado em Marx. Pode-se muito bem dizer que "na realidade material, a relação tem primazia sobre a norma",[1247] ou "a relação econômica em seu movimento real torna-se fonte da relação jurídica".[1248] No entanto, essas referências não permitem compreender *como* a reprodução sócio-jurídica se manifesta. Seria possível reduzi-la à forma jurídica?

A questão é saber até que ponto ela pode ser identificada, por exemplo, com a sugestiva indicação de Marx de que "com a evolução das necessidades de desenvolvimento econômico e social, o 'direito positivo' pode e deve alternar suas determinações".[1249] Esta passagem antecipa que as premissas da "estrutura jurídica" estão "arraigadas nas relações materiais, ou seja, de produção".[1250] Ainda assim, o fato de que a reprodução jurídica seja definida como "direito positivo" e não "forma jurídica" é particularmente importante para se estabelecer uma diferença entre ambos.

A relação jurídica posta na Seção I do Livro I apenas aparentemente tem como "sujeito" as relações de troca. Ainda que efetivamente seja a acumulação de capital que estabeleça essas determinações, a forma de aparecimento dessa posição se dá a partir da lei de apropriação pelo trabalho próprio, tal como esta se manifesta na circulação simples de mercadorias. As "relações jurídicas" são as responsáveis por potencializar a igualdade e a liberdade enquanto

1247 PACHUKANIS, Evgeni. *A Teoria Geral do Direito e o marxismo e ensaios escolhidos (1921-1929)*. São Paulo: Sundermann, 2017, p. 1[illegible]3

1248 PACHUKANIS, Evgeni. *A Teoria Geral do Direito e o marxismo e ensaios escolhidos (1921-1929)*. São Paulo: Sundermann, 2017, p. 120.

1249 (MEGA, II.4.2, p. 669, n. 1) [MEW, 25, p. 629, n. 26] {Marx, 2017, p. 677, n. 26}.

1250 PACHUKANIS, Evgeni. *A Teoria Geral do Direito e o marxismo e ensaios escolhidos (1921-1929)*. São Paulo: Sundermann, 2017, p. 121.

expressões idealizadas dessa esfera abstrata do modo de produção capitalista.[1251] Daí a explícita referência de Marx:

> Se a circulação [simples] é em todos os aspectos uma realização da liberdade individual, seu processo enquanto tal – já que as relações da liberdade não dizem respeito diretamente às determinações formais econômicas da troca, mas referem-se a sua forma jurídica ou dizem respeito ao conteúdo (os valores de uso ou as necessidades enquanto tal) –, isto é, seu processo considerado em suas determinações formais econômicas, constitui a realização completa da igualdade social.[1252]

Essa passagem do *Urtext* expressa uma distinção importante. A "forma jurídica" está relacionada às "relações de liberdade" nas quais operam os valores de uso ou necessidades dos indivíduos, isto é, ela é posta em decorrência da lei de apropriação pelo trabalho próprio. Marx diferencia essa análise daquela em que a circulação simples é apreendida nos termos do "processo enquanto tal", momento no qual operam as "determinações formais econômicas". Como destacado no terceiro capítulo do presente livro, esta demarcação está em consonância com a posterior diferenciação entre os níveis de abstração dos primeiros capítulos do Livro I. No primeiro – "A mercadoria" –, a análise da forma-valor tem como referência as relações de troca e de valor entre mercadorias, ocasião das assim chamadas "determinações formais econômicas". No segundo – "O processo de troca" –, o nível de abstração já não são as determinações formais em si, mas a ação social dos indivíduos que nelas atuam, isto é, o processo de troca no qual aparecem pela primeira vez os portadores das mercadorias.

1251 (MEGA, II.2, p. 60).

1252 (MEGA, II.2, p. 57).

Essa diferenciação possibilita compreender o componente jurídico subjacente a *O capital* enquanto "articulações dialéticas".[1253] Como será destacado, apesar de ser um produto da sociedade moderna – e, neste sentido, o resultado do processo de acumulação do capital –, na Seção I do Livro I a "forma jurídica" é apresentada no momento da identidade entre os participantes da troca, como manifestação de seus desígnios, de tal modo que o direito de propriedade aparece fundado no trabalho próprio, isto é, como expressão da troca de equivalentes.

A não-identidade entre as classes na Seção VII do Livro I nega a liberdade e a igualdade cristalizadas pela experiência do capitalista e do trabalhador. Longe de significar uma expansão do "Éden dos direitos inatos do homem", a reprodução sócio-jurídica posta no momento da reprodução ampliada do capital congelará essa "potência". Daí a caracterização da igual relação de troca – antes afirmada – como "mera aparência", "mera forma" que mistifica seu conteúdo.

Por sua vez, a Seção V dos manuscritos do Livro III não só repõe a troca de equivalentes e, com ela, o brilho da igualdade e da liberdade burguesas que fundamentam a circulação simples. Ela aprofunda esse significado por meio de uma sucessão de formas jurídicas, a já referida acumulação de direitos sobre a produção amalgamada à expansão e aprofundamento do capital portador de juros.[1254]

1253 (MEW, 31, p. 132).

1254 Fazer emergir os sentidos *sociais* da reprodução sócio-jurídica é um bom modo de questionar os "procedimentos da Jurisprudência", notadamente no âmbito do positivismo jurídico, no qual os conceitos adquirem independência frente ao material a que se aplicam. Daí o comentário de Adorno: "minha dificuldade na compreensão do pensamento jurídico sempre residiu – para dizer de modo simples – nesse ponto, de que aqui os sistemas conceituais, que são teses cogitadas e elaboradas em um sentido bem palpável, se dispuseram no lugar das relações reais e das condições das decisões" (ADORNO, Theodor W. *Einleitung in die Soziologie*. Frankfurt am Main: Suhrkamp, 2003, p. 203).

Uma vez que em Pachukanis não há uma diferenciação nem entre os distintos níveis de abstrações que atravessam *O capital* em sua "média ideal", nem entre esta e sua manifestação histórica nas sociedades capitalistas, não é de se estranhar que a compreensão dessas ressignificações da troca de equivalentes e suas representações jurídicas estejam ausentes em *A Teoria Geral do Direito e o marxismo*. Por isso, o último capítulo do presente livro apresenta: (i) o movimento de negação, reposição e aprofundamento da troca de equivalentes; e, a partir dele, (ii) alguns sentidos da legalidade e seus distintos níveis de abstração.[1255] Essas análises permitem uma sistematização inicial do estudo da reprodução sócio-jurídica capitalista em suas mais variadas manifestações e fundamentam uma teoria monetária do direito.

6.1 Negação, reposição e aprofundamento da troca de equivalentes

Apesar das insuficiências conceituais de Pachukanis destacadas, seria possível dizer que a forma jurídica é o "inevitável reflexo" da relação de possuidores de mercadorias.[1256] Ou, então, que "a relação jurídica entre os sujeitos é apenas o outro lado da relação entre os produtos do trabalho que se tornaram mercadorias".[1257] Ou ainda,

---

1255 A escolha pelo estudo das variações jurídicas decorrentes das diversas manifestações da troca de equivalentes se dá pela importância que tal temática assume para Pachukanis. Isso não significa, no entanto, que não seja possível analisar a reprodução sócio-jurídica a partir de outros prismas, mesmo no interior da crítica da economia política. Pense-se, por exemplo, no estudo da legalidade subjacente ao Livro II, algo desconsiderado não só por Pachukanis, mas também – e em consequência do primeiro aspecto – em grande parte da literatura marxista.

1256 PACHUKANIS, Evgeni. *A Teoria Geral do Direito e o marxismo e ensaios escolhidos (1921-1929)*. São Paulo: Sundermann, 2017, p. 107.

1257 PACHUKANIS, Evgeni. *A Teoria Geral do Direito e o marxismo e ensaios escolhidos (1921-1929)*. São Paulo: Sundermann, 2017, p. 111.

que a forma jurídica "surge numa sociedade composta de portadores isolados de interesses privados e egoístas".[1258]

No entanto, diante das reflexões apresentadas no capítulo anterior, seria a consagrada aproximação entre "forma do direito" e "forma da mercadoria" igualmente acertada?[1259] Como compatibilizar essa premissa com o argumento de que a forma da mercadoria gera a forma jurídica?[1260] Seria razoável dizer que "uma vez dada a forma da relação de equivalentes, está dada a forma do direito"?[1261] Após a exposição do significado da circulação simples, como sustentar que "a causa real da superestrutura jurídica" é "a oposição entre interesses privados",[1262] ou que "a relação econômica em seu movimento real torna-se fonte da relação jurídica, que nasce pela primeira vez no momento do litígio"[1263] e, consequentemente, que "a relação jurídica não só nos oferece o direito em seu movimento real, mas também desvela as particularidades mais características do direito como categoria lógica"?[1264]

Por trás dessas perguntas manifestam-se todas as limitações decorrentes da leitura histórica da circulação simples. Pachukanis a vê como uma espécie de marco zero da reprodução sócio-jurídica capitalista, no sentido de que "a *gênese* da forma jurídica deve ser

1258 PACHUKANIS, Evgeni. *A Teoria Geral do Direito e o marxismo e ensaios escolhidos (1921-1929)*. São Paulo: Sundermann, 2017, p. 131.

1259 PACHUKANIS, Evgeni. *A Teoria Geral do Direito e o marxismo e ensaios escolhidos (1921-1929)*. São Paulo: Sundermann, 2017, p. 56.

1260 PACHUKANIS, Evgeni. *A Teoria Geral do Direito e o marxismo e ensaios escolhidos (1921-1929)*. São Paulo: Sundermann, 2017, p. 111.

1261 PACHUKANIS, Evgeni. *A Teoria Geral do Direito e o marxismo e ensaios escolhidos (1921-1929)*. São Paulo: Sundermann, 2017, p. 85.

1262 PACHUKANIS, Evgeni. *A Teoria Geral do Direito e o marxismo e ensaios escolhidos (1921-1929)*. São Paulo: Sundermann, 2017, p. 106.

1263 PACHUKANIS, Evgeni. *A Teoria Geral do Direito e o marxismo e ensaios escolhidos (1921-1929)*. São Paulo: Sundermann, 2017, p. 120.

1264 PACHUKANIS, Evgeni. *A Teoria Geral do Direito e o marxismo e ensaios escolhidos (1921-1929)*. São Paulo: Sundermann, 2017, p. 128.

buscada nas relações de troca".[1265] Por isso ele não têm dificuldades em afirmar que, segundo Marx, a condição fundamental da existência da forma jurídica está no princípio da troca de equivalentes.

A partir desse raciocínio Pachukanis extrai um argumento particularmente importante, aqui retomado: "a sociedade que, pelo estado de suas forças produtivas, é obrigada a manter a relação de equivalentes (...) *será obrigada* a manter também a forma jurídica".[1266] Mas se a troca de equivalentes é negada ainda no Livro I, e depois reposta e aprofundada no Livro III a partir de novas determinações, até que ponto pode-se falar de uma *manutenção* da forma jurídica?[1267]

Uma resposta satisfatória a essa pergunta deve destacar de imediato que a camada de sentido da circulação simples não desaparece no movimento de concreção categorial de *O capital*. Pelo contrário, inicialmente pode-se dizer que suas determinações contam "com um *mundo* e com uma *linguagem* que lhe são próprias, contam igualmente com um 'saber', saber este que recebe, dentro de tais limites, a 'chancela' de verdade".[1268] Aparecendo como "a" totalidade social, a circulação simples tem no valor sua objetividade

---

1265 PACHUKANIS, Evgeni. *A Teoria Geral do Direito e o marxismo e ensaios escolhidos (1921-1929)*. São Paulo: Sundermann, 2017, p. 62 – destaque do autor.

1266 PACHUKANIS, Evgeni. *A Teoria Geral do Direito e o marxismo e ensaios escolhidos (1921-1929)*. São Paulo: Sundermann, 2017, pp. 85/86 – destaque do autor.

1267 Note-se que essa pergunta não se restringe à observância da troca de equivalentes *apenas* na sociedade capitalista. Ainda que não seja possível desenvolver essa temática neste livro, é oportuno lembrar que na sociedade comunista "não como ela se *desenvolveu* a partir de suas próprias bases, mas, ao contrário, como ela acaba de *sair* da sociedade capitalista" (MEGA, I.25, p. 13), nela também estará presente o princípio da troca de equivalentes.

1268 OLIVEIRA, Hélio Ázara de. *A circulação simples como epiderme da experiência capitalista*. Curitiba: Prismas, 2016, p. 50 – destaque no original.

fantasmagórica, seu "centro de certeza".[1269] Mas não só, já que nela opera sua lei de apropriação com suas determinações subjacentes, quais sejam, o acesso ao dinheiro pelo trabalho próprio, troca de equivalentes e satisfação de necessidades enquanto amálgama do interesse privado e comum. São elas que fazem emergir a percepção de que o trabalhador se encontra como igual frente ao capitalista, uma "ilusão de sua parte e, em certo grau, da outra parte".[1270] Isso ocorre porque:

> O trabalhador se encontra, portanto, unicamente na relação da circulação simples, da troca simples, e só recebe *moeda* por seu valor de uso (...). O importante é que – e [isso] intervém na determinação da própria relação –, como o

---

1269 Na economia política clássica – mas também em muitos marxistas –, o valor é visto como a pedra de toque essencial da sociedade moderna, algo bastante próximo do termo apresentado por Gonçalves, no qual o "centro de certeza" aparece como "princípio de representação e de fundamento universal da sociedade, destinado à produção de segurança, ao controle das possibilidades sociais e à repressão da contingência" (GONÇALVES, Guilherme Leite. *Direito entre certeza e incerteza*. São Paulo: Saraiva, 2013, p. 21). Por isso mesmo, apesar de Marx iniciar a crítica da economia política pela aparência essencial do modo de produção capitalista – a circulação simples e o valor como seu "centro de certeza" –, é sintomática a interpretação de *O capital* apresentada por Postone. Ainda que particularmente preocupado com uma crítica categorial imanente, Postone chega a sustentar que "*enquanto a análise de valor de Marx no Livro I é a análise da essência do capitalismo*, sua análise do preço no Livro III examina como essa essência aparece na 'superfície da sociedade'" (POSTONE, Moishe. *Tempo, trabalho e dominação social*: uma reinterpretação da teoria crítica de Marx. São Paulo: Boitempo, 2014, p. 159 – destaque do autor). É sem dúvida correto dizer que a análise dos manuscritos do Livro III trata da "superfície da sociedade", mas isso apenas enquanto "volta" desta superfície após a posição do capital. A superfície "inicial" – a circulação simples –, que aparece como condição do capital, é enfim retomada como produto do capital, em um movimento que aprofunda a mistificação inicial – o valor das mercadorias – pelo enriquecimento das determinações formais, notadamente pela posição do capital portador de juros.

1270 (MEGA, II.1.1, p. 207) (Marx, 2011, p. 222).

> dinheiro é produto de sua troca, a riqueza universal como ilusão o incita; o faz industrioso. Ao mesmo tempo, abre-se, com isso, e não só formalmente, um espaço para o arbítrio, para a efetiva[ção].[1271]

Aqui se vê de modo particularmente claro como o dinheiro enquanto moeda constitui uma mediação social não só do arbítrio e da intersubjetividade – e, consequentemente, de suas formulações teóricas –, mas também do caráter externo e independente da comunidade civil. Ou seja, trata-se do "mundo da circulação simples", o "mundo da aparência e da identidade que oculta a contradição".[1272]

Esse mundo é responsável por cristalizar representações da ordem social que, apesar de parecerem naturais, "são formas de pensamento socialmente válidas e, portanto, objetivas".[1273] Ainda assim, como já destacado, o objetivo que norteia a crítica da economia política é justamente desconstruir essa aparência: "toda ciência seria supérflua se a forma de manifestação e a essência das coisas coincidissem imediatamente".[1274]

Se o sentido dessa esfera abstrata é negado – conforme argumentos até aqui apenas mencionados, mas não desenvolvidos –, essa negação é posta em outro nível de abstração. Este é um deslocamento importante para a compreensão da reprodução sócio-jurídica do modo de produção capitalista. Apesar desse descompasso entre significados ser explicitamente considerado na Seção VII do Livro I, ele já era abordado nos *Grundrisse*. Nele Marx repreende Smith por não compreender que o capital não é apenas comando sobre trabalho alheio, "mas é o poder de se apropriar do trabalho alheio

---

1271 (MEGA, II.1.1, p. 211 – destaque no original) (Marx, 2011, p. 227).

1272 OLIVEIRA, Hélio Ázara de. *A circulação simples como epiderme da experiência capitalista*. Curitiba: Prismas, 2016, p. 46.

1273 (MEGA, II.6, p. 106) [MEW, 23, p. 90] {Marx, 2013a, p. 151}.

1274 (MEGA, II.4.2, p. 721) [MEW, 25, p. 825] {Marx, 2017, p. 880}.

sem troca, sem equivalente, mas com a aparência de troca".[1275] Ao enfatizar que o lucro nada mais é do que uma forma derivada do mais-valor, "forma burguesa na qual estão apagados os vestígios de sua origem",[1276] Marx também discute como Ricardo jamais compreendeu essa questão:

> Tal compreensão o teria obrigado a ver que entre capital e trabalho tem lugar uma relação completamente diferente da relação de troca; e ele não pôde compreender que o sistema burguês dos equivalentes se converte em apropriação sem equivalente e nela se baseia.[1277]

É em *O capital* que essas críticas adquirem sistematicidade. Essa inversão não ocorre de uma vez, de modo repentino. Após caracterizar os fundamentos da circulação simples, na circulação do capital já é possível observar uma mudança de registro. Isso está intimamente relacionado ao parágrafo anterior ao início da Seção III, significativamente intitulada "a produção do mais-valor absoluto". Lá Marx explicitamente destaca:

> Ao abandonarmos essa esfera da circulação simples ou da troca de mercadorias, de onde o livre-cambista *vulgaris* [vulgar] extrai noções, conceitos e parâmetros para julgar a sociedade do capital e do trabalho assalariado, já podemos perceber uma certa transformação, ao que parece, na fisionomia de nossas *dramatis personae* [personagens teatrais]. O antigo possuidor de dinheiro se apresenta agora como capitalista, e o possuidor de força de trabalho, como seu trabalhador. O primeiro, com um ar de importância, confiante e ávido por negócios; o segundo, tímido e hesitante,

---

1275 (MEGA, II.1.2, p. 448 – destaque no original) [Marx, 2011, p. 455].

1276 (MEGA, II.1.2, p. 485) [Marx, 2011, p. 495].

1277 (MEGA, II.1.2, p. 486) [Marx, 2011, p. 495].

> como alguém que trouxe sua própria pele ao mercado e, agora, não tem mais nada a esperar além da... despela.[1278]

Antes dessa mudança de fisionomia, Marx considera D-M-D' tanto uma negação da satisfação das necessidades como uma das características da socialização capitalista. Se em M-D-M o conteúdo do movimento está na variação qualitativa das matérias, algo bastante diferente ocorre em D-M-D, em que a única maneira de diferenciar o dinheiro do dinheiro passa pela medida de sua grandeza. Por isso, o conteúdo deste movimento implica uma variação quantitativa: D-M-D'. Mas aqui ainda não há qualquer indício de que a troca de equivalentes seja desrespeitada. Este último aspecto, na verdade, é explicitamente destacado por Marx na análise do processo de valorização, na Seção III do Livro I: "Todas as condições do problema [do processo de valorização] foram satisfeitas, sem que tenha ocorrido qualquer violação das leis da troca de mercadorias. Trocou-se equivalente por equivalente".[1279]

Essas análises partem da relação entre capitalista e trabalhador, isto é, elas se movimentam a partir da *relação individual entre as partes*, ainda sem levar em consideração as voltas que caracterizam o processo de reprodução ampliada. Essa diferença é importante para compreender o nível de abstração a partir do qual se coloca a inversão da lei de apropriação pelo trabalho próprio em lei de apropriação capitalista. É exatamente para isso que Marx chama atenção logo no início da Seção VII, na qual pela primeira vez se analisa o processo de acumulação do capital. Note-se, no entanto, que não se trata da acumulação em si, tal como ela seria observável na realidade efetiva. Segundo Marx, o objeto de estudo aqui é a "acumulação

---

1278 (MEGA, II.6, pp. 191-192) [MEW, 23, pp. 190-191] {Marx, 2013a, p. 251}.

1279 (MEGA, II.6, p. 207) [MEW, 23, p. 209] {Marx, 2013a, p. 271}.

abstratamente, isto é, como mero momento do processo *imediato* de produção".[1280] [1281]

Essa delimitação conecta "produção" e "reprodução" de modo mais preciso: "considerado do ponto de vista de uma interdependência contínua e do fluxo contínuo de sua renovação, todo processo social de produção é simultaneamente processo de reprodução".[1282] Ou seja: ainda que o processo de produção ocorra na mesma escala – este é o significado de "reprodução simples" –, a mera repetição ou continuidade já "imprime ao processo certas características novas ou, antes, *dissolve as características aparentes* que ele ostentava quando transcorria de maneira isolada".[1283]

A novidade manifesta-se quando se atenta que, no processo de repetição da produção, mesmo a compra da força de trabalho sendo constantemente renovada, o trabalhador só é pago depois de sua força de trabalho ser utilizada pelo capitalista. O trabalhador "produz" não só o mais-valor, mas também "o fundo de seu próprio

1280 (MEGA, II.6, p. 522 – destaque do autor) [MEW, 23, p. 590] {Marx, 2013a, p. 640}.

1281 Essa preocupação acerca da delimitação dos níveis de abstração também traz impactos políticos. Pense-se, por exemplo, no chamado "marxismo vulgar", cuja apreensão de *O capital* fica restrita ao nível da produção abstrata, isto é, refém do Livro I. Como destaca Gerstein, "em particular, ao focar nesse aspecto de exploração que ocorre no nível do capitalista individual versus trabalhador individual (ou trabalhador coletivo em toda a fábrica) ele [o "marxismo vulgar"] não pode explicar estruturas tão básicas como, por exemplo, o Estado, imperialismo, fascismo, pois tudo isso requer uma compreensão do modo de produção capitalista como um todo. Além disso, e pelos mesmos motivos, por permanecer no nível abstrato de produção é impossível construir uma teoria científica de consumo ou ideologia" (GERSTEIN, Ira. "Production, circulation and value: the significance of the 'transformation problem' in Marx's Critique of Political Economy". *Economy and Society*, vol. 5, 3, 1976, p. 257).

1282 (MEGA, II.6, p. 523) [MEW, 23, p. 591] {Marx, 2013a, p. 641}.

1283 (MEGA, II.6, p. 524 – destaque do autor) [MEW, 23, p. 592] {Marx, 2013a, p. 642}.

pagamento, o capital variável, antes que este lhe retorne sob a forma de salário".[1284] Essa é a razão pela qual os economistas sustentam que o salário é uma participação no próprio produto. Mas esse refluxo nada mais é do que parte daquilo que foi (re)produzido pelo próprio trabalhador. Por isso, Marx defende que o trabalho de hoje, da semana, do semestre, é pago pelo trabalho de ontem, da semana passada, do semestre passado. Ora, o dinheiro é o responsável por ocultar o conteúdo desse pagamento. No entanto – e isso é fundamental –, "a ilusão gerada pela forma-dinheiro [manifestada no salário] desaparece de imediato assim que consideremos não o capitalista e o trabalhador individuais, *mas a classe capitalista e a classe trabalhadora*".[1285] [1286]

Considerado no fluxo constante de sua renovação, o capital variável – uma categoria que inicialmente também aparecia como algo definitivo – perde o significado de um valor adiantado do fundo próprio do capitalista. Por mais que a representação do capitalista individual – "preso" à camada de sentido da circulação simples – lhe diga o contrário, o valor do capital adiantado anualmente, dividido pelo mais-valor anualmente consumido, "resulta no número de anos ou de períodos de reprodução ao término dos quais o capital originalmente adiantado foi consumido pelo capitalista e, portanto, *desapareceu*".[1287]

1284 (MEGA, II.6, p. 524) [MEW, 23, p. 592] {Marx, 2013a, p. 642}.

1285 (MEGA, II.6, p. 524 – destaque do autor) [MEW, 23, p. 593] {Marx, 2013a, p. 642}.

1286 Lembre-se uma vez mais que na Seção VI do Livro I já se destaca a mistificação subjacente à forma-salário: "inicialmente, o intercâmbio entre capital e trabalho apresenta-se à percepção exatamente do mesmo modo como a compra e a venda de todas as outras mercadorias. O comprador dá certa soma de dinheiro, e o vendedor, um artigo diferente do dinheiro. Nesse fato, a consciência jurídica reconhece, quando muito, uma diferença material, expressa em fórmulas juridicamente equivalentes" (MEGA, II.6, p. 503) [MEW, 23, p. 563] {Marx, 2013a, p. 611}.

1287 (MEGA, II.6, p. 526 – destaque do autor) [MEW, 23, p. 594] {Marx, 2013a, p. 644}.

Isso significa que o capitalista individual não conserva nenhum capital original. Após certo número de anos, o valor total do capital que ele possui "é igual à quantia de mais-valor *apropriada sem equivalente durante esses mesmos anos*, e a quantia de valor consumido por ele é igual ao valor do capital original".[1288]

> Ainda que, no momento em que entrou no processo de produção, esse capital fosse propriedade adquirida mediante o trabalho pessoal daquele que o aplica [conforme a fundamentação da lei de apropriação da circulação simples], mais cedo ou mais tarde ele se converteria em valor apropriado sem equivalente, em materialização, seja em forma-dinheiro ou troca, de trabalho alheio não pago.[1289]

A referência implícita às determinações da circulação simples é, aqui, importantíssima. O pressuposto original da transformação do dinheiro em capital era a existência no mercado da força de trabalho enquanto mercadoria, ou seja, a separação entre o produto do trabalho e o próprio trabalho. Esta era "a base efetivamente dada do processo de produção capitalista". No entanto, no âmbito da reprodução simples é possível perceber a transformação desse ponto de partida em seu próprio resultado.[1290] E é a partir dessa alteração que Marx chega a dizer:

> O escravo romano estava preso por grilhões a seu proprietário; o assalariado o está por fios invisíveis. Sua aparência de independência é mantida pela mudança constante dos patrões individuais e pela *fictio juris* do contrato.[1291]

1288 (MEGA, II.6, p. 526 – destaque do autor) [MEW, 23, p. 595] {Marx, 2013a, p. 644}.

1289 (MEGA, II.6, p. 526) [MEW, 23, p. 595] {Marx, 2013a, p. 645}.

1290 (MEGA, II.6, pp. 526-527) [MEW, 23, p. 595] {Marx, 2013a, p. 645}.

1291 (MEGA, II.6, pp. 529-530) [MEW, 23, p. 599] {Marx, 2013a, p. 648}.

Essas considerações – ainda no nível da reprodução simples – já trazem impactos consideráveis para a troca de equivalente. Como destaca Fausto,[1292] a segunda venda da força de trabalho aparece como um ato forçado, na qual o contrato é aparência de um ato que não é mais de liberdade, como na circulação simples. Aqui entra em cena mais um jogo de ficções, no qual é preciso supor que o capitalista desembolsa um capital original que, na verdade, "foi (re) criado pelo operário (pois todo o valor criado pelo operário resulta do trabalho *forçado*".[1293]

Daí a ênfase de Marx acerca de um descompasso entre a circulação simples e o sentido subjacente à reprodução simples. Este "reproduz e eterniza as condições de exploração do trabalhador". Mas não só:

> Ele força continuamente o trabalhador a vender sua força de trabalho para viver e capacita continuamente o capitalista a comprá-la para se enriquecer. Já não é mais o acaso que contrapõe o capitalista e o trabalhador no mercado, como comprador e vendedor. É o beco sem saída característico do próprio processo que faz com que o trabalhador tenha de retornar constantemente ao mercado como vendedor de sua força de trabalho e converte seu próprio produto no meio de compra nas mãos do primeiro. Na realidade, o trabalhador pertence ao capital ainda antes de vender-se

---

1292 Fausto traduz *Umschlagen* por "interversão" (FAUSTO, Ruy. *Sentido da dialética*: (Marx: Lógica e Política). tomo I. Petrópolis: Vozes, 2015, p. 73), e não "inversão", procurando salientar com isso o caráter "interno" dessa operação, decorrente dela mesma. Mas este é, exatamente, o problema. Não é "ela mesma" que se nega, mas sua consideração em outro nível de abstração. Consequentemente, aqui não se trata de diferença, mas da posição da totalidade. E não de uma totalidade qualquer, mas da consideração dos processos individuais como posição das classes.

1293 FAUSTO, Ruy. *Sentido da dialética*: (Marx: Lógica e Política). tomo I. Petrópolis: Vozes, 2015, pp. 274/275 – destaque no original.

> ao capitalista. Sua servidão econômica é a um só tempo mediada e escondida pela renovação periódica de sua venda de si mesmo [pelo contrato], pela mudança de seus patrões individuais e pela oscilação do preço de mercado do trabalho.[1294]

Essas considerações são essenciais para o debate sobre o sentido da reprodução sócio-jurídica na crítica da economia política. Assim como as análises referentes ao processo de produção na mesma escala permitem observar como aquilo que aparecia como condição do capital – a circulação simples com sua lei de apropriação pelo trabalho próprio – é, também, resultado do modo de produção capitalista, também a forma jurídica manifestada no contrato como consequência da liberdade e igualdade de todos – igualmente na circulação simples – já não se resume a esse significado.

Pressuposta à "servidão econômica" mediada e escondida pelo contrato, revela-se uma "zona de sombra" capaz de alterar o registro da liberdade e igualdade associados ao "Éden dos direitos inatos do homem".[1295] Por isso, Fausto não deixa de destacar que "*o contrato inicial* se revela, pois, como alguma coisa que, de certo modo, *já produz violência* (a apropriação ilegítima do sobre-trabalho, pois a continuidade do processo já se estabeleceu)".[1296]

A desigualdade inerente à legalidade é aprofundada no Capítulo 22 da Seção VII do Livro I. É nele que se encontra – logo no primeiro subitem – a "inversão das leis de propriedade que regem a produção de mercadorias em leis da apropriação capitalista".[1297] Marx inicia

---

1294 (MEGA, II.6, pp. 533-534) [MEW, 23, p. 603] {Marx, 2013a, pp. 650-651}.

1295 (MEGA, II.6, p. 191) [MEW, 23, pp. 189-190] {Marx, 2013a, pp. 250-251}.

1296 FAUSTO Ruy. *Marx*: Lógica e Política. tomo III. São Paulo: Editora 34, 2002, p. 289 – destaque do autor.

1297 (MEGA, II.6, p. 534) [MEW, 23, p. 605] {Marx, 2013a, p. 655}.

suas considerações apontando alguns aspectos gerais do processo de acumulação. Para acumular é necessário transformar o mais-valor em capital, o que exige "empregar uma parte do mais-trabalho anual na fabricação de meios de produção e de subsistência adicionais, numa quantidade acima daquela requerida para a reposição do capital adiantado".[1298] [1299] É exatamente isso que transforma e modifica o ciclo da reprodução simples:

> O capital original de £10 mil gera um mais-valor de £2 mil, que é capitalizado. O novo capital de £2 mil gera um mais-valor de £400; este, igualmente capitalizado, ou seja, transformado num segundo capital adicional, gera um novo mais-valor de £80, e assim por diante.[1300] [1301]

Nesse momento, o capital inicial ainda é tido como derivado do próprio trabalho. Mas algo totalmente diverso ocorre com o capital adicional de £2 mil. Sendo mais-valor capitalizado, Marx salienta que "ele não contém um só átomo de valor que tenha sido pago pelo seu proprietário".[1302] É interessante notar como nos *Grundrisse* já era enfatizado que o valor posto pelo capital esclarecia pontos até então completamente obscuros:

> Na primeira ocorrência [circulação simples], os próprios *pressupostos* apareciam como algo externo, proveniente da circulação; apareciam como pressupostos externos para a gênese do capital; em consequência, não pareciam resultar de sua essência nem ser explicados com base nela. Esses pressupostos *externos* aparecerão agora como momentos

1298 (MEW, 23, pp. 606-607) [Marx, 2013a, p. 656].

1299 (N.T.) Passagem ausente na segunda edição alemã.

1300 (MEGA, II.10, p. 520) [MEW, 23, p. 607] {Marx, 2013a, p. 657}.

1301 (N.T.) Na segunda edição de O *capital* não consta o exemplo do "novo mais-valor de £80, e assim por diante".

1302 (MEGA, II.6, p. 536) [MEW, 23, p. 608] {Marx, 2013a, p. 658}.

> do movimento do próprio capital, de modo que ele mesmo os pressupôs como seus próprios momentos – qualquer que seja sua gênese histórica.[1303]

Essa passagem afasta, novamente, qualquer possibilidade de leitura histórica da circulação simples. Além disso, como os pressupostos aparecem como momentos do capital, mesmo a troca de equivalentes é posta em xeque: quando se considera a produção capitalista no fluxo ininterrupto de sua renovação, isto é, quando cada volta do capital está recursivamente amalgamada à que a precede e à que a sucede, todos os momentos do movimento do capital excedente são "produtos do trabalho alheio".[1304] Na reprodução ampliada do capital não há, em hipótese alguma, troca de equivalentes real, consumando-se com isso a negação da lei de apropriação da circulação simples. Esta é a principal mensagem do primeiro subitem do Capítulo 22 do Livro I. Por isso Marx sustenta vê nos meios de produção e nos meios de subsistência nada mais do que componentes do mais-valor anterior, "do tributo anualmente *arrancado* da classe trabalhadora pela classe capitalista".[1305] [1306]

A utilização do verbo "arrancar" não permite reduzir a socialização ao acordo das partes na qual manifestar-se-ia a troca de equivalentes, a representação social amalgamada à camada de sentido da circulação simples. Marx enfatiza que a compra da força de trabalho adicional pela classe capitalista – mesmo efetuando o pagamento de um salário – tem o mesmo significado do "velho procedimento do conquistador que compra as mercadorias dos vencidos

1303 (MEGA, II.1.2, p. 360 – destaques no original) [Marx, 2011, p. 370].

1304 (MEGA, II.1.2, p. 363) [Marx, 2011, p. 372].

1305 (MEGA, II.10, p. 521 – destaque do autor) [MEW, 23, p. 608] {Marx, 2013a, p. 658}.

1306 (N.T.) Passagem ausente na segunda edição alemã.

com o dinheiro que *roubou* destes últimos".[1307] [1308] Daí a retomada da questão referente ao mais-valor capitalizado: "a propriedade do trabalho pretérito não pago se manifesta agora como a única condição para a apropriação atual de trabalho vivo não pago, *em escala cada vez maior*".[1309] [1310] Ou seja, se no capital adicional n.1 ainda se podia aderir ao discurso de uma legitimação pelo trabalho próprio e pela troca de equivalentes, a análise do capital adicional n.2 já manifesta a negação dessa lei de apropriação.

Essa "torção" – a inversão da lei de apropriação – não é posta por uma crítica externa, moralista. Ela é fruto de um desdobramento em sucessivos níveis de abstração da lei do valor inicialmente aceita.[1311] Novamente, aqui se manifesta a fundamental atenção aos distintos patamares conceituais que atravessam a crítica da economia política em sua "média ideal" e permitem perceber a mutabilidade da reprodução sócio-jurídica quando se compara a Seção I com a Seção VII do Livro I.[1312] Como destacado anteriormente, esse des-

---

1307 (MEGA, II.10, p. 521 – destaque do autor) [MEW, 23, p. 608] {Marx, 2013a, p. 658}.

1308 (N.T.) Passagem ausente na segunda edição alemã.

1309 (MEGA, II.10, p. 522 – destaque do autor) [MEW, 23, p. 609] {Marx, 2013a, p. 658}.

1310 (N.T.) Passagem ausente na segunda edição alemã.

1311 Tal como afirmado por Fausto: "*o discurso da crítica leva à posição das determinações (em parte pressuposta) do sistema, com o que o sistema se julga a si próprio* (...). A crítica marxiana da economia política consegue substituir uma crítica externa por uma crítica interna" (FAUSTO, Ruy. *Marx*: Lógica e Política. tomo III. São Paulo: Editora 34, 2002, pp. 302/303 – destaque no original).

1312 Em *O ciclo do totalitarismo*, Fausto descreve essa passagem nos seguintes termos: "trata-se de mostrar que essa igualdade, sem ser uma quimera – ele está 'lá', de fato – sob certas condições, que são as da economia capitalista (isto é, quando se compra e venda a mercadoria 'força de trabalho'), se *inverte* ou *interverte* no seu contrário. A igualdade vira desigualdade, pelo próprio fato de funcionar como igualdade (e para Marx é, na realidade, a reprodução que transforma efetivamente a primeira na última). O que significa, em última análise: o modo de

compasso de significados não pode ser compreendido a partir de uma diferença temporal. Disso resulta que a troca de equivalentes está *simultaneamente* afirmada no âmbito da circulação simples e negada pelo processo de acumulação de capital abstratamente considerado.

Esse negar e afirmar ao mesmo tempo faz com que a mistificação da troca de equivalentes enquanto passagem para a "mera forma" nada mais seja do que uma consequência do método dialético que implica a superação de uma forma pela outra, "em que a mais elevada dá à anterior um novo fundamento, *conservando-a* apenas em função deste e não em si mesma".[1313] Daí o preciso comentário de Marx:

> Enquanto em cada ato de troca – tomado isoladamente – são conservadas as leis da troca, o modo de apropriação pode sofrer um revolucionamento total sem que o direito de propriedade adequado à produção de mercadorias se veja afetado de alguma forma.[1314] [1315]

A análise da circulação simples ocorre em um nível de abstração específico, no qual o ato de troca é tomado isoladamente, algo distinto do nível de abstração no qual é analisado o processo de acumulação do capital, "momento do processo imediato de produção".[1316] Essa diferença – fundamental para o presente livro – já era

---

produção capitalista vai *contra o seu próprio sistema de valores* (mesmo se a crítica marxiana nunca fale em 'valores')" (FAUSTO, Ruy. O *ciclo do totalitarismo*. São Paulo: Perspectiva, 2017, p. 96).

1313 GRESPAN, Jorge. *O negativo do capital*: o conceito de crise na crítica de Marx à economia política. São Paulo: Expressão Popular, 2012, p. 97 – destaque do autor.

1314 (MEGA, II.10, p. 525) [MEW, 23, p. 613] {Marx, 2013a, p. 662}.

1315 (N.T.) Passagem acrescentada por Marx na edição francesa do Livro I (MEGA, II.7, p. 509), e posteriormente integrada por Engels nas terceira e quarta edições alemãs.

1316 (MEGA, II.6, p. 522) [MEW, 23, p. 590] {Marx, 2013a, p. 640}.

percebida nos *Grundrisse*, como destacado. No subitem referente à "transformação do dinheiro em capital", Marx enfatizava que na circulação simples o valor de troca – justamente a forma fenomênica do valor no início do Livro I de *O capital* – é "mantido aqui em sua determinabilidade simples". Se ele é posto "em oposição às suas formas contraditórias mais desenvolvidas", é justamente a "ciência" a responsável por revelar isso.[1317]

Marx também ressaltava que a circulação é um "processo superficial sob o qual, no entanto, na profundidade, sucedem processos inteiramente diferentes, nos quais *desaparece* essa aparente igualdade e liberdade dos indivíduos".[1318] Em consonância com argumentos apresentados anteriormente, aqui se manifesta a necessidade de se compreender a circulação simples enquanto "pura abstração", no sentido de abarcar as relações econômicas mais simples que "são mediadas pelas mais profundas antíteses e só mostram *um lado, aquele em que a expressão das antíteses é apagada*".[1319]

É exatamente esse apagamento que alimenta o brilho da igualdade e da liberdade, cuja "zona de sombra" só se revela ao se superar o individualismo metodológico subjacente à circulação simples. Como destaca Grespan, tanto a liberdade como a igualdade existem efetivamente, em todas as transações individuais entre trabalhador e capitalista.[1320] A ilusão deste momento é justamente sua aceitação enquanto totalidade, ignorando-se o processo global da produção de "riqueza" na sociedade capitalista. Retomando uma passagem de Marx:

1317(MEGA, II.1.1, pp. 170-171) [Marx, 2011, p. 190].

1318(MEGA, II.1.1, p. 171 – destaque do autor) [Marx, 2011, p. 190].

1319(MEGA, II.1.1, p. 171 – destaque do autor) [Marx, 2011, p. 191].

1320GRESPAN, Jorge. *O negativo do capital*: o conceito de crise na crítica de Marx à economia política. São Paulo: Expressão Popular, 2012, p. 100.

> Essa troca de equivalentes [da circulação simples] acontece, mas é somente a camada superficial de uma produção que se baseia na apropriação de trabalho alheio *sem troca*, contudo, *sob a aparência da troca*.[1321]

Uma vez considerado o nível de abstração subjacente à Seção VII do Livro I, torna-se possível questionar uma série de argumentos de Pachukanis, até mesmo aqueles cuja plausibilidade, inclusive, havia sido reconhecida nas primeiras páginas deste capítulo. Pense-se, por exemplo, em algumas passagens como "a forma mercadoria gera a forma jurídica",[1322] ou "a causa real da superestrutura jurídica" é "a oposição entre interesses privados".[1323] Diante das reflexões anteriores, o "sujeito" que põe essas determinações é o processo de acumulação do capital enquanto "momento do processo imediato de produção".[1324] Do mesmo modo, atentar para as "relações de produção" – tal como geralmente colocado na literatura – é igualmente insuficiente.

Outras citações trazidas em momentos anteriores não escapam da mesma problematização. Lembre-se da ideia de que a forma jurídica tal como se apresenta por meio de abstrações lógicas é um produto "da mediatização real das relações de produção",[1325] que "a estrutura jurídica" está arraigada "nas relações materiais, ou seja, de produção".[1326] É verdade que esses argumentos permitem a Pachukanis afirmar que "a relação econômica em seu movimento

1321(MEGA, II.1.2, p. 412 – destaques no original) [Marx, 2011, p. 419].

1322PACHUKANIS, Evgeni. *A Teoria Geral do Direito e o marxismo e ensaios escolhidos (1921-1929)*. São Paulo: Sundermann, 2017, p. 111.

1323PACHUKANIS, Evgeni. *A Teoria Geral do Direito e o marxismo e ensaios escolhidos (1921-1929)*. São Paulo: Sundermann, 2017, p. 106.

1324(MEGA, II.6, p. 522) [MEW, 23, p. 590] {Marx, 2013a, p. 640}.

1325PACHUKANIS, Evgeni. *A Teoria Geral do Direito e o marxismo e ensaios escolhidos (1921-1929)*. São Paulo: Sundermann, 2017, p. 62.

1326PACHUKANIS, Evgeni. *A Teoria Geral do Direito e o marxismo e ensaios escolhidos (1921-1929)*. São Paulo: Sundermann, 2017, p. 121.

real torna-se fonte da relação jurídica, que nasce pela primeira vez no momento do litígio",[1327] de tal modo que "o poder do Estado traz para a estrutura jurídica clareza e estabilidade, mas ele não cria suas premissas, que estão arraigadas nas relações materiais, ou seja, de produção".[1328]

É a partir dessas referências que se origina a resposta à tese de que existiria em Pachukanis um "circulacionismo", como se ele não levasse em consideração o processo de produção. Daí, por exemplo, a tese da "sobredeterminação" de Naves:

> Se a forma do direito depende da forma da mercadoria, e se esta só se realiza no modo de produção capitalista, então a forma jurídica também depende do modo específico de organização do processo de trabalho decorrente da instauração das relações de produção capitalistas. Podemos, então, dizer que, se o direito "acompanha" o movimento da circulação, uma vez que esse movimento é "comandado" pelas "exigências" da produção, o direito sofre também a determinação dessa esfera, ainda que não de modo imediato.[1329]

Ainda assim, a mera referência à "produção" nada diz acerca de sua conexão com aquilo que é realmente determinante – o processo de acumulação[1330] – e seu nível de abstração na crítica da economia

1327 PACHUKANIS, Evgeni. *A Teoria Geral do Direito e o marxismo e ensaios escolhidos (1921-1929)*. São Paulo: Sundermann, 2017, p. 120.

1328 PACHUKANIS, Evgeni. *A Teoria Geral do Direito e o marxismo e ensaios escolhidos (1921-1929)*. São Paulo: Sundermann, 2017, p. 121.

1329 NAVES, Márcio Bilharinho. *Marxismo e Direito*: um estudo sobre Pachukanis. São Paulo: Boitempo, 2008, pp. 72/73.

1330 Uma vez mais: é equivocada a leitura que vê a acumulação do capital exposta no Livro I como um "reflexo" ou uma "descrição" do processo *efetivo* de acumulação, algo como a *acumulação cotidiana*. Trata-se ali da análise *abstrata* da acumulação, momento em que ainda não foram acrescentadas nem as determinações dos seis setores da reprodução

política. No mais, é necessário atentar para o seguinte: o que as "relações de produção" e a tese da "sobredeterminação" efetivamente dizem? Primeiramente é posta uma relação de dependência, já que o direito "depende da forma mercadoria". Mas aqui também se manifesta uma identidade – aquela entre "direito" e "forma jurídica" – que, por sua vez, acrescenta uma segunda dependência, referente às "relações de produção capitalistas". Essas dependências são, por sua vez, colocadas em uma relação específica. O "movimento da circulação" é "comandado" pelas "exigências da produção".

Ocorre que a circulação simples não pode ser compreendida pelas noções de dependência e comando. Seu conteúdo estabelece um modo de aparecer do capital industrial, um momento de algo maior, um instante que se apresenta como totalidade da sociedade: a "esfera abstrata" do modo de produção capitalista. Ou seja, diferentemente do depender e do comandar, que pressupõem uma relação de externalidade – o comando põe uma relação entre o eu e o outro, assim como a dependência pressupõe ao menos dois termos –, a circulação simples não institui um fora, mas um *descompasso*. Este, por sua vez, não se estabelece pela diferença, mas pela simultaneidade entre o significado posto pela lei de apropriação pelo trabalho próprio da circulação simples e o significado pressuposto à sua inversão em lei de apropriação capitalista que, no entanto, não está relacionada à mera "produção", mas à acumulação do capital enquanto momento do processo imediato de produção. Trata-se de uma *contradição entre significados concomitantes*, uma "tensão" que é, também, uma união entre os termos.[1331]

---

ampliada subjacente ao processo de circulação (Livro II), nem as determinações decorrentes da posição do crédito (nos manuscritos do Livro III). Estes sentidos expressam momentos conceituais simultâneos, e não fases históricas – uma sociedade pré-capitalista na Seção I do Livro I, seguida do "capitalismo clássico" na Seção VII do Livro I e, por fim, do "capitalismo contemporâneo" na Seção V dos manuscritos do Livro III.

1331 FAUSTO, Ruy. *Sentido da dialética*: (Marx: Lógica e Política). tomo I. Petrópolis: Vozes, 2015, p. 77.

Por isso ela precisa ser desdobrada no movimento que vai da Seção I à Seção VII do Livro I.[1332] A troca de equivalentes inicialmente admitida revela-se uma aparência pura, um aspecto meramente formal. E justamente a partir da diferença entre níveis de abstração, a reprodução sócio-jurídica é problematizada por Marx em *O capital*, com argumentos bastante próximos daqueles apresentados nos *Grundrisse*:

> Na medida em que um capital excedente I foi criado pela troca simples entre trabalho objetivado e a capacidade de trabalho viva – uma troca inteiramente fundada nas leis da troca de equivalentes avaliados de acordo com a quantidade de trabalho ou tempo de trabalho neles contido –, e *visto que* essa troca, expressa juridicamente, nada mais pressupunha que o direito de propriedade de cada um de seus próprios produtos e a livre disposição sobre eles – mas na medida em que a relação do capital excedente II com o capital excedente I é uma consequência, portanto, dessa primeira relação –, vemos que, por uma estranha consequência, o direito de propriedade de parte do capital converte-se dialeticamente no direito sobre o produto alheio ou no direito de propriedade sobre o trabalho alheio, o direito de se apropriar de trabalho alheio sem equivalente, e de parte da capacidade de trabalho viva, na obrigação de se relacionar com seu próprio trabalho ou seu próprio produto como *propriedade alheia*. O direito de propriedade converte-se, de um lado, no direito de se apropriar de trabalho alheio e, de outro, na obrigação de respeitar o produto do próprio trabalho e inclusive o próprio trabalho como valores pertencentes a outros.[1333]

1332 De acordo com Fausto, "pelo menos enquanto se estiver no nível das formas, não se trata de substituir a contradição pela diferença *ou pela sobredeterminação*, mas de 'duplicar' ou desdobrar a contradição" (Fausto, 1987, p. 294 – destaque do autor).

1333 (MEGA, II.1.2, pp. 366-367 – destaques no original) [Marx, 2011, p. 376].

Esse "revolucionamento total" significa que, ao se considerar abstratamente o processo de acumulação, não é mais o pressuposto do "trabalho próprio" que dá acesso à riqueza, mas é o direito de propriedade que garante à classe capitalista a extorsão da classe trabalhadora. Consequentemente, "*a troca de trabalho por trabalho – aparentemente, a condição da propriedade do trabalhador – se funda na ausência de propriedade do trabalhador como base do trabalho*".[1334] Há aqui uma passagem da identidade inicial dos indivíduos, momento da forma jurídica inicial, à oposição das classes, momento da "mera forma". Segundo Fausto:

> Da relação jurídica diretamente ligada à relação econômica se passa a que precisamente? Se passa ao direito. A passagem vai assim do direito ao Direito. Se vai do direito, isto é, da relação jurídica enquanto relação interior à sociedade civil e independente do Estado ao direito "legalizado" pelo Estado. Como pensar o sentido dessa passagem? Ainda uma vez, e aqui de maneira inteiramente rigorosa, a passagem só pode ser pensada em termos de posição. O Estado põe o direito – que até aqui era uma relação jurídica interior à sociedade civil – enquanto direito que emana do Estado. O direito se torna direito *positivo*.[1335]

Essa reflexão está intimamente relacionada à distinção entre direito subjetivo e direito objetivo – ou "Direito Privado" e "Direito Público" – discutida em *A Teoria Geral do Direito e o marxismo*.[1336] Para Pachukanis, o "problema do homem-burguês e do

---

1334 (MEGA, II.1.2, p. 417 – destaque no original) [Marx, 2011, p. 425].

1335 FAUSTO, Ruy. *Marx*: Lógica e Política. tomo II. São Paulo: Brasiliense, 1987, p. 297 – destaque no original.

1336 Fausto aponta isso em uma nota de rodapé, logo após expressar a passagem do "direito" ao "Direito": "a expressão pode parecer pleonástica. Mas precisamente Marx tenta pensar o direito anteriormente à lei concebida como lei do Estado. Pasukanis expõe o problema em termos da diferença entre direito subjetivo e direito objetivo" (FAUSTO, Ruy.

homem-membro do Estado, do *citoyen*" constitui uma das maiores dificuldades da Teoria Geral do Direito. Daí a ênfase de que "apenas numa abstração é possível traçar um limite entre o interesse egoísta do homem como membro da sociedade civil e o interesse abstrato geral do conjunto político",[1337] de tal modo que "o Direito Público pode existir somente como *reflexo* da forma jurídica privada na esfera da organização política".[1338]

Fausto, no entanto, oferece outra explicação, e não se deixa limitar pelo caráter espelhado do direito objetivo.[1339] Ao "localizar" essa problemática no âmbito da inversão – "interversão" para Fausto, como destacado –, o autor brasileiro propõe outra questão: por que a relação jurídica deve ser posta enquanto lei? "O começo da resposta, mas só o começo, se obtém comparando a relação jurídica enquanto lei com a ideologia".[1340] Fausto concebe a ideologia como o "bloqueio das significações", o que dá positividade àquilo que contém a negatividade: "a essência da ideologia está em 'cristalizar', no seu momento positivo, um discurso que se interverte no seu contrário. Ela funciona como bloqueio, freio da – isto é, contra a – interversão".[1341]

Isso não significa um bloqueio absoluto. Enquanto ideologia, o direito positivo faz tanto aparecer o sentido jurídico da circulação

Marx: Lógica e Política. tomo II. São Paulo: Brasiliense, 1987, p. 297, n. 27).

1337 PACHUKANIS, Evgeni. *A Teoria Geral do Direito e o marxismo e ensaios escolhidos (1921-1929)*. São Paulo: Sundermann, 2017, p. 130.

1338 PACHUKANIS, Evgeni. *A Teoria Geral do Direito e o marxismo e ensaios escolhidos (1921-1929)*. São Paulo: Sundermann, 2017, p. 132 – destaque do autor.

1339 Uma problematização do sentido desse "reflexo" no aparato conceitual pachukaniano é apresentada no próximo subitem.

1340 FAUSTO, Ruy. *Marx*: Lógica e Política. tomo II. São Paulo: Brasiliense, 1987, p. 299.

1341 FAUSTO, Ruy. *Marx*: Lógica e Política. tomo II. São Paulo: Brasiliense, 1987, p. 299.

simples – a posição da troca de equivalentes – como desaparecer a inversão da lei de apropriação – a negação da troca de equivalentes –, justamente para que ela ocorra materialmente. Desse modo:

> A posição da lei se impõe porque a igualdade dos contratantes se interverte no seu contrário, porque a lei (o primeiro momento) contém em si o princípio do seu contrário. Mais precisamente: se a relação jurídica obedecesse à lógica de identidade, se ela fosse (somente) idêntica de si mesma, ela não precisaria ser posta enquanto lei (...) Diferentemente de uma lei idêntica a si mesma, uma lei que se realiza pelo seu contrário contém a transgressão no interior dela.[1342]

Ao captar o sentido da reprodução sócio-jurídica subjacente à Seção VII do Livro I – na qual o direito positivo emerge enquanto função ideológica do Estado –, as reflexões de Fausto tornam duvidosa a identidade pachukaniana entre forma jurídica e direito.[1343] Ainda assim, há aqui um argumento bastante problemático, notadamente quando se consideram os distintos níveis de abstração da crítica da economia política: é questionável o argumento da "transgressão--auto-realização-negativa", como se o contrato se negasse "por si mesmo", isto é, como se a transgressão da lei fosse uma transgressão "de si mesma".[1344]

1342 FAUSTO, Ruy. *Marx*: Lógica e Política. tomo II. São Paulo: Brasiliense, 1987, p. 300.

1343 Algo que, ironicamente, torna especialmente atraente algumas considerações de Stutchka, em especial sua classificação de três formas: (i) a forma jurídica concreta, que coincide com a relação econômica; (ii) a forma abstrata, isto é, a lei, que frequentemente diverge da primeira; e a (iii) forma intuitiva, referente à representação (jurídica) das pessoas acerca das relações sociais (STUTCHKA, Piotr. *O papel revolucionário do Direito e do Estado*: Teoria Geral do Direito. São Paulo: Contracorrente, 2023, p. 187).

1344 FAUSTO, Ruy. *Marx*: Lógica e Política. tomo II. São Paulo: Brasiliense, 1987, p. 301.

A base de sustentação dessa autotransgressão parece residir no resquício de uma leitura histórica de *O capital*. Se a posição nos manuscritos do Livro III do capital portador de juros e suas consequências são lidas como manifestação do "capitalismo contemporâneo", então a acumulação do capital analisada no Livro I é vista como manifestação do "capitalismo clássico".[1345] Lida temporalmente, a inversão da lei de apropriação pelo trabalho próprio aparece, então, como um fato consumado, como "prova" de que o "contrato inicial" automaticamente se "interverteu".

No entanto, o descompasso entre *significados*, – o "direito" da circulação simples e o "Direito" da reprodução ampliada do processo de produção do capital – tem como base a passagem do capitalista/trabalhador individual para a posição das *classes*. Esse processo remete ao término da Seção II do Livro I, com sua explícita referência à transformação na fisionomia dos "personagens teatrais" que antecede a análise abstrata do processo de produção.[1346]

Aqui também se verifica como a contraposição entre análise da forma-valor, de um lado, e análise de classe, do outro, constitui nada mais do que uma aporia quando estabelecida sem se considerarem os distintos níveis de abstração da crítica da economia política. As classes sociais, pressupostas à análise da forma-valor, não são apenas postas. A própria posição delas é responsável por revelar a aparência dos fundamentos inicialmente aceitos como parâmetros da socialidade capitalista.[1347] Por isso, é sintomático que Marx se refira à inversão

---

1345 FAUSTO, Ruy. *Marx*: Lógica e Política. tomo II. São Paulo: Brasiliense, 1987, pp. 383-386.

1346 (MEGA, II.6, pp. 191-192) [MEW, 23, pp. 190-191] {Marx, 2013a, p. 251}.

1347 Brentel – ainda praticamente desconhecido no Brasil – compreende como poucos a íntima conexão entre relações de classe e o fetichismo das categorias iniciais de *O capital*, ainda que aquela deve ser exposta após a apresentação sucessiva destas (BRENTEL, Helmut. *Soziale Form und ökonomisches Objekt*: Studien zum Gegenstands- und

da lei de apropriação para salientar que "a verdadeira natureza do capital só emerge *no final do ciclo*",[1348] [1349] sugestivamente captada por Fausto com a imagem de uma "descida no inferno".[1350]

Mas a consideração do movimento da troca de equivalentes não pode se ater somente ao Livro I, já que ainda é considerar uma questão indispensável para a compreensão da reprodução sócio-jurídica capitalista. Isso ocorre, pois, apesar dessa queda infernal, a troca de equivalentes passa por uma efetiva "redenção". Ainda que negada na reprodução ampliada do capital, algo enigmático ocorre quando ela é considerada não mais nos termos do processo imediato de produção, mas a partir das determinações do capital portador de juros anteriormente apresentadas. Pense-se, por exemplo, na referência às "formas jurídicas" que perpassam o movimento D-D',[1351] ou na sugestiva indicação de que o capital emprestado possui um "ponto de partida jurídico".[1352]

No quarto capítulo, essas reflexões permitiram afirmar que o fetiche do capital não é apenas mediado por transações jurídicas, já que estas efetivamente sustentam a aparência de que a cessão e restituição do capital emprestado não possuem qualquer relação com o processo subjacente de produção, como se todo o processo nada mais fosse do que a "consequência de uma convenção jurídica

---

Methodenverständnis der Kritik der politischen Ökonomie. Frankfurt am Main: Westdeutscher Verlag, 1989, pp. 154/155).

1348 (MEGA, II.1.2, p. 416 – destaque no original) [Marx, 2011, p. 424].

1349 Em uma de suas últimas manifestações sobre o tema nos *Grundrisse*, Marx enfatiza que a troca de equivalentes "de fato se anula", e que "o valor enquanto tal é sempre efeito, jamais causa" (MEGA, II.1.2, p. 555) [Marx, 2011, p. 563].

1350 FAUSTO Ruy. *Marx*: Lógica e Política. tomo III. São Paulo: Editora 34, 2002, p. 291.

1351 (MEGA, II.4.2, p. 414) [MEW, 25, p. 353] {Marx, 2017, p. 388}.

1352 (MEGA, II.4.2, p. 417) [MEW, 25, p. 356] {Marx, 2017, p. 391}.

especial entre compradores e vendedores".[1353] Naquele momento estava suspensa tanto a compreensão da circulação simples e sua lei de apropriação como sua negação na Seção VII do Livro I. Ora, o que esse estudo agrega à análise do componente jurídico subjacente à Seção V dos manuscritos do Livro III apresentado anteriormente?

Se no capital portador de juros "tanto a devolução como a cessão do capital *são mero resultado de uma transação jurídica* (...) [e] [*t*]*udo o que se encontra entre esses dois polos se apaga*",[1354] então – como destacado – o "campo da exploração" passa a ser localizado no embate entre o capitalista prestamista e o capitalista funcionante, cuja própria extensão depende fundamentalmente da arquitetura jurídica a favor do primeiro. Daí que a distinção entre "capital como propriedade" e "capital como função" reforce a posição de externalidade do primeiro frente ao processo produtivo.[1355]

E é exatamente nesse momento que se desenvolve no cérebro do capitalista funcionante a representação de que seu ganho empresarial, "longe de achar-se em qualquer oposição com o trabalho assalariado e de ser apenas trabalho alheio não pago, representa, antes, seu próprio *salário, wages of superintendence of labour*".[1356] O ganho empresarial se apresenta para o capitalista funcionante "como resultado de suas funções de não proprietário, como... *trabalhador*".[1357]

Se a posição do capital portador de juros põe a apropriação da riqueza como fator do direito de propriedade e do trabalho próprio,

1353 (MEGA, II.4.2, p. 421) [MEW, 25, p. 361] {Marx, 2017, p. 396}.

1354 (MEGA, II.4.2, p. 422 – destaque do autor) [MEW, 25, pp. 361-362] {Marx, 2017, p. 396}.

1355 (MEGA, II.4.2, p. 450) [MEW, 25, p. 392] {Marx, 2017, p. 428}.

1356 (MEGA, II.4.2, p. 451 – destaque no original) [MEW, 25, p. 393] {Marx, 2017, p. 429}.

1357 (MEGA, II.4.2, p. 451 – destaque no original) [MEW, 25, p. 393] {Marx, 2017, p. 429}.

como referido, aqui também se manifesta a retomada da troca de equivalentes negada na Seção VII do Livro I:

> As funções específicas que o capitalista como tal tem de desempenhar, e que lhe competem em contraste com os trabalhadores e em oposição a eles, são apresentadas como meras funções do trabalho. Ele cria mais-valor não porque trabalha *como capitalista*, mas porque, abstraindo de sua qualidade como capitalista, ele *também trabalha*. Essa parte do mais-valor não é mais, portanto, mais-valor, mas seu oposto: um equivalente pelo trabalho realizado. Como o caráter estranhado do capital, sua oposição ao trabalho, é relegado a um lugar externo ao processo efetivo de exploração, mas precisamente, ao capital portador de juros, esse mesmo processo de exploração aparece como mero processo de trabalho em que o capitalista atuante apenas desempenha um trabalho distinto daquele do trabalhador, de modo que o trabalho do explorador e o trabalho que é explorado aparecem de maneira idêntica, ambos como trabalho. O trabalho do explorador é tão trabalho quanto o trabalho que é explorado.[1358]

A Seção V dos manuscritos Livro III opera uma *inversão* das questões analisadas nas páginas anteriores, já que os fundamentos da lei de apropriação da circulação simples são repostos.[1359] Daí a

---

1358 (MEGA, II.4.2, pp. 453-454 – destaques no original) [MEW, 25, p. 396] (Marx, 2017, pp. 431-432).

1359 Fausto interpreta essa inversão [*Verkehrung*] como "reversão", um movimento de uma única dialética que atravessa *O capital* (FAUSTO, Ruy. *Marx*: Lógica e Política. tomo III. São Paulo: Editora 34, 2002, p. 309, n. 6). Assim, os momentos do Livro I (Seção I, Seção II a VI e Seção VII) seriam instantes de uma *dialética do fundamento* em relação a uma *dialética da essência* que abarca os três Livros (FAUSTO, Ruy. *Marx*: Lógica e Política. tomo III. São Paulo: Editora 34, 2002, p. 283). No primeiro caso encontrar-se-iam as metamorfoses dos fundamentos, na série: circulação simples (*Schein*)/circulação do capital enquanto primeira negação (*Erscheinung*)/inversão das leis de apropriação enquanto

referência de Marx à "representação do fetiche do capital", à "inversão e a coisificação das relações de produção elevadas à máxima

---

segunda negação (*Hintergrund*). No segundo caso, as diferentes determinações que toma a aparência, na série: aparência da efetividade (*Schein*)/exteriorização da própria essência em suas formas derivadas (*Erscheinung*)/volta da aparência à efetividade na fórmula trinitária (*Wirklichkeit*). Consequentemente, somente – eis a diferença – "*lá* onde o terceiro momento da primeira série antes redobra a negação, *o terceiro momento da segunda série re-põe o seu primeiro momento* e *lá* onde o terceiro momento da primeira série re-põe o seu primeiro momento, *o terceiro momento da segunda série antes redobra a primeira negação.* Na realidade, a efetividade (*Wirklichkeit*) nos reconduz ao *Schein*, à aparência do sistema, mas agora se trata da *manifestação* ou *revelação*, a aparência que passou por todo o processo da sua essência" (FAUSTO, Ruy. *Marx*: Lógica e Política. tomo III. São Paulo: Editora 34, 2002, p. 292 – destaques no original). Assim, "as duas dialéticas estão atravessadas e constituídas por uma determinação lógico-dialética essencial, a *contradição*. Na interversão, estão presentes, de forma *contraditória*, tanto a lei de apropriação da produção de mercadorias, como a lei de apropriação da produção capitalista. E isto porque: 1) a última é um resultado da primeira, e mesmo de uma reiteração da primeira, e 2) porque, por isso mesmo, a última deixa subsistir a primeira, mesmo se 'suprimida' ou mesmo duplamente 'suprimida'. A segunda dialética, a da *reversão*, instaura igualmente uma contradição. A essência é 'suprimida' em proveito da lei fundamental da concorrência capitalista, mas não anulada. A essência 'suprimida' está sempre 'lá', e contradiz a 'aparência efetiva', a única camada que agora está posta. Como disse, *O capital*, e em princípio o seu objeto, está atravessado e constituído pelas duas contradições, a interversão das leis de apropriação e a reversão das determinações da essência, e só através dessas duas contradições a obra e o seu objeto podem ser compreendidos. Mas isto é o mais difícil. O 'pesado' teor dialético desses dois momentos fez com que pagassem – se posso me exprimir assim – um alto preço. O primeiro, com poucas exceções, foi 'esquecido' pela tradição. Ele não foi lido, *não poderia ter sido lido*. O segundo, mais visível, dadas as suas implicações mais diretas no interior do campo da economia (crítica ou não crítica), não foi esquecido, mas se tornou 'o lugar da verdade' (ou o 'lugar do julgamento'), de lugar de escândalo, da crítica marxista da economia política" (FAUSTO, Ruy. *Marx*: Lógica e Política. tomo III. São Paulo: Editora 34, 2002, p. 294 – destaques no original).

potência".[1360] Esta é a razão pela qual a análise do capital no processo imediato de produção é "ainda muito simples", e que no "processo real de produção, como unidade do processo imediato de produção e o processo de circulação, engendra novas configurações, nas quais se torna cada vez mais difícil identificar a conexão interna".[1361]

É importante notar que a troca de equivalentes não é simplesmente conservada, como se isso levasse tão somente à necessidade de "manutenção" da forma jurídica.[1362] Conforme argumentos anteriormente apresentados, a posição do capital portador de juros implica um aprofundamento do fetichismo e, consequentemente, da representação jurídica a ele subjacente, notadamente no âmbito do processo de autonomização das formas sociais. Já não se trata de associar a forma jurídica somente à expressão da liberdade e igualdade burguesas, mas às formas jurídicas emergentes[1363] e à "acumulação de direitos sobre a produção",[1364] momento que implica uma relação de controle na qual os direitos não são postos apenas como modo de reconhecimento entre as partes. Isso significa que há um movimento conceitual entre a forma jurídica enquanto condição do capital, tal como ela aparece no Livro I, e a forma jurídica enquanto produto do capital apresentada nos manuscritos do Livro III.

6.2 Sentidos da legalidade, níveis de abstração

A partir das reflexões apresentadas nos capítulos anteriores, fica claro como aspectos fundamentais para o entendimento da reprodução sócio-jurídica capitalista não integram *A Teoria Geral*

1360 (MEGA, II.4.2, p. 462) [MEW, 25, p. 405] {Marx, 2017, p. 442}.

1361 (MEGA, II.4.2, p. 850) [MEW, 25, p. 836] {Marx, 2017, pp. 890-891}.

1362 PACHUKANIS, Evgeni. *A Teoria Geral do Direito e o marxismo e ensaios escolhidos (1921-1929)*. São Paulo: Sundermann, 2017, pp. 83/84.

1363 (MEGA, II.4.2, p. 414) [MEW, 25, p. 353] {Marx, 2017, p. 388}.

1364 (MEGA, II.4.2, p. 524) [MEW, 25, p. 486] {Marx, 2017, p. 526}.

do Direito e o marxismo.[1365] Nesse sentido, o fetichismo da mercadoria constitui apenas um momento do "mundo invertido" da socialização capitalista, cujo aprofundamento passa necessariamente pelo fetichismo do dinheiro e, principalmente, pelo fetichismo do capital, sendo tão somente neste nível de abstração que se coloca a já referida "acumulação de direitos sobre a produção".[1366] Essa percepção, note-se, é negada por Pachukanis. Em um dos poucos momentos nos quais incorpora temas referentes aos manuscritos do Livro III, o jurista russo sustenta:

> O capital financeiro dá muito mais valor ao poder forte e à disciplina do que aos "direitos eternos e inalienáveis do homem e do cidadão". O proprietário capitalista, tendo se transformado em receptor de dividendos e lucros da bolsa, não pode deixar de tratar o "direito sagrado à propriedade" sem certa dose de cinismo.[1367]

Ora, trata-se exatamente do contrário.[1368] A reposição da troca de equivalentes analisada por Marx no "processo real de produção"[1369] emergir uma série de representações jurídicas acerca da possibilidade da ordem social. Uma vez mais: no capital portador de juros, "tanto a devolução como a cessão do capital são *mero*

1365 Como destacado, isso não deixa de ser natural, tendo em vista que o principal trabalho de Pachukanis foi por ele mesmo classificado como um "esboço" (PACHUKANIS, Evgeni. *A Teoria Geral do Direito e o marxismo e ensaios escolhidos (1921-1929)*. São Paulo: Sundermann, 2017, p. 64).

1366 (MEGA, II.4.2, p. 524) [MEW, 25, p. 486] {Marx, 2017, p. 526}.

1367 PACHUKANIS, Evgeni. *A Teoria Geral do Direito e o marxismo e ensaios escolhidos (1921-1929)*. São Paulo: Sundermann, 2017, p. 129.

1368 É possível que Pachukanis estivesse influenciado pelos debates acerca da relação histórica entre capital financeiro e imperialismo, conforme temática apresentada no primeiro capítulo do presente livro. A confusão entre análise formal e histórica em Pachukanis é discutida mais adiante.

1369 (MEGA, II.4.2, p. 851) [MEW, 25, p. 836] {Marx, 2017, pp. 890-891}.

resultado de uma transação jurídica (...). Tudo o que se encontra entre esses dois polos se apaga".[1370]

É verdade que neste momento se manifesta aquela "fetichização da norma",[1371] uma vez que ela é a responsável por garantir a referida transação. Mas não só. Se a mediação social "se apaga", isso não leva, em hipótese alguma, a uma espécie de "vazio significativo", já que a ocultação não significa uma ausência, mas uma *ressignificação*. O próprio Marx enfatiza como o "mundo invertido" subjacente à posição do capital portador de juros opera um deslocamento do processo de exploração. Se este, anteriormente – isto é, na análise conceitual feita no Livro I no âmbito do processo imediato de produção[1372] –, aparecia como oposição à força de trabalho, agora ele se identifica com aquele que encarna o capital como propriedade, emprestando-o ao portador do capital como função.

Uma vez que "o trabalho do explorador [que encarna o capital como função] é tão trabalho quanto o trabalho que é explorado",[1373] essa identificação constitui um dos sentidos mais claros do fetichismo do capital. E aqui também se manifesta um reposicionamento da relação de dominação. Diante da "mistificação do capital em sua forma mais flagrante",[1374] ela se apresenta como dominação pessoal.[1375]

1370 (MEGA, II.4.2, p. 422 – destaque do autor) [MEW, 25, pp. 361-362] {Marx, 2017, p. 396}.

1371 PACHUKANIS, Evgeni. *A Teoria Geral do Direito e o marxismo e ensaios escolhidos (1921-1929)*. São Paulo: Sundermann, 2017, p. 113.

1372 (MEGA, II.6, p. 522) [MEW, 23, p. 590] {Marx, 2013a, p. 640}.

1373 (MEGA, II.4.2, pp. 453-454) [MEW, 25, p. 396] (Marx, 2017, pp. 431-432).

1374 (MEGA, II.4.2, p. 462) [MEW, 25, p. 405] {Marx, 2017, p. 442}.

1375 Mesmo na Seção I do Livro I já seria possível notar que a personalização da dominação social – tema extensivamente abordado no início do livro – deriva da posição e mediação do dinheiro: "Como no dinheiro está apagada toda distinção qualitativa entre as mercadorias, também ele, por sua vez, apaga, como *leveller* radical, todas as diferenças. Mas o dinheiro é, ele próprio, uma mercadoria, uma coisa externa, que pode

Esta, por sua vez, não é posta pela violência explícita e nem aparece como dependente da propriedade dos meios de produção, mas parece se constituir pelo direito de propriedade privada com suas cláusulas e normas jurídicas que garantem o refluxo do capital como juros.

Uma vez que o capital se separa entre "função" e "propriedade" – enquanto expressão do fetichismo –, isso significa que, no mundo invertido, ele se autonomiza de suas próprias pressuposições, isto é, da propriedade dos meios de produção e do dinheiro. Como destaca Fausto, "o capital se torna numa certa medida *indiferente* em relação às suas pressuposições".[1376] Essa indiferença situa a mediação jurídica como sua *nova pressuposição social*, fenômeno realçado por Grespan nas considerações finais de seu estudo sobre o "modo de representação capitalista": "mais do que a força da economia, do trabalho e da produção, trata-se aqui da força do direito, da propriedade privada, da 'representação' do poder social do prestamista".[1377]

A referência à "força do direito" é sintomática. Amalgamado ao fetichismo do capital, o fetichismo jurídico revelado pela crítica da economia política em sua "média ideal" vai além da já mencionada ocultação da expropriação dos meios de produção pressuposta e reposta pela acumulação do capital. O aprofundamento da "totalidade abstrata" da circulação simples pela posição do capital portador de juros faz com que a existência e realização social dos indivíduos pareça depender essencialmente da falta de acesso e reconhecimento *às condições jurídicas* que possibilitariam a manifestação do trabalho próprio como fonte de riqueza.

---

se tornar propriedade privada de qualquer um. Assim, *o poder social torna-se poder privado da pessoa privada*" (MEGA, II.6, pp. 153-154 – destaque do autor [MEW, 23, p. 146] {Marx, 2013a, pp. 205-206}.

1376 FAUSTO, Ruy. *Marx*: Lógica e Política. tomo II. São Paulo: Brasiliense, 1987, p. 284 – destaque no original.

1377 GRESPAN, Jorge. *Marx e o modo de representação capitalista*. São Paulo: Boitempo, 2019, p. 274.

Diante da pergunta apresentada no primeiro capítulo deste livro – "como é possível a ordem social?" –, a acumulação e produção de direitos emergem como sua *conditio sine qua non*, expressando o direito enquanto *a* instância de socialização de uma sociedade desintegrada. Com isso se compreendem as razões pelas quais torna-se possível ver – ainda que misticamente –, no reestabelecimento da "propriedade pública", a força motriz da "re-imposição do espírito público" capaz de inverter o "domínio expansivo do dinheiro".[1378] Essa representação jurídica existe *efetivamente*. Por isso, as concepções apresentadas anteriormente – tanto a crítica ao capitalismo especulativo de Wall Street como as denúncias do "assalto rentista" enquanto "re-emergência de formas pessoais de dominação",[1379] passando pelo diagnóstico que aponta a estrutura jurídica como a peça decisiva desse edifício[1380] – não se deixam compreender profundamente apenas pelo apelo filológico de que tais "erros de diagnóstico" poderiam ser superados mediante a análise da forma-valor.

O próprio desenvolvimento dos capítulos anteriores revela que a crítica heterodoxa à financeirização da economia e sua concomitante luta por direitos não são meras hipóteses subjetivas de pesquisa, mas *autodescrições fetichizadas da sociedade capitalista*. Daí que a localização sistemática desses discursos – o "modelo de representação" da circulação simples[1381] como seu pantanoso campo de sustentação – seja igualmente importante para a crítica das teorias que apontam um "potencial emancipatório do direito". De certo modo, esse entendimento já está presente em Pachukanis. Mas, apesar de afirmar o

1378 LAPAVITSAS, Costas. *Profiting Without Producing*: How Finance Exploit Us All. Londres/Nova York: Verso, 2013, p. 327.

1379 CARSON, Rebbeca. "Fictitious Capital and the Re-emergency of Personal Forms of Domination". *Continental Thought & Theory*, vol. 1, Issue 4, 2017, p. 566.

1380 DARDOT, P.; LAVAL, C. *Comum*: ensaios sobre a revolução no século XX. São Paulo: Boitempo, 2018, p. 19.

1381 RAKOWITZ, Nadja. *Einfache Warenproduktion*. Freiburg: Ca ira – Verlag, 2000, p. 215.

sentido burguês da legalidade moderna, seu questionamento do reino da liberdade e da igualdade tende a enfraquecer-se pela presença de uma teoria do conhecimento reducionista. Pense-se, por exemplo, no argumento desenvolvido ao analisar a atividade punitiva do Estado:

> As assim chamadas Teorias do Direito Penal, que deduzem os princípios da política punitiva a partir dos interesses da sociedade como um todo, dedicam-se, consciente ou inconscientemente, a uma deturpação da realidade. A "sociedade como um todo" existe somente na imaginação desses juristas. Na realidade, diante de nós mesmos temos classes com interesses contraditórios e conflitantes.[1382]

Nessa passagem há um *corte* entre "a realidade" e a "imaginação", em que esta "deturpa" aquela. No mais, a "sociedade como um todo", isto é, o discurso que perpassa a ideia de "interesse comum" é contraposta às classes efetivamente existentes entre nós. Esse raciocínio tem dificuldades para incorporar as inversões de significado postas pela apresentação dialética das categorias da crítica da economia política. Uma vez que a análise do fetichismo da mercadoria, do dinheiro e do capital aponta para a ocultação das relações sociais e sua ressignificação, como associar esse processo ao argumento de deturpação da realidade? Colocado nestes termos, não seria o "real" concebido externamente à própria representação?

É exatamente o aprofundamento do "mundo invertido" que parece fugir a Pachukanis, notadamente quando se atenta para suas reflexões sobre ideologia e direito. À primeira vista parece ser satisfatório o argumento de que "as categorias de mercadoria, valor e valor de troca são sem dúvidas formações ideológicas, formas deturpadas

---

1382 PACHUKANIS, Evgeni. *A Teoria Geral do Direito e o marxismo e ensaios escolhidos (1921-1929)*. São Paulo: Sundermann, 2017, p. 208.

e mistificadas (na expressão de Marx) de representação".[1383] Mas é na explicação subsequente acerca da origem do caráter ideológico que as dificuldades afloram.

Pachukanis sustenta que "o caráter ideológico dessas formas é comprovado pelo fato de que basta *passar a outras estruturas econômicas* para que as categorias de mercadoria, valor etc. percam toda a sua significação".[1384] Certamente não se pode acusar o jurista russo de não atentar para o significado dessas categorias, um significado "mistificante". Mas esta adjetivação ocorre em virtude do quê? Em Pachukanis, ela é posta pela posição de uma diferença histórica, pela passagem – no sentido temporal – a "outras estruturas econômicas".

Isso, no entanto, não é tudo. É a partir dessa delimitação que um segundo argumento é mobilizado: não só se poderia falar apenas de uma "ideologia da mercadoria, ou, como denominou Marx, de um 'fetichismo da mercadoria'", mas também poder-se-ia "incluir esse fenômeno [a ideologia da mercadoria] *na série de fenômenos psicológicos*".[1385] Pachukanis destaca, logo em seguida, que "isso de modo nenhum significa que as categorias da economia política possuam um significado *exclusivamente* psicológico".[1386] E por que não? Pois "sabemos muito bem, por exemplo, que a categoria da mercadoria, apesar de seu evidente caráter ideológico, *reflete uma relação social objetiva*", razão pela qual seria possível, por meio

---

1383 PACHUKANIS, Evgeni. *A Teoria Geral do Direito e o marxismo e ensaios escolhidos (1921-1929)*. São Paulo: Sundermann, 2017, pp. 97/98.

1384 PACHUKANIS, Evgeni. *A Teoria Geral do Direito e o marxismo e ensaios escolhidos (1921-1929)*. São Paulo: Sundermann, 2017, p. 98 – destaque do autor.

1385 PACHUKANIS, Evgeni. *A Teoria Geral do Direito e o marxismo e ensaios escolhidos (1921-1929)*. São Paulo: Sundermann, 2017, p. 98 – destaque do autor.

1386 PACHUKANIS, Evgeni. *A Teoria Geral do Direito e o marxismo e ensaios escolhidos (1921-1929)*. São Paulo: Sundermann, 2017, p. 98 – destaque no original.

da ciência, "ou seja, teoricamente, construir a realidade objetiva econômica".[1387] [1388]

Neste momento é importante atentar para o seguinte: a frase imediatamente posterior de *A Teoria Geral do Direito e o marxismo* é justamente a citação de Marx referente às "formas de pensamento socialmente válidas e, portanto, objetivas".[1389] Mas há uma diferença fundamental acerca do sentido dessa objetividade nos dois autores. Em Marx, como já salientado, essas formas de pensamento são objetivas por serem socialmente válidas. Isto é, uma vez que a validade social emerge porque a circulação simples se apresenta como a totalidade da sociedade, essas formas de pensamento – expostas justamente na Seção I do Livro I – se apresentam à representação subjetiva como se fossem objetivas, naturais.

Em Pachukanis, no entanto, a objetividade não qualifica as categorias, mas as próprias "relações sociais", a "realidade", aquilo que está contraposto aos processos subjetivos. Daí o argumento de que o reconhecimento do "caráter ideológico" dos conceitos "de modo nenhum nos exime do trabalho de *buscar a realidade objetiva*, ou seja, a do *mundo exterior*, e não existente apenas na consciência".[1390] Com isso Pachukanis salienta que "as definições abstratas da forma jurídica indicam não apenas determinados processos psicológicos e ideológicos, mas são conceitos que expressam *uma relação social*

1387 PACHUKANIS, Evgeni. *A Teoria Geral do Direito e o marxismo e ensaios escolhidos (1921-1929)*. São Paulo: Sundermann, 2017, p. 98 – destaque do autor.

1388 Note-se aqui a diferença de alcance conceitual da ideologia entre Pachukanis e Fausto.

1389 (MEGA, II.6, p. 106) [MEW, 23, p. 90] {Marx, 2013a, p. 151}.

1390 PACHUKANIS, Evgeni. *A Teoria Geral do Direito e o marxismo e ensaios escolhidos (1921-1929)*. São Paulo: Sundermann, 2017, p. 99 – destaque do autor.

objetiva".[1391] E por que isso é importante? Pois "podemos examinar tudo que ocorre *exclusivamente pelo lado objetivo*, como um processo material, *eliminando completamente a psicologia ou a ideologia de seus protagonistas*".[1392]

Embora Pachukanis sustente que seu trabalho tenha o objetivo de "oferecer uma interpretação sociológica da forma jurídica e das categorias que a expressam",[1393] a exclusividade referida repõe um padrão de pensamento essencialista que julga poder se abster do estudo fenomenológico, amputando de imediato qualquer análise efetivamente social. Para retomar, uma vez mais, Adorno: "é de todo ocioso e vazio falar 'da essência' ou 'das leis essenciais da sociedade', se pela sua interpretação estas leis não se tornarem visíveis elas próprias nos fenômenos".[1394]

Quando se procura destrinchar o modo de produção capitalista, em especial no âmbito de uma "teoria objetiva da sociedade" – uma "teoria da lei social"[1395] –, com sua particular mistificação das relações sociais, a postura pachukaniana é reducionista. Ainda que ele não deixe de realçar o "fetichismo jurídico", as passagens destacadas apontam sua compreensão das condições do conhecimento

1391 PACHUKANIS, Evgeni. *A Teoria Geral do Direito e o marxismo e ensaios escolhidos (1921-1929)*. São Paulo: Sundermann, 2017, p. 102 – destaque do autor.

1392 PACHUKANIS, Evgeni. *A Teoria Geral do Direito e o marxismo e ensaios escolhidos (1921-1929)*. São Paulo: Sundermann, 2017, p. 103 – destaque do autor.

1393 PACHUKANIS, Evgeni. *A Teoria Geral do Direito e o marxismo e ensaios escolhidos (1921-1929)*. São Paulo: Sundermann, 2017, p. 135.

1394 ADORNO, Theodor W. *Einleitung in die Soziologie*. Frankfurt am Main: Suhrkamp, 2003, p. 41.

1395 ADORNO, Theodor W. *Einleitung in die Soziologie*. Frankfurt am Main: Suhrkamp, 2003, pp. 196-245.

a partir de uma teoria da imagem (*Abbildtheorie*), na qual as categorias refletem uma realidade tida como objetiva.[1396]

No entanto, em Marx, a objetividade das categorias manifesta a inversão da realidade em seu modo de aparecer. Este é o motivo pelo qual ele destaca, na análise da representação subjetiva subjacente à circulação simples, a emergência da voluntariedade das transações, a ausência de violência, o sentido ético das relações intersubjetivas de reconhecimento mútuo e, consequentemente, "a consciência de que o interesse geral ou comum é, precisamente, a universalidade do interesse egoísta".[1397]

A percepção dessa diferença é importante para calibrar o sentido da análise da forma-valor necessário ao estudo da reprodução sócio-jurídica a partir da teoria monetária do valor. Tal como salienta Rakowitz, ela "prova ser uma forma sistemática de

1396 Pachukanis parece seguir a "teoria do reflexo" apresentada por Lênin em "Materialismo e empiriocriticismo" (1909). Pense-se, por exemplo, no argumento sobre "o reconhecimento da teoria como uma imagem [*Theorie als Abbild*], como uma cópia aproximada da realidade objetiva – é nisto que consiste o materialismo" (LW, 14, p. 265), ou então, "o que fundamentalmente distingue o materialista do adepto da filosofia idealista é que ele considera o sentimento humano, a percepção, a imaginação e a consciência em geral como um reflexo da realidade objetiva" (LW, 14, p. 267). Note-se, no entanto, que Lênin afasta-se consideravelmente desse tipo de interpretação do conhecimento ao estudar minuciosamente *A ciência da lógica* de Hegel, entre 1914 e 1915. Em seus *Cadernos filosóficos* podem ser encontradas referências mais próximas de Marx e, consequentemente, distantes de Pachukanis: "o conhecimento é o reflexo da natureza do homem. Mas isto não é um simples reflexo, imediato, completo, mas o processo de uma série de abstrações, a formação e desenvolvimento de conceitos, leis (...). O homem não pode compreender = refletir = espelhar a natureza como um *todo*, em sua completude, sua 'totalidade imediata', só pode aproximar-se eternamente disso, criando abstrações, conceitos, leis, um quadro científico do mundo" (LW, 38, p. 172 – destaque no original).

1397 (MEGA, II.2, pp. 56-57).

quebrar a aparência da circulação simples".[1398] Neste contexto, a troca de equivalentes – pedra de toque da reflexão pachukaniana – é certamente indispensável à socialização capitalista. Mas essa imprescindibilidade precisa ser bem compreendida. Ela não apenas é negada pela reprodução ampliada do processo de acumulação do capital, mas reposta e aprofundada pela posição do capital portador de juros. Segundo Grespan:

> À sequência das formas de apresentação do capital corresponde um desdobramento das formas pelas quais ele se representa, tanto de modo prático quanto na consciência dos agentes sociais. Também no desdobramento das representações, a complexidade crescente não anula as formas mais simples sobre as quais se sustenta; ao contrário, *ela as repõe, reforça e revalida.*[1399]

A relação de equivalentes não manifesta a essência do capitalismo, mas sua *aparência essencial*, a camada de sentido enquanto modo de aparecer não só no fetichismo da mercadoria, mas notadamente no fetichismo do capital. Assim, as reflexões desenvolvidas no subitem anterior também trazem consequências para a análise que aproxima "forma do direito" e "forma da mercadoria",[1400] isto é, o "nexo interno profundo da forma jurídica e da forma da mercadoria", de tal modo que esta criaria aquela.[1401] Trata-se de um argumento que, sem dúvida, revela a dimensão histórica e, portanto, específica da juridicidade moderna. Ainda assim, a posição da identidade

1398 RAKOWITZ, Nadja. *Einfache Warenproduktion*. Freiburg: Ca ira – Verlag, 2000, p. 216.

1399 GRESPAN, Jorge. *Marx e o modo de representação capitalista*. São Paulo: Boitempo, 2019, p. 267 – destaque do autor.

1400 PACHUKANIS, Evgeni. *A Teoria Geral do Direito e o marxismo e ensaios escolhidos (1921-1929)*. São Paulo: Sundermann, 2017, p. 135, p. 56.

1401 PACHUKANIS, Evgeni. *A Teoria Geral do Direito e o marxismo e ensaios escolhidos (1921-1929)*. São Paulo: Sundermann, 2017, p. 111.

entre "direito", "forma jurídica" e "troca de equivalentes" – "uma vez dada a forma da relação de equivalentes, está dada a forma do direito"[1402] – bloqueia a análise das distintas manifestações jurídicas que atravessam a socialização capitalista, mesmo quando esta se pauta – como no presente livro – apenas em aspectos categoriais.

Para além das questões já apresentadas neste capítulo, pense-se, por exemplo, nas tradicionais abordagens acerca da relação entre violência e socialização capitalista. Como referido, Lukács aponta que "distinções como direito e violência, ordem e rebelião, violência legal e ilegal empurram para um segundo plano o fundamento violento comum a todas as instituições da sociedade de classes".[1403] Não é que Pachukanis não perceba a violência intrínseca ao capitalismo. Em sua análise do direito penal, por exemplo, ele associa este ramo do direito à "capacidade de atingir a pessoa individual da maneira mais direta e brutal".[1404] Não por acaso, enfatiza-se como "a jurisdição penal do Estado burguês é o terror de classe organizado, que difere apenas em grau das assim chamadas medidas de exceção".[1405]

No entanto, nessas passagens a violência deriva-se da posição das classes, e não da análise formal. Por isso ele afirma: "por seu conteúdo e caráter, a atividade punitiva do poder é um instrumento de proteção da dominação de classe",[1406] e que, "quanto mais agudo e tenso for o modo pelo qual se dá essa luta [de classes direta], *mais*

1402 PACHUKANIS, Evgeni. *A Teoria Geral do Direito e o marxismo e ensaios escolhidos (1921-1929)*. São Paulo: Sundermann, 2017, p. 85.

1403 LUKÁCS, Georg. *História e consciência de classe*: estudos sobre a dialética marxista. São Paulo: WMF Martins Fontes, 2012, p. 442.

1404 PACHUKANIS, Evgeni. *A Teoria Geral do Direito e o marxismo e ensaios escolhidos (1921-1929)*. São Paulo: Sundermann, 2017, p. 201.

1405 PACHUKANIS, Evgeni. *A Teoria Geral do Direito e o marxismo e ensaios escolhidos (1921-1929)*. São Paulo: Sundermann, 2017, p. 207.

1406 PACHUKANIS, Evgeni. *A Teoria Geral do Direito e o marxismo e ensaios escolhidos (1921-1929)*. São Paulo: Sundermann, 2017, p. 209.

difícil ficará executar a dominação de classe na forma do direito".[1407] Esses argumentos levam Pachukanis ao seguinte raciocínio: "quanto mais consequente for o princípio de regulamentação autoritária, que exclui qualquer indício de vontade isolada e autônoma, *menor será o terreno para a aplicação da categoria do direito*",[1408] tema retomado em sua análise do Estado:

> O Estado como fator de força, tanto na política interna, como na externa: eis aí a correção que a burguesia foi forçada a fazer em sua teoria e prática do "Estado de Direito". Quanto mais instável se tornou a dominação da burguesia, mais comprometedora se tornou essa correção, mais depressa o "Estado de Direito" transformou-se numa sombra imaterial, até que finalmente o excepcional aguçamento da luta de classes obrigou a burguesia a deixar completamente de lado a máscara do Estado de Direito e revelar a essência do poder como violência organizada de uma classe sobre a outra.[1409]

Há aqui uma *confusão entre níveis de abstração*. É sem dúvida possível observar historicamente essa transformação do Estado de Direito em uma mera "máscara" da dominação.[1410] Mas essa análise

---

1407 PACHUKANIS, Evgeni. *A Teoria Geral do Direito e o marxismo e ensaios escolhidos (1921-1929)*. São Paulo: Sundermann, 2017, p. 210 – destaque do autor.

1408 PACHUKANIS, Evgeni. *A Teoria Geral do Direito e o marxismo e ensaios escolhidos (1921-1929)*. São Paulo: Sundermann, 2017, p. 129 – destaque do autor.

1409 PACHUKANIS, Evgeni. *A Teoria Geral do Direito e o marxismo e ensaios escolhidos (1921-1929)*. São Paulo: Sundermann, 2017, p. 182.

1410 Esta delimitação histórica também permite um "estudo de caso" dessas transformações, ambos situados em outro nível de abstração. Considere-se, por exemplo, o trabalho sobre a relação entre "repressão" e "Estado de Direito" na América Latina feito por Anthony Pereira. Aqui seria necessário incorporar variáveis – o desenvolvimento institucional, da força da oposição e da cultura política, o grau de consenso,

não está no mesmo patamar conceitual do famoso questionamento feito por Pachukanis, ao iniciar o capítulo "Direito e Estado": "Por que o aparato de coerção dominante é criado não como um aparato privado de classe dominante, mas se desprende desta última e toma a forma de um aparato público de poder impessoal e apartado da sociedade?"[1411]

Aquilo que inicialmente é posto no nível das formas termina com o argumento da "correção que a burguesia foi forçada a fazer",[1412]

---

integração e cooperação entre os militares e o Judiciário (PEREIRA, Anthony W. *Ditadura e repressão*: o autoritarismo e o Estado de Direito no Brasil, no Chile e na Argentina. São Paulo: Paz e Terra, 2010, pp. 283-284) – que ultrapassam os limites da crítica da economia política em sua "média ideal". Ao reconhecer que nem todas as características da repressão praticada pelos regimes autoritários podem ser explicadas pela "opressão de classe", Pereira afirma: "apesar de suas semelhanças gerais, portanto, os regimes militares do Brasil, do Chile e da Argentina exibem uma nítida variação em seus padrões repressivos, em sua observância da lei, na relação entre os tribunais e as forças de segurança e no emprego dos processos por crimes políticos. Os três casos representam um espectro indo de um alto grau de judicialismo e gradualismo (com respeito à legalidade antes vigente) até um grau de ruptura muito radical com a legalidade do período anterior, e de repressão quase que totalmente extrajudicial" (PEREIRA, Anthony W. *Ditadura e repressão*: o autoritarismo e o Estado de Direito no Brasil, no Chile e na Argentina. São Paulo: Paz e Terra, 2010, p. 63).

1411 PACHUKANIS, Evgeni. *A Teoria Geral do Direito e o marxismo e ensaios escolhidos (1921-1929)*. São Paulo: Sundermann, 2017, p. 171.

1412 De certo modo, os níveis de abstração estão "presentes" em *A Teoria Geral do Direito e o marxismo*, mas indiferenciados. Já no prefácio à segunda edição pode-se ler: "eu não apenas assinalei que a gênese da forma jurídica deve ser buscada nas relações de troca, como também salientei o momento que, no meu ponto de vista, constitui a mais completa realização da forma jurídica, a saber: o tribunal e o processo judicial" (PACHUKANIS, Evgeni. *A Teoria Geral do Direito e o marxismo e ensaios escolhidos (1921-1929)*. São Paulo: Sundermann, 2017, p. 62). Esse momento – sem dúvida importante para o estudo da reprodução sócio-jurídica – encontra-se em outro nível de abstração, não podendo ser completamente desenvolvido apenas pelas determinações formais que, no entanto, estão pressupostas.

sem que Pachukanis apresente as mediações categorias necessárias para tanto. Como destacado, não se trata de estabelecer um corte entre análises formais e de classe, mas de compreendê-las em seus respectivos níveis de abstração. Daí a ênfase de Fausto: "é só depois de desenvolvido o sistema de formas que se pode pensar o *investimento* das formas do Estado pelos governos e falar da representação de tal ou tal interesse de classe no nível do Estado".[1413] Por isso ainda é necessário atentar para a seguinte questão: seria o autoritarismo incompatível ou de difícil vinculação com a "categoria do direito"?

A defesa desse argumento pressupõe a referida identidade entre "forma jurídica" e "equivalência". Mas pode-se inferir um raciocínio inerente a essa avaliação pachukaniana: se a "forma do direito" tem dificuldades para coexistir com o acirramento da luta de classes em um contexto autoritário, então parece ser acertada a clássica distinção entre democracias *de jure* e regimes autoritários *de facto*. Ou, como destaca Nicos Poulantzas, entre "Estado fascista" e "Estado liberal".[1414] Esta compreensão, apesar de possível e, na verdade, corriqueira, não só manifesta uma vinculação ao ideário do pensamento liberal, notadamente a tradição constitucionalista alemã vinculada à filosofia da identidade, mas uma dificuldade em tematizar, por exemplo, os distintos modos de aquisição legal de poder.[1415]

Desse modo perdem-se de vista outras manifestações da legalidade. Considerem-se as dinâmicas da reprodução sócio-jurídica que apontam para a sua explícita desigualdade. Marx, por exemplo, não deixou de destacar a "legislação sanguinária" dos séculos XV e

1413 FAUSTO, Ruy. *Marx*: Lógica e Política. tomo II. São Paulo: Brasiliense, 1987, p. 329 – destaque no original.

1414 POULANTZAS, Nicos. *Fascismo e ditadura*. São Paulo: Martins Fontes, 1978, p. 342.

1415 MOMMSEN, Hans. *Germans against Hitler*. Londres: I. B. Tauris, 2009, p. 14.

XVI.[1416] E mesmo no que se refere ao século XIX, também apontou a mesma problemática:

> Quando lhe era necessário, o capital afirmava seu direito de propriedade sobre o trabalhador livre por leis coercitivas [*Zwangsgesetz*].[1417] Foi assim, por exemplo, que, na Inglaterra, a emigração de operadores de máquinas ficou proibida, sob punição severa, até 1815.[1418]

Esses exemplos constituem um fértil campo para o estudo da chamada "legalidade autoritária"[1419] que caracteriza "a forma jurídica tomada pela repressão",[1420] ou a chamada "reprodução sócio-jurídica da expropriação capitalista". Segundo Guilherme Leite Gonçalves, aqui se manifesta um padrão distinto de funcionamento do direito. Se a crítica pachukaniana da forma jurídica "serve para analisar o funcionamento do direito em um momento específico da acumulação capitalista, qual seja, o momento em que o dinheiro é transformado em capital e que, por meio desse, se faz mais-valia e vice-versa",[1421] então caberia questionar: "o capitalismo se resume a esse ciclo?"[1422]

1416 (MEGA, II.6, p. 661) [MEW, 23, p. 762] {Marx, 2013a, p. 806}.

1417 (N.T.) Na edição da Boitempo o termo destacado é traduzido como "coação legal". A escolha por "leis coercitivas" tem como objetivo enfatizar o momento dessa coação, qual seja, sua legislação.

1418 (MEGA, II.6, p. 530) [MEW, 23, p. 599] {Marx, 2013a, p. 648}.

1419 PEREIRA, Anthony W. *Ditadura e repressão*: o autoritarismo e o Estado de Direito no Brasil, no Chile e na Argentina. São Paulo: Paz e Terra, 2010, p. 36.

1420 PEREIRA, Anthony W. *Ditadura e repressão*: o autoritarismo e o Estado de Direito no Brasil, no Chile e na Argentina. São Paulo: Paz e Terra, 2010, p. 64.

1421 GONÇALVES, Guilherme Leite. "Acumulação primitiva, expropriação e violência jurídica: expandindo as fronteiras da sociologia crítica do direito". *Revista Direito & Práxis*, Rio de Janeiro, vol. 8, nº 2, 2017, p. 1046.

1422 GONÇALVES, Guilherme Leite. "Acumulação primitiva, expropriação e violência jurídica: expandindo as fronteiras da sociologia crítica do

Para o autor, é importante atentar para o "movimento de reação capitalista a mecanismos bloqueadores da acumulação",[1423] momento no qual "o direito não possui as mesmas características que ele desenvolve na etapa de estabilização do sistema [capitalista]".[1424] [1425]

As mutações da reprodução sócio-jurídica também não passam desapercebidas por Arantes, que vê no regime de urgência característico do "novo tempo do mundo" uma espécie de "núcleo administrativo" de uma nova Filosofia do Direito.[1426] Entenda-se: quando a exceção é a regra, observa-se a supremacia de medidas administrativas com força de lei. Em uma expressão: "gestão derrogatória permanente",[1427] responsável por metamorfosear o Estado Constitucional em Estado Preventivo. Assim, "o dilema garantias individuais/segurança é de fato um tormento para os liberais, a rigor o buraco negro do constitucionalismo, por onde se infiltram os

---

direito". *Revista Direito & Práxis*, Rio de Janeiro, vol. 8, nº 2, 2017, p. 1047.

1423 GONÇALVES, Guilherme Leite. "Acumulação primitiva, expropriação e violência jurídica: expandindo as fronteiras da sociologia crítica do direito". *Revista Direito & Práxis*, Rio de Janeiro, vol. 8, nº 2, 2017, p. 1050.

1424 GONÇALVES, Guilherme Leite. "Acumulação primitiva, expropriação e violência jurídica: expandindo as fronteiras da sociologia crítica do direito". *Revista Direito & Práxis*, Rio de Janeiro, vol. 8, nº 2, 2017, p. 1049.

1425 Gonçalves identifica três etapas que caracterizam a reprodução sócio-jurídica da expropriação capitalista: "(a) a criação do *Fora* não-capitalista por meio de *othering*; (b) a privatização e (c) a repressão/disciplinamento pelo direito penal" (GONÇALVES, Guilherme Leite. "Acumulação primitiva, expropriação e violência jurídica: expandindo as fronteiras da sociologia crítica do direito". *Revista Direito & Práxis*, Rio de Janeiro, vol. 8, nº 2, 2017, p. 1062 – destaque no original).

1426 ARANTES, Paulo. *O novo tempo do mundo*: e outros estudos sobre a era da emergência. São Paulo: Boitempo, 2014, p. 227.

1427 ARANTES, Paulo. *O novo tempo do mundo*: e outros estudos sobre a era da emergência. São Paulo: Boitempo, 2014, p. 228.

demônios da exceção".[1428] Tormento este que levou Erhard Denninger a tentar decifrar a mudança do paradigma constitucional alemão no início do século XXI apontando a passagem da tríade "liberdade, igualdade, fraternidade" para a tríade "segurança, diversidade, solidariedade".[1429]

Apesar de diferenças quanto à própria matriz teórica, essas discussões brevemente retratadas ecoam a percepção de Poulantzas acerca do "Estado de exceção", no qual "as formas de funcionamento político do direito são diferentes".[1430] E por qual motivo? Neste contexto, o direito não se guia por meio de "um sistema de normas gerais, formais, abstratas, estritamente regulamentadas, fixadas explicitamente de modo a permitir a *previsão*".[1431] Pelo contrário, "o direito, digamo-lo suscintamente, já não regula nada: é o *arbitrário* que reina".[1432] Se essas análises podem contribuir para uma espécie de gramática da violência jurídica – hoje também associada ao *lawfare* –, isso não significa que os sentidos da legalidade autoritária se esgotem por aqui.[1433]

1428 ARANTES, Paulo. *O novo tempo do mundo*: e outros estudos sobre a era da emergência. São Paulo: Boitempo, 2014, p. 235.

1429 DENNINGER, Erhard. "Security, Diversity, Solidarity" instead of "Freedom, Equality, Fraternity". *Constellations*, vol. 7, nº 4, Oxford: Blackwell Publishers Ltd., 2000, p. 509.

1430 POULANTZAS, Nicos. *Fascismo e ditadura*. São Paulo: Martins Fontes, 1978, p. 344.

1431 POULANTZAS, Nicos. *Fascismo e ditadura*. São Paulo: Martins Fontes, 1978, p. 343 – destaque no original.

1432 POULANTZAS, Nicos. *Fascismo e ditadura*. São Paulo: Martins Fontes, 1978, p. 344 – destaque no original.

1433 Não por acaso, o próprio Pereira salienta: "precisamos de uma fusão de subáreas antes separadas, a fim de aprofundar nossa compreensão da legalidade autoritária" (PEREIRA, Anthony W. *Ditadura e repressão*: o autoritarismo e o Estado de Direito no Brasil, no Chile e na Argentina. São Paulo: Paz e Terra, 2010, p. 292).

Daí a importância de lembrar que o próprio *O capital* apresenta inúmeras configurações da reprodução sócio-jurídica. Isso ocorre, pois, a crítica da economia política é atravessada por distintos níveis de abstração: já no Livro I é possível encontrar um verdadeiro pluriverso jurídico, com referências a formas jurídicas, leis sanguinárias e casos de tribunais. Esses distintos planos conceituais foram habilmente retratados por E. P. Thompson, em uma passagem de *A miséria da teoria* (1978):

> Pois descobri que a lei não se manteve cortesmente a um "nível", mas estava em todos os malditos níveis; estava imbricada no modo de produção e nas próprias relações produtivas (como direitos de propriedade, definições de prática agrária) e estava simultaneamente presente na filosofia de Locke; ela se intrometia bruscamente dentro de categorias alheias, reaparecendo com peruca e toga sob o disfarce da ideologia; dançou um cotillon[1434] com a religião, moralizando sobre o teatro de Tyburn; era um braço da política e a política era um dos seus braços; era uma disciplina acadêmica, sujeita ao rigor da sua própria lógica autônoma; contribuiu para a definição da auto-identidade tanto dos governantes como dos governados; acima de tudo, proporcionou uma arena para a luta de classes, dentro da qual noções alternativas de lei foram combatidas.[1435]

É interessante notar que esses sentidos da legalidade já estavam presentes na análise do "domínio da lei" feita em *Senhores e caçadores* (1975). Por isso Thompson realça que até seria possível

1434 (N.T.) Trata-se de um tipo de dança que se originou na França no século XVIII, em que os participantes reunidos alternavam seus pares.

1435 THOMPSON, E. P. *The Poverty of Theory*: or an Orrery of Errors. Londres: Merlin Press, 1996, p. 130.

aceitar "parte da crítica marxista-estrutural", desde que rejeitado seu "reducionismo ulterior".[1436] E logo após esclarece:

> A lei, quando considerada como instituição (os tribunais, com seu teatro de classe e procedimentos de classe) ou como pessoas (os juízes, os advogados, os Juízes de Paz) pode ser muito facilmente assimilada àqueles da classe dominante. Mas nem tudo o que está envolvido "na lei" está subsumido nestas instituições. A lei também pode ser vista como ideologia, ou como regras e sanções particulares que estão numa relação definida e ativa (muitas vezes um campo de conflito) com as normas sociais; e, finalmente, pode ser vista simplesmente em termos de sua própria lógica, regras e procedimentos – ou seja, simplesmente *enquanto lei*.[1437]

Thompson se refere à concepção estruturalista como aquela na qual o Direito é visto somente como uma parte da famosa "superestrutura", um instrumento de dominação da classe dominante que se adapta aos seus interesses. Por isso ele enfatiza, ao estudar os séculos XVI e XVII, que a lei é "menos como um instrumento de poder de classe do que uma arena central de conflito".[1438] Trata-se de um raciocínio significativamente próximo à ideia daqueles que exploram "a seu favor o terreno do direito",[1439] reflexão apresentada por Marx no âmbito das discussões sobre a lei do furto de madeira.

1436 THOMPSON, E. P. *Whigs and Hunters. The Origin of the Black Act.* Londres: Penguin, 1990, p. 260.

1437 THOMPSON, E. P. *Whigs and Hunters. The Origin of the Black Act.* Londres: Penguin, 1990, p. 260 – destaque no original.

1438 THOMPSON, E. P. *Whigs and Hunters. The Origin of the Black Act.* Londres: Penguin, 1990, p. 264.

1439 (MEGA, I.1, p. 233) [Marx, 2017a, p. 124].

Aqui se manifesta um sentido preciso da legalidade, o da "luta *pela* lei",[1440] [1441] distinto da "conclusão muito simples (lei = poder de classe)".[1442] Igualmente contrário a qualquer análise que apenas aponte para a forma jurídica do capital, mesmo tendo outro objeto de estudo, Bernard Edelman não deixa de notar: "o que Marx não mostra em detalhes, e o que os marxistas têm ignorado maravilhosamente,

---

1440 THOMPSON, E. P. *Whigs and Hunters. The Origin of the Black Act*. Londres: Penguin, 1990, p. 266 – destaque no original.

1441 Não se trata de imputar a Thompson uma defesa do potencial emancipatório do direito. O que ele enfatiza é o afundamento da "lei" nas relações sociais estruturais para o agir dos sujeitos. Assim, "as normas dos silvicultores podem revelar-se como valores apaixonadamente defendidos, impelindo-os para uma linha de ação que os conduziria a um áspero conflito – com 'a lei'" (THOMPSON, E. P. *Whigs and Hunters. The Origin of the Black Act*. Londres: Penguin, 1990, p. 261). O caráter de "agência" é, aqui, importantíssimo, e está relacionado à "crítica radical da prática da sociedade": "a retórica e as regras de uma sociedade são algo muito mais do que um simulacro. No mesmo momento eles podem modificar, de forma profunda, o comportamento dos poderosos e mistificar os destituídos de poder. Podem disfarçar as verdadeiras realidades do poder, mas, ao mesmo tempo, podem refrear esse poder e conter seus excessos. E é muitas vezes de dentro dessa mesma retórica que se desenvolve uma crítica radical da prática da sociedade: os reformadores dos anos 1790 apareceram envoltos, antes de mais nada, na retórica de Locke e de Blackstone" (THOMPSON, E. P. *Whigs and Hunters. The Origin of the Black Act*. Londres: Penguin, 1990, p. 265). Este é o "solo" a partir do qual Thompson entende que tanto a regulação como a reconciliação dos conflitos pelo domínio da lei significam uma "realização cultural de significado universal" (Thompson, 1990, p. 265), um "bem humano incondicional" (THOMPSON, E. P. *Whigs and Hunters. The Origin of the Black Act*. Londres: Penguin, 1990, p. 266). É essa valiosa chave de leitura que se manifesta na análise de Marx acerca do "senso legal instintivo" [*instinktmäßiger Rechtssinn*] da classe pobre em seu ato de coletar madeira seca (MEGA, I.1, p. 209) [Marx, 2017a, p. 90].

1442 THOMPSON, E. P. *Whigs and Hunters. The Origin of the Black Act*. Londres: Penguin, 1990, p. 264.

são os mecanismos jurídicos que asseguram concretamente o poder jurídico do capital".[1443]

Essa é a razão pela qual ainda é necessário atentar para outra característica da modernidade jurídica, captada pelo termo *Gewalt*, ora traduzido como poder, força ou mesmo violência. Como ilustra Étienne Balibar, a palavra alemã contém em si mesma um caráter ambivalente, já que se refere "ao mesmo tempo, à negação da lei ou da justiça e à sua realização ou à assunção da responsabilidade por elas por uma instituição (geralmente o Estado)".[1444] Nisso se manifesta a capacidade da "lei" amalgamar aquilo que Thompson via como "diferente" – "essa mediação [da lei], através das formas da lei, é algo bastante distinto do exercício da força não mediada".[1445]

Mais importante ainda, no entanto, é atentar para o seguinte: ao traçar o limite entre lícito e ilícito, o espaço para a violação já é posto *como condição da legalidade.*[1446] Adorno expressa isso nos seguintes termos:

1443 EDELMAN, Bernard. *A legalização da classe operária.* São Paulo: Boitempo, 2016, p. 27.

1444 BALIBAR, Étienne. "Reflections on Gewalt". *Historical Materialism*, nº 17, 2009, p. 101.

1445 THOMPSON, E. P. *Whigs and Hunters. The Origin of the Black Act.* Londres: Penguin, 1990, p. 266.

1446 Edelman capta muito bem isso ao analisar o direito de greve e a noção de "greve abusiva". Após salientar que "não há direito sem o seu limite. O direito de greve traz em si seu próprio abuso: a desorganização da empresa" (EDELMAN, Bernard. *A legalização da classe operária.* São Paulo: Boitempo, 2016, p. 44), Edelman destaca "o coração das coisas": "o 'abuso' consiste precisamente em fazer funcionar a *greve, isto é, a violência de classe* dentro das obrigações contratuais, para, no fim das contas, desviá-las de seu objeto. (...) Assim, o que se esconde sob a noção de greve abusiva é a violência de classe; e o direito a apreende à sua maneira, isto é, traçando uma linha de demarcação: de um lado, a greve; de outro, o contrato" (EDELMAN, Bernard. *A legalização da classe operária.* São Paulo: Boitempo, 2016, p. 47 – destaque no original).

> O conjunto do campo jurídico é um campo de definições. Sua sistemática ordena que não se insira nele nada que se subtraia ao seu perímetro fechado, *quod non est in actis* [que não existe nos atos]. Esse enclave, ideológico em si mesmo, exerce por meio das sanções do direito enquanto instância social de controle uma violência real que atinge sua plenitude no mundo administrado. Nas ditaduras, ele passa imediatamente para o uso dessa violência; de maneira mediatizada, ela sempre esteve presente.[1447]

A violência já está no direito – "o fenômeno primordial de uma racionalidade irracional" –, a ponto de Adorno defender que "o direito na sociedade conserva o terror".[1448] Trata-se de um argumento já esboçado na *Dialética do esclarecimento*, quando Adorno e Horkheimer analisam os impactos do fascismo para a reprodução sócio-jurídica:

> O direito civil, que continuava a funcionar para dirimir os litígios dos empresários que sobreviviam à sombra da grande indústria, tornou-se uma espécie de tribunal arbitral, a justiça dos inferiores, que não leva mais em conta os interesses dos concernidos, em suma, *o puro terror*.[1449]

Por isso é possível dizer: "já segundo a mera forma (...) o direito positivo exprime a dominação".[1450] Isso atesta uma peculiaridade subjacente à reprodução sócio-jurídica, qual seja, a posição simultânea da identidade e da diferença. A "lei" – para utilizar a expressão de Thompson – é não só capaz de ser igual e diferente de si mesma, mas de *excluir* o que não é idêntico a ela. Não por acaso, Marx

---

1447 AGS, 6, p. 304.

1448 AGS, 6, pp. 303/304.

1449 AGS, 3, pp. 260-261.

1450 AGS, 6, p. 305.

astutamente adverte a "limitação burguesa" do direito, mesmo na sociedade cooperativa:

> O direito dos produtores é *proporcional* a seus fornecimentos de trabalho; a igualdade consiste, aqui, em um *padrão igual de medida*, o trabalho, que é medido. Mas um trabalhador é física ou mentalmente superior e, portanto, fornece mais trabalho no mesmo tempo ou pode trabalhar por mais tempo; e o trabalho, a fim de servir como medida, deve ser determinado de acordo com sua extensão ou intensidade; caso contrário, deixa de ser uma medida. Esse direito *igual* é um direito desigual para trabalho desigual. Ele não reconhece nenhuma distinção de classe, pois cada um é agora um trabalhador como o outro, mas reconhece tacitamente a desigualdade dos talentos individuais como privilégios naturais e, portanto, a desigual capacidade dos trabalhadores. É, portanto, um direito da desigualdade, de acordo com seu conteúdo, como todo direito.[1451]

Tratando-se da reprodução sócio-jurídica capitalista há, ainda, um derradeiro ponto a ser considerado. Segundo Pachukanis, "a *regulação* das relações sociais, em determinadas condições, *assume caráter jurídico*".[1452] No entanto, se uma relação social toma um caráter jurídico, isso não significa que ela "em maior ou menor grau assume a *mesma tonalidade* que a relação fundamental específica do Direito".[1453]

A roupagem jurídica do particular sem dúvida alguma está relacionada à "lei". Essa relação não é apenas de identidade, mas

---

1451 (MEGA, I.25, p. 14 – destaques no original).

1452 PACHUKANIS, Evgeni. *A Teoria Geral do Direito e o marxismo e ensaios escolhidos (1921-1929)*. São Paulo: Sundermann, 2017, p. 103 – destaque no original.

1453 PACHUKANIS, Evgeni. *A Teoria Geral do Direito e o marxismo e ensaios escolhidos (1921-1929)*. São Paulo: Sundermann, 2017, p. 104 – destaque do autor.

também de diferença, como já destacado. Se a posição da forma *no* social leva à posição do social *na* forma, então o movimento da reprodução sócio-jurídica segue a compreensão do dinheiro enquanto "forma genérica" (*Gattungsform*) do equivalente,[1454] na qual há, simultaneamente, o universal e o particular.

Entre dinheiro e direito não há apenas aproximação conceitual, o que torna necessário retomar um argumento do terceiro capítulo. Para além de suas metamorfoses, um dos aspectos cruciais da exposição do dinheiro pela teoria monetária do valor passa pelo entendimento de que ele é tanto *condição de possibilidade* da ordem social como de sua *destruição*:

> Se, por exemplo, compra e venda – ou o movimento da metamorfose da mercadoria – apresenta a unidade de dois processos, ou melhor, o percurso de um processo através de duas fases opostas, constituindo essencialmente, portanto, a unidade de ambas as fases, então igualmente é a separação das mesmas e sua autonomização uma diante da outra. Como elas pertencem uma à outra, a autonomização desses momentos só pode aparecer violentamente, como processo destrutivo.[1455]

Essa passagem dos *Manuscritos econômicos de 1861-1863* aponta para as distintas manifestações da reprodução sócio-jurídica em sua "média ideal". Conforme análises dos capítulos anteriores, o movimento da troca de equivalentes constitui *um momento das metamorfoses do dinheiro*: (i) na circulação simples, ele se manifesta como moeda; (ii) a reprodução ampliada, por sua vez, faz com que o dinheiro apareça como capital; e, finalmente, (iii) na posição do capital portador de juros, o dinheiro é posto como mercadoria. Porém, e isso é fundamental, esse movimento conceitual *também expressa distintas dimensões da legalidade*: (i') a posição dos direitos

---

1454 (MEGA, II.5, p. 37).

1455 (MEGA, II.3.3, p. 1123).

subjetivos na circulação simples de mercadorias; (ii') a posição do direito objetivo na reprodução ampliada; e, finalmente, (iii') a posição de formas jurídicas subjacentes à acumulação de direitos sobre a produção.

O aprofundamento das determinações formais do dinheiro *chama* por um desenvolvimento das formas de legalidade. Naturalmente, os exemplos acima retratados não são exaustivos. Para retomar uma problemática que atravessa todos os capítulos deste livro, também poderia ser destacada a dinâmica institucional da reprodução sócio-jurídica.[1456] Pense-se, por exemplo, na análise das mudanças do direito decorrentes da substituição do modelo keynesiano do Estado providência pelo modelo neoliberal do Estado de prevenção,[1457] momento no qual "já não se poderia falar de *um* direito ou de *uma* legalidade, mas, isto sim, de *interdireitos* e *interlegalidades*.[1458] Tal como colocado por Michalis Skomvoulis, "a introdução de novas formas jurídicas destaca a realização de uma tendência [do capital] e a necessidade de estabilizá-la no interior da estrutura agora enriquecida do modo de produção capitalista".[1459]

1456 Para tratar desse assunto, deve ser incorporado nos estudos um texto ainda inédito de Marx: *Geschichte des Grundeigentums, Recht- und Verfassungsgeschichte* (MEGA, IV.24), escrito entre maio e dezembro de 1876, ainda sem data para publicação pela MEGA 2.

1457 Segundo Faria, tratar-se-ia de um Estado "com sua atenção voltada de modo permanente à manutenção da ordem, à imposição da disciplina e ao controle dos movimentos migratórios e dos comportamentos sociais dos marginalizados, balizando sua ação com base em pautas normativas que se destacam por seus efeitos restritivos das liberdades e em mecanismos decisórios altamente flexíveis, preparados para reagir com precisão e eficiência a situações de urgência conjuntural ou estrutural" (FARIA, José Eduardo. *O direito na economia globalizada*. São Paulo: Malheiros, 1999, p. 330).

1458 FARIA, José Eduardo. *O direito na economia globalizada*. São Paulo: Malheiros, 1999, p. 217 – destaque no original.

1459 SKOMVOULIS, Michalis. "The Law of Capital". *In*: *150 years Karl Marx's Capital. Reflections for the 21st century*. International Conference: Athens: Rosa Luxemburg Stiftung, 2017, p. 177.

O fundamento monetário da reprodução sócio-jurídica é um corolário da crítica da economia política. Lida a partir da posição, negação e reposição da equivalência, a reprodução sócio-jurídica em sua média ideal é inicialmente posta enquanto direito subjetivo na Seção I do Livro I, ideologicamente cristalizado enquanto direito do Estado na Seção VII do Livro I, até, enfim, emergir na Seção V dos manuscritos do Livro III nas múltiplas formas jurídicas inerentes à autonomização do próprio direito no nível máximo de fetichismo. Isso significa que a apresentação dialética categorial é capaz de incorporar nela mesma as teorizações de seus sentidos jurídicos, respectivamente: (i) o jusnaturalismo racionalista moderno que legitima a propriedade privada como algo decorrente da apropriação da natureza pelo trabalho próprio, tal como emblematicamente formulado por Locke; (ii) o positivismo jurídico de Kelsen; e (iii) a sistematização jurídica de Luhmann.[1460] Sendo manifestações de um desenvolvimento conceitual, essas dimensões são contemporâneas. Na crítica da economia política em sua "média ideal", elas não só fundamentam o amálgama entre dinheiro e direito, como estruturam um programa de pesquisa para uma teoria monetária do direito, aqui apresentada em seu extrato categorial.

1460 Retomando uma linguagem comum à tradição luhmanniana, pode-se dizer que as análises aqui apresentadas, ainda que incipientes, permitem o desenvolvimento de um estudo crítico das autodescrições que o direito faz de si mesmo, considerando-os como momentos da reprodução fetichizada da sociabilização capitalista que repetidamente põe a instância jurídica – o "juridismo" citado ainda na introdução do presente livro – como terreno de acesso e reconhecimento às condições que embasariam um percurso rumo à emancipação humana.

CONSIDERAÇÕES FINAIS

A apreensão da reprodução sócio-jurídica constantemente se vê diante de mistérios. De certo modo, há algo de histórico nisso, bastando retomar o aforismo de Cícero *summum ius, summa iniura*[1461] para perceber como a exacerbação jurídica pode levar à negação de sua própria concepção de justiça. Que essa percepção tenha sido atualizada por Voltaire – *un droit porté trop loin devient une injustice*[1462] – e, assim, instituído a equidade como pedra filosofal do pensamento jurídico, não parece ser mera coincidência. Compreendida como um deslocamento, um descarrilhamento, a fluidez jurídica foi astutamente congelada pelas abordagens positivistas características de grande parte do século XX.

Contudo, mesmo na hipóstase do conceito de Direito, a expectativa científica de pinçar o objeto de análise mostrou-se defraudada em incontáveis momentos. É como se a fenomenologia jurídica recusasse o nivelamento imposto pelo sujeito, rejeitando seu confinamento à univocidade do olhar imobilizador. Não por acaso, Peter Fitzpatrick viu nos embates entre H. L. A. Hart e Ronald Dworkin a manifestação de uma relação paradoxal entre autonomia

1461 (N.T.) Sumo direito, suma injustiça.

1462 (N.T.) Um direito levado longe demais torna-se uma injustiça.

da lei e sociedade. Se é certo que a última atesta a inadequação da concepção positivista da lei, sua tentativa de sistematização e purificação excluíram a – até então pressuposta – dimensão social. Daí o argumento: "a contradição entre essa aparente autonomia e a dependência social da lei é resolvida pela exaltação mítica da lei".[1463]

Mas isso não impediu a busca de novos alicerces para a certeza jurídica. Na antessala do século XXI, as rupturas da dogmática pela então chamada globalização ensejaram a produção de novos modelos teóricos. Se o "direito social" pretendia neutralizar a exclusão das classes dominadas por meio de um sistema jurídico pautado em objetivos compensatórios e protetores – o que, supostamente, levaria ao retorno do Estado-nação –, o "direito reflexivo" assumia o caminho sem volta da transnacionalização do capital, da informação, da produção e dos mercados, esperando que um equilíbrio jurídico pluralístico florescesse dessa nova realidade. Manifestações de *utopia* e *idealismo*,[1464] tais modelos foram incapazes de se tornarem paradigmas substitutos da legalidade formalista forjada pelo Estado moderno.

É curioso perceber como essa fuga à fixação conceitual alimenta aquilo sugestivamente caracterizado por Luigi Ferrajoli como "andamentos pendulares do pensamento jurídico".[1465] Isso significa que, entre positivismo e jusnaturalismo, o pêndulo da reflexão sobre os fundamentos do direito também expressa mais do que ele diz: não se trata apenas de variação, mas da manifestação de um constante embate entre autonomia e dependência. A lei, como se diz, opera *na* sociedade, embora se apresente como algo existente *à parte* dela. Segundo Faria:

1463 FITZPATRICK, Peter. *A mitologia na lei moderna*. São Leopoldo: Editora Unisinos, 2005, p. 29.

1464 FARIA, José Eduardo. *O direito na economia globalizada*. São Paulo: Malheiros, 1999, p. 290.

1465 BOBBIO, Norberto. *Jusnaturalismo e positivismo jurídico*. São Paulo: Unesp, 2016, p. 14.

> É justamente esse o motivo pelo qual, conforme foi dito desde o início, o pensamento jurídico está vivendo um período de exaustão paradigmática, obrigado que foi, pelo fenômeno da globalização econômica, a despertar do sono da dogmática e a enfrentar o desafio de reflexões inéditas. E como não existem paradigmas alternativos ao da dogmática jurídica já cristalizados ou consolidados, fazer essa reflexão *implica repensar epistemologicamente toda a Ciência do Direito e colocar em novos termos sua interface quer com a teoria social quer com a economia política.*[1466]

A partir de uma perspectiva fundada na *crítica* da economia política, este livro partiu dessa problematização, ao apresentar as premissas categoriais necessárias para o estudo da análise da reprodução sócio-jurídica capitalista, daquilo que já foi chamado de "*racionalidade objetiva* do direito".[1467] Uma vez delimitado um nível de abstração específico – o desenvolvimento categorial em sua "média ideal" – e seus respectivos limites, o estudo dos sentidos da legalidade demonstrou a necessidade se de considerar a pressuposição de distintos planos conceituais, uma diferenciação que se constitui como ponto de partida para a construção e o aprofundamento de uma teoria monetária do direito.

Este projeto é importante para se evitar dois riscos recorrentes no estudo das manifestações jurídicas subjacentes ao modo de produção capitalista: (i) a dicotomização das abordagens, que impede a busca pelo amálgama conceitual existente entre distintos níveis de abstração; e, consequentemente, (ii) o bloqueio à própria reflexão desses níveis, decorrente da pretensão de exclusividade dessas abordagens. No âmbito da posição das formas e das classes, por exemplo, a estrita separação entre ambas e a pretensa universalidade

---

1466 FARIA, José Eduardo. *O direito na economia globalizada*. São Paulo: Malheiros, 1999, p. 331 – destaque do autor.

1467 GONÇALVES, Guilherme Leite. "Marx está de volta". *Revista Direito & Práxis*, Rio de Janeiro, vol. 5, nº 9, 2014 – destaque no original.

de cada uma mais corrompem a crítica marxiana – e marxistas – do que contribuem para o seu necessário desenvolvimento. Assim, não é mera coincidência que esses "recortes" construam diagnósticos que se afastam de seu próprio aparato conceitual.

Por isso, os primeiros capítulos expressaram esse movimento gradativamente. Diante do capitalismo especulativo de Wall Street, o primeiro capítulo demonstrou como a leitura política de sua manifestação – isto é, a posição da classe rentista como eixo de análise –, leva a uma interpretação restritiva das formas sociais (aprisionadas às espécies de um gênero por meio de uma leitura historicista de *O capital*) para explicar a ordem social. Com isso, explicitou-se a formação de um discurso que compreende a socialização capitalista a partir da lógica de dominação pessoal e parasitária, sustentada pelo direito de propriedade privada e sua instrumentalização. Como destacado, as correntes marxistas que trilham esse caminho mais se aproximam de Veblen e Keynes do que de Marx.

Naquele momento, parecia suficiente considerar o estudo da forma-valor como o desfecho por excelência para os impasses até então apresentados. E este foi o propósito inicial do segundo capítulo. Na análise do objeto da crítica da economia política, a ênfase no sentido conceitual do desenvolvimento categorial levou à tentativa de "reconstrução" da teoria do valor. Pressupondo a existência de um único e correto discurso em Marx, viu-se como o apelo à filologia enquanto única saída capaz de remediar os erros interpretativos de uma legião de marxistas desaguou, curiosamente, no convite ao normativismo teórico. Polêmicas à parte, o destaque ao caráter monetário da teoria do valor feito pela "nova leitura de Marx" foi particularmente importante para a compreensão das ambiguidades presentes na crítica da economia política e para sua delimitação no âmbito da "média ideal".

É a partir dessa base – a insuficiência das análises fundadas no "interesse da classe dominante" e na mera posição da forma-valor – que se desenvolveram as reflexões do terceiro capítulo. Em virtude das ambivalências de Marx entre uma teoria substancialista e monetária do valor, o estudo do trabalho abstrato e do dinheiro levou, primeiramente, ao afastamento de toda e qualquer tentativa de reconstrução da crítica marxiana. Assim encaminhou-se o reconhecimento dos distintos níveis de abstração que atravessam a análise do capitalismo e seus limites. Mas não só, já que a vinculação da forma-valor à naturalização e inversão das relações sociais abriu portas para a consideração do fetichismo da mercadoria e do dinheiro.

Essas reflexões permitiram reconsiderar o problema da dominação financeira e sua representação jurídica, temas do quarto capítulo. Se o capítulo anterior negava, de um lado, a pretensão de verdade das análises apresentadas no primeiro e segundo capítulos, do outro, ele fornecia as bases para o entendimento das peculiaridades do encantamento subjacente ao modo de produção capitalista. O desenvolvimento dessas questões e sua conexão com a reprodução jurídica foram apresentados a partir de dois momentos: a posição do capital portador de juros evidenciou formas jurídicas que ressignificavam a relação social pela ocultação daquilo que ocorre entre suas transações; o controle dessas relações a partir do imbricamento entre juros e crédito, por sua vez, propiciou a compreensão da "financeirização" como uma estrutura de normalização social. Nesta, riscos e derivativos operam por meio de uma "acumulação de direitos sobre a produção" paralela à autonomização das formas sociais.

A apresentação desse desdobramento categorial revelou não apenas o aprofundamento do caráter fetichista das relações sociais – notadamente pelo fetichismo do capital –, mas também o fetichismo jurídico característico da reprodução sócio-jurídica afetada pela posição do capital portador de juros. Uma vez que estas questões foram estabelecidas pela análise das determinações formais da crítica da economia política, o quinto capítulo procurou discutir as contribuições e limites das reflexões de Pachukanis apresentadas em *A Teoria Geral do Direito e o marxismo*. Isso se mostrou necessário não só em virtude das questões colocadas pela teoria monetária do valor e sua releitura da "financeirização da economia", mas também devido à publicação de textos inacessíveis ao jurista russo – como os *Grundrisse*, *Urtext* e *Resultados do processo imediato de produção* – que permitem uma discussão mais aprofundada de *O capital*.

Verificou-se, assim, como o alcance explicativo do aparato conceitual pachukaniano é atravessado por uma redução composta por dois problemas conexos. O primeiro – a leitura lógico-histórica – levou à interpretação histórica da "lei de apropriação pelo trabalho próprio". Por sua vez, o segundo – a identidade atribuída entre a Introdução de 1857 e *O capital* – dificultou a compreensão de que as condições do capital são, também, seu resultado. Frente a isso, identificou-se o resultado agregado dessas reduções, qual seja, o obstáculo à compreensão do significado da circulação simples de mercadorias e sua lei de apropriação. Reconstruída essa vinculação, o "mundo" e a "linguagem" da "epiderme" da socialização capitalista – a referida "primeira totalidade" – revelaram não um período histórico desse modo de produção, mas uma camada de sentido distinta daquela observada no capítulo anterior, contribuindo, assim, para a percepção de que a reprodução sócio-jurídica é atravessada por distintos níveis de abstração.

Com isso foi possível avançar até o sexto capítulo. Levando a sério a identificação pachukaniana entre forma jurídica, Direito e troca de equivalentes, demonstrou-se como a posição, a negação e o aprofundamento desta em *O capital* revelam distintas dimensões da legalidade moderna: os direitos subjetivos na Seção I do Livro I – base do jusnaturalismo racionalista moderno e das concepções emancipatórias do direito –, o direito positivo posto pelo Estado na Seção VII do Livro I – expressão fetichizada decorrente da análise abstrata do processo imediato de produção – e a autonomização do direito inseparável à "acumulação de direitos" na Seção V do Livro III – o fetichismo máximo das relações sociais invertidas no âmbito do processo total de produção. Uma vez que a conceituação do modo de produção capitalista é feita apenas em sua "média ideal", as considerações sobre o sentido jurídico das relações sociais também o são. Portanto, as representações jurídicas citadas foram apresentadas como manifestações *simultâneas* da reprodução sócio-jurídica capitalista.

Não se pretendeu captar todos os sentidos jurídicos presentes na obra marxiana ou em O *capital*, muito menos sugerir que este seja suficiente para a compreensão da totalidade dos aspectos que caracterizam a plasticidade legal. Em virtude dos distintos níveis de abstração e campos do conhecimento que atravessam a crítica da economia política, um sentido geral da legalidade moderna ainda precisa desenvolver uma mediação conceitual entre suas diversas manifestações. Por isso mesmo, a crítica marxista do direito tem na articulação entre níveis macro, meso e micro tanto uma abertura para um programa de pesquisa como seu principal desafio. Uma *teoria monetária do direito* almeja contribuir com a ampliação desses estudos.

REFERÊNCIAS BIBLIOGRÁFICAS

(i) Bibliografia Karl Marx

MEGA 2

[MEGA, I.1] MARX, Karl. "Werke, Artikel, Literarische Versuche bis März 1843". *In*: MARX, Karl; ENGELS, Friedrich. *Gesamtausgabe (MEGA), Erste Abteilung*. Band 1. Berlim: Dietz Verlag, 1975.

[MEGA, I.5] _____. *Die Deutsch Ideologie 1845-1846*. *In*: MARX, Karl; ENGELS, Friedrich. *Gesamtausgabe (MEGA), Erste Abteilung*. Band 5. Berlim: Dietz Verlag, 1970.

[MEGA, I.25] _____. "Werke, Artikel, Entwürfe Mai 1875 bis Mai 1883". *In*: MARX, Karl; ENGELS, Friedrich. *Gesamtausgabe (MEGA), Erste Abteilung*. Band 25. Berlim: Dietz Verlag, 1985.

[MEGA, I.11] _____. "Werke, Artikel, Entwürfe Juli 1851 bis Dezember 1852". *In*: MARX, Karl; ENGELS, Friedrich. *Gesamtausgabe (MEGA), Erste Abteilung*. Band 11. Berlim: Dietz Verlag, 1985.

[MEGA, II.1.1] _____. "Ökonomische Manuskripte 1857/1858". *In*: MARX, Karl; ENGELS, Friedrich. *Gesamtausgabe (MEGA), Zweite Abteilung*. Band 1, Teil 1. Berlim: Dietz Verlag, 1976.

[MEGA, II.1.2] _____. "Ökonomische Manuskripte 1857/1858". *In:* MARX, Karl; ENGELS, Friedrich. *Gesamtausgabe (MEGA), Zweite Abteilung*. Band 1, Teil 2. Berlim: Dietz Verlag, 1981.

[MEGA, II.2] _____. "Ökonomische Manuskripte und Schriften 1858-1861". *In*: MARX, Karl; ENGELS, Friedrich. *Gesamtausgabe (MEGA), Zweite Abteilung*. Band 2. Berlim: Dietz Verlag, 1980.

[MEGA, II.3.3] _____. "Zur Kritik der Politischen Ökonomie (Manuskript 1861-1863)". *In*: MARX, Karl; ENGELS, Friedrich. *Gesamtausgabe (MEGA), Zweite Abteilung*. Band 3, Teil 3. Berlim: Dietz Verlag, 1978.

[MEGA, II.3.4] _____. "Zur Kritik der Politischen Ökonomie (Manuskript 1861-1863)". *In*: MARX, Karl; ENGELS, Friedrich. *Gesamtausgabe (MEGA), Zweite Abteilung*. Band 3, Teil 4. Berlim: Dietz Verlag, 1979.

[MEGA, II.4.1] _____. "Ökonomische Manuskripte 1863-1867". *In*: MARX, Karl; ENGELS, Friedrich. *Gesamtausgabe (MEGA), Zweite Abteilung*. Band 4, Teil 1. Berlim: Dietz Verlag, 1988.

[MEGA, II.4.2] _____. "Ökonomische Manuskripte 1863-1867". *In*: MARX, Karl; ENGELS, Friedrich. *Gesamtausgabe (MEGA), Zweite Abteilung*. Band 4, Teil 2. Berlim: Dietz Verlag, 1992.

[MEGA, II.5] _____. "Das Kapital. Erster Band (1867)". *In*: MARX, Karl; ENGELS, Friedrich. *Gesamtausgabe (MEGA), Zweite Abteilung*. Band 5. Berlim: Dietz Verlag, 1983.

[MEGA, II.6] _____. "Das Kapital. Kritik der Politischen Ökonomie. Ester Band (Hamburg 1872)". *In*: MARX, Karl; ENGELS, Friedrich. *Gesamtausgabe (MEGA), Zweite Abteilung*. Band 6. Berlim: Dietz Verlag, 1987.

[MEGA, II.7] _____. "Le Capital. Paris 1872-1875". *In*: MARX, Karl; ENGELS, Friedrich. *Gesamtausgabe (MEGA), Zweite Abteilung*. Band 7. Berlim: Dietz Verlag, 1989.

[MEGA, II.8] _____. "Das Kapital. Kritik der Politischen Ökonomie. Ester Band (Hamburg 1883)". *In*: MARX, Karl; ENGELS, Friedrich. *Gesamtausgabe (MEGA), Zweite Abteilung*. Band 8. Berlim: Dietz Verlag, 1989.

[MEGA, II.10] _____. "Das Kapital. Kritik der Politischen Ökonomie. Ester Band (Hamburg 1890)". *In*: MARX, Karl; ENGELS, Friedrich. *Gesamtausgabe (MEGA), Zweite Abteilung*. Band 10. Berlim: Dietz Verlag, 1991.

[MEGA, II.11] ______. "Manuskripte zum zweiten Buch des 'Kapitals'". *In*: MARX, Karl; ENGELS, Friedrich. *Gesamtausgabe (MEGA), Zweite Abteilung*. Band 11. Berlim: Dietz Verlag, 2008.

[MEGA, II.12] ______. "Kritik der Politischen Ökonomie. Zweites Buch". *In*: MARX, Karl; ENGELS, Friedrich. *Gesamtausgabe (MEGA), Zweite Abteilung*. Band 12. Berlim: Dietz Verlag, 2005.

[MEGA, II.14] ______. "Manuskripte und Redaktionelle Texte zum Dritten Buch des 'Kapitals' 1871 bis 1895". *In*: MARX, Karl; ENGELS, Friedrich. *Gesamtausgabe (MEGA), Zweite Abteilung*. Band 14. Berlim: Dietz Verlag, 2003.

[MEGA, II.15] ______. "Kritik der Politischen Ökonomie. Dritter Band". *In*: MARX, Karl; ENGELS, Friedrich. *Gesamtausgabe (MEGA), Zweite Abteilung*. Band 15. Berlim: Dietz Verlag, 2004.

[MEGA, IV.1] ______. "Exzerpte und Notizen bis 1842". *In*: MARX, Karl; ENGELS, Friedrich. *Gesamtausgabe (MEGA), Vierte Abteilung*. Band 1. Berlim: Dietz Verlag, 1976.

Werke

[MEW 4] MARX, Karl; ENGELS, Friedrich. *Werke*. Band 04. Berlim: Dietz Verlag, 1977.

[MEW13] ______. *Werke*. Band 13. Berlim: Dietz Verlag, 1961.

[MEW 17] ______. *Werke*. Band 17. Berlim: Dietz Verlag, 1962.

[MEW 19] ______. *Werke*. Band 19. Berlim: Dietz Verlag, 1987.

[MEW 21] ______. *Werke*. Band 21. Berlim: Dietz Verlag, 1962.

[MEW 23] ______. *Werke*. Band 23. Berlim: Dietz Verlag, 1962.

[MEW 24] ______. *Werke*. Band 24. Berlim: Dietz Verlag, 1963.

[MEW 25] ______. *Werke*. Band 25. Berlim: Dietz Verlag, 1964.

[MEW 26] ______. *Werke*. Band 26. Berlim: Dietz Verlag, 1967.

[MEW 28] ______. *Werke*. Band 28. Berlim: Dietz Verlag, 1963.

[MEW 29] ______. *Werke*. Band 29. Berlim: Dietz Verlag, 1978.

[MEW 30] ______. *Werke*. Band 30. Berlim: Dietz Verlag, 1974.

[MEW 31] ______. *Werke*. Band 31. Berlim: Dietz Verlag, 1965.

[MEW 32] ______. *Werke*. Band 32. Berlim: Dietz Verlag, 1974.

[MEW 33] ______. *Werke*. Band 33. Berlim: Dietz Verlag, 1976.

[MEW 34] ______. *Werke*. Band 34. Berlim: Dietz Verlag, 1966.

[MEW 35] ______. *Werke*. Band 35. Berlim: Dietz Verlag, 1967.

[MEW 40] ______. *Werke*. Band 40. Berlim: Dietz Verlag, 1968.

[MEW 42] ______. *Werke*. Band 42. Berlim: Dietz Verlag, 1983.

Livros em português

MARX, Karl. *A guerra civil na França*. São Paulo: Boitempo, 2011.

______. *Crítica da Filosofia do Direito*. 3ª ed. São Paulo: Boitempo, 2013.

______. *Contribuição à crítica da economia política*. São Paulo: Expressão Popular, 2008.

______. "Excertos do livro de James Mill 'Éléments d'économie politique'". *Cadernos de Filosofia Alemã*, vol. 21, nº 1, 2016.

______. *Grundrisse*: manuscritos econômicos de 1857-1858 – esboços da crítica da economia política. São Paulo. Boitempo; Rio de Janeiro: Ed. UFRJ, 2011.

______. *Manuscritos econômicos-filosóficos*. São Paulo: Boitempo, 2010.

______. *Miséria da filosofia*. São Paulo: Boitempo, 2017.

______. *O 18 de brumário de Luís Bonaparte*. São Paulo: Boitempo, 2011.

______. *O Capital*, volume I. São Paulo: Boitempo, 2013.

______. *O Capital*, volume II. São Paulo: Boitempo, 2014.

______. *O Capital*, volume III. São Paulo: Boitempo, 2017.

______. *Os despossuídos*. São Paulo: Boitempo, 2017.

______. *Sobre a questão judaica*. São Paulo: Boitempo, 2010.

MARX, Karl; ENGELS, Friedrich. *A ideologia alemã*. São Paulo: Boitempo, 2007.

______. *A sagrada família*. São Paulo: Boitempo, 2011.

______. *Lutas de classe na Rússia*. São Paulo: Boitempo, 2013.

______. *Manifesto Comunista*. São Paulo: Boitempo, 2010.

(ii) Bibliografia geral

ADORNO, Theodor W. *Aspekte des neuen Rechtsradikalismus*. Frankfurt am Main: Suhrkamp, 2019.

______. *Einleitung in die Soziologie*. Frankfurt am Main: Suhrkamp, 2003.

______. *Erziehung zur Mündigkeit*. Frankfurt am Main: Suhrkamp, 1971.

______. *In Search of Wagner*. Londres: Verso, 2005.

[AGS 3] ADORNO, Theodor W. *Gesammelte Schriften*. Band 3. Frankfurt am Main: Suhrkamp, 2003.

[AGS 4] ______. *Gesammelte Schriften*. Band 4. Frankfurt am Main: Suhrkamp, 2003.

[AGS 5] ______. *Gesammelte Schriften*. Band 5. Frankfurt am Main: Suhrkamp, 1990.

[AGS 6] ______. *Gesammelte Schriften*. Band 6. Frankfurt am Main: Suhrkamp, 2003.

[AGS 8] ______. *Gesammelte Schriften*. Band 8. Frankfurt am Main: Suhrkamp, 2003.

[AGS 9.1] ______. *Gesammelte Schriften*. Band 9. 1. Frankfurt am Main: Suhrkamp, 2003.

[AGS 9.2] ______. *Gesammelte Schriften*. Band 9. 2. Frankfurt am Main: Suhrkamp, 2003.

[AGS 10.1] ______. *Gesammelte Schriften*. Band 10. 1. Frankfurt am Main: Suhrkamp, 2003.

[AGS 10.2] ______. *Gesammelte Schriften*. Band 10. 2. Frankfurt am Main: Suhrkamp, 2003.

______. *Nachgelassene Schriften. Vorlesung über Negativ Dialektik*. Abteilung IV, Band 16. Frankfurt am Main: Suhrkamp, 2003.

______. "Notizen von einem Gespräch zwischen Th. W. Adorno und A. Sohn-Rethel am 16. 4. 1965". *In*: SOHN-RETHEL, Alfred. *Geistige und körperliche Arbeit*. VCH Verlag, 1989.

AGLIETTA, Michel. *A Theory of Capitalist Regulation*: the US Experience. Londres: Verso, 2015.

AGLIETTA, Michel; ORLEÁN, André. *A violência da moeda*. São Paulo: Brasiliense, 1990.

AKAMINE JUNIOR, Oswaldo. "O significado 'jurídico' de crise". *Cadernos de pesquisa marxista do direito*, nº 1, 2011.

ANDERSON, Kevin B. *Marx nas margens*: nacionalismo, etnia e sociedades não ocidentais. São Paulo: Boitempo, 2019.

ANTUNES, Ricardo. *Adeus ao trabalho? Ensaio sobre as metamorfoses e a centralidade do mundo do trabalho*. 16ª ed. São Paulo: Cortez, 2015.

APPLEBAUM, Anne. *O crepúsculo da democracia*: como o autoritarismo seduz e as amizades são desfeitas em nome da política. Rio de Janeiro: Record, 2020.

ARANTES, Paulo. *O novo tempo do mundo*: e outros estudos sobre a era da emergência. São Paulo: Boitempo, 2014.

ARTHUR, Christopher. *A nova dialética e "O capital" de Marx*. São Paulo: Edipro, 2016.

______. *Engels today*: a Centenary Appreciation. Hampshire: Macmillan Press, 1996.

______. "Introdução a Teoria Geral do Direito e o marxismo". *In*: PACHUKANIS, Evgeni. *A Teoria Geral do Direito e o marxismo e ensaios escolhidos (1921-1929)*. São Paulo: Sundermann, 2017.

______. "The Fluidity of Capital and the Logic of the Concept". *In*: ARTHUR, Christopher; REUTE, G. *The Circulation of Capital*: Essays on Volume Two of Marx's Capital. Londres/Nova York: Macmillan Press; St. Martin's Press, 1998.

______. "The Myth of 'Simple Commodity Production". *Marx Myths & Legends*, 2005. Disponível em: https://marxmyths.org/chris-arthur/article2.htm. Acessado em: 21.06.2023.

ASSANGE, Julian. *Conspiracy as Governance*. 2006. Disponível em: https://cryptome.org/0002/ja-conspiracies.pdf. Acessado em: 21.06.2023.

BAARS, Grietje. *The Corporation, Law and Capitalism*: a Radical Perspective of the Role of Law in the Global Political Economy. Leiden: Brill, 2019.

BACHUR, João Paulo. *Às portas do labirinto*: para uma recepção crítica social de Niklas Luhmann. Rio de Janeiro: Beco do Azougue, 2010.

BACKHAUS, Hans-Georg. "Das 'Rätsel' des Geldes: ein Scheinproblem der Ökonomie oder ein Grundproblem der Sozialwissenschaft?" *Hefte für politische Ökonomie*, 6, 1985.

______. "Der widersprüchliche und monströse Kern der nationalökonomischen Begriffsbildung". *In*: FETSCHER, Iring; ALFRED, Schmidt (Coord.). *Emanzipation und Versöhnung. Zu Adornos Kritik der 'Warentausch'-Gesellschaft und Perspektiven der transformation*. Frankfurt: Neue Kritik Verlag, 2002.

______. *Dialektik der Wertform*: Untersuchungen zur Marxschen Ökonomiekritik. Freiburg: Ca ira, 1997.

______. "Elementare Mängel in der traditionellen Rezeption der Marxschen Form-Analyse". *Marxistische Studien. Jahrbuch des IMSF*, 13, 1987.

______. *Marx, Adorno und die Kritik der Volkswirtschaftlehre*. Freiburg: Ça ira, 2013.

______. "Über den Doppelsinn der Begriffe 'politische Ökonomie' und 'Kritik' bei Marx und in der Frankfurter Schule". *In*: DORNUF, Stefan; PITSCH, Reinhard (Coord.). *Wolfgang Harich zum Gedächtnis*. Band 2. München: Müller und Nerding, 2000.

BALIBAR, Étienne. "Reflections on Gewalt". *Historical Materialism*, nº 17, 2009.

BARAN, Paul; SWEEZY, Paul. *Monopoly Capital*. Nova York: Monthly Review Press, 1966.

BARREIRA, César Mortari. "A 'nova leitura de Marx': um mapeamento de suas premissas e desenvolvimentos". *Revista da Sociedade Brasileira de Economia Política*, nº 63, 2022.

______. "A sujeição ao direito: elementos para uma releitura do 'sujeito de direito' em Pachukanis". *In*: CUNHA, José Ricardo (Coord.). *Teorias Críticas e Crítica do Direito*. vol. I. Rio de Janeiro: Lumen Juris, 2020.

______. "Engels contra Marx? Do lógico/histórico aos níveis de abstração". *Verinotio*, ano XV, vol. 26, nº 2, 2020.

BECK, Ulrich. *Sociedade de risco*: rumo a uma outra modernidade. São Paulo: Editora 34, 2011.

BEHRENS, Diethard (Coord.). *Gesellschaft und Erkenntnis*. Freiburg: Ça Ira, 1993.

BEIRNE, P.; SHARLET, R. (Coord.). *Pashukanis*: Selected Writings on Marxism and Law. Londres: Academic Press, 1980.

BEIRNE P. (Coord.). *Revolution in Law*: Contributions to the Development of Soviet Legal Theory, 1917-1938. Londres: Routledge, 1990.

BELLOFIORE, Riccardo. *Le avventure della socializzazione. Dalla teoria monetaria del valore alla teoria macro-monetaria della produzione capitalistica*. Milão: Mimesis Edizioni, 2018.

BELLOFIORE, Riccardo; RIVA, Tommaso Redolfi. "The *Neue Marx-Lektüre*: Putting the critique of political economy back into the critique of society". *Radical Philosophy*, 189, jan./fev. 2015.

BELLUZZO, Luiz Gonzaga; GALÍPOLI, Gabriel. *Manda quem pode, obedece quem tem prejuízo*. São Paulo: Contracorrente, 2017.

BELLUZZO, Luiz Gonzaga. *O capital e suas metamorfoses*. São Paulo: Unesp, 2013.

______. *Valor e capitalismo*. São Paulo: Ed. Bienal, 1987.

BERARDI, Franco. *Depois do futuro*. São Paulo: Ubu, 2019.

BISCHOFF, Joachim; OTTO, Axel. "Resultate des unmittelbaren Produktionsprozesses". *Marxistische Studien. Jahrbuch des IMSF*, 12, 1987.

BOBBIO, Norberto. *Jusnaturalismo e positivismo jurídico*. São Paulo: Unesp, 2016.

______. *Liberalismo e Democracia*. São Paulo: Edipro, 2017.

______. *Scritti su Marx*: Dialettica, stato, società civile. Roma: Donzelli Editore, 2014.

BÖHM-BAWERK. *Karl Marx and the close of his system*. Nova York: Augustus M. Kelley, 1949.

BONEFELD, Werner. *Critical Theory and the Critique of Political Economy*. Nova York: Bloomsbury, 2014.

BONEFELD, Werner; GUNN, R.; PSYCHOPEDIS, K. *Open Marxism*. vol. I. Dialectics and History. Londres: Pluto Press, 1992.

BONEFELD, Werner; HEINRICH, M. (Coord.). *Kapital & Kritik*: Nach der "neuen" Marx-Lektüre. Hamburg: VSA-Verlag, 2011.

BOYER, R. *A teoria da regulação*: uma análise crítica. São Paulo: Nobel, 1990.

BRAUNSTEIN, Dirk. *Adornos Kritik der Politischen Ökonomie*. Bielefeld: Transcript Verlag, 2011.

BRENTEL, Helmut. *Soziale Form und ökonomisches Objekt*: Studien zum Gegenstands- und Methodenverständnis der Kritik der politischen Ökonomie. Frankfurt am Main: Westdeutscher Verlag, 1989.

BRIDEL, James. *A nova idade das trevas*: a tecnologia e o fim do futuro. São Paulo: Todavia, 2019.

BROWN, Heather. *Marx on Gender and the Family*: a Critical Study. Leiden: Brill, 2012.

BROWN, Wendy. *Nas ruínas do neoliberalismo*: a ascensão da política antidemocrática no ocidente. São Paulo: Editora Filosófica Politéia, 2019.

BRUNHOFF, Suzanne *et al*. *A finança capitalista*. São Paulo: Alameda, 2010.

BRUNHOFF, Suzanne. *Marx on Money*. Nova York: Urizen Books, 1976.

BUCKEL, Sonja. *Subjektivierung und Kohäsion*: Zur Rekonstruktion einer materialistischen Theorie des Rechts. Weilerswist: Velbrück Wissenschaft, 2007.

CALLINICOS, Alex. *Bonfire of Illusions*: the Twin Crises of the Liberal World. Cambridge: Polity Press, 2010.

______. *Making History*: Agency, Structure, and Change in Social Theory. Chicago: Haymarket, 2009.

CARSON, Rebbeca. "Fictitious Capital and the Re-emergency of Personal Forms of Domination". *Continental Thought & Theor*, vol. 1, Issue 4, 2017.

CARVER, Terrell. *Marx*: ontem e hoje. Rio de Janeiro: Zahar, 2021.

CASALINO, Vinícius. "A dialética de Karl Marx e a crítica marxista do direito". *Revista Direito & Práxis*, Rio de Janeiro, vol. 9, nº 4, 2018.

______. *O Direito e a mercadoria*: para uma crítica marxista da teoria de Pachukanis. São Paulo: Dobra, 2011.

CAUX, Luiz Philipe de. *A imanência da crítica*: os sentidos da crítica na tradição frankfurtiana e pós-frankfurtiana. São Paulo: Edições Loyola, 2021.

CERRONI, Umberto. *O pensamento jurídico soviético*. Europa-América: Póvoa do Varzim, 1976.

CHESNAIS, François (Coord.). *A finança mundializada*: raízes sociais e políticas, configuração, consequências. São Paulo: Boitempo, 2005.

CHESNAIS, François. *Finance Capital Today*: Corporations and Banks in the Lasting Global Slump. Leiden: Brill, 2016.

______. *A mundialização do capital*. Xamã: São Paulo, 1996.

______. *A mundialização financeira*: gênese, custo e apostas. Lisboa: Instituto Piaget, 1998.

______. "A proeminência da finança no seio do 'capital em geral', o capital fictício e o movimento contemporâneo de mundialização do capital". *In*: BRUNHOFF, Suzanne. *et al*. *A finança capitalista*. São Paulo: Alameda, 2010.

CRARY, Jonathan. *24/07*: capitalismo tardio e o fim dos sonos. São Paulo: Ubu, 2016.

DARDOT, P.; LAVAL, C. *Comum*: ensaios sobre a revolução no século XX. São Paulo: Boitempo, 2018.

DEBORD, Guy. *A sociedade do espetáculo*. Rio de Janeiro: Contraponto, 1997.

DENNINGER, Erhard. "'Security, Diversity, Solidarity' instead of 'Freedom, Equality, Fraternity'". *Constellations*, vol. 7, nº 4. Oxford: Blackwell Publishers Ltd., 2000.

DE PAULA, João Antonio. "O 'Outubro' de Marx". *Nova Economia*, 18 (2), Belo Horizonte, 2008.

DOWBOR, Ladislau. *A era do capital improdutivo*. São Paulo: Autonomia Literária, 2017.

______. *O capitalismo se desloca*: novas arquiteturas sociais. São Paulo: Edições Sesc, 2020.

DUMÉNIL, Gerard; LÉVY, Dominique. "A finança capitalista: relações de produção e relações de classe". *In*: BRUNHOFF, Suzanne (Coord.). *A finança capitalista*. São Paulo: Alameda, 2010.

______. *Capital Resurgent*: Roots of the Neoliberal Revolution. Cambridge: Harvard University Press, 2004.

______. "The Neoliberal (Counter-)Revolution". *In*: SAAD-FILHO, A.; JOHNSTON, D. (Coord.). *Neoliberalism*: a critical reader. Londres: Pluto Press, 2004.

DURAND, Cédric. *Fictitious Capital*: How Finance is Appropriating Our Future. Londres: Verso, 2017.

EATWELL, Roger; GOODWIN, Matthew. *Nacional-populismo*: a revolta contra a democracia liberal. Rio de Janeiro: Record, 2020.

EATWELL, J.; MILGATE, M.; NEWMAN, P. (Coord.). *The New Palgrave Marxian Economics*. Londres e Basingstoke: The Macmillan Press, 1990.

EDELMAN, Bernard. *A legalização da classe operária*. São Paulo: Boitempo, 2016.

ELBE, Ingo. *Marx im Westen*: die neue Marx-Lektüre in der Bundesrepublik seit 1965. Berlim: Akademie Verlag, 2010.

ENGELS, Friedrich. *Anti-Dühring*. São Paulo: Boitempo, 2015.

______. "Apêndices e notas suplementares ao Livro III d'O *capital*, em Marx, Karl. O *capital*, vol. III. São Paulo: Boitempo, 2017.

______. "Comentários sobre a Contribuição à crítica da economia política, de Karl Marx". *In*: MARX, Karl. *Contribuição à crítica da economia política*. São Paulo: Expressão Popular, 2008.

FARIA, José Eduardo. *Direito e Conjuntura*. São Paulo: Saraiva, 2010.

______. *O direito na economia globalizada*. São Paulo: Malheiros, 1999.

FAUSTO, Ruy. *A esquerda difícil*: em torno do paradigma e do destino das revoluções do século XX e alguns outros temas. São Paulo: Perspectiva, 2007.

______. *Caminhos da esquerda*: elementos para uma reconstrução. São Paulo: Companhia das Letras, 2017.

______. *Dialética marxista, dialética hegeliana*: a produção capitalista como circulação simples. Rio de Janeiro: Paz e Terra; São Paulo: Brasiliense, 1997.

______. *Marx*: Lógica e Política. tomo II. São Paulo: Brasiliense, 1987.

______. *Marx*: Lógica e Política. tomo III. São Paulo: Editora 34, 2002.

______. *Outro dia*: intervenções, entrevistas, outros tempos. São Paulo: Perspectiva, 2009.

______. *O capital e a lógica de Hegel*: dialética marxiana, dialética hegeliana. São Paulo: Unesp, 2021.

______. *O ciclo do totalitarismo*. São Paulo: Perspectiva, 2017.

______. *Sentido da dialética*: (Marx: Lógica e Política). tomo I. Petrópolis: Vozes, 2015.

FEDERICI, Silvia. *Calibã e a bruxa*: mulheres, corpo e acumulação primitiva. São Paulo: Elefante, 2017.

______. "Notas sobre gênero em 'O capital' de Marx". *Cadernos cemarx*, nº 10, 2017, 2017.

______. *O ponto zero da revolução*: trabalho doméstico, reprodução e luta feminista. São Paulo: Elefante, 2019.

FINE, Ben. "Locating Financialisation". *Historical Materialism*, vol. 18, 2010.

FINE, Ben; SAAD-FILHO, Alfredo. *Marx's Capital*. Sixth Edition. Londres: Pluto Press, 2016.

FISCHER-LESCANO, Andreas; MÖLLER, Kolja. *Der Kampf um globale soziale Rechte. Zart wäre das Gröbste*. Berlim: Klaus Wagenbach Verlag, 2012.

FISHER, Mark. *Realismo capitalista*: é mais fácil imaginar o fim do mundo do que o fim do capitalismo? São Paulo: Autonomia Literária, 2020.

FITZPATRICK, Peter. *A mitologia na lei moderna*. São Leopoldo: Editora Unisinos, 2005.

FUKUYAMA, Francis. *O fim da História e o último homem*. Rio de Janeiro: Rocco, 1992.

FOSTER, J. B.; MAGDOFF, F. *The Great Financial Crisis*: Causes and Consequences. Nova York: Monthly Review Press, 2009.

GEISELBERGER, Heinrich (Coord.). *A grande regressão*: um debate internacional sobre os novos populismos – e como enfrentá-los. São Paulo: Estação Liberdade, 2019.

GERAS, Norman. 'Seven Types of Obloquy: Travesties of Marxism'. *In*: MILIBAND, Ralph; PANITCH, Leo (Coord.). *Socialist Register 1990*: the Retreat of the Intellectuals. Londres: Merlin, 1990.

GERSTEIN, Ira. "Production, circulation and value: the significance of the 'transformation problem' in Marx's Critique of Political Economy". *Economy and Society*, vol. 5, 3, 1976.

GERSCHENKRON, Alexander. *O atraso econômico em perspectiva histórica e outros ensaios*. Rio de Janeiro: Contraponto: Centro Internacional Celso Furtado, 2015.

GÖHLER, Gerhard. *Die Reduktion der Dialektik durch Marx*: Strukturveränderungen der dialektischen Entwicklung in der Kritik der politischen Ökonomie. Stuttgart: Klett-Cotta, 1980.

GONÇALVES, Guilherme Leite. "Acumulação primitiva, expropriação e violência jurídica: expandindo as fronteiras da sociologia crítica do direito". *Revista Direito & Práxis*, Rio de Janeiro, vol. 8, nº 2, 2017.

______. *Direito entre certeza e incerteza*. São Paulo: Saraiva, 2013.

______. "Marx está de volta". *Revista Direito & Práxis*, Rio de Janeiro, vol. 5, nº 9, 2014.

GORZ, André. *Adeus ao proletariado*: para além do socialismo. Rio de Janeiro: Forense, 1982.

GRESPAN, Jorge. "A dialética do avesso". *Crítica Marxista*. São Paulo: Boitempo, 2002.

______. *Marx e o modo de representação capitalista*. São Paulo: Boitempo, 2019.

______. "*O capital* e seus escritos preparatórios": sobre o lançamento do volume 4.3 da MEGA. *Crítica Marxista*, nº 37, 2013.

______. *O negativo do capital*: o conceito de crise na crítica de Marx à economia política. São Paulo: Expressão Popular, 2012.

GROSSMANN, Henryk. *Das Akkumulations und Zusammensbruchsgesetz des kapitalistischen Systems*. Leipzig: Hirschfeld Verlag, 1929.

HABERMAS, Jürgen. *Para a reconstrução do materialismo histórico*. São Paulo: Unesp, 2016.

______. *Theorie des kommunikativen Handelns*: Zur Kritik der funktionalistischen Vernunft. Band 2. Frankfurt am Main: Suhrkamp, 1987.

HARMS, Andreas. "Paschukanis' Rechtskritik. Eine kurze Einführung in Leben und Werk". *In*: RECHTSKRITIK, AG (Coord.). *Recht-Staat-Kritik 1. Rechts- und Staatskritik nach Marx und Paschukanis*. Berlim: Bertz + Fischer, 2017.

HARVEY, David. *A loucura da razão econômica*: Marx e o capital no século XXI. São Paulo: Boitempo, 2018.

______. *17 contradições e o fim do capitalismo*. São Paulo: Boitempo, 2016.

______. *O enigma do capital e as crises do capitalismo*. São Paulo: Boitempo, 2011.

______. *Os limites do capital*. São Paulo: Boitempo, 2006.

______. *O neoliberalismo*: história e implicações. São Paulo: Loyola, 2014.

______. *O novo imperialismo*. São Paulo: Loyola, 2014.

HASKEL, Jonathan; WESTLAKE, Stian. *Capitalism without capital*: the Rise of the Intangible Economy. Nova Jersey: Princeton University Press, 2018.

HAUG, Wolfgang Fritz. *Vorlesungen zur Einführung ins "Kapital"*. Berlim: Argument, 2005.

HEGEL, G.H.F. "Grundlinien der Philosophie des Rechts". *In*: HEGEL, G.H.F. *Werke (in 20 Bänden)*. Band 7, 2. Auflage. Frankfurt am Main: Suhrkamp, 1986.

HEINRICH, Michael. "Capital in General" and the Structure of Marx's Capital. *Capital & Class*, 38, 1989.

______. *Die Wissenschaft vom Wert*: Die Marxsche Kritik der politischen Ökonomie zwischen wissenschaftlicher Revolution und klassicher Tradition. Münster: Westfälisches Dampfboot, 2017.

______. "Entstehungs- und Auflösungsgeschichte des Marxschen 'Kapital'". *In*: BONEFELD, Werner; HEINRICH, Michael (Coord.). *Kapital & Kritik. Nach der "neuen" Marx-Lektüre*. Hamburg: VSA Verlag, 2011.

______. "Grenzen des 'idealen Durchschnitts'. Zum Verhältnis von Ökonomiekritik und Staatsanalyse bei Marx". *In*: LINDNER, Urs; NOWAK, Jörg; PAUST-LASSEN, Pia (Coord.). *Philosophieren unter anderen. Beiträge zur Palaver der Menschheit*. Münster: Westfälisches Dampfboot Verlag, 2008.

______. "Invaders from Marx: Über den Umgangmit der Marx'schen Theorie und über die Schwierigkeiten einer heutigen Lektüre – eine kritische Auseinandersetzung mit Karl Heinz Roth und anderen". *Jungle World*, 38, 2005. Disponível em: http://www.oekonomiekritik.de/205Invaders%20from%20Marx.htm. Acessado em: 21.06.2023.

______. *Karl Marx e o nascimento da sociedade moderna*: biografia e desenvolvimento de sua obra, volume 1: 1818-1841. São Paulo: Boitempo, 2018.

______. *Kritik der politischen Ökonomie. Eine Einführung in "Das Kapital"*. Stuttgart: Schmetterling Verlag, 2018.

______. "Reconstruction or Deconstruction? Methodological Controversies about Value and Capital, and New Insights from the Critical Edition". *In*: BELLOFIORE; FINESCHI, R. *Re-reading Marx*: new Perspectives after the Critical Edition. Hampshire: Palgrave Macmillan, 2009.

______. *Wie das Marxsche "Kapital" lesen? Teil 1*. Stuttgart: Schmetterling Verlag, 2016.

______. *Wie das Marxsche "Kapital" lesen? Teil 2*. Stuttgart: Schmetterling Verlag, 2013.

HILFERDING, Rudolf. *Das Finanzkapital. Eine Studie über die jüngste Entwicklung des Kapitalismus*. Berlim: Dietz Verlag, 1955.

HIRSCH, Joachim. "The State Apparatus and Social Reproduction: Elements of a Theory of the Bourgeois State". *In*: HOLLOWAY, J.; PICCIOTTO, S. *State and Capital*: a Marxist Debate. Austin: University of Texas Press, 1978.

______. *Teoria materialista do Estado*. Rio de Janeiro: Revan, 2010.

HOFF, Jan. *Marx global. Zur Entwicklung des internationalen Marx-Diskurses seit 1965*. Berlim: Akademie Verlag, 2009.

HUBMANN, Gerald. "Da política à filologia: a Marx-Engels Gesamtausgabe". *Crítica Marxista*, nº 34. São Paulo: Unesp, 2012.

JAMESON, Fredric. "Cognitve Mapping". *In*: NELSON, C.; GROSSBERG, L. (Coord.). *Marxism and the Interpretation of Culture*. Londres: MacMillan, 1988.

______. *The seeds of time*. California: Columbia University Press, 1994.

______. *The Geopolitical Aesthetic*: Cinema and Space in the World System. Londres: BFI Publishing, 1992.

JAPPE, Anselm. *Crédito à morte*: a decomposição do capitalismo e suas críticas. São Paulo: Hedra, 2013.

KASHIURA JUNIOR, Celso Naoto. *Crítica da igualdade jurídica*: contribuição ao pensamento jurídico marxista. São Paulo: Quartier Latin, 2009.

______. "Dialética e forma jurídica – considerações acerca do método de Pachukanis". *In*: NAVES, Márcio Bilharinho (Coord.). *O discreto charme do direito burguês*: ensaios sobre Pachukanis. Campinas: UNICAMP, 2009.

______. "Duas formas absurdas: uma defesa à especificidade histórica da mercadoria e do sujeito de direito". *In*: NAVES, Márcio Bilharinho (Coord.). *O discreto charme do direito burguês*: ensaios sobre Pachukanis. Campinas: UNICAMP, 2009.

______. *Sujeito de direito e capitalismo*. Outras expressões. São Paulo: Dobra Universitário, 2014.

KAUTSKY, Karl. *Karl Marx' ökonomische Lehren*. Stuttgart/Berlim, 1887.

______. *The Materialistic Conception of History*. New Heaven: Yale University Press, 1988.

KLAGSBRUNN, Victor Hugo. “Uma leitura crítica dos conceitos de mundialização do capital e de regime de acumulação com predominância financeira”. *Crítica Marxista*, nº 27, 2008.

KLIMAN, Andrew. “How Not to Evaluate the Relevance of Marx’s Capital”. *Crisis & Critique*, vol. 3, Issue 3, 2016.

______. “The disintegration of the Marxian school”. *Capital & Class*, 34 (1), 2010.

______. *The Failure of Capitalist Production*: Underlying Causes of the Great Recession. Londres: Pluto Press, 2011.

KORSCH, Karl. *Karl Marx*. Chicago: Haymarket, 2017.

KOSELLECK, Reinhart. *Futuro passado*: contribuição à semântica dos tempos históricos. Rio de Janeiro: Contraponto; Ed. PUC-Rio, 2006.

KOSIK, Karel. *Dialética do concreto*. São Paulo: Paz e Terra, 1976.

KRÄTKE, Michael. *Friedrich Engels*: el burgués que inventó el marxismo. Manresa: Bellaterra Edicions, 2020.

KURUMA, Samezo. *Marx’s Theory of the Genesis of Mone*: How, Why, and Through What Is a Commodity Money? Leiden: Brill, 2018.

KURZ, Robert. *Marx lesen! Die wichtigsten Texte von Karl Marx für das 21. Jahrhundert*. Frankfurt am Main: EIchborn, 2001.

______. *Geld ohne Wert*: Grundrisse zu einer Transformation der Kritik der politischen Ökonomie. Berlim: Holermann Verlag, 2012.

LA GRASSA, Gianfranco. *Valore e formazione sociale*. Riuniti: Roma, 1977.

LANGE, Elena Louisa. *Value without Fetish. Uno Kozo’s Theory of ‘Pure Capitalism’ in Light of Marx’s Critique of Political Economy*. Leiden: Brill, 2020.

LAPAVITSAS, Costas. “Financialised Capitalism: Direct Exploitation and Periodic Bubbles”. *Working Paper*, SOAS, University of London, 2008. Disponível em: http://www.leftlibrary.com/lapavitsas1.pdf. Acessado em: 21.06.2023.

______. *Profiting Without Producing*: How Finance Exploit Us All. Londres: Verso, 2013.

LASCH, Christopher. *The Minimal Self*: Psychic Survival in Troubled Times. Nova York: W. W. Norton & Company, 1984.

[LW 13] LENIN, W. I. *Werke*. Band 13. Berlim: Dietz, 1982.

[LW 14] ______. *Werke*. Band 14. Berlim: Dietz, 1975.

[LW 18] ______. *Werke*. Band 18. Berlim: Dietz, 1974.

[LW 19] ______. *Werke*. Band 19. Berlim: Dietz, 1977.

[LW 21] ______. *Werke*. Band 21. Berlim: Dietz, 1960.

[LW 22] ______. *Werke*. Band 22. Berlim: Dietz, 1971.

[LW 23] ______. *Werke*. Band 23. Berlim: Dietz, 1975.

[LW 25] ______. *Werke*. Band 25. Berlim: Dietz, 1974.

[LW 29] ______. *Werke*. Band 29. Berlim: Dietz, 1984.

[LW 38] ______. *Werke*. Band 38. Berlim: Dietz, 1964.

LEVITSKY, Steven; ZIBLATT, Daniel. *Como as democracias morrem*. Rio de Janeiro: Zahar, 2018.

LIPIETZ, Alain. *Audácia*: uma alternativa para o século 21. São Paulo: Nobel, 1991.

LOTZ, Christian. *The Capitalist Schema*: Time, Money and the Culture of Abstraction. Lanham: Lexington Books, 2014.

LÖWENTHAL, Leo; GUTERMAN, Norbert. *Prophets of Deceit*: a study of the Techniques of the American Agitator. Nova York: Harper & Brothers, 1949.

LUKÁCS, Georg. *História e consciência de classe*: estudos sobre a dialética marxista. São Paulo: WMF Martins Fontes, 2012.

LUHMANN, Niklas. *Ausdifferenzierung des Rechts*: Beiträge zur Rechtssoziologie und Rechtstheorie. Frankfurt am Main: Suhrkamp, 1981.

______. *Die Gesellschaft der Gesellschaft*. vol. 1. Frankfurt am Main: Suhrkamp, 1998.

______. *Die Gesellschaft der Gesellschaft*. vol. 2. Frankfurt am Main: Suhrkamp, 1998.

______. *Politische Theorie im Wohlfahrsstaat*. München: Günther Olzog Verlag, 1981.

______. *Soziologische Aufklärung 1*: Aufsätze zur Theorie sozialer Systeme. Wiesbaden: VS Verlag, 1970.

______. *Soziologische Aufklärung 2*: Aufsätze zur Theorie der Gesellschaft. Wiesbaden: VS Verlag, 1975.

______. *Soziale Systeme*: Grundriss einer allgemeinen Theorie. Frankfurt am Main: Suhrkamp, 1984.

______. *Systemtheorie der Gesellschaft*. Frankfurt am Main: Suhrkamp, 2017.

______. *Die Wirtschaft der Gesellschaft*. Frankfurt am Main: Suhrkamp, 1988.

LUXEMBURGO, Rosa. *A acumulação do capital*: estudo sobre a interpretação econômica do Imperialismo. Rio de Janeiro: Zahar, 1983.

MANN, Geoff. *In the long run we are all dead*: Keynesianism Political Economy and Revolution. Londres: Verso, 2017.

MANDEL, Ernest. *An Introduction to Marxist Economic Theory*. Nova York: Pathfinder Press, 1970.

______. "Introduction". *In*: MARX, Karl. *Capital*: a Critique of Political Economy. vol. 1. Nova York: Penguin, 1976.

______. *The Formation of the Economic Thought of Karl Marx*. Nova York: Monthly Review, 1971.

MATTICK, Paul. *Marx und Keynes*: Die Grenzen des "gemischten Wirtschaftssystems". Frankfurt am Main: Europäische Verlagsanhalt, 1971.

MAU, Søren. *Mute Compulsion*: a Marxist Theory of the Economic Power of Capital. Londres: Verso, 2023.

MAZZUCATO, Mariana. *O valor de tudo*: produção e apropriação na economia global. São Paulo: Portfolio-Penguin, 2020.

MEEK, Ronald. *Studies in the labour theory of value*. Nova York/Londres: Monthly Review Press, 1973.

MENKE, Christoph. *Kritik der Rechte*. Frankfurt am Main: Suhrkamp, 2015.

MIÉVILLE, China. *Between equal rights*: a marxist theory of international law. Chicago: Haymarket, 2006.

MILIOS, John; DIMOULIS, Dimitri; ECONOMAKIS, George. *Karl Marx and the Classics*: an Essay on Value, Crises ant the Capitalist Mode of Production. Hampshire/Burlington: Ashgate, 2002.

MILIOS, John. "On the theoretical significance of Marx's ambivalences towards Classical Political Economy". *Value-Theory Mini-Conference*, Nova York, 2003.

MILIOS, John; SOTIROPOULOS, Dimitris. *Rethinking Imperialism*: a study of Capitalist Rule. Hampshire: Palgrave, 2009.

MILIOS, John. *The origins of capitalism as a social system*. Londres: Routledge, 2018.

MINHOTO, Laurindo Dias; GONÇALVES, Guilherme Leite. "Nova ideologia alemã? A teoria envenenada de Niklas Luhmann". *Tempo Social*, vol. 27, 2015.

MIROWSKI, Philip. *More Heat than Light*. Cambridge: Cambridge University Press, 1989.

MOMMSEN, Hans. *Germans against Hitler*. Londres: I. B. Tauris, 2009.

MOROZOV, Evgeny. *To save everything click here*: the folly of technological solutionism. Nova York: Public Affairs, 2013.

______. *Big Tech*: a ascensão dos dados e a morte da política. São Paulo: Ubu, 2018.

MOSELEY, Fred (Coord.). *Marx's Theory of Money*: Modern Appraisals. Nova York: Palgrave Macmillan, 2005.

MOSELEY, Fred. *Money and Totality*. Leiden: Brill, 2016.

MURRAY, Patrick. *Marx's theory of scientific knowledge*. Atlantic Highlands: Humanities Press International, 1988.

______. "Marx's 'Truly Social' Labour Theory of Value: Abstract Labour in Marxian Value Theory", Part I, *Historical Materialism*, nº 6, 2000.

MUSTO, Marcello. *O velho Marx*: uma biografia de seus últimos anos. São Paulo: Boitempo, 2018.

______. *Repensar Marx e os marxismos*: guia para novas leituras. São Paulo: Boitempo, 2022.

MUSTO, Marcello (Coord.). *Marx and Le Capital*: Evaluation, History, Reception. Londres: Routledge, 2022.

NAVES, Márcio Bilharinho. *Marxismo e Direito*: um estudo sobre Pachukanis. São Paulo: Boitempo, 2008.

NAVES, Márcio Bilharinho (Coord.). *O discreto charme do direito burguês*: ensaios sobre Pachukanis. Campinas: UNICAMP, 2009.

NETTO, José Paulo; BRAZ, Marcelo. *Economia Política*: uma introdução crítica. São Paulo: Cortez, 2012.

OLIVEIRA, Hélio Ázara de. *A circulação simples como epiderme da experiência capitalista*. Curitiba: Prismas, 2016.

OTANI, Teinosuke. *A Guide to Marxian Political Economy*: What Kind of Social System is Capitalism? Switzerland: Springer, 2018.

PACHUKANIS, Evgeni. *A Teoria Geral do Direito e o marxismo e ensaios escolhidos (1921-1929)*. São Paulo: Sundermann, 2017.

______. "A teoria marxista do direito e a construção do socialismo". *In*: NAVES, Márcio Bilharinho (Coord.). *O discreto charme do direito burguês*: ensaios sobre Pachukanis. Campinas: UNICAMP, 2009.

______. *The General Theory of Law & Marxism*. New Brunswick/Londres: Transaction Publishers, 2002.

PASOLINI, Pier Paolo. *Escritos corsários*. São Paulo: Editora 34, 2020.

PARETO, Vilfredo. *Manual de Economia Política*. Os Economistas. São Paulo: Nova Cultural, 1996.

PECK, J.; THEODORE; N.; BRENNER, N. "Neoliberalism Resurgment? Market Rule after the Great Recession". *In*: POSTONE, Moishe (Coord.). *Perspectives on the Global Crisis*. Duke University Press, 2012.

PEPPERELL, Nicole. "Disassembling Capital". *Philosophy Tesis*. RMIT University, 2010.

PEREIRA, Anthony W. *Ditadura e repressão*: o autoritarismo e o Estado de Direito no Brasil, no Chile e na Argentina. São Paulo: Paz e Terra, 2010.

PETTIT, Philip. *Just Freedom*: a moral compass for a complex world. Nova York: Norton Company, 2014.

______. *Teoria da Liberdade*. Belo Horizonte: Del Rey, 2007.

PIKETTY, Thomas. *O capital no século XXI*. Rio de Janeiro: Intrínseca, 2014.

PILLING, Geoffrey. "The law of value in Ricardo and Marx". *Economy and Society*, 1: 3, 1972.

POSTONE, Moishe. "Anti-Semitism and National Socialism: Notes on the German Reaction to 'Holocaust'". *New German Critique*, nº 19, 1980.

______. *Tempo, trabalho e dominação social*: uma reinterpretação da teoria crítica de Marx. São Paulo: Boitempo, 2014.

______. "The Holocaust and the Trajectory of the Twentieth Century". *In*: POSTONE, Moishe; SANTNER, Eric (Coord.). *Catastrophe and Meaning*: the Holocaust and the Twentieth Century. Chicago: The University Press, 2003.

POULANTZAS, Nicos. *Fascismo e ditadura*. São Paulo: Martins Fontes, 1978.

PRADELLA, Lucia. *L'attualità del Capitale. Accumulazione e impoverimento nel capitalismo globale*. Padova: Il Poligrafo, 2010.

PRADO, Eleutério. *Desmedida do valor*: crítica da pós-grande indústria. São Paulo: Xamã, 2005.

PRADO, Eleutério. "Exame crítico da teoria da financeirização". *Crítica marxista*, nº 39, 2014.

PRZEWORSKI, Adam. *Crises da democracia*. Rio de Janeiro: Zahar, 2020.

RAKOWITZ, Nadja. *Einfache Warenproduktion*. Freiburg: Ça ira – Verlag, 2000.

REICHELT, Helmut. "Grenzen der dialektischen Darstellungsform – oder Verabschiedung der Dialektik? Einige Anmerkungen zur These von Dieter Riedel". *In: MEGA-Studien*, H. 1, 2000.

______. *Neue Marx-Lektüre. Zur Kritik sozialwissenschaftlicher Logik*. Hamburg: VSA-Verlag, 2008.

______. *Zur logischen Struktur des Kapitalbegriffs bei Karl Marx*. Frankfurt am Main: Europäische Verlaganstalt, 1973.

RENDUELES, César. *Sociofobia*: mudança política na era da utopia digital. São Paulo: Edições Sesc, 2016.

RICARDO, David. *Princípios de Economia Política e Tributação*. Os Economistas. São Paulo: Nova Cultural, 1996.

RIEDEL, Dieter. "Grenzen der dialektischen Darstellungsform". *In*: *MEGA-Studien*, H. 1, 1997.

ROBERTS, Michael. *The Long Depression*. Chicago: Haymarket Books, 2016.

ROBERTS, William Clare. *Marx's Inferno*: the political theory of Capital. Nova Jersey: Princeton University Press, 2017.

ROSDOLSKY, Roman. *Gênese e estrutura de O capital de Karl Marx*. Rio de Janeiro: EDUERJ: Contraponto, 2001.

RUBIN, Isaac Ilyich. *A teoria marxista do valor*. São Paulo: Polis, 1987.

______. *História do pensamento econômico*. Rio de Janeiro: Editora UFRJ, 2014.

RUNCIMAN, David. *Como a democracia chega ao fim*. São Paulo: Todavia, 2018.

SAAD-FILHO, Alfredo. "Concrete and Abstract Labour in Marx's Theory of Value". *Review of Political Economy*, vol. 9 (4), 1997.

______. *O valor de Marx*: economia política para o capitalismo contemporâneo. Campinas: Editora da Unicamp, 2011.

SAITO, Kohei. *O ecossocialismo de Karl Marx*. São Paulo: Boitempo, 2021.

SCHATZKI, Theodore R. *Social Practices*: a Wittgensteinian Approach to Human Activity and the Social. Cambridge: Cambridge University Press, 1996.

SCHATZKI, Theodore R.; CETINA, Karin Knorr; SAVIGNY, Eike von (Coord.). *The Practice Turn in Contemporary Theory*. Londres: Routledge, 2001.

SCHUMPETER, Joseph. *History of Economic Analysis*. Londres: Routledge, 1987.

SCHOLZ, Trebor. *Cooperativismo de plataforma*. São Paulo: Fundação Rosa Luxemburgo; Editora Elefante; Autonomia Literária, 2016.

SEKINE, Thomas. "An Essay on Uno's Stages-Theory of Capitalist Development: What Might We Learn from This Book?" *In*: UNO, Kozo. *The Types of Economic Policies under Capitalism*. Leiden: Brill, 2016.

SHARLET, R.; MAGGS, P.; BEIRNE, P.; STUCHKA, P. I. (Coord.). *Selected Writings on Soviet Law and Marxism*. Nova York: M. E. Sharpe, 1988.

SILVA, Ricardo. "Liberdade, desigualdade e dominação: a economia política do neorrepublicanismo". *In*: MIGUEL, Luis Felipe (Coord.). *Desigualdades e democracia*: o debate da teoria política. São Paulo: Ed. Unesp, 2015.

SKOMVOULIS, Michalis. "The Law of Capital". *In*: *150 years Karl Marx's Capital. Reflections for the 21st century*. International Conference: Athens: Rosa Luxemburg Stiftung, 2017.

SLEE, Tom. *Uberização*: a nova onda do trabalho precarizado. São Paulo: Elefante, 2017.

SMITH, Tony. *Beyond Liberal Egalitarianism*: Marx and Normative Social Theory in the Twenty-First Century. Chicago: Haymarket, 2017.

SMITHIN, J. *Macroeconomic Policy and the future of Capitalism*. Northampton: Edward Elgar Publishing Limited, 1996.

SOHN-RETHEL. *Geistige und körperlich Arbeit*: Zur Epistemologie der abendländischen Geschichte. Weinheim: VCH, Acta Humaniora, 1989.

SOTIROPOULOS, D.; MILIOS, J.; LAPATSIORAS, S. *A Political Economy of Contemporary Capitalism and its Crisis*: Demystifying Finance. Londres: Routledge, 2013.

SOTIROPOULOS; Lapatsioras. "Financialization and Marx: Some Reflections on Bryans's Martin's and Rafferty's Argumentation". *Economics Discussion Paper* (Kingston University), 2012.

SRNICEK, Nick. *Platform Capitalism*. Cambridge: Polity, 2017.

STÄHELI, Urs. *Spektakuläre Spekulation*: Das Populäre der Ökonomie. Frankfurt am Main: Suhrkamp Verlag, 2007.

STEEDMAN, Ian; SWEEZY, Paul (Coord.). *The Value Controversy*. Londres: Verso, 1981.

STREECK, Wolfgang. *How will Capitalism End? Essays on a Failing System*. Londres: Verso, 2016.

______. *Tempo comprado*: a crise adiada do capitalismo democrático. São Paulo: Boitempo, 2018.

STUTCHKA, Piotr. *O papel revolucionário do Direito e do Estado*: Teoria Geral do Direito. São Paulo: Contracorrente, 2023.

SWEEZY, Paul. *The Theory of Capitalist Development*: Principles of Marxian Political Economy. Nova York: Monthly Review Press, 1970.

THOMPSON, E. P. *Whigs and Hunters*: the Origin of the Black Act. Londres: Penguin, 1990.

______. *The Poverty of Theory*: or an Orrery of Errors. Londres: Merlin Press, 1996.

TRAVERSO, Enzo. *The Origins of Nazi Violence*. Nova York: The New Press, 2003.

TOMBA, Massimiliano. *Marx's Temporalities*. Leiden: Brill, 2013.

UNO, Kozo. *Principles of Political Economy*: Theory of a Purely Capitalist Society. Sussex/New Jersey: Harvester Press/Humanities Press, 1980.

______. *The Types of Economic Policies under Capitalism*. Leiden: Brill, 2016.

VAN DER PIJL, Kees. *Transnational Classes and International Relations*. Londres: Routledge, 1998.

VAROUFAKIS, Yanis. *O Minotauro Global*: a verdadeira origem da crise financeira e o future da economia global. São Paulo: Autonomia Literária, 2016.

VITALI, Stefania; GLATTFELDER, James B.; BATTISTON, Stefano. "The Network of Global Corporate Control". *Plos One*, vol. 6, 2011.

VOLLGRAF, Carl-Erich. "Marx's Further Work on Capital after Publishing Volume i: On the Completion of Part II of the MEGA 2". *In*: VAN DER LINDEN, M.; HUBMANN, G. (Coord.). *Marx's Capital*: An Unfinishable Project? Leiden: Brill, 2018.

WARK, McKenzie. *O capital está morto*. São Paulo: Funilaria e Sobinfluencia edições, 2022.

WILDT, Andreas. "Gerechtigkeit in Marx' Kapital". *In*: ANGEHRN, E.; LOHMANN, G. (Coord.). *Ethik und Marx. Moralkritik und normative Grundlagen der Marxschen Theorie*. Königsten, 1986.

WITTGENSTEIN, Ludwig. *Investigações filosóficas*. Petrópolis: Vozes, 2009.

______. *Tractatus Logico-Philosophicus*. São Paulo: Edusp, 2010.

WOLF, Otto Frieder. "Marx'Konzept der 'Grenzen der dialektischen Darstellung'". *In*: HOFF, J.; PETRIOLI, A.; STÜTZLE, I.; WOLF, F.O. (Coord.). *Das Kapital neue lesen – Beiträge zur radikalen Philosophie*. Münster: Westfälisches Dampfboot, 2006.

ZIZEK, Slavoj. *Fictitious Capital and Personal Domination*. 2017. Disponível em: https://thephilosophicalsalon.com/fictitious-capital-and-the-return-of-personal-domination/. Acessado em: 21.06.2023.

ZUBOFF, Shoshana. *A era do capitalismo de vigilância*: a luta por um futuro humano na nova fronteira do poder. Rio de Janeiro: Intrínseca, 2020.

______. "*Big Other*: capitalismo de vigilância e perspectivas para uma civilização de informação". *In*: BRUNO, F.; CARDOSO, B.; KANASHIRO, M.; GUILHON, L.; MELGAÇO, L. (Coord.). *Tecnopolíticas da vigilância*: perspectivas da margem. São Paulo: Boitempo, 2018.

NOTAS

A Editora Contracorrente se preocupa com todos os detalhes de suas obras! Aos curiosos, informamos que este livro foi impresso no mês de julho de 2023, em papel Pólen Natural 80g, pela Gráfica Copiart.